零售供应链

数字化时代的实践

杨海愿◎著

Retail
Supply Chain
in the Digital Era

机械工业出版社
China Machine Press

图书在版编目（CIP）数据

零售供应链：数字化时代的实践/杨海愿著 . -- 北京：机械工业出版社，2021.8
（2023.1 重印）
ISBN 978-7-111-68862-4

I. ① 零… II. ① 杨… III. ① 零售业－供应链管理 IV. ① F713.32

中国版本图书馆 CIP 数据核字（2021）第 160544 号

　　零售企业需要精准地把合适的商品生产出来，或者从供应商手里采购过来，然后通过流通网络，将商品布置到合适的区域、合适的门店、合适的货架，以合适的价格卖给消费者。这个过程涉及如何做零售计划（消费者洞察、门店开关店计划、货架空间计划、商品组合计划）、商品计划（新品导入计划、老品淘汰计划、新品研发设计、商品化、营销、定价）、需求计划（对销售的预估）、供应计划（生产或者采购的计划）、生产采购、运输（从工厂或供应商到仓库，从仓库到门店，从门店到消费者手中，从仓库到消费者手中），而本书正是从实践应用的角度来介绍和分析数字化时代的零售企业是如何通过上述过程降本增效的。

零售供应链：数字化时代的实践

出版发行：机械工业出版社（北京市西城区百万庄大街 22 号　邮政编码：100037）

责任编辑：杨振英　　　　　　　　　　　责任校对：殷　虹

印　　刷：固安县铭成印刷有限公司　　　版　　次：2023 年 1 月第 1 版第 2 次印刷

开　　本：170mm×240mm　1/16　　　　印　　张：25.75

书　　号：ISBN 978-7-111-68862-4　　　定　　价：89.00 元

客服电话：（010）88361066　68326294

推荐序一：零售行业的"倚天剑"就是供应链建设能力

胥正川　复旦大学管理学院副教授

　　零售行业是一个古老的行业，它决定了社会大众的生活方式，它的形式又由科技水平所决定。随着数字化技术的日渐普及，零售业的形态也发生了翻天覆地的变化。互联网技术迅猛地冲击了传统的线上实体零售业，零售呈现出"线上一张网，线下一条链"的新形式。这里的"线下一条链"指的就是供应链乃至供应网，供应链是零售业的核心竞争力。海愿这本书选取了零售行业的核心议题加以讨论和阐述，对有志于从事零售业的实践或理论研究的读者们有较强的参考意义。

　　在电子商务的冲击下，传统零售行业深刻认识到数字化转型的重要性，所谓的新零售或智慧零售，就是这种发展趋势的集中反映。在数字化浪潮的影响之下，一方面，门店逐渐前置更加靠近社区、靠近消费者，其职能从销售转向服务；另一方面，近厂建仓和以店为仓变得更加普遍，其实质性意义在于供应链效率被强化，不同零售实体之间通过供应链的建设管理能力进行竞争，而具有"新技术、大规模和强管理"特征的供应链主体企业，往往会对零售行业具备"号令天下莫敢不从"的领导能力。

由此可见，零售供应链的重要地位。海愿基于他本人对供应链理论的深入掌握和近 20 年的实践经验撰写了这本供应链"倚天剑"式武功宝典，对零售供应链的设计，品牌商、零售商和渠道商对应视角的产品与商品组合，库存与服务水平的管理理论、方法和工具做了较为详细的介绍，并从实践角度深入探讨了零售供应链的运营和数字化建设以及全渠道供应链建设。这本兼具理论与实践的著述，对于致力于零售的新形态和企业数字化转型的读者，是一本不可多得的佳作，具有较高的参考价值。

当然理论、实践、书籍，都有其特定的背景或适用性，也希望关心和从事零售行业发展的朋友们在该书的启发下，对零售供应链进行深入研讨，相互切磋，彼此激发，产生更多的化学反应，助理推动我国零售行业的转型升级，使之发展成为真正的智慧零售、人性零售。

推荐序二：消费者数字化时代零售供应链的挑战

施云　阿里巴巴数字供应链产品负责人，

畅销书《供应链架构师》作者

数字经济越来越渗透到我们生活的方方面面，我们随时随地都可以在手机上购买自己喜欢的东西。从 C 端来看，购物场景变得越来越碎片化，消费者可以在线上浏览商品，然后去线下门店购物，也可以在线下门店体验商品，然后去线上下单。从 B 端来看，有越来越多的 B2B 采购平台、协同平台出现，同时也有大量的第三方、第四方物流服务出现，企业可以在线下寻源、采购，也可以线上寻源采购转化。这就导致从 C 端到 B 端的链条上出现了非常多的可能性，尤其是在零售供应链上，因为它直面 C 端。

应对这些挑战，就离不开供应链的数字化、网络化、协同化，而这"三化"催生了供应链管理的复杂度。海愿这本书，从零售供应链的基本概念讲起，延伸到业界领先的数字化实践案例，深入浅出，让人很有启发。现代供应链不再是后勤部门，早已演变为"供需链"，围绕着供应和需求的运营来最大化企业资源的效益。书中围绕着如何提升供应链绩效，讲解了如何建设供应链硬件（供应链网络）、设计供应链软件（供需控制系统）、建设供应链运营体系，同时分析了如何挑选和组合供应链上的内容物（产品或商品），不仅有定性分析，还有定量分析。

我认为本书的立意很好，市面上很少有单独讲零售供应链的书，海愿往返中美，专门从事零售供应链咨询和数字化相关服务，积累了很多经验和案例。其中有如何在数字化时代进行供应链网络优化，如何进行数字化的产品方向选择和验证，如何进行商品组合的优化，如何进行供应链运行参数的设计，等等，相信读者定会有所收获。

供应链是一门实践性和理论性比较强的学科，正如我的《供应链架构师》一书中所述，我一般推崇理论结合实际，既要有体系化的框架，又要有实践性的总结和案例。海愿的新书中既有框架性的分析，又有颇具细节的案例，书中内容能吸引和启发越来越多的从业者，让大家一起思考和分享供应链的未来。

推荐序三：消费品供应链变革亲历者言

蒋琦　消费品创业者、星巴克（中国）前供应链总监

作为跟随中国改革开放的大潮成长起来的一代供应链人，我历经了达能、百威、星巴克的供应链改革和创新，见证了欧洲、东南亚乃至中国的供应链数字化、自动化以及近期的人工智能浪潮，进而在最近的创业历程中对供应链本身的商业价值和社会价值有了更深切的体会。

海愿的这本书完整呈现了供应链从规划到数字化变革的完整架构，书中深入浅出地阐述了现代国际化供应链体系的各个主要节点。相信对现代供应链感兴趣的朋友都能从本书中获得启发。

随着国内经济发展进入新常态，流量红利逐渐见顶，营销端的创新趋于同质化，与此同时零售端进入前所未有的数字化时代，年轻的创业者比任何时候都容易获得数字化创业的机会。在这次数字化创业浪潮中，供应链再次成为众多企业开始重点投入的领域，而未来的商业竞争将来自供应链能力的竞争。正如本书中所述，一个企业供应链能力的构建周期长、复杂性高，但回报丰厚，因为它的可复制性弱、壁垒高，是企业值得投入的地方。那么企业具体应该怎么投入呢？相信本书中许多笔者分享的经验会给大家启示。

　　从制造大国到制造强国，从工业基础薄弱到全球最大的数字化商业国家，中国的供应链发展正迎来前所未有的历史大机遇，供应链的数字化变革正在悄无声息地蔓延开来，成为产品创新、模式创新和服务创新的强大动力。可以说未来的商业模式将由供应链来推动，来自供应链端的创新将不断给消费者、零售端、制造端乃至原料端等带来源源不断的新价值，推动社会不断向前发展。

　　海愿非常谦虚，他说自己是半个专业人士，写这本书是班门弄斧。我倒觉得供应链不是"硬科学"，对于不同的企业、环境下的供应链管理实践，大家见仁见智，都来发表看法，促进交流是一件非常好的事情。海愿在加入星巴克之前，有十多年的供应链管理咨询经验，碰到的行业多、客户多，有很多实践案例积累，相信读者能够从书中获取一些不一样的观点、方法，或许能碰撞出创新的火花来。

推荐序四：供应链是餐饮连锁企业运营的核心

Maggie Zhang　百胜餐饮前物料规划副总监

　　十多年前认识海愿，他的专业和对业务的深刻理解让人非常钦佩。这么多年，我们一直保持着专业上的交流。他服务过国内外很多客户，积累了非常多的第一手实践经验。并且他的迭代速度很快，每次和他交流都能学到很多新的实践方式，他愿意与大家分享，既专业又友好。

　　零售业客户分布在各地，不论是线上还是线下，这种地域上的分割导致物流成本成了零售业的重要构成。通过供应链网络设计和优化，降低物流成本，提高从仓库到门店或从仓库到客户的服务水平，是零售供应链绩效改善的重要入手点。书中介绍了供应链网络设计与优化的原理和实践，深入浅出，易于理解。

　　我在餐饮零售行业的供应链做了十多年，深刻理解供应链并非供应管理一件事，更应该称之为供需管理，供应和需求的协同程度决定着供应链的绩效水平。比如，你是不是有完整的市场、销售到需求计划、S&OP计划的协同机制；是不是有完善的从感知到市场需求再到内部供应的响应机制；是不是有从产品上新到供应部门配合、零售运营部门配合的机制等。零售供应链上要控制的层次和节点非常多，如何在复杂的网络结构中进行供需控制，体现了企业和企业之间的能力差异，书中介绍和分析了供应链控制系统的重要性与设计方法。

数字化技术驱动下，供应链的实践方式也在发生巨大的变化，用好数字化手段、用好数据，将成为企业供应链转型升级的重要能力。本书以简单易懂的方式，引入了非常多的领先实践方式，引人思考，比如如何用内外部数据来指导产品设计与研发，如何优化 SKU、供应链网络、商品陈列组合等。

我相信不论是入门者还是有一定基础的从业者，都会从书中有所收获。

推荐序五：后疫情时代供应链数字化加速发展

岳仍鹏　LLamasoft 亚太区副总裁

　　2020 年的新冠肺炎疫情对整个经济活动带来的破坏，让全世界的很多企业真正意识到了供应链的重要性，更意识到了供应链数字化的重要性。

　　供应链是实体经济运行的中枢，实体企业的日常经营无非围绕着原料、商品、采购、制造、运输、仓储、上架、销售、退货展开，而这么一个长链条的复杂流程到底漏洞在哪里，有没有带来盈利，又有哪些因素影响着盈利的水平，企业的决策者们其实很难回答。

　　如今，大多数企业的数字化水平都到了一定高度，它们都积累了大量的数据，把这些数据用起来服务于供应链，将会是下一个时代供应链竞争的重要"武器"之一。

　　海愿在本书中深入浅出地介绍了如何应用数据，进行供应链网络设计与优化，并介绍了供应链控制系统的设计与供应链控制参数的意义，以及如何梳理这些参数并形成一套体系。

　　这就好比我们在落实一套设计方案之前，先反复做论证和校验，利用供应链上积累的数据构建一个数字孪生体（Digital Twin），在进行任何供应链决策之前，先在数字孪生体上进行调节，看看这些决策如何影响运作成本、服务水平、资金周转，最后再结合企业实际情况做出最优的决策选择。

供应链是一门非常复杂的学问，有太多的议题和角度，海愿从实践的角度做分析和分享实属难得。希望有越来越多的从业者参与进来，为我国的供应链数字化事业添砖加瓦，让企业的供应链决策变得越来越有数可依，有法可循。

前　言

改革开放以来，我国经过 40 多年的高速发展，实现了经济和社会的腾飞，从短缺经济快速进入了门店如林、商品琳琅满目的零售商业繁荣阶段。在这 40 多年间供应链也实现了从"以产定销"的计划经济模式到现在"以销定产"的市场需求驱动模式，从以加工制造业为主的供应链阶段到今天蓬勃发展的零售供应链阶段；从高价低质，到高价高质，再到低价高质；从大规模标准化生产，到小批量柔性制造。消费者也逐渐从买功能，变成买品牌、买体验。伴随着电子商务、在线零售的高速发展，消费者足不出户即可买遍天下、买遍全球。这一切都离不开供应链上的三个参与方，即品牌商、渠道商、零售商的贡献。品牌商负责设计和生产符合市场需要的产品，渠道商负责把产品从生产地搬运到离市场更近的地方，零售商负责把商品搬运到客户身边并销售给客户。

然而随着社会经济发展进入新常态，人们生活所需的物品普遍已经充足供应，甚至供大于求，零售供应链上的这三个参与方面临着前有拦路虎后有追兵的境地。一方面，门店租金、仓储设施租金、用工成本、电商平台上的获客成本节节攀升；另一方面，从互联网上发展起来的新型竞争对手横插一刀。年轻一代消费者日渐崛起，他们大多是互联网的原住民，对于数字化的依赖程度非常高，在线购物的比例也很高。在这个传统零售、新型零售、线上零售交替更迭的时代，如何做到在合适的时间、合适的地点，把合适的产品以合适的价格、合适的数量卖给合适的消费者，就成了品牌商、渠道商、零售商投入巨大精力重点研究和解决的问题，而这正是数字化时代零售供应链要解决的问题。

供应链是从军事后勤学即 logistics 发展起来的，该英文单词国内一般翻译成"物流"，它的本意是"后勤"。既然是后勤保障，那就要服务好战场的需要。在企业中，战场是由市场和销售部门指定的，它们说打哪个区域，后勤保障就要到哪儿，正所谓"兵马未动，粮草先行"。市场和销售部门奉行的是增长和上限思维，它们确保的是拿下市场，给企业带来更多销售，而供应链奉行的是后勤和底线思维，确保以合理的成本供应。需求端想成长，就需要供应端跟上，而更多的供应就意味着更多的成本。企业在成长阶段如果销售增长和库存增长不成比例，就会造成虚胖式的成长，比如销售增长了80%而库存却增长了150%。这种状态不可能一直持续下去，需要进行控制，以确保对企业资源的合理利用。供应链管理不仅能保底线，而且可以带来"上限"的增长，比如它与产品研发紧密协作供应市场需要的商品（合适的产品、合适的消费者）就能带来销量的增加，它控制住缺货的发生（合适的时间、合适的数量）就能减少因为缺货带来的销售下降。同时"合适的数量"能够优化周转，释放出资金资源。合理高效的运营，能够让企业将成本控制在"合适的范围"，从而确保毛利在合适的范围。企业在供应链上的投入会产生降本和增收的效果，这是本书重点探讨的内容。

开拓市场和增加收入是零售供应链上三个参与方企业在早期阶段

能够生存和发展的主要因素。企业主往往是市场或者销售出身，鲜见有供应链背景。他们一般不大会将注意力放在供应链上，这造成企业在后续的经营中，倾向于在营销、销售上投入精力和资源来获得增长。一个企业的营销和销售方式，外界是比较容易感知到的。比如你做了什么广告，推出了什么促销，会员是怎么管理的，这些是比较容易直观观察到的，实在不行，作为消费者体验一下也能感受到。但一个企业的供应链是怎么管理的，它的供应链网络是怎么设计的，供应链控制系统怎么样，供应链运营是怎么做的，需求是怎么管理的，供应是怎么管理的，仓储物流是怎么管理的，企业内部甚至都不一定有一个人能全部说清楚，更不用说从外部观察了，因为供应链是一个非常复杂和专业的体系。即便是案例分析往往也无法深入，这就使得一个企业的供应链管理能力几乎是一种"神秘力量"。就像著名的冰山图，海面上有一座小冰山，但是海面下却有几倍甚至几十倍大的"隐形"冰山，这是在海面上无法看到的。一部分认识到供应链重要性的企业，开始在供应链上加大投入，构建自己的"神秘竞争力量"。供应链的可复制性低，构建成本高且周期长，长此以往就成为企业的核心竞争能力。

典型的案例就是美国的好市多（Costco），它几乎没有花什么钱在广告上，除了门店门口那一块高大醒目的牌子，很少看到 Costco 在报纸、电商、搜索和信息门户网站上有什么广告。高性价比商品、高效供应链支撑下的持续低毛利，让 Costco 不断把低价高质商品提供给消费者，如果你买贵了，它马上给你退差价。这使消费者建立了稳固的价格安全感，让 Costco 靠着口耳相传的获客方式获得了会员的增长。再比如京东，在广泛的轻资产电商年代，它战略性地投资发展供应链。它的逻辑是电商与消费者在单次购物过程中的接触只有三次，一次是浏览和购买，一次是送货，一次是售后。京东意识到送货是消费者的"理想碰到现实"最重要的环节，在线商城里的商品图片再漂亮，介绍再细致，那都是"理想"，如果供应链跟不上，不能及时把货送到，"理想"就变成了"幻想"，整个系统的产出就无法放大。通过高品质和高效率的供应链，消费者对京东建立了放心和可靠的认知，京东也就在消费者心中构建了良好的品牌形象。

随着经济增速放缓，市场增量空间越来越小，通过合理配置和使用资源实现精益运营就变成了企业获取竞争胜利的关键。特别是在数字化时代，客户在虚拟的数字世界里浏览、查看、点击、收藏、购买商品。同时，为他们服务的供应链上的每个环节都产生了海量数据，这些数据成了企业供应链运营的重要"生产要素"，如何通过开展数字化的供应链管理来支持销售，同时控制成本，已经成为企业的必修课。

笔者服务过众多国内外大中型品牌商、渠道商、零售商，主导和服务过众多的零售供应链数字化项目，希望通过本书，从实践应用的角度来介绍和分析零售供应链上的参与方如何在数字化时代降本增效，帮助企业达成销售增长，同时控制成本。书中提到的案例是对具体使用场景中的案例的分析和总结，限于篇幅，大量的落地细节无法一一展开（为便于读者理解，书中插入了较多实际案例中简化的图与表，单位等元素不甚齐全，但不影响其要展示的内容），同时它们不可能适用于所有的业务场景，请读者从这些案例和实践背后的原理着手，结合自己所碰到的具体情况、具体问题进行分析和应用。做供应链的优秀人才非常多，只是大家没有时间分享，笔者以"半个"专家的身份，抛砖引玉，欢迎读者提出宝贵意见。

本书的出版离不开家人的支持和帮助，也离不开在笔者职业生涯中指导、帮助过笔者的老师、同事、客户。

最后特别感谢机械工业出版社的编辑，他们给予了笔者非常多的帮助，令人十分感动。

目 录

———————

导　言

　　为了帮助读者快速理解零售供应链的基本过程、原理，笔者以战争后勤和水管道系统为例来介绍零售供应链的基本框架，在本书后续的章节中会反复用到这两个类比系统中提到的概念。

战争后勤与零售供应链

　　如前言所述，供应链是由军事后勤演变而来的。在战争中，后勤补给（logistics）是非常关键的军事活动，它确保了前方战场有充足的弹药、食品、医护用品供应。瑞士军事学家若米尼（Antoine-Henri Jomini，1779—1869）在《战争的艺术》一书中将"logistics"定义为"调动军队的实用艺术"⊖，具体是指通过军营建设、桥梁和道路建设、物资计划、物资供应、侦查和收集情报来满足战场物资需求的管理过程。

　　如图 0-1 所示，军事指挥家不仅要计划军队怎么部署，还要计划后勤物资怎么部署，比如弹药、食品、医护用品等的补给。总指挥在制作作战计划时不仅要考虑作战策略，同时还要考虑弹药物资是否能跟得上。总指挥的身边肯定有一位后勤指挥员，为了打赢战争，总指挥会在军种

———————

　　⊖　若米尼. 战争的艺术 [M]. 盛峰峻，译. 武汉：武汉大学出版社，2014.

组合、军力部署、区域选择上进行战略性的分析和决策，而后勤指挥员则参与到分析和决策的过程中确保有足够的物资来开展战争。

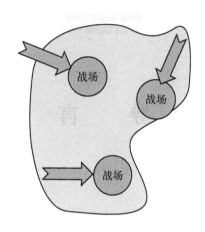

图 0-1　军事物资部署示意图

军事力量的强弱离不开工业的支撑，工业力量就像"发电厂"，而后勤体系则像"电池和电网"，将工业生产出来的武器装备、弹药、物资进行存储并输送到战场上。我们常说的安营扎寨，就是指构建这样的后勤网络体系。零售供应链上也类似，生产商源源不断地生产出产品，这些产品被"供应链网络"中的仓库吸收掉，并通过运输把产品输送到市场上。

为了打赢一场战争，总指挥首先要选择在什么区域作战，然后选择用什么兵种以及如何组合起来作战，接着派先遣部队到达战场开始作战。有的战场打得猛烈，有的战场打得没那么猛烈，后勤部队根据前方的战况进行物资供给和调配。最后在获得胜利的战场保留部分兵力，剩下的兵力撤退去攻打其他地方。

在零售供应链上，市场和销售部门就像总指挥，它们决定了去哪里开拓市场（战场在哪里）；产品管理部门或者商品管理部门决定了用什么样的产品或商品组合（在制造企业，一般把生产出来的、满足客户需求的成品称为产品，而进入流通和零售环节后往往把它们称为商品）来满足市场需求（用什么兵种作战）。供应链是后勤保障，它围绕市场和销售部门制定的"战争策略"、产品管理部门或商品管理部门选择的"兵种"，首先建立供应链网络（安营扎寨），然后把商品放到仓库里，最后根据市场需要（战场的猛烈程度）把商品源源不断地输送到一线。

在一场新的战役中，部队会带上足够支撑一段时间的战斗物资，不能带太多，否则会影响行动的便利性。到了各个战场上，实际的战况可能会跟当初预计的不同，有的战场敌人火力猛烈，有的战场敌人火力没那么猛烈。这时候后勤部队根据前方的反馈，调整物资的供给，打得猛烈的战场多提供一点补给，甚至需要从其他打得不猛烈的战场调配过去。这就像新品导入和后续补货的过程，首次上市需要一定数量的供应，同时结合不同市场的反馈来动态调整后续的供应量。

打完胜仗后战场开始进入防守阶段，先锋部队继续往其他战场前进，其余兵力进行防守，该战场的物资需求也会趋于稳定。这就像新品上市后打下了市场，客户逐渐接受了产品，形成了购买习惯，产生了稳定的需求，产品进入成熟期，供应链也就采用所谓的拉式供应链即"销售拉动供应"。

最后整个战争取得胜利，各个战场也不需要保留太多兵力了，士兵们纷纷撤退，为新的战争做准备。这就像即将要被淘汰的市场或产品的退市流程，把它们撤下来，再用新品来抢占市场。

水管道系统与零售供应链

战争后勤与零售供应链的不同之处在于，前者为了取得战争的胜利可以不计成本，而零售供应链是要在合理的成本下运营并盈利。它根据市场需求设计和供应产品，以及供应合理的数量。这有点像水管道系统，要根据终端水龙头的出水情况，来调节上游水井的水压、水位。如果终端水龙头堵住了，水流不出去，上游还在持续供水，这时候水压不断增加，管道就有爆裂的风险。如果终端的水龙头出水很快，而上游没有充足的水供应，很快终端就供应不上水了。

如图 0-2 所示，在这样的水管道系统里，品牌商就是水源，渠道商就是水塔，零售商的仓库也类似水塔，而它的门店就是水龙头。水从源头沿着管道流到终端门店，终端发生销售后水就从整个水管道系统中流出去。

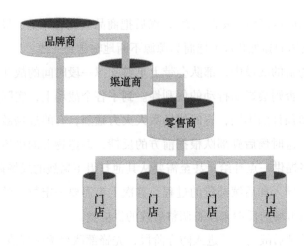

图 0-2　零售水管道系统示意图

这样的水管道系统中，有很多个控制环节，比如门店有自己的开关，零售商总部有自己的开关，渠道商和品牌商也有自己的开关。这种开关有两个可以调节的旋钮，一个负责调节热水即需求，另一个负责调节冷水即供应，只有冷水和热水都调节好了，才能产生可以流动的"温水"。比如门店这个环节，你把冷水多加一点相当于放大了供应，但如果没有热水进来相当于没有需求，销售也不会如期望的那般发生。比如零售商总部这个环节，你把整体的冷水量加大了，相当于加大了总体供货量，但热水量维持不变，可能很难产生预期的销售。

要控制系统的产出水平，就需要持续监控门店的温水流动情况，以门店销售目标为指引，指挥整个系统中各个控制环节，把门店的冷热水开关、总部的冷热水开关调整到最佳的状态。为此，快速、及时收集终端门店的销售情况，同时结合供应和需求的匹配程度，动态调节冷水和热水就变得非常重要，笔者将这种模式称为"终端消费需求驱动的供应链"（consumption driven supply chain），该思想贯穿本书始末。读者在阅读过程中可能会认为书中有些内容与普遍意义上理解的供应链（计划、采购、生产、仓储、物流、退货）有些差异，这源于供应链本身的定义已经突破了供应一端，更应该称之为"供需链"。供应链虽然是"后勤保障"，但必须参与到"战斗"中去，深入了解战场在哪里，前方需要什么，在什么时候需要，否则就会出现供需不匹配。供应大于需求就会导致库存过多，周转低下，毛利被蚕食；供应小于需求就会导致缺货和客户流失，这两者最终都导致经营绩效低下。

以线上零售为例，这类组织中有五个非常重要的部门，即流量运营部门（通过广告投放、购买流量，确保有人访问线上门店）、客户运营部门（客户问询、售后服务、客户关怀）、内容运营部门（商品图文、视频等内容运营，确保内容图文并茂吸引客户）、供应运营部门（选品、采购、库存管理、发货管理，确保有适合和足够的供应）、销售运营部门（围绕公司经营目标，统筹各个部门）。首先销售运营部门识别影响需求的因素（流量、商品关键词、图文内容），然后围绕销售目标，分析客户的购买数据和行为数据，制定影响客户行为的流量运营策略、内容运营策略、客户运营策略，以及供应运营的配合策略。最后各个部门各自按照制定的策略开展运营，运营过程中流量运营、内容运营、供应运营密切和高效协同，实现供需的高效集成。在这种模式下，销售运营是那个同时调节冷水和热水的部门，而流量运营、客户运营、内容运营是调节热水的部门，供应运营是调节冷水的部门。销售运营统筹其他几个部门的运营策略，确保能够调节出最佳的冷热水状态，其他部门配合执行。

反观线下零售，门店在不同的区域、省份、城市、街道，而总部往往离终端门店距离遥远，在这种情况下，零售部门面对最终客户，市场部门在总部工作，离客户比较"远"，供应链部门听从市场和销售部门的指挥，与客户的距离也比较"远"，因此围绕客户的"供应和需求集成"的效率往往没有线上零售高。

为了打造高效的、有效的、围绕终端需求的供应链，就不得不分析控制冷水和热水的部门的运作方式，比如零售运营、市场、商品运营等业务领域的作业方式，让它们与供应链集成起来，这其中离不开如下五大要素。

- **硬件**，即水塔、水管道、水龙头。水塔对应着供应链里的仓库（总仓、分仓、前置仓），水龙头对应着门店。水路系统里的管道是硬件，是实实在在的、看得见摸得着的物理存在。供应链上的"管道"是仓库和仓库、仓库和门店之间的连接，这种连接不是实实在在的管道，而是用物流运输和道路组合起来的，是弹性、可变的。硬件投入占零售供应链上固定资产投入的比例较大，一方面它本身投入巨大，另一方面它也会在日后每天的运营中影响运输和配送成本。

- **水**，即在硬件上流动的内容物，在零售供应链上对应着商品。如果内容物符合市场需求且数量合理，水流就会比较快，否则管道就会拥堵而造成积压。

- **控制系统**。水不是随意流动的，需要根据下游的需求来调节上游的水压、水位。这就需要一套控制系统，比如安装水位监控设备、阀门、水泵等。零售供应链上也一样，企业用来做经营的资金是有限的，不可能漫无目的地填充内容物，也不能没有内容物在管道里流动，上游的供应速度要与下游的消耗速度匹配，同时下游的消耗速度也要看上游的供应速度。这样的一套"供需控制系统"主宰着供应链的运营，如果设计不合理会导致供需失衡，进而导致如前文所述的经营绩效低下。

- **运营模型**，即关系的构建。品牌商、渠道商、零售商通过各自的组织连接客户和供应商。为了从供应商那里获得稳定和成本合理的供应，需要与供应商构建合作关系，这种关系的紧密程度决定了合作的质量，比如供应商的服务水平和响应速度。同时客户是需求的来源，能否与客户构建良好的关系决定了企业是否有持续且稳定的生意。供应链运营离不开人，品牌商、渠道商、零售商这三类组织除了与外部的供应商、客户构建关系，还需要通过组织和流程的搭建，构建与员工的关系。事在人为，关系构建的质量将决定整个系统运行的质量。

- **供应链运营**，或者称为供应链执行，它是指在上述硬件、控制系统、运营模型的基础上，开展供应链业务的执行活动。比如通过预算管理、供应链计划、采购或生产、仓储、物流、销售来完成商品的采购、流动，让销售发生，让资金回笼。

本书结构

供应链管理最终的目的是支撑企业的销售目标，同时将成本和投入控制在合理的范围内。"已动用资本回报率"（return on capital employed，ROCE）是衡量供应链运作好坏的重要指标之一，如图 0-3 所示，它等于毛利除以已动用资本。要提高 ROCE，要么增加毛利，要么降低已动用资本。要获得更大的毛利就需要提升销售，同时将成本的增长控制在合理的范围内。要降低已动用资本，就需要控制固定资产和运营资本的投入。在零售供应链上，固定资产投入主要是仓储设施的投入，而运营资本主要是花在库存上的钱。为了提高 ROCE，就要求用更合理的设施投入、更合理的库存投入，获得更多的毛利。这就好像戴着镣铐奔跑，花在设施上的"固定资产"投入和花在库存上的"运营资本"投入就像镣铐，一方面要扩大销售，另一方面不要让镣铐的重量增长得过快。想要做到这一点，离不开精细的零售供应链管理，这正是本书各个章节所穿插的内容。

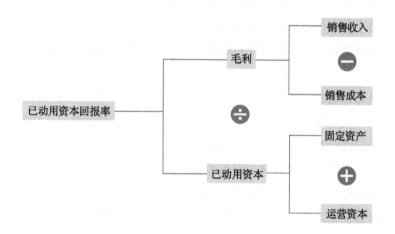

图 0-3　已动用资本回报率计算公式

既然供应链是战争的"后勤保障"，那么为了做好后勤保障就必须了解零售行业的"仗"是怎么打的，本书第 1 章介绍什么是零售，并从整体上介绍零售业务中对**提高销售收入**有帮助的内容。

零售供应链与制造供应链有着鲜明的差别，前者关注效率（efficiency），后者关注有效性（effectiveness），第 2 章从多个角度对两者进行对比，来介绍什么是零售供应链。

第 3 章介绍如何设计零售水管道系统中的硬件、控制系统和运营模型。

硬件设计即供应链网络设计，它决定了整个供应链的固定资产投入（门店、仓库设施投入），同时也决定了商品在网络上流动的路线、距离与运输方式（总仓到分仓、分仓到门店、前置仓到门店），设计得好的话，它每一天都能带来成本节省，设计得不好每一天都会产生浪费。

该章 3.1 节从一个简单易懂的示例出发，介绍如何设计和优化供应链网络，**来降低固定资产投入，提高固定资产利用效率，同时降低整体物流成本。**

3.2 节介绍如何进行控制系统的设计，有了硬件还需要有一套控制系统，来指挥"水"在管道里的合理流动，既要能满足业务发展的需要，又能把水位控制在合理的范围内，降低运营资本的使用。

3.3 节介绍如何设计运营模型，即通过实践、流程、人员、技术的组合设计，让"人"能够更好地驾驭硬件和控制系统。

第 4 章介绍如何设计和组合水管道中流动的"水"，即通过产品组合、商品组合管理，来设计和组合出符合市场需要的商品，进而提高销售速度。

设计好硬件、控制系统、商品组合，还不足以让供应链运转起来，第 5 章介绍如何合理投入资金、采购合理数量和品种的商品，让商品围绕终端门店的需求快速高效流动起来。

库存是供应链的血液，库存的多少受服务水平的影响。第 6 章介绍库存的构成与作用，并介绍如何优化服务水平和库存水平。

在数字化时代，不少企业都在尝试各种各样的数字化供应链管理手段，第 7 章介绍什么是数字化供应链，分享数字化时代的最佳实践和领先实践，希望能给读者一些提高绩效和降低运营成本的启发。

在数字化时代，全渠道和多渠道零售是非常重要的零售方式，也带来了对供应链的挑战，第 8 章介绍供应链在新型零售方式下的实践。

在线下零售往线上零售切换的过程中，企业的经营充满了不确定性，第 9 章介绍如何通过合理的方法管理供应和需求的不确定性。

———————

第 1 章　什么是零售

　　现代营销学之父菲利普·科特勒教授这样定义零售，"retailing includes all activities involved in selling goods or services to the final consumers for personal, non-business use"[⊖]，即"将产品或者服务卖给最终使用者而非商业用途相关的活动"。关于零售的定义和解读，有很多很好的角度，比如人、货、场等，我们换一个角度来思考和表达，从客户入手。

客户与市场

　　为什么是客户，而不是消费者呢？有些时候客户并不是直接消费的人，比如人们给宠物买衣服，给孩子买衣服，给父母或者朋友买礼物。这两个角色有可能是同一个人，也有可能不是。客户代表了做决策和购买的人，消费者是最终的使用者。

　　要影响新客户的购买决策，需要跟客户建立起一定的联系，比如初次购买的实现是因为客户在某个地方看到过你的广告，或者你的门店就在他经过的地方。客户初次购买之后，获得了良好的购物体验、消费体验，有很大可能性会持续进行购买。

———————

⊖　菲利普·科特勒，凯文·莱恩·凯勒.营销管理（英文版·第14版）[M].北京：中国人民大学出版社，2016.

客户有各种各样的需求，具有相同需求的客户合起来，就构成了买方市场。零售商提供了卖方市场，让有需求的客户和所需要的物品发生接触。在线下零售的场景下，客户和真实的商品在物理门店里发生接触，客户进行选择和购买。在电商零售的场景下，客户在线上门店与商品的数字化信息（视频、图片、文字）发生接触，进行选择和购买。

要服务好市场上的客户，把东西卖出去，需要从这几个因素着手：①**心理覆盖**，即和客户建立连接，并让他记住你。②**数字世界覆盖**，即让客户在数字化的世界里能找到你。③**物理覆盖**，即在物理世界里让客户能找到你。

销售如何发生

笔者用如图 1-1 所示的公式来表达零售的销售如何达成。"覆盖"决定了有多少目标客户能跟商品发生接触，"周转速度"决定了销售的速度，两者相结合决定了销售的好坏。

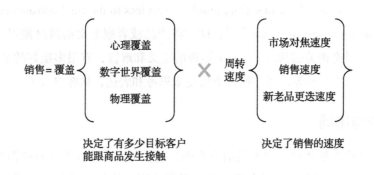

图 1-1　零售销售的逻辑

在周转速度一定的情况下，覆盖越广销售规模就越大；同理，在覆盖程度一定的情况下，周转速度越快销售规模就越大。以某零售商为例，它有 100 个门店，每个门店每月平均销售收入为 20 万元，每月总的销售收入就是 2000 万元（100 乘以 20 万元）。如果它在不同的区域开 100 个类似的门店，总的销售收入就很有可能会扩大一倍。同样，如果门店数量不变，但每个月单店平均销售收入提高到 40 万元，总的销售收入也会扩大一倍。

月均销售收入由老品和新品共同构成，如果所经营的商品生命周期长，如超市和便利店所经营的品类，或者可以卖很长时间的基本款服饰，大多数都是成熟的老品，那么它们的销售速度就决定了月均销售收入。但如果所经营的商品生命周期很短，比如时尚服装、饰品、新潮电子产品，靠不断引入新品来刺激消费，那么新老品的更迭速度就非常重要。由于技术、经济的发展和进步，满足客户需求的方式也在不断发生变化，在20世纪90年代人们进行跨地域沟通主要靠长途电话或者书信，现在基本全靠手机，这就产生了对手机的需求，也衍生出对手机膜、保护壳的需求。同时人们也在成长，处于人生的不同阶段，对用来满足同样需求的商品的要求也在发生变化，比如人们年轻单身的时候追求时尚着装，成家立业后慢慢地趋于选择成熟稳重的着装方式。零售供应链上的玩家，能以多快的速度与目标市场进行对焦，提供市场需要的商品，决定了未来的周转速度，一旦和市场对焦出现问题，周转速度就会出现问题。

用战争来做类比，覆盖决定了火力覆盖的区域，周转速度决定了火力的密集程度，覆盖得越广，火力越密集，对物资的需求量越大。

覆盖

为了让客户购买你所经营的商品，首先需要通过心理覆盖让他**有需求时能想到你**。然后通过数字世界覆盖和物理覆盖，让他能**找得到你**，如图1-2所示。零售供应链上的三个参与方，品牌商、渠道商、零售商，都需要面对和解决好这三种覆盖。这三种覆盖既有先后顺序，同时又相互影响。

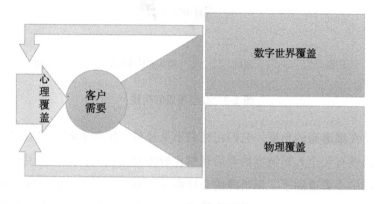

图1-2 三种覆盖的关系

1. 心理覆盖

站在**品牌商**的角度，要让自己的产品卖得更好，需要让客户对品牌和产品有所认知。客户与品牌接触时是靠自己的认识来判断品牌形象的，而这种认识要么来自广告，要么来自实际的购买和使用体验，要么来自他人的推荐。广告我们都比较熟悉，比如在电视、报纸、杂志等媒体上投放广告，让客户能够看到并记住。在数字化时代，线上广告投放已经是主流的投放方式。如果说广告是"虚的"，那么体验则是品牌商与客户构建的实实在在的联系，体验的好坏直接影响心理覆盖的程度。如果有100个客户看到广告，愿意购买，但其中10个产生了不良的体验，那么心理覆盖很有可能就由100变成90了，实际上这10个客户还会传播这种不好的体验，造成更多的客户脱离品牌好不容易建立的心理覆盖。传播则是体验非常好的客户认可品牌形象和对品牌的赞扬，这种赞扬的效果要比广告好得多。我们经常讲的会员管理，其实也是通过服务好会员，让他们形成稳定的心理覆盖，进而形成复购。现在比较流行的"私域流量"的说法，本质上就是要建立客户与品牌的私密甚至封闭式的互动，形成闭环的心理覆盖，提高客户终生价值（第9章会详细介绍），使客户成为品牌的专属"资产"，如图1-3所示。

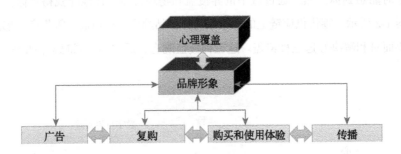

图 1-3　心理覆盖的构建

站在**渠道商**的角度，它们往往名不见经传，比如大家都知道宝洁公司，但没有几个人知道宝洁背后规模比较大的渠道商，更不用说服务于宝洁的中小渠道商了。渠道商的心理覆盖，更多是通过提供高性价比的商品来服务好零售商，与零售商构建长期的合作关系，这样零售商有需求的时候会倾向于和它合作。这里面的服务包含了非常重要的供应链指标——服务水平，比如渠道商按时足量交货的比例。假如有两个渠道商甲和乙，经营类似的商品，服务同一个零售商，甲的按时足量交货率只有30%，也就是说100次中只有30次能按期足量把货供上，而乙可以做到90%。如果该商品对于零售商非常重要，频繁缺货会影响到它的客户的体验，这时哪怕乙的报价比甲高，零售商也应该选择它。除此之外，账期、物流速度、商品质量也影响着渠道商对零售商的心理覆盖程度。

站在**零售商**的角度，它们直接面对客户进行销售，有三个因素会影响它们对客户的心理覆盖：①**零售商的品牌形象**，其逻辑与品牌商的心理覆盖类似。②**便捷程度**，这与和客户的距离或者商品触达客户所需要的时间有关。距离客户越远，心理覆盖会越弱。③**商品组合**，即是不是提供了客户需要的商品。对于大多数小规模的零售商比如夫妻店来说，②③的重要性大于①；对于大中型的零售商来说，这三者同等重要。也有零售商很少靠做广告来提升品牌形象，比如前文中提到的 Costco。

2. 数字世界覆盖

在客户从线下迁移到线上的浪潮中，线上客户占比越来越高，企业不做数字世界的覆盖，很可能会导致这部分客户的流失。

站在**零售商**的角度，在数字世界开展经营，商品在多少个在线渠道进行销售、有多少目标客户能够访问到、访问是否方便，很大程度决定着销售的好坏。随着客户在数字世界花费的时间越来越多，除了传统的天猫、淘宝、京东、唯品会等电商平台，还出现了诸如拼多多、小红书、微博、微信商城、抖音、快手等覆盖手段。这些手段中既有对产品进行营销的内容平台，也有能够直接购买的电商渠道。

线上零售有一个非常重要的概念叫作流量，即线上零售商通过向特定人群投放广告，购买首页的广告位、展示位或者某个栏目里的优先展示位，请知名博主或意见领袖介绍和转发产品介绍内容，来获得客户的关注和点击，让更多线上的目标客户到门店浏览和购买。这些数字世界的覆盖方式，打破了地域的限制，可以触达全国各个区域的客户。

站在**渠道商**的角度，现在出现了越来越多的在线 B2B 交易平台，它们连接起品牌商或渠道商和零售商，是渠道商的新形态。比如阿里的零售通、京东的新通路，品牌商或者渠道商把自己经营的商品放到这类平台上进行销售。平台上的中小零售商、夫妻店直接在线订购这些商品。随着 B2B 的普及以及采购数字化程度的提高，这将成为渠道商数字世界覆盖的重要方式。

站在**品牌商**的角度，如果它开展在线直接面向最终客户的销售活动，数字世界覆盖与零售商相差无几。但如果不开展在线销售，仅仅是在线投放广告，数字世界覆盖就变成了广告和传播的媒介。

3. 物理覆盖

站在**品牌商**和**渠道商**的角度，物理覆盖是指"货"的物理覆盖。以快消品为例，物理覆盖可以按照如图 1-4 所示的层级来划分，首先是对某个区域的覆盖，接着是覆盖了该区域里的哪些省、哪些市、哪些零售商，覆盖了零售商的

图 1-4 物理覆盖的层级

多少个门店，覆盖了这些门店的多大货架空间。覆盖的区域越广，可能产生的销售就越多，但同时所需要的供应资源也会越多。

品牌商在选择要进入的区域时，可以从购买渗透率的角度进行分析。如表 1-1 所示，A 区域现有的购买渗透率为 20%（现有购买人数占人口基数的比例），还比较低，通过合理的市场营销手段，该品牌有可能做到 12% 的品牌渗透率，A 区域的竞争并不激烈，根据这些数据可以估算出在 A 区域能做到每个月 24 000 万元的销售收入。相反，B 区域现有的购买渗透率高达 40%，属于竞争很充分的区域，预计进入后品牌渗透率只能做到 5%，根据这些数据可以估算出在 B 区域可以做到每个月 12 000 万元的销售收入。

表 1-1　两个候选区域潜力对比

候选区域	人口基数（万）	购买渗透率	预计品牌渗透率	人均花费（元/月）	预期月销售收入（万元）	竞争程度
A	2 000	20%	12%	100	24 000	弱
B	3 000	40%	5%	80	12 000	强

不同区域内的零售商有不同的构成，有大型连锁零售商、中小型零售商、个体户，并且不同零售商的门店数量和面积也不一样。品牌商或渠道商经营的商品覆盖了多少个大型零售商的多少个门店，大店多少个，小店多少个，覆盖了门店的多大货架空间，决定了有多少目标客户能够与其经营的商品发生接触。比如对于软饮料品牌商，将商品放到华润万家全国的门店销售，与放到某个区域的连锁商超销售，覆盖程度是不同的。为此品牌商和渠道商需要用量化的方式来分析物理覆盖的程度。如表 1-2 所示，假设有四种商品，分别覆盖了同一个区域内的若干个门店。其中，覆盖率是指覆盖门店数除以区域内的总门店数，加权覆盖率是指（覆盖门店数 × 门店销售收入）/ 所有门店销售收入之和。门店是生而不平等的，单纯从产品所覆盖的门店的比例看，看不出门店之间的差别。有的门店每月能销售 100 万元，有的能销售 1000 万元，一般认为销售收入越高的门店，它对应的客流更多、条件更好，所占的覆盖率权重应该更高。即便如此，将总销售收入作为权重还是有欺骗性，有可能虽然总销售收入很高，但是这种商品所属的品类的销售收入占比并不高，导致了不公平的权重，因此用品类加权覆盖率能比较好地解决这个问题，它等于（覆盖门店数 × 品类销售收入）/ 品类总销售收入。通过这样的分析，品牌商或渠道商可以分析商品在某个区域覆盖的程度，进而决定接下来的市场策略。

表 1-2　商品覆盖率测算表

品牌商	商品	覆盖门店数（个）	区域总门店数（个）	覆盖率	加权覆盖率	品类加权覆盖率	销售速度（万元/月）	总销售收入（万元）
B1	PD1	40	200	20%	30%	35%	100	4 000
B1	PD2	50	200	25%	20%	22%	80	4 000
B1	PD3	60	200	30%	25%	30%	150	9 000
B1	PD4	70	200	35%	40%	32%	160	11 200

站在**零售商**的角度，如果是线下零售，物理覆盖是指门店覆盖了多少区域；如果是线上零售，物理覆盖是指仓库覆盖了多少区域。虽然线上零售看起来不需要商品现货，只要有商品的图片、文本、视频介绍即可，但实际上为了能够让在线订单快速被交付，让客户快速拿到商品，零售商需要把商品放到大大小小的仓库里。零售供应链重点要解决的就是物理覆盖的问题，即如何高效低成本地覆盖更多的市场。物理覆盖的

程度是指目标客户所在的区域有多少个门店，门店的密度是多少，比如每100万人口的地方有多少个店，这决定了消费者遇见你的频率。如果每100万人口有100个店，即平均每1万人口有1个店，假设1万人经过门店的概率是20%，那么该店就有2000人的客流，客流量跟选址密切相关。

| 小　结 |

覆盖决定了销售收入的"宽度"。

周转速度

1. 市场对焦速度

当我们用数码相机拍照时，如果拍摄对象处于运动中，拍摄出来的照片往往会模糊不清，为了避免这个问题就需要用高速对焦和高速快门。零售供应链上也如此，市场千变万化，新一代的消费者跟上一代比差异巨大，如果不快速捕捉、快速对焦，就很有可能失去客户。因对市场需求反应慢导致所经营的商品老化，从而倒闭的零售商、渠道商、品牌商比比皆是。要做到快速对焦就需要有人、机制、方法去持续观察市场和客户。这项工作一般交给市场部门，它们结合内外部数据来分析目标客户要什么、不要什么，并适时调整市场和商品策略。对具体对焦速度的要求，也取决于所经营的产品的生命周期、更新迭代速度、竞争情况，比如对卫生纸的市场对焦频率要求就要比季节性流行服饰低得多。

2. 销售速度

零售追求的是把商品卖出去，快速变成现金，然后再投入购买或生产新的商品，持续滚动。销售速度决定了资金回笼的速度，它是指单位时间内所发生的销售额的大小，销售速度越快代表赚钱速度越快。它与需求频率、包装规格、商品和需求匹配程度、促销有关。比如快速消费品的消费频率比较高，而耐用消费品的消费频率比较低；大包装的商品单次的销售额高，但买一次可以用比较长的时间，小包装的销售额低一点，但用不了多长时间，需要频繁购买，因此两者的销售速度可能也差不多。商品和需求匹配程度高，适销对路，销售量会大一点，速度会快一点。促销的时候，销售会多一点，速度会快一点。

同样条件下，销售速度越快，则产生的销售收入越多，比如同样的商品，有的门店一天卖5件，有的卖50件，所产生的销售收入就相差了近10倍。

在不同零售业态，销售速度有不同的表现形式。例如，商超便利店、服饰专卖店看日均销售额。餐饮零售中由于提供了供客户消费即吃饭的场所，日均营业额是由客户就餐产生的，周转的客户越多营业额就越大，因此会用翻台率（每个餐桌每天平均服务几次）来考察它的周转速度。

3. 新老品更迭速度

对于生命周期短、依靠频繁上新品来刺激和满足消费者需求的商品，比如快时尚服饰、新潮电子产品，新老品的更迭速度直接影响着销售速度。

对于生命周期长的商品，虽然消费者不一定期待频繁的商品更新，但为了维持整体销售速度，企业也需要定期来复盘商品的销售情况，把卖得慢的商品淘汰，换成卖得快的商品。通过这样持续调整的方式，不断更迭商品，优化整体的销售速度。

| 小 结 |

覆盖决定了销售收入的"宽度"，周转速度决定了销售收入的"高度"，"宽度"乘以"高度"，就得到了销售收入的"面积"。

如何扩大销售战果

零售供应链上的三个参与方，为了持续地获得销售收入，要将覆盖和周转结合起来思考与应用。对于品牌商而言，如果一种商品销售得很好，那么为了扩大销售，就需要尽快将其覆盖更多的区域；如果一种商品销售得不好，那就需要将其退出市场，让出资源给新的商品；如果一种商品销售得一般，那就可以考虑换个区域试试。在部分区域建立品牌形象的品牌商，为了扩大销售，需要在覆盖上想办法，首先应建立更多区域的心理覆盖，然后通过加大物理覆盖，把商品放到更多区域的更多门店里。一个在部分城市建立品牌形象的零售商，为了扩大销售，需要通过进入新的城市、开设新的门店来扩大覆盖。

品牌商或渠道商如果在覆盖上已经饱和，没有空间，那就需要在周转上想办法，找到更适合客户的商品或者更多的适合细分客群的商品，维持或者加快销售速度。零售商也类似，为了维持或加快销售速度，它需要把门店里销售速度慢的商品逐步移出，加入销售速度快的商品或者有潜力的新品，并持续进行这样的操作。

零售供应链上的资源是有限的，物理覆盖越广，就需要开设越多的仓库、门店来做支撑，并且需要更多的库存。在覆盖有限的情况下，把周转做好，让产品卖得更好，也能获得销售的增长。做经营就是在有限的资源中做出广度和深度的选择，如图 1-5 所示。

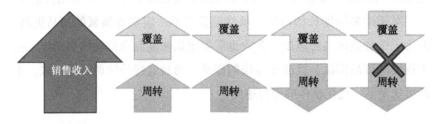

图 1-5　扩大销售的方式

- 如果资源充分，可以同时提升覆盖和周转，最终提升销售收入，比如让销售得很好的商品覆盖更多区域。
- 对于总供应受到限制的情况，覆盖可以有所下降或维持不变，通过促销提升所覆盖区域的周转速度来提升销售收入。
- 对于周转已经没办法提升，但还有供应的情况下，可以考虑扩大覆盖来提升销售收入，比如"市场下沉"，把一二三线城市已经卖不动的东西，覆盖到四至八线城市，来提升销售收入。
- 最后一种情况更多地属于实在卖不出去的商品所采取的策略，它不会带来销售收入的增长，属于撤退策略。

如果用军事战争做类比，对于销售好的商品，往往采取**饱和攻击**的方式，确保有足够多的覆盖，拿下更多市场。对于销售不好的商品，采取快速撤退的方式，再换上新的精兵强将进行突击，一旦突破，又可以采取饱和攻击，拿下更多的市场。对于打得不温不火的地方，可以换个战场，用同样的火力再打打看。零售就是这样持续地迭代，获得市场和产生销售的过程。

☞ 案例分析

国内知名的零食零售商良品铺子，凭借优良的产品品质，借助电视剧植入、明星代言，扩大心理覆盖。同时借助全渠道，一只手抓线下的物理覆盖，招兵买马扩大门店覆盖，另一只手抓线上覆盖，迎合年轻和数字化时代的消费者。通过线上、线下客户的统一运营，线上和线下销售的协同，给客户创造了衔接非常顺畅且良好的数字世界购物体验和物理购物体验，取得了巨大的商业成功。

宝洁作为老牌快消品的代表，进入中国之后，一边抓心理覆盖，一边抓物理覆盖。在心理覆盖方面，它花费了大量的资金在电视、纸媒体上投放广告。如图 1-6 所示，某广告咨询机构统计了 2006 ～ 2015 年宝洁的广告投入，基本上维持在销售额 11% 的水平上，实现了品牌在规模以上城市家喻户晓的水平。

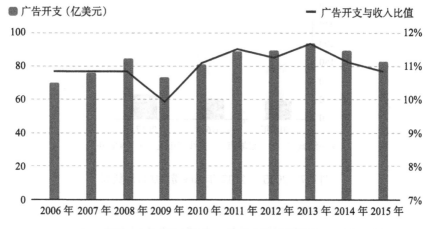

图 1-6　宝洁 2006 ～ 2015 年的广告投入

资料来源：DT 财经，http://www.dtcj.com/datainsight/786。

在物理覆盖方面，宝洁在 20 世纪 90 年代的销售基本由渠道商进行，到 2003 年随着大型连锁零售的快速发展，它开始发展直销渠道即直接面对大型零售商。它发展出两大渠道：①针对大型连锁超市的直供渠道，服务华润万家、家乐福、沃尔玛、物美等超大型连锁超市；②分销商渠道，服务三四线城市的中小型零售商、批发市场、夫妻店、美容美发机构，所覆盖的区域越来越广。

在数字世界覆盖方面，2010 年随着线上零售的发展，宝洁开始发展线上销售，10 年间，宝洁在天猫开设了 13 家旗舰店，包含旗下的各个品牌，10 年间业绩增长了 1000 倍。

宝洁为了加快销售速度，扩大销售，在加大覆盖的同时也不断投入产品研发和迭代。从最早的海飞丝、飘柔，到覆盖个人护理、家庭清洁方方面面的产品线，从大包装到小包装，覆盖高中低档，让所覆盖区域的各个层次的目标客户都能有所选择，从而加快销售速度。

再看一个餐饮零售商海底捞的例子。如图 1-7 所示，根据中泰证券的分析报告，海底捞在 2015～2017 年门店数量持续增加，其 2019 年的财报显示，截至 2019 年门店数量达 768 家，较 2016 年的 176 家增长 3.36 倍。

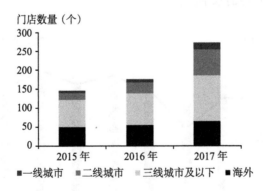

图 1-7　2015～2017 年海底捞门店扩展数据

资料来源：海底捞公司招股书，海底捞公司年报，中泰证券研究所。

如图 1-8 所示，根据搜狐财经的报道，海底捞在这三年的营业收入也逐步提升，这与门店覆盖的扩大不无关系。

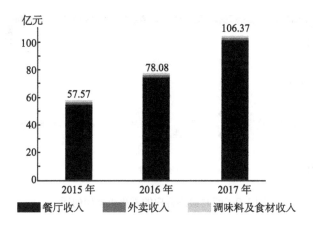

图1-8　2015～2017年海底捞的营业收入

资料来源：https://www.sohu.com/a/232118569_355066。

如何持续让销售发生

任何企业开展经营都需要形成从心理覆盖到物理覆盖再到心理覆盖的闭环，这样才能持续销售。要形成这样的闭环，就离不开可访问性、商品组合、体验的闭环。如图1-9所示，**可访问性**（accessibility）包含心理覆盖、物理覆盖、数字世界覆盖，是指客户能够多么方便地想到你和找到你，**它能吸引客户进店，决定了客流的大小**；商品组合（assortment）是指选择什么类型的商品，并将它们组合起来满足客户需求，以及这些商品有什么特性（品质、特征、价格），有没有足够的库存（availability），**它能吸引客户浏览商品、选择购买自己需要的商品，决定了转化率（购买人数占进店人数的比例）的高低**；**体验**（experience）包含购物前和购物时对门店视觉、环境、服务、商品使用、售后的感受，它塑造了客户对整个品牌的感受，**能吸引客户继续进店购买或对品牌进行传播，决定了复购的比例**。

在这样的零售机器的闭环运行过程中，**物理覆盖和商品组合都离不开供应链**。企业主投入大量时间和资源在心理覆盖（营销）和数字世界覆盖（流量）上，其实这只是机器运行的第一步，没有供应链就不会有恰当的商品供应，销售就不会发生，更不用说复购了。

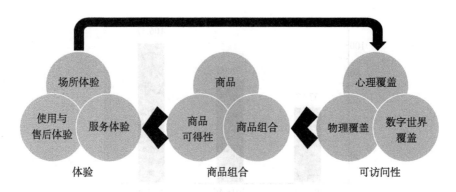

图 1-9　面向最终客户的零售机器如何运行

1. 可访问性

可访问性是购物渠道或者场所（place）的演绎，这三者前文详细介绍过，此处不再赘述。

2. 商品组合

商品组合包含三个部分。

- 商品本身，它是满足客户需求的载体，是一系列功能、特性、外在元素、价格、质量的组合。以价格为例，可以根据对目标客户的购买力的判断，选择走大众化、中端或高端的价格路线。再如质量，它关系到消费者怎么把心理感知的品牌形象和实际感受到的价值联系起来，换句话说，就是当品牌的心理感知程度和产品质量不匹配时，消费者要么觉得物超所值，要么觉得名过其实。
- 商品组合是对商品宽度和深度的选择。例如，专门卖运动装的零售商，能够给客户运动场景下的一站式最全的选择，而各种服装都卖的店虽然选择比较广，但不能覆盖客户在某个场景下的所有需求。再如，星巴克是一站式咖啡消费店，相反地，肯德基也卖咖啡，但它只提供非常有限的选择，不过肯德基的炸鸡肉选择非常丰富。不论是品牌商、渠道商还是零售商，它们都面临怎么组合商品的问题。如果仔细观察超市里的商品构成，你会发现有众多品牌、品种、包装规格、价格范围的商品，来满足我们头部清

洁的需求。如果这些商品组合得好，能覆盖更多的客群，那么它
们就能获得更多的销售；如果组合得不合理，就会出现部分商品
卖不动的情况，一来浪费了货架空间资源，二来也让一部分客户
失望。我们将在第 4 章"产品与商品组合"中详细分析如何做商
品组合和如何优化。

- 商品可得性，即有没有现货，如果商品没有现货就浪费了销售机
  会。研究表明，在初次碰到缺货时，有 16% 的客户选择掉头出
  门，不继续购物；如果是第二次碰到缺货，30% 的客户会掉头
  出门，不再购物。可访问性做到位了，但供应问题掉链子导致缺
  货，会给客户虎头蛇尾的感觉，客户会对品牌失去信任；反过来，
  可访问性差了一点，但是产品非常好且有现货，客户的感觉会是
  惊喜、超出预期，同时会通过口碑来传播这种超预期，这时供应
  链能力在帮你塑造"可访问性"。

3. 体验

客户在店里除了感受到商品组合，还会感受到购物场所和服务的好
坏。比如，线下门店是否给人舒适、干净、整洁的感觉，货架之间的通
道是否宽敞，两个消费者同时站立背对背购物时会不会碰撞；门店空间
的布局是否符合消费者的购物习惯，商品是否好找；店内工作人员的服
务是否良好，是否可以便利地找到客服人员来帮忙解决问题；对于电商
来说，线上商城是否陈列有序、分类合理、查找方便、布局和内容美观。
最后就是购买之后的售后体验，比如是否能很方便地找到服务人员，是
否有清晰的售后服务政策，退货是否方便，是否很在意客户的使用感受。

这三者的合理组合，决定了零售机器运行的效率。实践中企业为了
衡量自身运行的健康程度，会根据自己的实际经营情况设定指标体系。
图 1-10 列示了一个笔者服务过的零售企业的例子，该企业从如图 1-10
所示的几个角度，由公司内部的领域专家或外部咨询机构对自己进行评
分，并与竞争对手对比。以产品组合指标为例，可以把它分解成细分指
标，如品类数量、品类内商品数量、新品占比、畅销款占比、新品引入
频率，并赋予这些细分指标不同的权重，用专家打分的方式来评定得分。

这些指标也不是每个都要得"高分"，分数高低取决于企业的定位。如果企业的定位是"广泛覆盖的零售商"，那么物理可访问性和数字世界可访问性应该维持在9～10分（满分10分）；如果企业的定位是"丰富的产品选择"，那么产品组合应该维持在9～10分；如果企业的定位是"良好的服务与体验"，那么与此相关的指标得分应该维持在9～10分；如果企业的定位是"高性价比的商品"，那么产品和价格应该维持在9～10分。

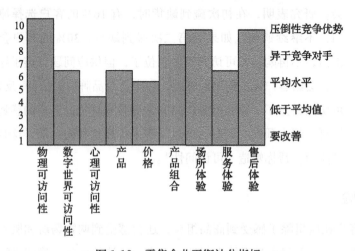

图1-10　零售企业平衡计分指标

这几个指标也有互补性，如果商品组合比较差，没有合适的商品，或者商品本身差异性不大，那么就需要通过场所体验、服务体验、售后体验进行弥补。笔者有个客户，他认为自己经营的产品与对手的差异性不大，于是通过构建良好的服务体系以及会员福利体系、社群体系，使消费者觉得他们的产品很有意思，于是反复光顾。

☞ **案例分析**

沃尔玛的定位是"大众低价"和"商品丰富"，即给客户提供最全的商品和最低的价格。然而在2010年前，它采用的是每周定期打折的方式，比如周二、周四、周六打折，其他时间恢复正价。在这种方式下，消费者没有建立对价格的稳定预期，认为只有打折的时候才得到了实惠，因此打折的时候才去消费，导致沃尔玛的客流不稳定，销售的波动很大。2010 年之后，沃尔玛调整了策略，改为"每天最低价"（everyday low price），客户如果发现自己买贵了，可以随时退货或补差价。为了持续构建这种客户认知，它通过持续的供应链运营改善来降低成本。比如，通过分布在全球的集中采购中心以及自建仓库和物流来降低成本。通过自建的"零售链"（retail link）与供应商共享商品的销售和库存信息，开展协同预测补货来压缩库存周期。通过严格控制成本，沃尔玛把"价格"这个指标做到了极致。它在客户心中建立了稳定的"价格杀手"的"心理覆盖"，客户购买时不必再纠结是不是买贵了，也更敢于消费了。

Costco 则走的是另外一条路线，它的定位是"高品质商品，更低的价格"，吸引的是对商品品质有要求，并且愿意多付一点钱的中产阶层。它经营的品类齐全，但是每个品类内的商品选择非常有限，一般为 1～5 种。Costco 通过严格选品和大批量采购，简洁的仓库式购物场所，以及供应链全程非常少的人工干预来降低成本，比如从供应商到仓库采用托盘运输，供应商送货到仓后直接转运门店或者供应商直送门店，到了门店以托盘上架，降低了总体仓储物流处理成本。它把品质做到极致，把价格做到更低。如果你觉得买贵了，它随时退货或补差价给你，因此 Costco 在中产阶层客户中建立了稳固的"高性价比"的"心理覆盖"。

国内有家做得非常出色的零售商叫作胖东来，它通过极致的服务，创造了宾至如归的感觉，像对待家人一样对待客户。它把"服务"这个指标做到了极致，也在客户心中建立了稳定的"心理覆盖"。

零售商对客户的服务是由店员提供的，店员服务的质量决定了体验的好坏。一个个饱满的笑容会带来客户的持续购买，而一次糟糕的体验可能会让一个持续购买的客户离开。店员是零售前线的第一道防线，然而他们往往是弱势的一方。他们全天大多站着服务客户，辛苦操劳，日常的工作也是争分夺秒，但他们收入微薄，福利和保障都比较少，工作强度大，工作稳定性低，工作和生活的压力都很大。在这样的状态下，店员很难为客户提供稳定和高质量的服务。为了缓解这些矛盾，海底捞为员工提供了住宿和良好的福利体系，店员表现突出就有机会得到晋升，进入"办公室"工作；星巴克则为门店员工提供了上学进修、晋升到总部成为白领的机会。

第 2 章　什么是零售供应链

　　供应链理论和实践最早是在工业企业中发展起来的，而零售供应链的结构和管理重点与工业企业的制造供应链有着不小的差别，为了让读者能够更好地区分两者和理解零售供应链，本章先用对比的方式来介绍。

　　供应链是指通过计划、采购、生产、交付和逆向物流管理，将原料转变成成品，最终交付到客户手上，以及随后可能发生的退货以及逆向物流的整个链条。这个链条上既有实物的流动，即原料流向生产厂商，成品流向消费地，又有信息流动，即渠道商提交订单给生产厂商，生产厂商下采购订单给原料供应商；还有资金流动，即需求方出钱购买成品，成品生产厂商出钱购买原料。这就是供应链上经常讲的实物流、信息流、资金流三流合一。笔者把从原料到成品交付到客户手上的整个链条分成两段，第一段是从"原料到成品"，称为**制造供应链**；第二段是从"成品到消费地"，称为**零售供应链**。

制造供应链

　　全球通用的用于定义供应链运营的模型叫作"供应链运作参考模型"（supply-chain operations reference model，简称 SCOR 模型），它是由国际供应链协会（Supply-Chain Council）开发并负责支持的，适用于工业领域。图 2-1 是单个企业的 SCOR 模型的示例，所谓单个企业，是指没有考虑这个企业的上游（供应商）、下游（客户）环节，只考虑这个企业自己内部的供应链。它把供应链运营分为五个部分，最上面是计划，包含采购计划、生产计划、交付计划、退货计划。中间是执行，包含寻源采购、生产、交付三个部分。最下面是退货，分为两种：从客户退货到生产工厂，以及工厂发现的问题原料退货到供应商。

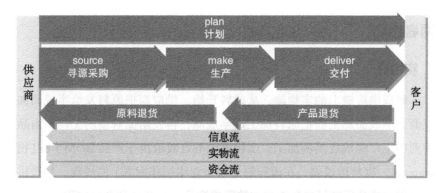

图 2-1　SCOR 模型示意图

零售视角

从消费者的视角来看，假设一个理想世界的例子，商品从任何一个节点到下一个节点即刻可得，不需要时间。如图 2-2 所示，一天你走进超市，从货架上挑选了一个商品，放进购物车，然后付款离开商店。商店发现货架上的商品少了，从后仓拿出新的商品补上；后仓发现商品少了，向配送中心下达指令，配送中心补了一个商品到门店；配送中心发现商品少了，下达指令给渠道商，渠道商补了一个商品到自己的配送中心；渠道商发现库存少了，下达指令给品牌商，品牌商补了一个商品到渠道商；品牌商发现商品少了，下达生产指令给自己的工厂补充一件库存。然而现实世界并非如此，首先生产需要时间，其次各个环节之间的运输也需要时间。为了保证各个环节马上拿到现货，就需要在各个环节设置库存。像导言中所说的发电厂、电池和电网的例子，品牌商的工厂就像发电厂，流通环节中的库存就像电池，它发挥着让仓库、门店有现货的作用。下游环节的电池被耗尽后，上游节点会对它进行充电，而工厂作为发电厂给整个系统充电。

品牌商　　渠道商　　配送中心　　门店、电商　　客户

图 2-2　零售供应链示意图

两者对比

1. 实物流

制造供应链上的实物流，从原料开始。供应商把原料发给半成品加工商，半成品加工商把原料加工成半成品，再发给品牌商的工厂，由品牌商的工厂完成成品的加工。实物流的节点数取决于产品 BOM（bill of material，物料构成表，在流程制造型企业中叫作配方）的层级。制造供应链把分散的原料经过加工过程转变成产品，是从分到总的过程。

从地点上看，制造供应链把分布在各地的供应商整合起来，把原料、半成品吸收到品牌商的工厂，是个收敛的过程。

零售供应链上流动的往往是成品（餐饮零售除外，它往往是食材），但是其包装规格有所不同。因为生产批量大，成品在品牌商的仓库里往往是以托盘、堆栈的形式存放的。为了运输的经济性，从品牌商到渠道商的仓库或者到零售商的仓库，仍采用堆栈的形式。但从零售商的仓库发往门店时，由于到门店后货品要么入门店后仓，要么上架，门店本身面积小，因此一般会在零售商的仓库里对批量存放的货品进行解包操作，使之成为可以在货架陈列或者比陈列稍大一点的规格，通过小型卡车送到门店。从电商仓库发往最终消费者，包装规格往往会更小。制造供应链在车间生产产品，通过增值的生产活动把原料变成产品；零售供应链在仓库里进行"生产"，把工业规格的包装逐步分解变小，并通过拣货、包装把商品准备好，等着运到门店或发给客户。

从地点上看，零售供应链把集中在品牌商处的成品库存，通过供应链网络分发到全国各地的市场上，是个发散的过程。

2. 信息流

对于制造供应链而言，品牌商通常预测渠道商或者一个区域的需求，而不会细化到预测某个门店的需求。品牌商将这些需求汇总生成自己的需求计划，接着通过 S&OP 计划流程，生成主生产计划，再按照 BOM 和工艺路线以及库存信息进行分解，得到生产计划和原料采购计划。半成品加工商也会预测品牌商的采购量，依据这个预测去安排原料采购。这构成了各自的"计划信息流"。

在零售供应链上，需求计划的颗粒度会更小，从门店开始，汇总到区域、全国。

品牌商将采购计划转换成对半成品加工商的采购订单，半成品加工商收到品牌商的采购订单之后开始生产，同时生成对品牌商的销售订单，这构成了"执行信息流"，在零售供应链上也是类似的方式，如图 2-3 所示。

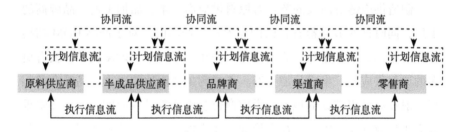

图 2-3　信息流示意图

集成程度比较高的供应链，还会有上下游的协同信息流。比如下游把自己的计划提前分享给上游，让上游的预测更有依据。供应商管理库存就是这样的场景，生产商需要把自己的原料库存量和生产计划分享给供应商。供应商把自己可用的产能分享给生产商，生产商可以据此调整自己的采购和生产计划。

3. 资金流

品牌商（有工厂的）购买原料时，一般会和供应商约定付款周期，比如到货后 30 天内付款。零售企业的货到线下门店后，只要卖给客户了，就可以拿到货款。对于线上零售，一般在客户收到货并确认收货后，零售商就能收到货款；客户不确认收货，货款就到不了账。相比之下，制造供应链中资金流的账期往往会长一些，资金回笼周期相对也长一些，当然这也取决于供需力量的对比。

品牌商、渠道商提供货品给零售商，是零售商的供应商。有些零售商也会用账期之间的差异来获取财务上的收益，比如自己的货品卖掉了，货款也收回来了，但由于付款的账期较长，因此不用马上向品牌商或渠道商付钱。这种方式使零售商有很好的现金流，甚至出现了有些零售商看起来毛利很低，但现金流很好甚至用来做财务投资的情况。

4. 供应链网络结构

所谓供应链网络结构是指供应链上有多少个节点，各个节点之间怎么连接。这里我们先不展开分析供应链网络结构的具体内涵，先从宏观上分析一下制造供应链和零售供应链的差别。

制造供应链所涉及的节点有原料供应商、半成品加工商、品牌商的工厂，同时这些节点都有自己的仓库和生产车间。对于产品 BOM 结构特别复杂的，例如手机，它有屏幕、电池、芯片、PBCA 板等，就有更多的原料供应商、半成品加工商。考虑到工业用地的成本，品牌商的工厂一般在离城市较远的地方。供应商也会围绕着品牌商的工厂，在附近设立工厂或仓库，因此往往会形成产业集群，一个区域专注于一类原料或半成品、成品的生产。这就导致制造供应链**区域性很强**，换言之，产品是在相对集中的地方生产出来的，比如电子产品生产大多在华南。

零售供应链上的节点包含品牌商的仓库、渠道商的仓库、零售商的总仓、零售商的分仓、零售商的门店。零售供应链围绕最终客户的需求，拉动门店补货，进而拉动各级仓库补货，拉动渠道商补货，拉动品牌商协调生产资源进行生产，是从总到分的过程。零售供应链把产品分发到不同的区域，驱动它的是客户的需求，客户构成了市场，市场分布在不同的区域，**分散是必然的**。电商的出现，看起来缓解了这个问题，全国各地的消费者都可以在一个统一的平台上浏览、购买，再由物流安排配送，但为了让全国的客户都能更快地拿到商品，电商仍需要在各个区域开设仓库，也就是说虽然电商只有一个统一的消费者入口，但是后端的供应链也是发散的网状结构。

零售供应链的复杂程度取决于门店网络、配送中心网络的节点数量和层级数量，而这些取决于市场的宽度和纵深。对于全国性零售商来说，供应链网络需要通过类似全国总仓—区域分仓—城市仓的方式覆盖各个区域。仅在一个城市经营的零售商则不用这么复杂的网络结构，一个城市仓就能搞定。

零售供应链没有产业集群效应，比如虽然西南地区和东北地区穿衣吃饭的喜好可能会有差别，但西南地区和东北地区客户所需要的品类是差不多的，不存在一个地区只卖食品或者电子产品，而另一个地区只卖衣服的情况。零售供应链要解决的是如何把**集中的供应地**和**分散的需求地**连接起来，如图 2-4 所示。

图 2-4 从原料到市场

5. 运营模型对比

运营模型是指将组织、流程、技术、指标体系组合起来，开展供应链运营的流程。这两种供应链因为模式有差别，运营模型也有着不小的差别，我们重点从组织和流程的角度来看。

制造供应链把生产出的成品称为产品，定语是"产"，表明它是被生产出来的，是一系列流程的产物，比如研发、设计、生产制造之后得出的。零售供应链更多地把产品称为"商品"，产品和商品在实物上是同一个东西，只是站在了不同的角度来看。商品的定语是"商"，是用来售卖的"产品"，是站在"销售"的角度上的。（从客户的角度，很少有人会说，"我买了一个产品"，或者"我买了一个商品"，往往是说"我买了一个手机""我买了一条裤子""我买了一个汉堡"。消费者这样表达的出发点是，这些商品满足了他的某一个需求。）

1）制造供应链

制造供应链是由分到总的，这就像打仗前把军事物资集合起来一样，集合得是否足够快、效率高不高往往非常重要，构成了其成功的关键要素之一。制造供应链往往会更关注**效率**、**成本**和**质量**，关注的指标有计划达成率、订单满足率、生产周期、设备的利用效率、产品成本、良品率等。

如图 2-5 所示，这是一个典型的工业企业的组织结构与宏观的业务流程，即其运营模型。从组织上来说，制造供应链强调的是组织的效率，它的管理流程明晰，制度规范多，往往要求员工服从指挥，高效执行，不容有失，这样可以减少沟通成本，减少浪费，降低成本。

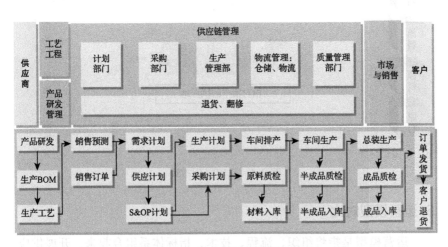

图 2-5 典型工业企业的运营模型

制造供应链的模式有三种。① MTS（make to stock），是指在没有订单的情况下，按照库存生产或者称按照预测生产，产品生产好了先放在仓库里，等订单来了再按照订单发货。卫生纸、洗发水、软饮料、包装好的零食等大多是这种类型。MTS 可以提高订单的交付速度，压缩交货周期，但是要占用库存资金。② MTO（make to order），即按照订单生产，是指在与客户签订了购买合同之后再生产，比如定制的机床设备、定制的大型工业装备等。MTO 分为两种：一种是标准产品，这时客户只能选择所要的数量和交货时间，而无法改变产品本身的配置；还有一种是客户根据自己的需要，进行产品组件、配置的选择，又叫 CTO（config to order）。比如戴尔笔记本就是典型的 CTO。③ETO（engineer to order），是指按照订单进行设计、生产。大型定制化解决方案的设备，一般采用 ETO 的模式，比如通信基站设备要根据客户的需求进行设计、配置、生产。

制造供应链的效率取决于瓶颈工序，因此排产、采购都围绕着瓶颈工序的能力开展。

2）零售供应链

零售供应链把"军事物资"分发到各个战场，战场分布在各地，有大有小，有火力强的区域，有火力弱的区域。物资分发的有效性低、不匹配，就会导致打败仗。因此**"有效性"**是零售供应链的关键成功因素，体现在把合适的商品以合适的价格和合适的数量在合适的时间放在合适的市场，卖给合适的消费者。既然有效性如此重要，那零售供应链是如何解决有效性这一问题的呢？

从组织的角度来看，零售商的组织结构如图 2-6 所示，深灰色的框表示管理领域，浅灰色的小框表示具体的管理职能。

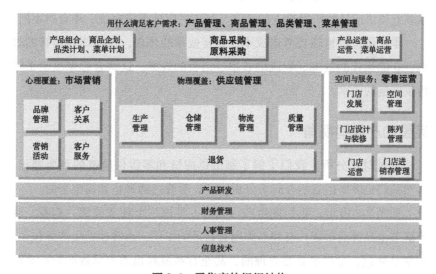

图 2-6　零售商的组织结构

图 2-6 是一个典型的零售商的组织结构，在不同行业各个部门的叫法

有所不同。比如在用什么满足客户需求方面，服装零售行业往往称之为"商品管理"；在商超便利店、医药零售行业往往叫作"品类管理"；在餐饮连锁行业，由于没有商品，菜品名称都印在菜单上，因此一般叫作"菜单管理"。在服装零售行业"商品企划"用来计划用什么商品来满足市场的管理活动；在商超便利店行业这样的活动往往称为"品类计划"；而在餐饮连锁行业则称为"菜单计划"，即不同季节、时间，用什么菜品满足客户的需求。到了采购环节，在服装零售、商超便利店和医药零售行业，往往叫作"商品采购"，而餐饮连锁行业一般叫作"原料采购"。商品采购回来后，需要适时适量地把商品放到门店里，这就需要产品运营，服装零售、商超便利店和医药零售行业往往称之为"商品运营"，而餐饮连锁行业称之为"菜单运营"，即在什么时间推出什么新菜品来促进销售。

对于纵向一体化的零售商（产供销一体化），还需要设立产品研发部门，负责按照确定好的商品企划、品类计划、菜单计划来设计和研发产品。

零售供应链最终要把商品卖出去，把钱赚回来，再投入资金换来库存继续开展销售。要让商品卖出去，需要客户和商品发生接触。客户可以接触的商品的多寡取决于能投入多少资金、仓库能堆放多少商品，以及货架（线下货架或者线上陈列）的陈列面积。因此零售供应链是围绕着这些瓶颈安排供应链的资源投入的，这与制造供应链围绕瓶颈工序有所不同。

零售供应链也需要考虑成本，它是效率的体现，比如库存周转的效率、仓储运作的效率、物流的效率、销售的效率，这些合起来决定了零售供应链的效率。

完整的产供销视角

通过对比分析，我们了解了制造供应链和零售供应链的重要差异，当然我们也需要把它们合起来分析一下，看看这两者是如何配合的。

如图 2-7 所示，我们把生产、流通、零售三个环节放到一起看。**生产环节**由品牌商负责，有些品牌商有自己的工厂，也有些把生产外包了，即便是外包，过程也是要管理的，甚至有些原料也需要品牌商进行采购和管理。**流通环节**由渠道商负责，它们连接品牌商和零售商，把多种多样的产品通过自己的渠道输送给零售商。

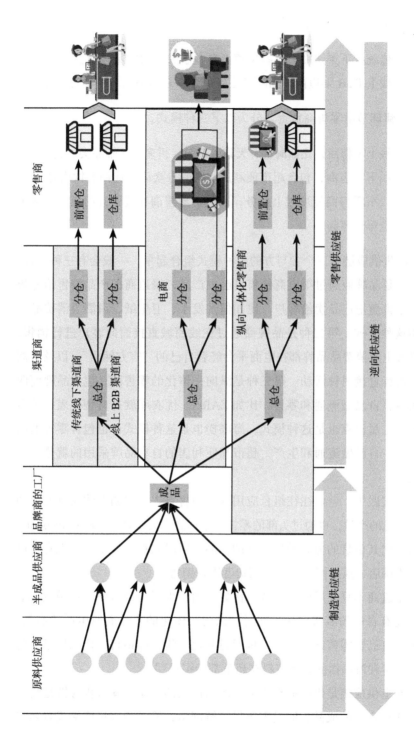

图 2-7 产供销的完整视图

渠道商有以下两种模式。

- 传统线下渠道商，这些渠道商覆盖了大多数的零售商。
- 线上 B2B 渠道商，如阿里零售通、京东新通路、中商惠民等。

零售环节由零售商负责，分为以下三种模式。

- 线上零售商，比如淘宝、天猫、京东、拼多多、唯品会、美团等。
- 线下零售商，包含超市便利店、服装专卖店、连锁餐饮店等。
- 线下零售商发展线上业务，或线上零售商在线下开门店，变成了全渠道零售。

零售供应链上三个参与方的多种模式组合起来，一般会有三种实践。第一种是品牌商通过渠道商销售自己的产品，渠道商把产品销售给零售商，零售商把产品卖给客户。比如像洗发水、卫生纸、白酒等消费品大多用这种方式。第二种是品牌商通过在线商城直接面向客户进行销售，大多数主流消费品品牌都在电商平台经营自己的"官方网店"，以及微商城，进行直接销售活动。第三种是纵向一体化的零售商，包含品牌商向前集成，自己做流通和零售，比如 ZARA、优衣库就是典型代表，笔者的前雇主星巴克也是这种模式，海底捞也是这种模式；也包含零售商向后集成，自己做流通和生产，超市和便利店的自有品牌采用的就是这种模式。

在实践中，企业往往组合应用这些销售方式，比如宝洁通过渠道商销售自己的产品，也通过头部的零售商［称之为关键客户（Key Account）］以直接向其供货的方式销售自己的产品，同时它在电商平台上也有自己的官方网店，通过网店直接向消费者进行销售。

渠道商不只开展流通业务，比如国内不少医药渠道商不仅做流通业务，还有自己的零售门店。同时，纵向一体化的零售商所生产的商品，除了在自己的零售终端销售，也通过其他零售终端销售，比如星巴克的即溶咖啡和海底捞的火锅底料在超市都能买得到。

制造供应链是组织原料供应，产出成品的链条；零售供应链是将制造供应链产出的成品，通过零售供应链网络，输送到零售终端或者客户手上的链条。

　　在零售供应链上，商品的供应量和需求量并非严丝合缝，导致链条上的库存总是会比实际需求多很多，过多的无法销售出去的库存就变成了"尾货"。同时客户退货、换货也造成了一定的商品库存。这部分多出来的商品也有一条独特的供应链，称为"盈余商品供应链"。它在不同的行业有着不同的叫法，比如服装行业往往称之为尾货市场，而电子产品行业称之为二手市场，它们的供应链如图 2-8 所示。

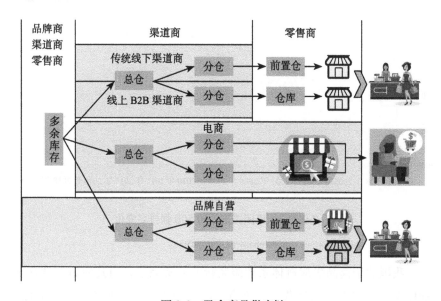

图 2-8　盈余商品供应链

　　在服装行业，品牌商通过自己的"奥特莱斯"门店来销售盈余商品。如唯品会、爱库存这样的电商玩家也开展盈余商品的销售活动。线下也有大量的批发商，它们批量采购尾货并卖到四至六线城市。

　　消费电子产品行业也有着成熟的电商平台开展二手产品的流通和销售，比如京东拍拍，同时也有线下渠道销售二手产品。

　　美国零售业每年退货商品的金额高达 2600 亿美元，占美国社会零售总额的 10%。它有着非常体系化的盈余商品供应链，比如沃尔玛和 Costco 会把退货、多余的商品放到自己的网站上，供通过资格认定的批发商进行竞价购买。也有大型的渠道商从各个零售商处收取盈余商品，然后提供给中小型零售商。做盈余商品销售最成功的零售商当属 TJX 集团，该公司成立于 1977 年，专门销售盈余商品，旗下有 TJ Maxx、Marshalls 两大连锁品牌。它通过庞大的买手团队，从众多的盈余商品中进行选择，所销售的盈余商品适销对路、价格低廉，周转速度非常快。如图 2-9 所示，2020 年它在美国公司 500 强榜单上的排名已经到了第 80 位。

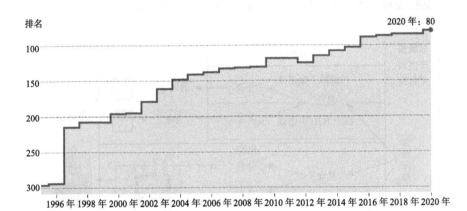

图 2-9　TJX 集团美国公司 500 强排名变化

资料来源：https://fortune.com/company/tjx/fortune500/。

我国盈余商品供应链体系在服装行业非常完善，而其他品类没有非常体系化、规模化的经营。二手商品电商的出现正在改善这样的局面，以电子产品领域的爱回收和京东拍拍为例，它们通过回收和返修二手产品，再进行销售，变废为宝，节约了社会资源，同时满足了不同收入等级的客户的需求。

什么是零售供应链

零售供应链从客户开始，由客户需求驱动，通过开展计划、采购、生产、交付、退货的管理工作，确保其有效性，提供市场上需要的产品。笔者认为零售供应链最关键的是以下两种能力。

- 精准的研发、选品、组货：根据企业自身的能力特长，精准识别目标客户的需求。

- 精准的供应：将需求转化为供应。

这两件事在不同的商品形态下，是有差别的。笔者对自己曾经服务过的客户进行了归纳总结，它们可以分为如图 2-10 所示的几类。

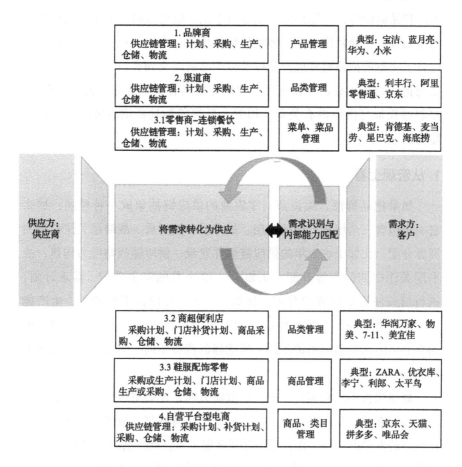

图 2-10 零售供应链的关键能力

看完图 2-10，读者可能会感到困惑，为什么有些部门明明不是供应链相关部门，却在做着供应链相关的事。在实践中，企业往往不能明确说哪些事是供应链的事，哪些不是，它们会根据业务的需要，安排不同部门做不同的事情。笔者认为做供应链管理不应该拘泥于部门与岗位，而应该关注能力。比如超市内部商品管理部门的买手，从部门上看他们不属于供应链相关部门，但在做采购计划和采购执行时，他们需要具备库存控制的能力，确保仓库和门店不缺货，因此就必须掌握需求管理和库存控制的手段，而这些正是供应链的能力范畴。再比如服装企业中的商品运营人员，他们在做门店的配货（或者叫作铺货）、补货、门店之间货品调配时，所用到的手段也属于供应链的范畴。如果单纯按照部门来划分，会导致供应链好像就只包括生产、仓储、物流，其实供应链包含了完整的把原料变成产品以及把产品最终交到客户手上的过程。凡是与把实物从源头往更靠近客户的地方搬运有关的计划、组织、执行、控制过程都与供应链有关系，相关人员都需要具备供应链管理的相关能力。

1. 从宏观上看

如果把品牌商、渠道商、零售商的供应链抽象成一种模式，那么它一定包含三个层级，即战略层、战术层、执行层。战略层关注长期的资源分配，比如 1～3 年的供应链硬件建设、供应链战略能力构建；战术层关注中期的资源分配，比如 3～12 个月的资金分配、需求计划；执行层关注近期的资源分配，比如 1～3 个月内的采购能力、生产能力、库存资源分配。零售供应链的宏观结构如图 2-11 所示，不同类型的企业可能用的名词术语不同，所选择的流程不同，但总体框架基本上类似。

战略层为头，它制定了公司的战略方向，比如清晰地定义了目标市场、目标客户、目标品类、目标产品、供应链网络。**战术层**支撑战略并在战略的框架内开展工作，零售计划确定了零售商在物理空间上的计划，包含销售计划、门店发展、空间计划和渠道计划。品类规划确定了在商品维度的宽度和深度的计划，以及商品在门店货架、电商页面上的陈列；采购计划决定了应该在什么时间采购什么商品，以补充仓库库存。**执行层**则按照战术层制订的计划，分解出更细致的执行任务，通过具体的采购、仓储、物流运输、上下架等，落实执行分解下来的任务，并定期把执行结果反馈给战术层。

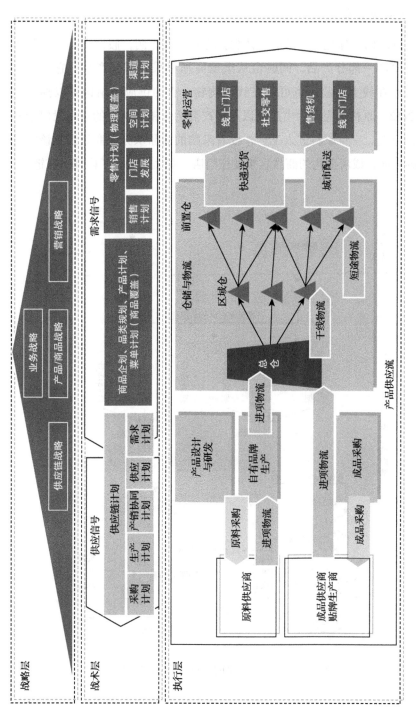

图 2-11 零售供应链的宏观结构

2. 从微观上看

以纵向一体化（产供销一体化）的零售商为例，假设它有自己的工厂，生产一部分产品，同时也从渠道商那里采购部分产品。它的客户既可以在线上购物，也可以在线下购物。它的供应链结构可以抽象为图2-12。原料供应商、生产商以及生产商的分销商所处的这一段属于外部供应链。一旦原料进入工厂，或者采购的商品从分销商处到达该零售商的仓库，或者采购的商品直接发往门店，那么就进入了内部供应链。

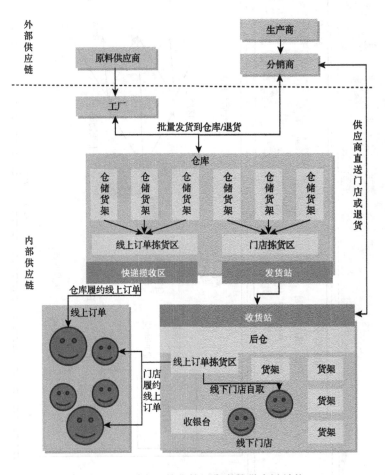

图 2-12 纵向一体化的零售商的供应链结构

第 3 章　零售供应链设计

　　提起供应链设计，人们往往会认为只有新成立的企业才需要开展这项工作，大多数企业是沿用现有的供应链开展工作。零售供应链上每天、每小时、每分钟都产生着海量的数据，有门店的销售数据、支付数据、库存变化数据、进货数据，仓库的进销存数据、采购数据，工厂的成品入库数据、运输数据等。这些数据是分析供应链绩效，挖掘改善机会的绝佳输入。在国内，由市场营销和销售驱动业务增长是企业发展的优先选项，再加上零售供应链上各个参与方的供应链数字化转型刚刚起步，大多数企业没有设立专门的岗位或者成立专项小组开展供应链上的数据分析，更别说结合战略来设计和优化供应链了。在海外，由于发展阶段不同，很多企业把供应链设计和优化放在非常重要的位置。它们意识到供应链运营的绩效在很大程度上是被设计出来的，通过良好的设计结合良好的运营才有可能实现高运营绩效，而如果设计得不好，就算运营得再好，也无法突破设计的不足，实现更高的绩效。

　　从企业所面临的外部经营环境来看，客户需求变化得越来越快，新产品上市周期越来越短，新技术手段突飞猛进，一成不变的供应链结构无法应对这些挑战。定期对供应链绩效进行复盘，重新思考和优化供应链设计成为不少企业构建"竞争优势"的重要手段。

从供应链设施的角度来看，传统模式下企业要自建仓库、组建物流车队来扩大供应链的承载能力，建设周期偏长，这也使得供应链设计成为频率很低的工作。如今有越来越多的弹性扩容手段，比如第三方物流、第四方物流、云仓等，使得企业不需要巨大的初始投资，就能在短期内通过租赁获得供应链能力的扩充。为了制订合理的扩容计划，企业需要更加频繁地围绕客户需求进行供应链设计，测算供应链网络所需要的承载能力，以及这种能力如何随着业务的波动而进行重新分配。

从数字化的角度来看，通过供应链数字化（供应链管理对象数字化、管理过程数字化、管理决策数字化）把真实的供应链完整地构建在数字化平台上，可以构建出一个数字孪生体（digital twin，该概念最早是由美国国家航空航天局提出的，它为了模拟火箭发射的过程，用数字化手段重构了一个一模一样的火箭，然后在数字化平台上模拟真实世界的各种参数和火箭发射的过程，确保火箭发射万无一失）。对实际供应链进行调整之前，先在数字孪生体上对"数字化供应链"进行调整、仿真，看看调整之后供应链的绩效如何发生变化，如此反复模拟，在找到最佳的设计后再将该设计应用到真实的世界中，以此有效地规避设计不合理的风险。

要设计零售供应链，首先需要搞清楚它由哪几部分组成，在导言中笔者以水管道系统做类比，介绍了零售供应链的五大要素。其中"硬件、控制系统、运营模型"这三大要素必须在开展供应链运营之前设计好。下文"供应链网络设计"一节介绍如何进行"供应链硬件"的设计，比如门店如何选址、仓库如何选址、仓库大小设置。"供应链控制系统设计"一节介绍如何设计供应链控制系统。"供应链运营流程设计"一节介绍如何构建组织与人、业务流程、技术、合作伙伴的关系，进而让人能够驾驭硬件、控制系统，让供应链运行起来。

3.1　供应链网络设计

如前文所述，物理覆盖是由供应链网络决定的，门店覆盖到哪里，货物就要能运输到哪里；仓库覆盖到哪里，货物也要能运输到哪里。想要低成本地扩大覆盖，离不开缜密的分析和设计。以小张开超市卖水为例来介绍什么是供应链网络设计。经过市场调研和分析，小张决定在自己住的小区开一个便利店。为了便于分析，先假设他只经营瓶装矿泉水这一种商品，他既是老板又是员工。他估计每天能卖 70 瓶水，于是每天晚上去进货 70 瓶，如图 3-1 所示。

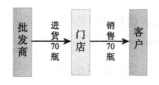

图 3-1　单个门店的进销存示意图

每瓶水的进价是 0.5 元，售价是 2 元，为了进货他每天晚上花 20 元雇一辆车进行运输，总采购成本为 55（= 70×0.5+20）元，每次采购的水第二天销售完，销售收入为 140（= 70×2）元，毛利为 85（= 140−55）元，小张 1 天就收回了现金。

过了一段时间，小张感觉每天进货太辛苦了，反正销售很稳定，每天都是 70 瓶，每周也就是 490 瓶，于是他决定每周周日下午去进货，一次采购 490 瓶。为了能够运输 490 瓶水，他花 100 元雇了一辆大车。总采购成本就变成了 345（= 490×0.5+100）元，表 3-1 表示销售、库存、现金流入、现金支出在一周内的变化情况。

表 3-1　每周进货的库存与现金流分析

	周一	周二	周三	周四	周五	周六	周日
期初库存（瓶）	490	420	350	280	210	140	70
销售（瓶）	70	70	70	70	70	70	70
期末库存（瓶）	420	350	280	210	140	70	0
销售额（元）	140	140	140	140	140	140	140
现金流入（元）	140	140	140	140	140	140	140
累计现金流入（元）	140	280	420	560	700	840	980
现金支出（元）	0	0	0	0	0	0	345

把库存数量沿着时间轴画出来，得到如图 3-2 所示的库存周转图。由于采用每周日进行采购的方式，周一的期初库存最高，为 490 瓶，周一晚上销售结束，还剩下 420（= 490−70）瓶，剩下 6 天依次类推。很明显，每天小张手上都有库存，直到周日晚上，上一批库存才能销售完。

将这两种方式进行对比，在每周进货的情况下，供应和需求的数量是匹配的，但周期发生了变化，由原来的一天供应一次，变成了一周供应一次。初始的资金投入比原来要多，从 55 元变成了 345 元。前者每周的运输成本是 140 元，后者的运输成本是 100 元。前者每周平均持有的库存为 0，而后者每周平均持有的库存为 245 瓶。后者在每周周初要在门店储存 490 瓶水，对门店的储藏面积提出了更高的要求。假如矿泉水的销售不是每天 70 瓶，而是有很大的波动性，这时每天进货，即便销售有波动，最多也只影响一天的销售，当天晚上重新调整进货量就可以应对；如果每周进货，需求波动会影响到一周里多天的销售，而一周只有一次对进货量进行调整的机会。

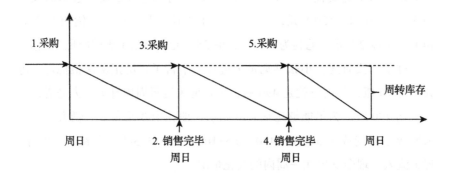

图 3-2 按周进货的库存变化示意图

过了一段时间，小张发现这个生意还不错，想扩大规模再开 19 家店，于是需要在城市里找 19 个新的地址。为了能够更好地为这些门店供应水，确保生意不中断，他决定租一个仓库，加大购买量来应对需求或者供应的波动。为此他需要测算仓库的面积并考量仓库的位置，是选在离批发商近一点的地方还是离门店近一点的地方，什么位置离所有的门店最近，同时他也想知道这个仓库日后的库存水位是多少，以什么频率给门店配送，他需要多少资金来让这个仓库运转。这些问题，都是供应链网络设计需要回答的。

供应链网络设计的定义

我们把水塔、水龙头称为设施。仓库就是水塔，零售门店就是水龙头。供应链中的"水管"比较特殊，它不是固定类型的，它是柔性的。供应链中通过道路、车辆运输来连接水塔和水龙头，即仓库和仓库、仓库和门店，这种连接受到所要运输的商品的数量、体积、重量和运输距离的影响，往往是弹性可变的，笔者把设施之间的这种软性连接称为设施的连接。供应链网络设计就围绕着设施的设计和设施之间连接的设计展开。

投资建设施属于重大决策，比如盖一个仓库，一旦仓库的大小和位置定好了，短期内几乎无法改变，仓库所覆盖的门店数量以及到门店的距离会对每一天、每一次往门店的配送产生影响。可以说供应链绩效是被设计出来的，设计得好的供应链可以节省成本，提高客户服务水平，而设计得不好的供应链会一直"漏水"，要修复它，需要花费很长的时间和很大的代价。

正因为这个决策重大，影响深远，所以企业需要慎重地论证和设计它。一般而言，供应链设计的输入是业务战略和目标，它决定了供应链的方向。在给定的业务战略和目标下，**供应链网络设计需要回答两个问题**。①硬件怎么配置（硬件配置也称为设施配置），即需要什么设施，外包还是自建，设施应有多大的吞吐能力，需要多少设施，放在哪里。②设施之间如何连接，即寻源策略（不同的商品分别从哪里发往门店，不同的商品分别向哪些供应商采购）、运输策略（不同节点之间采取什么样的运输方式，怎么平衡运费和成本、距离和时间）、设施之间的库存补充策略是什么（补货频率、补货量的计算方式）。

实践中①和②是密切相关的，这不难理解。硬件的配置会影响设施之间的连接，反过来设施之间的连接也会对硬件提出要求。比如如果决定门店不设置后仓，这时为了确保门店不断货，就需要提高仓库往门店的发货频率；再如如果从仓库往门店的发货频率是1周一次，那么仓库需要至少能容纳覆盖门店1周需求的货品，如果1天发一次货，那么仓库需要至少能容纳满足门店1天需求的货品。

如何设计供应链网络

1. 它在供应链管理体系中的位置

供应链网络设计往往被认为处于供应链管理中最顶尖的位置，因为它高瞻远瞩，是长期规划，需要顶层设计。笔者认为供应链网络设计应该在金字塔的中下部，它是供应链管理的基础，支撑着整个供应链的运营，如图 3-3 所示。

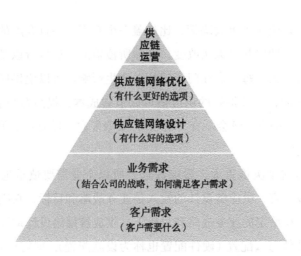

图 3-3　供应链网络设计到执行的金字塔

不是因为有了零售企业才需要供应链，而是因为有客户需求才有了零售供应链。因此供应链设计离不开对客户的关注，比如客户在哪儿，需要什么样的服务水平，需要什么样的产品，需要什么样的速度。反过来，供应链网络设计也能给客户带来价值，它能够在众多的选项中找到最优的组合，借助这个组合，零售供应链上的企业能够以更低的成本、更好的服务水平来满足客户需求，给客户创造更多价值。

2. 它会影响什么

回到小张开便利店这个例子，看一下设施配置具体影响什么。首先看仓库位置对于供应链成本的影响，如图 3-4 所示，小张的供应链负责把水从产地搬到市场，仓库的位置介于产地和市场之间。产地往往地处偏远郊区，因为那里的土地和用工成本低，如果仓库离产地近一点，固定资产投入会比较低。同时因为距离产地近，水从产地运输到仓库的可变运输成本也比较低。但因为偏远的仓库到门店的距离较远，从仓库到门店的运输成本较高。

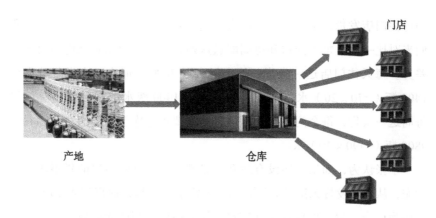

图 3-4 仓库连接着供应地（产地）和需求地（市场）

　　抽象来看，仓库设施有三个重要的属性：与供应地和需求地的距离、容量、使用频率。如图 3-5 所示，仓库与供应地和需求地的距离影响进项物流和出项物流的成本。容量大的仓库需要的场地就大，需要的固定资产投入也大。但仓库容量大，能降低进货频率和可变成本。反之，容量小就需要高频地进货，进项物流可变成本就提高了，但固定资产投入降低了。这就需要结合业务发展，根据销售额、产出量、时效、服务水平的要求，寻找总成本最优的地点。

		固定成本	可变成本	
			产地到仓库	仓库到门店
产地　仓库　门店		⇩	⇩	⬆
产地　仓库　门店		⬆	⬆	⇩

图 3-5 仓库与供应地和需求地的距离对成本的影响

　　再来看一下门店设施配置对供应链的影响。小张需要考虑门店的总面积，以及总面积中前店和后仓的面积分配比例，它们同样影响着供应链成本。假如小张觉得门店身处闹市区，店内面积寸土寸金，不应该设置仓储空间，所有面积都应该用来做陈列和销售，这时就需要仓库高频地往门店发货，确保门店在没有后仓的情况下仍然有足够的供应。我们来对比一下，每天配送和每周配送这两种模式对仓库吞吐能力要求的差异。每天往门店送一次货，每个门店送 70 瓶，那么一次送货就需要 1400 瓶（=70×20）水，这就要求仓库有 1400 瓶水的吞吐能力。如果每周送一次货，每个门店送 490 瓶，这就要求仓库至少能够存放和吞吐 9800 瓶（=490×20）水。

小张认为，如果门店没有后仓，遇到销售高峰时店里的货很快就会卖完，从仓库发货无法及时满足当时的需求。于是，他将门店 20% 的空间作为后仓，后仓可以放 490 瓶水，加上前店陈列的 490 瓶，门店里总共就有 980 瓶水，这在正常的销售速度下可以支撑 2 周的销售。这样就可以降低仓库到门店的补货频率，进而降低物流成本。但这时每次往门店的发货量就变成了 19 600 瓶（=980×20），仓库吞吐量就需要加大。

设施的配置就是在这些可能的组合之间找到最优的组合。为了找到最优组合，首先需要把有哪些设施、设施之间的关系搞清楚。

3. 供应链网络图设计

把产品从供应方移动到需求方，中间要经历一系列实物流动环节，比如生产商把矿泉水卖给了批发商，小张从批发商那里买水，放到自己的仓库，然后定期把水从仓库运送到门店。供应链设计的第一步是，按照实物流动的顺序以及所经过的环节和参与方，绘制一张供应链节点图。简单的供应链节点图如图 3-6 所示。节点是供应链上的各个参与方，每个节点都有自己所扮演的角色和发挥的作用。比如品牌商要把产品设计和生产出来；渠道商要把产品从品牌商处集中搬运到自己的仓库；零售商的仓库是为了储存商品，并且给门店配送；门店是为了让客户可以进店消费，看到商品，产生购买，完成交易。

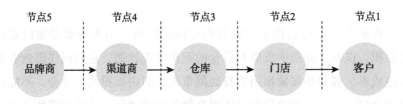

图 3-6 简单的供应链节点图

节点之间的实物流动不是自动发生的，需要运输活动来推动，同时每个节点上可能会有多个设施。比如门店这个节点上会有多个实际的门店，仓库这个节点上也会有多个实际的仓库。把所有的实际设施都画出来，就变成图 3-7 所示的结构，这种图也被称为"供应链网络拓扑图"。

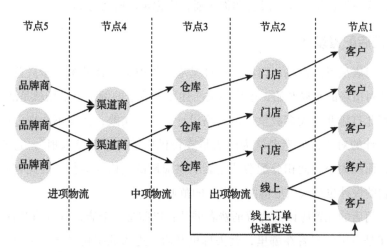

图 3-7　供应链网络拓扑图

图 3-7 中共有 5 个节点，有供应商也有客户，还有小张的组织。供应链网络拓扑图围绕着供应链上的主体企业，也就是小张的企业来绘制。主体企业围绕自己的客户需求，张罗起从供应商到客户的整个链条，确保实物流动。供应链上的设施也就是硬件，是主体企业拥有的直接用于实物流动的固定资产投入，比如仓库、门店。车辆一般不算作设施，算作设备。供应商也不算设施，一般叫作合作伙伴。有些固定资产投入并不参与实物流动，比如小张给自己盖了个办公室，这个办公室只是办公人员办公的场所，不能算供应链设施。现如今第三方物流、第四方物流、云仓、快递很发达，假如小张没有自建仓库，而是用了第三方物流的仓库，那这时设施就不包含仓库了，仓库从设施变成了合作伙伴。供应商也是一样，它不是设施而是合作伙伴，合作伙伴不需要设计吗？也不是，只不过对它的设计不包含在"硬件"部分，而在"运营模型"设计即"关系的构建"环节考虑。

第三方物流、第四方物流比较特殊，即便它们是合作伙伴，在设计供应链时也要考虑它们与你所经营的商品如何结合。像京东物流、顺丰物流、菜鸟物流等第三方物流公司，它们在全国各地都有仓库。与它们合作时，把货物放到它们的哪个仓库，从哪个仓库发货满足哪个区域的客户需求，这些问题成了"第三方物流模式下"的供应链设计命题。当然，这一类合作伙伴一般会和你沟通，为你定制解决方案。

4. 门店配置设计

门店最靠近市场，门店的设计是零售供应链设计的第一步。首先需要从对市场的布局开始，就像前文所述军事战争的例子，市场就是战场，指哪儿打哪儿。大多数供应链网络设计理论或实践，往往不会把门店作为设计的对象，但笔者认为门店是零售供应链的"神经末梢"，它的位置、面积大小、面积分配会严重影响供应链的结构和运行，因此有必要将它的设计也纳入供应链网络设计的范畴。

门店的配置应该围绕着消费者展开：以前是开个店，等着消费者来；现在是目标消费者在哪里，就去哪里开店。进入数字化时代，零售的形态变得多种多样，有线下零售、线上零售以及线上和线下相结合的全渠道零售。不同的形态对于门店配置的要求和关注点有所不同，下文分别按照线下门店配置设计、全渠道门店配置设计来做分析和说明。

1）线下门店配置设计

位置和面积选择是线下门店最关键的配置设计，物理位置对于零售门店能否成功经营有着重要影响，它影响客流，进而影响销售。门店建设初始投资大，一旦建成短期内很难改变，因此门店选址决策是一个中长期的决策，需要谨慎再谨慎，在实践中一般会遵循如图3-8所示的流程。

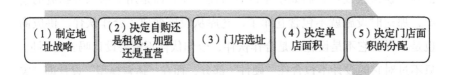

（1）制定地址战略　（2）决定自购还是租赁，加盟还是直营　（3）门店选址　（4）决定单店面积　（5）决定门店面积的分配

图3-8　门店选址流程

（1）制定地址战略

任何零售企业在具体开展门店选址之前，都必须先制定**地址战略**（location strategy），而地址战略的制定离不开市场战略和竞争战略。比如肯德基的地址战略是在进入一个区域后，先决定开店数量，然后在不同的城市之间分配，首先在人均收入高的大城市开店，然后到中小城市开店。星巴克的地址战略是高密度地在中高产人士数量多的城市的中心区域开店，提高覆盖率，打击中小咖啡店竞争对手。沃尔玛的地址战略是从郊区市场开始，利用现有的供应链网络，建设大型商超，接着以中小面积的社区店进入市区。据统计，有60%的美国人居住在距离沃尔玛门店5英里（约合8公里）以内的地方，有96%的美国人居住在距离沃尔玛门店20英里（约合32公里）以内的地方。

地址战略的制定离不开对零售商所经营的商品品类特性的分析，品类管理实践中，按照品类内商品被购买的频率和客户的渗透率（可以理解为购买客户数占客流数的比例），把品类扮演的角色分为如图3-9所示的四类，这个分类也适用于零售商本身的定位。

		购买频率	
		低	高
市场渗透率	高	seasonal/occasional 季节性或偶发性品类	destination 目标型品类
	低	convenience 方便型品类	routine 日常品类

图3-9 品类角色定位

- 目标型品类：客户对该品类的需求明确，知道自己是为了满足什么需求。比如良品铺子、肯德基、麦当劳、星巴克、家得宝（Home Depot）、来伊份、京东都是目标型品类零售商，加油站也是典型的目标型品类零售商。客户去良品铺子或者来伊份就是为了买零食，去星巴克就是为了喝咖啡。这类零售商由于消费频率高、市场渗透率高，门店客流量非常关键，特别是在有竞争的情况下，因此需要在客流密集的位置开店，让路过的人都想进去消费，并且让想来的客户能快速方便地找到门店。

- 季节性或偶发性品类：商品的需求具有季节性。服装是典型的季节性商品，一年四季气温不同，服装店所经营的商品也不同。月饼和粽子也可以算季节性商品，一年四季中只有某一季、某个时间段对它们有需求。比如杏花楼、五芳斋，它们的季节性商品销量占了全年销量的 50% 以上，全年来看购买频率并不高。比如卖生日、聚会用品的零售商（比如美国的聚会用品零售商 Party City）就是偶发性品类零售商。耐用消费品如白色家电、汽车，它们的零售商也属于偶发性品类零售商。客户对这类商品的需求有季节性和不连续性，客户一旦识别了需求，一般不会介意多走一点去购物。这类零售商应重点考虑曝光度、能见度，确保客户能够更多地看到、找到自己的店。同时由于商品需求低频，因此这类零售商一般不做广泛的门店覆盖。

- 方便型品类：这个品类的购买频率不高，需求具有随机性，比如走在路上口渴了、饿了需要买水和食物等。客户对品牌的敏感度并没那么高，但是客户对能否便捷地买到商品非常在意。这个品类的零售商在选址时要重点考虑客流的大小、客流流动的方向和范围。客流量足够大，有这种偶发的应急需求的人就会变多，进店的客人也就会比较多。

- 日常品类：这类商品满足人们的基础需求，客户往往希望通过批量采购获得价格优惠。与方便型品类不同的是，消费者购买这个品类的批量大、频率高，通常是有计划性的。因此这类零售商的门店往往需要在交通便捷、能够覆盖更多住户同时面积较大的地方，大型超市就是典型代表。

地址战略还面临着宽度和深度的抉择。宽度是指在更多的区域或商圈开店，每个区域门店并不多。深度是指聚焦某个或者某几个区域，在区域内提高门店渗透率，通过高渗透率让客户到门店的平均距离缩短，便于购物。宽度和深度的选择取决于零售企业的业务战略，有的企业会按照省市来看覆盖率，比如华东五省一市要 100% 覆盖；还有的企业会按照目标客户数来设目标，比如与大数据服务公司合作，统计人口和地理数据，计算出在某个区域的目标客户数，然后制定出要覆盖20%目标客户的目标，接着就围绕这个目标来筛选开店目标区域。有两个关键的指标用来衡量门店的宽度和深度。①门店覆盖的客户数 = 商圈X公里范围内的目标客户人数/门店数量，它反映了每个门店能覆盖的客户数，以及商圈内门店的饱和程度，它的数值大代表门店不饱和，数值小代表门店很多。②商圈X公里范围内客户到门店的平均距离 =（∑每个客户到就近门店的距离）/总客户数，它反映了客户到门店的距离，门店越多且分布合理，客户到店的距离越短，购物越方便。你可能会问如何获得客户到门店的距离，客户住哪里我也不知道，国外有零售数据统计服务公司通过与支付机构合作来获取客户的粗略住址，据此可以测算客户到门店的大致距离。

宽度适用于对总部供应链网络依赖比较小的零售商，比如一些中餐连锁店，它们的菜品可以在当地采购；或者是为了树立品牌形象的零售商，比如苹果，它的门店不是销售的主要渠道，而是展示和体验的渠道。致力于深度的零售商一定要在规模化管理效率、成本降低上下足功夫。比如让就近门店的员工互相学习、互相促进，提升管理效率；再如通过总部或者区域集中采购，用规模化的物流配送和仓储形成规模化的供应链。但是门店太密集也有缺点，密集的门店会导致门店之间的销售相互蚕食，最终总营业额的增长速度不一定能赶上门店面积的增长速度。

一般而言，提供大众消费品和满足冲动型消费的零售商所经营的商品购买频率高，通过高密度的门店覆盖能刺激更多的客户进店购买，扩大心理和物理覆盖，也有利于供应链的规模化运作，降低成本。对于购买频率低的耐用品，比如汽车、家电，客户在购物前往往有所准备，这类零售商一般不需要广泛地覆盖，而是需要精准地覆盖目标客户。

零售巨头可以非常体系化、规模化地研究选址这件事，中小企业就没有这么多资源优势了。对它们而言，更重要的是资金的预算，它们要研究的是如何在资源有限的情况下，找到最匹配目标客户、人口最密集的区域。这离不开地理信息和人口统计数据服务，你不能盲狙，需要

"数据化的指南针"来对当地的市场做分析，随着大数据、地理信息数据越来越普及，这类服务的价格越来越低，中小零售商也能使用这些服务来帮助自己做选址决策。

从数字化实践的角度来看，零售商可以借助外部数据，分析商圈的人口、品类的消费指数、目标客户的规模、现有门店的数量、现有门店覆盖的客户数量、竞争对手的数量、竞争对手覆盖的客户数量等，从而测算该商圈的饱和情况，如表3-2所示。

表3-2　地理信息与人口统计数据示意

商圈	人流（人）	人均月收入（元）	目标客户占比	目标客户数（人）	品类消费指数	现有门店数（个）	竞争对手门店数（个）	覆盖客户数（人）	计划开店数（个）
A	12万	5 000	60%	7.2万	110	3	5	7.2万/3	2
B	20万	8 000	50%	10万	130	5	8	10万/5	5
C	18万	10 000	40%	7.2万	120	4	10	7.2万/4	3

（2）决定自购还是租赁，加盟还是直营

自购或租赁取决于你选中的区域里有没有商铺出售，没有的话也只能租了。如果有正在出售的商铺，要不要买取决于街区的市场环境。如果市场环境好，客流旺，并且估计未来3年不会有大的变化，则可以根据资金情况进行购买，用当下的购买金额锁定未来的租金，以及所在区域商业地产的上涨预期。如果市场环境有不确定性，租赁会是更好的选择，它最大的好处是初始投资少。

仅从定性上看还是很难决定，因此需要结合定量的分析。比如分析一下现金流，评估两种方式下初始投资、每个月的支出和收入情况。如果选择购买，测算一下多长时间能回本，有哪些维修、保养费用，分别是多少；如果选择租赁，测算租金上涨如何影响毛利和现金流。当然还需要考虑财务、税务处理上的差别。

对于租赁而言，如果在一个区域能找到多个备选门店，这时就需要测算不同门店盈利能力的差别。一般有两种方式。①按照业绩目标、利润率目标倒推，测算出销售额目标，接着分析销售额目标是否能覆盖租金、进货成本、人工成本、水电费用、销售费用等。②参照类似门店的客流、周均小票数、销售额，结合新门店的情况，对进店客数、客单均价进行预估，进而预测出新店每周、每月的销售额，然后扣掉租金、进货成本、人工成本、水电费用、销售费用等，看看能有多少盈利。最后对这些备选门店按照盈利性排序，择优选择。

处在发展阶段的品牌零售商，与其用自己的资金开店经营，不如找加盟商帮忙开店。这是一种很常见的门店设施配置方式，加盟商往往有当地社会资源、好的门店资源，经营上比品牌零售商更有优势，能更快地切入当地市场。对于处于扩张阶段的品牌零售商，借助加盟商的力量可以低成本地进入新区域、新市场。但这种方式也有三个弊端。①对门店的控制力弱。对于自己经营的门店，你的控制力是最大的。用自己的管理人员、管理体系，能够确保门店的经营决策与总部的目标是一致的，给客户的服务、品牌体验也是一致的。然而，如果加盟商与品牌商不是一条心，短视地追求盈利目标，往往就会忽略客户的感受和品牌形象。为了加大控制力，管理上就需要品牌商建立标准的管理流程、制度、品牌形象管理办法、客户服务标准等，确保加盟商按照品牌商的标准、品质要求来开展经营。②存在运营风险。把生意交给加盟商，用它的钱帮你扩张不是坏事，但是如果因为经营不善甚至不合规而产生法律风险，最终会导致当地客户对品牌形象的不良感受。③增长速度慢。大部分中小加盟商一般是做点生意赚点钱的心态，有钱有资源但未必有规模化运作和扩张的能力，因此这种情形下门店的增长速度会比自己开店时门店的增长速度慢。

选择是否采用加盟的形式开展经营，需要回答如下几个问题。

- 在新市场中开一个门店需要多少资金投入？
- 接下来 1 ～ 3 年你希望在多少个区域开多少个门店来拓展市场和扩大销售？
- 这个计划所需要的总投入是多少，你有没有这么多资金和资源来完成这个计划？

如果答案是否定的，那加盟就是一个好选择，而面对这种选择所带来的挑战，就需要想办法去应对。

以星巴克为例，它的前任 CEO 霍华德·舒尔茨在他的书《将心注入》中写道，加盟商只是连接了品牌商和客户，不能将品牌本身的文化和价值传递给客户，他认为文化和价值观是品牌要传达给客户的最重要的信息。2008年之前，星巴克在北美依赖加盟商大规模扩张开店，带来了很多问题，其中包含服务水准不一致、客户体验差、制作的产品质量低、门店原料浪费严重等问题。这些问题看起来是加盟商的问题，但最终影响到客户对星巴克品牌形象的认识。他在2008年回归星巴克后重新对加盟体系进行了梳理，并大范围收回加盟门店的经营权。

国内服装零售业广泛发生的加盟转直营、加盟转联营，也有着类似的逻辑。门店是整个零售供应链网络的"水龙头"，如果你不能掌控好它，就容易出现产供销不匹配，最后反过来会影响你的经营。

（3）门店选址

针对不同类型的零售商，门店选址实践一般有如图3-10所示的三个环节。

图3-10 门店选址的过程

A. 选定城市

为了获得增长，零售商到新城市开店是很自然的选择，在这个过程中需要分析哪个城市适合开店。一般会有如下几个方面的考虑。

a. 目标城市经济发展、就业、人口流入流出的情况。零售商通过分析人口统计数据与行业报告来判断一个城市经济、就业、人口增长的潜力。比如一个以重工业为支柱产业的城市，虽然它的工业发达但创造的就业有限，或者年轻人不想从事这类工作，他们更倾向于去外地工作。在这种情况下，当地的劳动力会流出，收入增长乏力，进而导致消费疲软，这样的城市就不是排在最前面的候选城市。

b. 生活标准与经营成本。生活标准决定了人们的需求层次。在一个大家忙着工作，工资仅仅达到温饱水平的城市，可能大多数人没有闲暇时间喝咖啡，开咖啡店可能不会有很好的市场。反之，如果一个城市整体收入水平高，生活标准也较高，那么在这里开个咖啡店或许就会有不小的市场。这就是评估所经营的零售形态和商品，是否匹配当地的生活标准。同时，不同城市的人工、材料、水电成本不同，生活标准决定了零售商用什么价格和品质的商品来满足目标市场的需求，经营成本决定了这些服务需要多少成本。

c. 目标市场匹配度。你所经营的商品在当地是否有目标客户？如果你是经营儿童玩具的，当地是否处于人口生育高峰？如果你是经营运动装备的，当地是否有足够多喜欢运动的人？这些都可以通过市场调研或者外部机构的数据报告进行分析。

d. 竞争情况。如果你的竞争对手到某个城市开店了，那这个城市就很值得你去研究一下，看看是否值得投入，可以参考如表 3-3 所示的城市基础数据。

表 3-3 城市基础数据示意

汇总	2018 年	2019 年	2020 年	2021 年（预测）
人口（人）	50 000	52 000	53 000	54 000
家庭数（个）	21 000	22 000	23 000	24 000
平均家庭人数（人）	2.38	2.36	2.30	2.25
平均年龄（周岁）	28	31	33	35
平均收入（元/年）	30 000	42 000	48 000	52 000
人均零售额（元/年）	5 000	8 000	12 000	15 000
X 品类人均消费（元/年）	16.00	17.31	21.70	23.15
X 品类增长率	11%	8%	25%	7%
趋势	2018～2021 年	城市－平均	省份－平均	全国－平均
人口增长率		8%	3.10%	5%
家庭数增长率		14.29%	8.40%	4.80%
平均收入（元/年）		43 000	35 000	30 000
平均收入增长率		73.33%	35.00%	24.00%

判断一个城市值不值得进入，一个很重要的标准是这个城市有没有你需要的客群。为此你需要分析：人口分布（性别、年龄、学历）、消费能力（收入分布和消费分布）、发展前途（人口和收入增长）。表 3-3 基本上展示了这几个维度的数据。随着经济增长放缓，人口流动趋于稳定，也不一定非要到人口和经济大幅增长的地方开店，这时就需要额外关注

一个指标——市场渗透率。你可以用多个城市的数据绘制城市潜力矩阵，如图 3-11 所示，来判断某个城市是否具备发展潜力。图中横轴表示人均年零售额，纵轴表示人口，每个象限内的圆圈代表一个城市，圆圈面积代表该城市在某个品类的销售额。

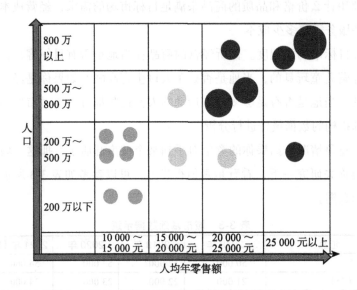

图 3-11　城市潜力矩阵示意图

如果人均年零售额高，但是圆圈面积小，那就说明这个品类在零售额中的占比不高，虽然有市场空间，但可能市场空间不大，这还需要具体到城市里进行采样调研分析。圆圈面积大，代表某品类的销售额高，说明这个城市的市场是成熟的，但也可能代表这里竞争激烈，还需要进一步分析竞争的态势，再结合自己的竞争优势来判断适不适合进入。

B. 选定商圈

作为消费者，我们都有这样的感受：自己经常光顾的门店，并不是遍布城市的各个角落，基本上主要围绕在生活和工作的场所附近。这说明选择区域、商圈也是至关重要的。一般常用的方法是按照城市的区域、商圈进行层层的筛选，比如你打算在北京开店，首先要确定是在 5 环内开店还是在 4 环内开店，然后决定具体在哪个商圈。

笔者分享一些可以用于统计与分析的维度。

- 人口统计与收入分布数据。可以在地图上选定一个坐标，按照方圆 X 公里的范围来计算覆盖范围内的人口统计和收入分布数据，如表 3-4 所示（数字纯属虚构，仅供读者参考）。

表 3-4　商圈内人口统计和收入分布数据示意

汇总	2018 年		2019 年		2020 年		2021 年（预测）	
人口（人）	50 000		52 000		51 000		50 000	
家庭数（个）	21 000		22 000		23 000		24 000	
平均家庭人数（人）	2.38		2.36		2.22		2.08	
平均年龄（周岁）	28		31		33		35	
2018～2021 年变化趋势			城市		省份		全国	
人口增长率			4%		3.1%		5%	
家庭数增长率			4.3%		3.4%		4.8%	
平均收入			80 000		50 000		30 000	
平均收入增长率			2.1%		2.0%		1.8%	
家庭收入（万元 / 年）		2018 年		2019 年		2020 年		2021 年（预测）
< 10		4 000	19.05%	3 800	17.27%	3 600	15.65%	3 400	14.17%
10～25		10 000	47.62%	12 000	54.55%	14 000	60.87%	16 000	66.67%

年龄（周岁）	年收入（万元）	2018 年		2019 年		2020 年		2021 年（预测）	
25～34		1 671	3.34%	1 890	3.63%	2 100	4.12%	2 300	4.60%
	15～20	750	1.50%	810	1.56%	1 000	1.96%	1 100	2.20%
	20～30	150	0.30%	200	0.38%	250	0.49%	280	0.56%
35～44		900	1.80%	1 200	2.31%	1 300	2.55%	1 500	3.00%
	15～20	560	1.12%	601	1.16%	650	1.27%	750	1.50%
	20～30	120	0.24%	200	0.38%	250	0.49%	300	0.60%

拿到这些数据，零售商需要分析区域或商圈内收入、人口、年龄的分布，并且和自己的目标市场做匹配，匹配度越高则商圈越适合。

- 消费支出分析，如表 3-5 所示，可以测算方圆 X 公里内的消费支出情况。消费潜力是指该区域的消费人数占比，与全国平均水平或全省平均水平相比的高低程度。消费潜力指数是 150，表示该地区的消费潜力高出全国或者全省 50%。

表 3-5　消费支出与消费潜力数据示意

区域基础数据			
	总人口	200 万人	
	家庭数量	20 万个	
	平均年龄	45 周岁	

（续）

区域基础数据				
	平均年家庭收入	20 万元		
	竞争门店数量	50 个		
消费品类			消费潜力指数	平均花费（元）	年均总花费（万元）
服装			130	1 500	200
	男装		120	500	70
	女装		140	1 000	130
电脑			100	3 000	300
餐饮			180	500	500
	快餐		120	100	100
	中餐		240	400	400

根据某个商圈方圆 X 公里范围内的消费者的购买记录，来统计他们购买某类商品的频率、最近购买的时间。该数据对耐用消费品零售商尤其有用，如果你知道某个区域最近一年到底有多少人已经购买了电脑，那对于这个市场的剩余消费力就能做出一个相对比较合理的判断，样本数据如表 3-6 所示。

表 3-6　消费情况与消费潜力数据示意

区域基础数据			
	总人口	100 万人	
	家庭数量	20 万个	
	平均年龄	45 周岁	
	平均年家庭收入	20 万元	
	竞争门店数量	20 个	
产品购买情况或习惯	购买人数（人）	占比	消费潜力指数
拥有平板电脑	41 000	4.1%	110
拥有苹果手机	81 000	8.1%	140
在 6 个月前购买了手机	32 000	3.2%	120
在 12 个月前购买了电脑	18 000	1.8%	110
在 12 个月前购买了洗衣机	9 000	0.9%	90
每个月去 4 次中餐厅	28 000	2.8%	130
在餐厅平均花费 200 ~ 500 元	35 000	3.5%	150
在过去 12 个月购买过男装	26 000	2.6%	140
在过去 6 个月购买过 6 岁以下的童装	12 000	1.2%	180
在过去 6 个月购买过 6 次咖啡饮料	38 000	3.8%	230

C. 选定门店位置

零售商在分析商圈数据后选定几个商圈，接下来就需要在商圈中选择具体的街道。可以通过分析商圈的客流、车流数据来确定具体的街道，比如用每天不同时间点的客流、车流进行分析，如图 3-12 所示，还要结合自己的商品和品牌特点以及租金高低。最后去寻找潜在的门店出租对象。

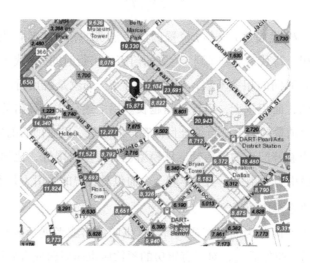

图 3-12　在商圈内选择合适的门店

注：图中数字为车流量。

如果有多个潜在的出租对象，可以分析商圈内竞争对手、已有门店的情况，用定量的数学方法预测出销售额，再结合定性分析的打分排名来确定最优的选择，如表 3-7 所示。

表 3-7　对多个潜在门店进行对比筛选

商圈	地址	5公里内人口（人）	品类人均消费金额（元/年）	人均零售金额（元/年）	平均收入（元/月）	竞争程度	租金（元/月）	方圆5公里竞争门店数（个）	消费潜力指数	预测年销售额（万元）
A	1	15 000	4 500	24 000	25 000	低	24 000	80	130	180
A	2	15 400	4 400	24 500	25 500	低	40 000	81	130	160
B	3	22 000	4 200	18 000	21 000	高	28 000	100	120	165
B	4	21 800	4 150	19 500	21 400	高	30 000	102	120	170
C	5	42 000	3 800	16 000	19 000	中	20 000	90	110	140
D	6	60 000	3 200	14 000	15 000	高	35 000	95	105	135

门店销售额的预测有很多种方法，比如哈夫模型、回归模型等。以哈夫模型为例，该模型认为门店面积的大小代表了对消费者的引力，门店面积越大，就能吸引越多的客户。有引力就有阻力，阻力是从某个区域到门店的距离或者出行时间，也就是说，越远或者花的时间越长客户越不想去。哈夫模型的计算公式如下。

$$P_{ij} = \frac{S_j / T_{ij}^{\lambda}}{\Sigma S_j / T_{ij}^{\lambda}}$$

式中，P_{ij} 代表客户 i 到 j 位置的门店消费的概率，S_j 代表 j 位置的门店的面积，T_{ij} 代表客户 i 到 j 位置的门店的出行时间。λ 代表门店面积大小和出行时间的相关系数，如果它等于1，那就是说出行时间和面积是正相关的，面积越大，出行时间越长。用上述公式计算出某个区域里的目标客户消费的概率，再结合目标客户的数量、已有门店的年销售额，就能估算出新开门店的销售额。该模型也有很多局限性，比如它没有考虑商品的吸引力大小，一辆汽车和一个面包对客户的吸引力是不一样的。

（4）决定单店面积

门店的空间分为面向客户的部分（也叫前店或者展示区）和非面向客户的部分（叫作后仓，对于有厨房的餐饮店也叫后厨或者后厂）。咖啡店、奶茶店的前店里也有现场加工的部分，这部分面积一般不算作有效销售面积。前店是指客户可以浏览、购物、接受服务的区域，是有效销售面积。后仓是指非客户接待区域，用于存储货物、准备货品、加工货品、储藏清洁维护物品，以及员工办公。大型超市的仓储物流和销售空间最复杂，下面以它为例进行介绍，如图 3-13 所示。

大型超市的仓储物流和销售空间分为三大区域。①接收区域：由于所售卖的商品品类多且每个品类内的品种多，每次从仓库送货的量很大，送货车辆到了之后，需要把货卸下来，放在缓冲区域，由门店工作人员进行解包和清点。这个区域有点像码头，所以也叫 docking station，送货车辆集装箱对接到"码头"，进行货品的装卸。②后仓：经过接收区域之后，门店工作人员需要将送来的货进行分类，然后放到指定的存放地点。在前店货架上出现缺货时，把货品从后仓拣选出来搬运到前店。③前店：也就是销售发生的区域，在这里工作人员把货品搬运到货架旁边，然后上架。对于需要下架或者损毁的商品，需要进行反向的下架处理动作。面积小一点的超市，比如社区超市，就不一定会有接收区域，可能只有一个宽敞点的后门，货物从后门直接搬运到后仓。对于小型的门店，比如便利店、快餐店、咖啡店，货物更多是从前店的门进到后仓，同时后仓的面积也没那么大，图3-14说明了商超行业不同类型门店的面积大小。

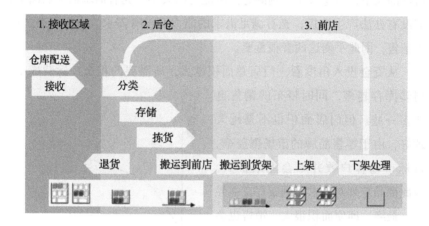

图3-13 大型超市的仓储物流和销售空间示意图

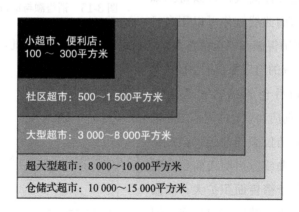

图3-14 商超行业门店面积大小示意图

前店是商品和服务与客户接触的区域，它越大意味着能陈列的商品和服务内容越多，更多的货品陈列能够吸引并激发出更多的需求，成交机会也会越大。反之，如果销售面积小，商品和服务内容的陈列空间就小，给客户的选择就少，产生的需求也就少。同时，前店面积小意味着能同时进店的客户少，在提供同样数量商品和服务的情况下，按照一定的转化率来看，产生的购买量就会少。

后仓大小代表了能存放多少库存，就餐饮零售而言，它代表了菜品制作加工能力的大小，也就是满足需求的能力大小。前店面积大小影响需求的大小，后仓大小影响满足需求能力的大小。光有需求而无法满足，就没有办法产生销售；光有满足需求的能力而没有需求，也没有办法产生销售，因此平衡这两者很重要。

从资金投入角度看，门店总面积越大，所需要的租金、运营成本、周转库存越多，同时带来的销售也会多一些。但门店面积也不是越大越好，由于零售品牌的市场覆盖率、目标市场客户数并不会无限扩大，因此商品陈列对需求的刺激存在临界点。最终，即便面积很大，销售也会出现天花板。如果为销售面积和销售额画一条相关性曲线，可以得到如图 3-15 所示的曲线。你可以用自己

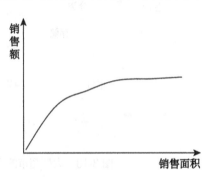

图 3-15　销售额与销售面积曲线

企业中门店销售额和门店销售面积的数据绘制出这样一条曲线，进而用它来指导后续的门店面积大小的决策。

前店和后仓面积之和是固定的，如果把前店和后仓的面积加起来构建一个和销售额的曲线，会得到图 3-16 中的曲线。当前店面积不断增大时，由于销售面积扩大，商品陈列丰富，能容纳的客户增多，因此销售额上升。但到一定程度之后，由于客流不会无限制放大，营业额就趋于平稳。如果再继续增大前店

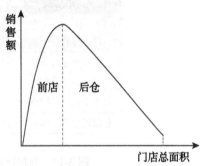

图 3-16　前店和后仓面积分配
与销售额的关系

面积，会导致后仓空间被挤压，进而导致前店的货品供应受到影响，进而影响到销售额，使之下降。当前店和后仓面积的分配沿着这个曲线滑动时，这个曲线的顶点对应的前店和后仓的面积就是最佳分配。可以通过数学模型来测算和模拟各种比例下销售额的变化，得到这样一条曲线，进而指导合理的门店面积分配。

门店面积选择是艺术和科学的结合。一方面，市面上可选的门店是有限的，经过精准测算得出的门店面积在市面上并不一定能找到，除非自己买地建设；另一方面，零售商一般对每个门店有明确的业绩目标要求，因此可以按照业绩目标测算出具体的前店和后仓面积大小。实践中，往往会把定性和定量方法结合起来使用。

A. 定性分析

根据零售商在类似商圈里的门店面积，得出面积的区间范围，然后看市面上有什么选择。在面积分配这件事上，因为现实的多变性，量化模型无法反映所有情况，也未必能得出最合理、可解释的结果，这时候定性分析反而更实用。比如将类似门店的前店后仓面积比用到新店上。假如某个商圈里已经有了一家店，这家店业绩稳定，前店不拥挤也没什么断货，后仓能够很好地支撑前店的业务，则可以将这家店的比例用到新店上。比如某商圈有一家店总面积 800 平方米，后仓 200 平方米，前店后仓面积比是 3∶1。如果要在该商圈开一家 600 平方米的门店，后仓可以设置为 150 平方米。

在核心商圈开店，租金非常高，可谓寸土寸金，零售商往往更倾向于扩大前店的面积，最小化后仓甚至不要后仓，通过高频次的补货来达到门店对有货率的要求。这种方式更多地把货品放到仓库，同样面积的仓库的租金肯定比门店低，同时，仓储物流员工的工资相比门店店员也更低些。

B. 定量计算

比如零售商决定明年的销售额要增长 2 亿元，并将该目标分解到各个区域，华东区分得了 1 亿元，该区域去年平均平效为 2 万元 / 平方米（销售额除以总销售面积），那么华东区总共需要新开 5000 平方米（= 1 亿 /2 万）销售面积的门店。

知道了销售面积，接下来需要继续用定量的方法来测算后仓的大小。前店除了让客户可以走动之外，还需要陈列各种道具和商品。陈列得太多会导致门店拥挤，太少会显得商品不够丰富。到底多少合适，这大概也是零售人一直在探索的。有的人说不缺货就好了，有的人说要琳琅满目。说"不缺货就好"的人往往是供应链思维，考虑的是服务水平和库存周转；说"琳琅满目"的人往往是"视觉陈列"的思维，希望通过饱满丰富的视觉陈列刺激客户，使其产生购买的冲动。

从库存控制的角度来分析，前店的商品库存一般用最大最小库存法进行控制，最小库存由货架的最小陈列量决定，比如一个商品有 3 个陈列面，每个面放 1 个，最小陈列量就是 3 个；最大库存由陈列面和陈列深度决定，比如有 3 个陈列面，陈列深度是 3 个，那最大陈列量就是 9 个。前店一天的销售结束后，陈列量从 9 个变成了 5 个，店员在晚上补充陈列量，从 5 个补满到 9 个。后仓是前店的供应来源，前店运用最大最小库存法拉动后仓补货。假设门店每天卖 200 个，表 3-8 展示了为期两周的前店与后仓的库存动态变化过程。

表 3-8 前店与后仓库存变化示意

		第1天	第2天	第3天	第4天	第5天	第6天	第7天	第1天	第2天	第3天	第4天	第5天	第6天	第7天
前店	日初库存	500	500	500	500	500	500	500	500	500	500	500	500	500	500
	销售	200	200	200	200	200	200	200	200	200	200	200	200	200	200
	后仓补充	200	200	200	200	200	200	200	200	200	200	200	200	200	200
	日末库存	500	500	500	500	500	500	500	500	500	500	500	500	500	500
后仓	日初库存	1 400	1 200	1 000	800	600	400	200	1 400	1 200	1 000	800	600	400	200
	转移	200	200	200	200	200	200	200	200	200	200	200	200	200	200
	总仓补货	0	0	0	0	0	0	1 400	0	0	0	0	0	0	0
	日末库存	1 200	1 000	800	600	400	200	1 400	1 200	1 000	800	600	400	200	0

如表 3-8 所示，后仓每周从总仓获得一次补货，补货量为 1400。这样来看，后仓至少需要能够容纳 1400 的货量。如果每天补一次，那后仓就只需要能接收 200 的货量。表 3-8 是用平均数进行分析的，此外还需要把每个月的峰值、大型节假日和活动的峰值数据拿出来分析一下，后仓不可能按照峰值的吞吐设计，但也不能不考虑峰值带来的爆仓风险。通过这样的方法，把各类商品的吞吐量测算出来，加总就能得到后仓总体的吞吐量。

C. 运筹优化与仿真

上文所述的定量计算，是线性运算，也就是通过加减乘除就能算出来。实际上门店面积、销售额和销售面积的关系并不是简单的线性关系。面积的分配也类似，扩大前店面积会带来后仓面积缩减，进而导致总仓往门店补货频率增多，带来补货成本升高，频繁补货也带来门店里货品上架成本升高，但是后仓的库存持有成本下降了；扩大后仓会使补货频率减少，补货成本降低，前店上架成本降低，但是后仓库存持有成本上升，同时销售面积减少了，会导致销售下降。在这些有升有降的因素里，为了找到最合理的配置，就需要在其中找到一个最优的组合，这正是运筹优化方法能解决的问题。运筹学是关于如何更优化地分配资源，获得最大化效益的学科，田忌赛马就是经典的例子。如果放到供应链里，经济订货批量就是经典的运筹学理论模型，一次补很多的货，补货频率低，成本就低，但库存持有成本高；一次补很少的货，补货很频繁，补货成本就高，但库存持有成本低。

为了用运筹学解决这个问题，首先要定义问题的优化目标，比如在门店面积分配这个问题上，优化的目标是毛利最大化，也就是"销售收入－成本"最大化。其次是明确约束条件。为了最大化毛利，把销售收入做到最大，后仓什么都不放不就成本最低了吗？不是的。现实世界是有约束条件的，比如销售额受制于进店客流、转化、平均客单价，进店客流又受到前店大小的影响；成本也是有约束的，库存不可能小到为0，至少还是要满足服务水平的；同时前店、后仓的总面积加起来也不能超过门店总面积，这些都是约束条件。最后是找出决策变量。决策变量是指在围绕优化目标寻找最优解的过程中，那些可以变动的因素。在寻找最佳的面积分配比例时，面积分配比例就是决策变量。在寻找最优解的过程中，让决策变量在约束条件的范围内连续变动，并将每个面积比例下的毛利都测算出来，然后找出最优解，优化算法的公式示意如下。

TS = total space，代表门店总面积。

TSS = total sales space，代表销售面积。

PD = population density，代表目标市场人口密度。

Rev = revenue，代表销售额函数，与 TS、TSS、PD、Ctsr 有关。

BS = backroom space，代表后仓面积，是决策变量，也可以用 TSS 做决策变量，这两个是可以互换的。

Cst-IH = inventory holding cost，代表库存持有成本函数。

Cst-OD = ordering cost，代表订货成本函数。

Ctsr = COGS to sales ratio，代表货物成本占销售的比例。

Profit，代表毛利。

Profit = Rev (TS, TSS, PD, Ctsr) − Cst-IH (BS, Rev) − Cst-OD (TSS, BS, Rev)

也有不少公司采用门店空间优化软件，该软件将上述的优化算法包含在内，并结合所经营的商品品类、门店面积、总仓补货的频率，门店的销售目标、服务水平、库存周转目标等，来测算最优的门店面积配比，包含门店内货架在不同品类之间如何分配。

（5）决定门店面积的分配

对于餐饮服务类零售商，比如快餐连锁，门店面积的分配这个问题更复杂，它们的后仓不仅仅是堆放材料的地方，更是生产和加工食品的地方，在这个行业也称为后厨或者后厂。因此，本节以餐饮店为例进行介绍。餐饮店服务过程如图 3-17 所示。

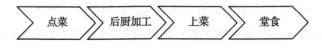

图 3-17　餐饮店服务过程

客户在前店看菜单下单并支付，然后等着自己的餐食被交付，这个过程不能太长，一般而言超过 15 分钟，客户就会失去耐心。同时如果后面不断有新订单进来，整个门店的服务流程可能会阻塞。因此对于快餐连锁，后厨甚至比前店还要重要。不仅仅是面积，还有后厨的设备、作业流程、排队生产机制，它们关系到产品能不能被按时交付。门店的服务水平会按照订单完成的时间来设定，比如接到订单后 95% 的订单要在 5 分钟内完成，允许有 3% 的订单在 10 分钟内完成，2% 的订单在 15 分钟内完成，这对后厨提出了很大的挑战。任何能够提高后厨效率的技术在行业内都是很受欢迎的，比如预制冷冻食品、快速蒸煮炸的设备。当然也有供应链上的创新，比如有零售商预测接下来 30 ～ 60 分钟客户的需求，将冷冻食品放入解冻装置，缩短客户下单之后的等待时间，甚至预先在就餐高峰之前就做出来一批产品，放在保温的地方。

餐饮店的后厨除了进行菜品的加工也用来存放原材料，厨房的产出能力跟上了，原材料也需要充分供应，否则巧妇难为无米之炊。这部分可以参考类似销售额、面积相近的门店的后厨仓储空间来设计；也可以通过预估营业额、千元用量（每千元营业额所需要的原料数量，在供应链运营章节将详细介绍）来预估平均的原料需求，进而预估需要多少空间。

餐饮零售的前店，主要是服务区域，需要留出客人排队的空间和客人消费的空间。餐饮零售门店的客流与时间段密切相关，客流高峰往往出现在饭点前后。如图 3-18 所示，可以通过分析类似门店每个时间段内客流的占比和日均客流来指导门店里的人手配备，比如可以考虑在高峰时段增加后厨的人手以及前店的服务人员等。

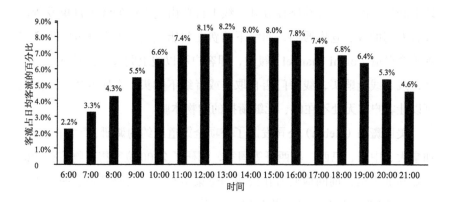

图 3-18　餐饮店客流分布示意图

注：数据源自笔者从业实践，仅作示意。数据因四舍五入，加总后不为 1。

餐饮店还需要设计餐位、桌椅的数量，座位数 = 前店面积 / 每个座位的平均面积，比如前店有 100 平方米，每个座位占 0.5 平方米，那就可以摆放 200 个座位。如果用 4 个人一套的桌椅，可以摆放 50 套。

餐饮零售总的销售产出会受到点单、后厨加工、上菜、堂食这几个环节产出效率的影响，比其他零售业态更复杂。这几个环节的产出能力需要匹配，点单快、后厨加工慢，会导致客户等待上菜的时间久，满意度低，客户容易流失。通过监控客户的等待时间来发现问题，通过技术、流程手段来优化使得客户等待的时间缩短，能够很好地提升单店的产出。

2）全渠道门店配置设计

数字化时代，客户有可能在线下购物，也有可能在线上购物。他们可以通过美团、京东到家、饿了么访问就近的门店，购买自己需要的商品，由骑手送货上门；也可以通过零售商自己的 App 或者零售商的官方商城下单，选择送货上门。

把线下零售门店变成线上订单履约的仓库，是一种经济地扩张供应链网络的方式，与从遥远的仓库发货相比，它利用了现有的门店设施，提高了资源利用效率。由于电商的普及，快速送货已经被客户认为是最基本的服务，而从门店发货能够让客户更快地拿到货。仓库虽然可以大批量地拣货、批量运送，整体成本更低，但它没有门店发货这么敏捷和快速。

国内大多数零售商按照多渠道（multi channel）的方式运营，即把线上和线下的订单履约路径分开，线上订单由仓库中的线上订单发货区或者专门的线上仓库履约，而线下消费在门店完成。也有部分零售商实现了全渠道（omni channel）履约，即客户可以线上购买，由线下门店发货，或者线上购买，线下门店自取，或者线下购买，仓库发货。全渠道可以让客户有无处不在的、无缝衔接的购物体验。

美国斑马（Zebra）公司发起了一项全渠道履约的调研，[⊖]它在美国、加拿大、中国、巴西、墨西哥等国家，调研了 2700 位零售、物流行业的专业从业人员，询问他们所在公司的全渠道水平。调研结果表明：①只有 39% 的受访者表示自己的公司是全渠道经营的。②有 76% 的受访者表示自己的公司用门店库存来履约线上订单，并且有 86% 的受访者表示自己的公司将在近一年内实施线上下单，门店送货或者门店取货的履约方式。随着线上化的趋势，未来全渠道履约会逐步普及。

⊖ https://www.zebra.com/us/en/about-zebra/newsroom/press-releases/2018/zebra-future-of-fulfillment-vision-study.html。

　　全渠道场景下，门店的销售面积从前店扩大到了数字世界（美团、饿了么、京东到家、官方 App），为了应对这些数字世界客户的需求，门店要么从货架上拣货、包装好后通过骑手配送给客户，要么从门店后仓拣货、包装好后通过骑手配送给客户。如图 3-19 所示，对于数字世界的客户而言，前店并不是真实存在的，在手机里的数字世界，物理世界的前店和后仓的面积可以互换，甚至可以说当一个门店只有数字世界的客户时，它就不再需要前店了，只要后仓即可。这种情况下其实门店就变成前置仓了，也被称为"dark store"，意思是它是不对外营业的，但里面的布局像个门店，有货架和陈列的商品，便于拣选商品进行发货。但对于线下客户，必须有前店，他们无法在后仓里消费。数字世界的客户要求门店有"仓"的属性，线下客户要求门店有"前店"的属性，前店和后仓的面积比例划分问题变得更加复杂了。

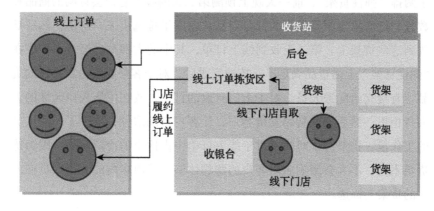

图 3-19　全渠道履约路径示意图

　　如图 3-20 所示，把一个门店的订单分成线上订单和线下订单，当线上订单越来越多时，后仓的权重就越来越大了，前店的权重就越来越小了。读者可能会问，前店也可以发货啊？对于前店客流比较密集的门店，线上订单履约和服务线下客户是有冲突的。

　　一般来说，当线上订单数量占比超过 20% 时，对线上订单的交付会影响线下客户的购物体验。试想，门店里的工作人员拿着购物篮四处给线上的客户拣选商品，线下的客户跟他们在一个空间里面，拥挤和不便是无法避免的。线下购物大多是为了体验，客户往往不会很着急，而线上订单在门店履约追求的是效率，势必很急很快。

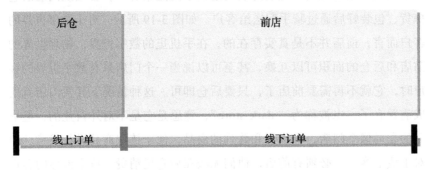

图 3-20　全渠道门店的面积划分示意图

　　笔者在北美服务过的一个客户，为了解决这个问题，在后仓专门放了两排"弹性货架"，前一天晚上预测第二天的线上客户会订购的商品和数量，把需求集中且量大的部分商品从仓库里拣选出来，解包，然后摆放到这些货架上。第二天收到线上订单，其中的大部分已经可以被摆在"弹性货架"上的货品满足了。拣选完成后，对于客户要求送货到家的货品，直接交给配送人员。对于上门自取的订单，放在门店入口区域的无人货柜里，然后把取货码发给客户，让客户自助取件，减少了门店人员的工作量，也节省了时间。对于线上订单中占比小的冷门商品，因为拣货量不大，不大会影响店内客户的购物体验，就由店内的工作人员在前店的货架上拣选。

　　做全渠道零售转型，不仅要考虑线下、线上订单的占比，还需要把门店的库存账本和线上商城的库存账本打通，让两个渠道都能看到实时库存。同时，门店的 POS 系统需要能够处理线上订单和线下订单，和自营电商、美团、京东到家、饿了么等平台打通，确保这些平台上的订单能够与门店 POS 集成。

　　以国内全渠道做得最成功的盒马鲜生为例，它在门店天花板上安装了轨道和铰链。当有线上订单时，会在门店触发拣货单打印，打印完了被贴在"拣货袋"上。然后工作人员手持终端设备，扫描拣货单，接着按照设备的指引在相应的前店货架上拣货，拣完后把袋子挂在轨道的铰链上。铰链连着自动传送带，将拣货袋传到后仓。后仓把商品装到盒马的塑料袋里，然后把多个客户订单组合成一个批次，计算好路径分配给骑手，骑手收到送货指令就去送货。在线上购买的高峰期，比如工作日晚饭前，线下客户在前店里浏览、挑选商品时，会发现门店里多了很多帮助线上客户"拣货"的工作人员。

5. 仓库配置设计

仓库一方面发挥了巨大的"蓄电"作用，一方面也影响供应链的成本和效率，投入时间对它的配置进行设计或优化，能给企业带来巨大的回报。

1）仓库的作用

做个极端的假设，矿泉水沿着时空之门可以即刻从生产商那里直接到门店，客户到了店里想买水，店员下一个指令，水就能从生产商那里瞬间到达门店，这时门店里就完全不需要库存了。然而现实世界的科技还没有发展到这样的程度，矿泉水的补充是有周期的，需要提前备库存，以确保客户到了门店能拿到现货。有了库存就需要仓库，仓库的第一大要务就是解决供应和需求的时空差异，给客户提供现货。仓库的作用如下。

a.应对供应的波动，提高对门店的服务水平，避免因为供应引起的缺货，同时降低对门店后仓的压力，增大门店的销售空间。

b.节省物流成本，避免频繁的运输，通过集约化的采购、仓储，减少可变物流成本。

c.应对需求洪峰，提前储备库存放在仓库里。

d.应对投资性购买，比如供应商打折时或者期货有很好的价格时多买一点，需要空间存放。

e.为了把多种商品集合起来，统一给门店提供配送服务。

可能会有读者问，不能直接由供应商发往门店吗？可以，有不少商品就是经过这样的路径到达门店的，比如啤酒、鲜奶、可乐、冰淇淋等对新鲜度要求很高的商品。但这取决于供应商的供应链所覆盖的范围和业务模式，不是每家供应商都有这种能力。零售商有一个重要的作用就是把多个供应来源连接起来、整合起来，为自己的客户提供丰富的选择，这其中也就包含必须有能够跟不同商品、不同类型的供应商打交道、做管理的能力。

2）仓库配置设计给企业带来的价值

日常生活中的很多决策，无时无刻不受到位置因素的影响。我们在租房子或者买房子时，首先考虑离公司最近的，同时在自己预算范围内的房子。我们在找和朋友吃饭的地方时，会找离朋友和自己都近的位置。我们开车出行到某个目的地时，也希望找到那个距离最短的路线。因为这样做，我们节省了时间，也节省了出行的费用。对于仓库配置设计也一样，我们希望所选择的位置能够尽可能离所覆盖的门店的平均距离短一点，这样每一次送货的时间会短一些，物流成本就能低一些。因此**仓库配置设计的第一个价值就是控制成本**，商品从生产出来，到在市场上流通，总的成本在不断增加，如图 3-21 所示。假设零售商从供应商处采购商品的单位价格是 50 元，那采购成本就是 50 元，干线运输过程中单位商品平摊下来的运输成本是 5 元，仓储成本平摊到每个商品上是 3 元，城市配送的运输成本是每件 5 元，最终到了门店商品的总成本是 63 元。在此基础上加上毛利、费用，售价达到 103 元。干线物流（进项）加上城市配送（出项）物流的成本占到了总成本的 16%。把仓库放在对的位置，能够产生巨大的物流成本节约，省下来的钱就直接变成了毛利。

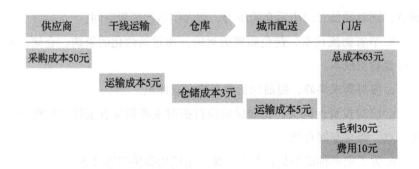

图 3-21　商品流通环节成本增加示意图

仓库配置设计的第二个价值是提高门店的服务水平。导言中提到了军事战争与物流的关系，假设把后勤物资放在距离战场十万八千里远的地方，前线打起来了，缺少物资，后勤补给所需要的时间会很长。你可能会说，我在打仗之前就开始送，每天派一队后勤人马送物资到前线，这样前线不是每天都能得到补给吗？假设从十万八千里之外送物资到战场需要 10 天，你需要在战争开始前 10 天判断战争的形势，估计战争第一天的物资需求。一旦开打了，每天还要有新的补给到达，也就是说你在开战前 9 天预估战争第二天需要的物资。前线在第一天收到的物资是你 10 天前计划好的，如果当天打的情况跟你当初的预计有偏差，一线的军官快马加鞭，派人回来报告前方战况，希望你调整补给计划，你却说"对不起，我虽然知道了情况，但是送过去要 10 天之后，最近的一拨补给已经在半路上了，但数量和品种我已经无能为力了"。在零售供应链上也一样，距离远就意味着运输时间长，有信息延迟，一旦货物从仓库出发了，就意味着不确定性开始了，运输时间越长，这种不确定性就越难管理。货物一旦上路，很难对它做出调整，假如此时门店需求激增，你再发一班车，而运输要很长时间，等补给到了这些需求可能也消失了。但反过来，如果仓库离门店近一点或者货物运送得能快一点，比如 5 小时车程能覆盖到 80% 的门店，8 小时车程能覆盖到 100% 的门店，这时即便市场需求发生变化，80% 的门店 5 小时就能够反应过来，100% 的门店 8 小时能反应过来，从而争取到更多的时间来抓住市场机会。这也正是城市中越来越多的门店从城市里的前置仓发货的原因，餐饮店从就近的中央厨房获得补充也是这个道理。合理的仓库配置设计能提高门店对需求的响应速度，提高门店的有货率，同时也能保障生鲜商品的新鲜度。

3）仓库配置设计的原理

仓库配置设计是供应链重要的基础理论与实践之一，它应用运筹优化理论，围绕设定好的优化目标（成本最低或服务水平最高），在约束条件的限制下（仓库的数量限制、服务水平的限制），调整决策变量（仓库的位置可以变、大小可以变），找到满足目标的最优解（最合适的地点、最合适的大小）。

先来看一个已经设计完成的例子，图 3-22 是一家北美零售企业的供应链网络示意图。其中一簇发散出去的直线中间的三角形代表仓库，图中共有 2 个仓库，它们是供应的中心。以仓库为中心发散开来，最终到达的点是需求中心。一般把距离接近的多个门店汇总起来，组成一个需求中心，也就是说这个需求中心里的门店，只需要从仓库发货一次，一并进行送货。凡是和仓库建立直线连接的需求中心，其供应都由该仓库负责。每一根线的长短代表从仓库到需求中心的距离，把这些线路的长度加起来，然后除以总线路数，就可以得到平均的仓到需求中心的距离。距离越短意味着运输时间越短，运输成本越低；距离越长意味着运输时间越长，运输成本越高。

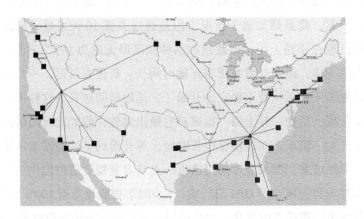

图 3-22　供应链网络示意图

图 3-22 中，仓库和需求中心的连线都是直线，现实世界里从任何仓库到任何门店都不可能是直线。在做供应链网络设计时，直线距离与真实的路线距离会有差距，但在仓到店的距离这件事上，我们考虑的是相对精准而不是绝对精准。因此用直线距离代表仓到店的距离，就足以测算出在多个仓库候选位置中，哪个位置的平均距离最短，更适合建仓库。但当仓到店本身的距离就很近时，比如测算城市中心的前置仓与门店的距离时，就需要用真实道路情况下的距离了，确保不损失太多的精度。

假设该零售商只有一个仓库，为了确定该仓库的位置，我们要找到地图上离所有需求中心平均距离最短的那个点。可以把这张地图上的山川河流、城市、道路、桥梁等不适合或者已经被占用的区域排除掉，再结合需求中心的经纬度，来测算剩下的可用的区域里的每个点到需求中心的直线距离，公式如下。因为地球是个球体，其表面的距离并不是直线的长度，其中 111 是用来把直线距离转换为沿着球面的曲线距离的系数（近似转换，更精准的距离测算公式不在此处展开）。

$$距离=111\times\sqrt{(仓库经度-需求中心经度)^2+(仓库纬度-需求中心纬度)^2}$$

地图上有无数个点，需要借助运筹优化算法来找到那个距离最近的点。它的原理是逐个扫描地图上剩余可用地点的经纬度，然后测算该经纬度距离每个需求中心的平均距离。最后遍历每个地点后，就能找到平均距离最小的那个点，这种分析方法也被称为绿地分析（green field analysis），意思是找到那些绿草如茵尚未开垦的适合建立仓库或者工厂的地方。

假设在只有一个仓库的情况下，每个需求中心的需求量不同，比如在西北的所有需求中心的需求量是东南所有需求中心的需求量的4倍。此时从仓库发往西北的需求中心所发生的运费要远大于发往东南的需求中心的。仅仅用平均距离，反映不出这种差别。要使得该候选仓库的物流成本最低，仓库的位置势必会往西北移动，因为西北的"引力"更大。为此在计算从候选仓库到需求中心的距离公式中，加入需求量作为权重，得到如下的公式：

$$权重距离=需求中心的需求量\times111\times$$
$$\sqrt{(仓库经度-需求中心经度)^2+(仓库纬度-需求中心纬度)^2}$$

而平均距离也变成了加权平均距离，公式变为：

$$加权平均距离=\sum_{1}^{N}(需求中心的需求量\times距离)/\sum_{1}^{N}需求中心的需求量$$

这种方法也被称为重力中心模型（center of gravity），意思是需求量越大的地方，所耗费的物流成本会越大，因此仓库应该越靠近它，这样就能降低物流成本。其中需求量可以用运输的数量、总重量、总体积等表征，取决于物流运输计价的方式。

上述仅仅分析了仓库的位置如何确定，仓库的配置还包含仓库的数量、仓库的面积大小。为了测算仓库的数量和面积大小，就需要引入需求量、物流成本、仓库运营、库存持有成本，公式如下。

$$仓库总投入=运输费用（运输量\times运输费率\times距离）+$$
$$仓库建设费用（与面积和位置有关）+$$
$$仓库运营费用（与面积有关）+$$
$$库存持有成本（与需求量有关）$$

在只有一个仓库的情况下，由于它要连接所有的需求中心，势必会带来平均距离的增大。假设有 100 个仓库，平均距离会变小很多。所以仓库越多，运输成本肯定会越低，但是用于建设或购买仓库的固定投入会变大，同时因为仓库多了，所需要的库存也变分散了、变多了，持有成本也会变高。为了确定多少个仓库以及多大的仓库是合适的，就需要从 1 到 N，并且把每个仓库不同的大小配置遍历一遍，找到那个既满足服务水平要求，又总成本最低的组合。详细的测算在示例 2 中介绍。

☞ 示例 1：简单仓库配置设计

回到小张卖水的例子，他要在市区开 20 家店，这些店分布在市区的各个角落，为了更好地给这 20 家店提供配送服务，他想选个地方建立一个仓库。

如图 3-23 所示，有 20 个门店，每个门店预估每天卖出 70 瓶水，并且预估未来 3 ～ 5 年也会维持在这样的销售量级，那么一天总共可以卖出 1400（= 20 × 70）瓶水。

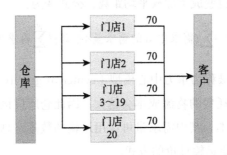

图 3-23　门店进销示意图

在市区找个大的仓库比较困难，同时成本也很高，如果面积小一点会节省不少。为了降低对仓库吞吐量的要求，进而降低对面积的要求，小张决定每天向仓库进一次货，这样进货量会低一点，同时每天往门店发一次货。

他不打算自己建立车队，而是让第三方物流帮他从仓库往门店发货。

由于水的体积不大，但是重量很大，每瓶水 250 克，第三方物流给了他两个方案。①每个门店安排一辆小车送货，每辆车的固定成本是 20 元，变动成本按照"重量 × 距离"来测算，每千克每公里收取 0.1 元。② 20 个门店用一辆车去送货，固定成本是 100 元，每千克每公里收取 0.1 元。为了简化起见，这里的重量按照装车重量来确定（也就是说不会因为卸货而减少）。掌握了这些信息之后，小张开始着手找仓库。

由于每个门店的需求量都一样，因此理想的仓库，其位置到每个门店的平均距离是最短的。因为是在同一个城市，暂且可以忽略球体对距离的影响，直接以某个门店的坐标为原点，找到其他门店的坐标，并以坐标之间的直线距离来表征两个位置的距离。此处为了便于分析，仅选取 5 个门店，以门店 4 为原点，把剩余 4 个门店的坐标列示出来，同时假设仓库的坐标是（X，Y），如表 3-9 所示。

表 3-9　门店的坐标

门店	横轴	纵轴
门店 1	X1	Y1
门店 2	X2	Y2
门店 3	X3	Y3
门店 4	X4	Y4
门店 5	X5	Y5

通过测算距离的公式 $\sqrt{(X1-X)^2+(Y1-Y)^2}$，可以测算出每个门店到仓库的距离。为了使平均距离最小，需要在地图上遍历每一个坐标点，最终找到距离最小的那个坐标。用前文介绍的绿地分析方法，在 Excel 里用求解器计算出距离最小的点的坐标。

这样算出来的坐标，其地点可能已经被占用，比如这个点可能在马路上，或者在建筑物上。小张一想，这可不行，城市里可以用来做选择的位置不是无限制的，他不可能把每一个位置都作为仓库候选位置。因此他排除那些不能用来做仓库的地方，重新计算了在剩下的区域里，适合建仓库的平均距离最小的坐标，接着围绕该坐标点，他通过物流设施中介机构找到 4 家可供出租的仓库。

接下来他要在这 4 个候选仓库中做出选择，如图 3-24 所示，5 个黑色的圆圈分别表示 5 个门店所在的位置，4 个五角星分别表示候选仓库的位置。

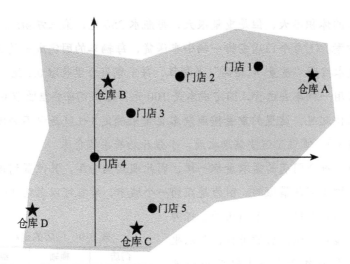

图 3-24 仓库和门店位置示意图

表 3-10 罗列了各个门店、候选仓库以门店 4 为原点时的坐标值。假设仓库坐标到门店坐标的直线距离代表了仓库到门店的距离。

假设仓库 A 的坐标是 (Xa，Ya)，门店 1 的坐标是 (X1，Y1)，它们之间的距离就等于 $\sqrt{(Xa-X1)^2+(Ya-Y1)^2}$。通过计算得出每个候选仓库到每个门店的距离，得到如表 3-11 所示的距离矩阵，其中仓库 A 和门

表 3-10 仓库与门店的坐标值

站点	X	Y
门店 1	30	20
门店 2	20	18
门店 3	6	10
门店 4	0	0
门店 5	20	−20
仓库 A	40	16
仓库 B	2	15
仓库 C	18	−26
仓库 D	−22	−22

店 1 所对应的方格里的数字代表了仓库 A 到门店 1 的直线距离，平均距离为仓库 A 到各个门店的距离之和除以门店数量。上述计算中，假设每家店全年的销售量是一样的，如果销量不一样，比如门店 1 每年要卖出 5 倍于其他门店的数量，就需要用到上文中所说的重力中心模型。为便于理解，本例中继续以门店之间销售均衡为假设条件。

仅从平均距离的角度来看，仓库 B 是不错的选择，小张仍需要按照第三方物流提供的两种运输方式，测算一下每个候选仓库所对应的物流费用。

表 3-11　仓库与门店的距离矩阵 　（单位：公里）

	门店 1	门店 2	门店 3	门店 4	门店 5	平均距离
仓库 A	10.77	20.10	34.53	43.08	41.18	29.93
仓库 B	28.44	18.25	6.40	15.13	39.36	21.52
仓库 C	47.54	44.05	37.95	31.62	6.32	33.50
仓库 D	66.84	58.00	42.52	31.11	42.05	48.10

在第一种运输模式下，每个门店安排一辆车，每个门店的运输费用等于固定费用（即不管运输距离多远，出一趟车就需要发生的费用，为 20 元）+ 可变费用（每天运 70 瓶 × 每瓶 250 克 /1000 克 × 每千克每公里 0.1 元 × 距离），得到的结果如表 3-12 所示。

表 3-12　第一种模式下的物流费用

		门店 1	门店 2	门店 3	门店 4	门店 5	平均距离	日总运费
仓库 A	距离（公里）	10.77	20.10	34.53	43.08	41.18	29.93	
	运费（元）	38.85	55.17	80.42	95.39	92.07		361.90
仓库 B	距离（公里）	28.44	18.25	6.40	15.13	39.36	21.52	
	运费（元）	69.78	51.93	31.21	46.48	88.87		288.27
仓库 C	距离（公里）	47.54	44.05	37.95	31.62	6.32	33.50	
	运费（元）	103.19	97.08	86.41	75.34	31.07		393.09
仓库 D	距离（公里）	66.84	58.00	42.52	31.11	42.05	48.10	
	运费（元）	136.98	121.50	94.41	74.45	93.58		520.92

在第一种运输模式下，选择仓库 B 每天的总运费最低。

在第二种模式下，安排一辆车来完成 5 家门店的运输。如图 3-25 所示，该车辆运输的起点是候选仓库，终点是最后一个门店，它需要把候选仓库和各个门店串起来，然后找到总行驶距离最短的一条线路。把候选仓库和门店串起来，有很多可能的路径。比如从仓库 A 出发，可以经过门店 1、门店 2、门店 3、门店 4、门店 5；也可以从仓库 A 出发，先到达门店 5，再到门店 4、门店 3、门店 2、门店 1；还可以仓库 A、门店 3、门店 4、门店 5、门店 2、门店 1，这就变成了一个排列组合问题。从仓库 A 出发，剩下的停靠站有 5 个，每个停靠站上可能的选择数量如下：第一站有 5 种选择，第二站有 4 种选择（扣除第一站的选择），第三站有 3 种选择（扣除前两站的选择），第四站有 2 种选择（扣除前三站的选择），第五站只有 1 种选择，组合起来总共有 5×4×3×2×1=120 种组合。

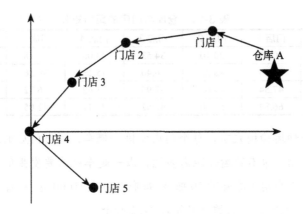

图 3-25　车辆运输的可能路线

为了测算这 120 种组合中哪一种组合的距离最短，我们用前文所述的距离测算公式，做一个门店与仓库之间距离的矩阵，如表 3-13 所示。

表 3-13　仓库到门店、门店到门店的距离矩阵

（单位：公里）

	仓库A	门店1	门店2	门店3	门店4	门店5
仓库A	0.00	10.77	20.10	34.53	43.08	41.18
门店1	10.77	0.00	10.20	26.00	36.06	41.23
门店2	20.10	10.20	0.00	16.12	26.91	38.00
门店3	34.53	26.00	16.12	0.00	11.66	33.11
门店4	43.08	36.06	26.91	11.66	0.00	28.28
门店5	41.18	41.23	38.00	33.11	28.28	0.00

在这 120 种组合中找出距离最短的那个组合，最麻烦的方法就是把这 120 种组合每一种的总距离，一个一个算出来然后做比较。这是一个典型的运筹优化问题，它有以下三个要素。

- 决策目标：决策目标一般会有最大化或者最小化。这个例子中就是最小化距离。
- 决策变量：在决策的过程中，哪些因素是可以变化的，是需要遍历的，它就是决策变量。这个例子中的决策变量是每个停靠站选择的门店。
- 决策约束条件：决策是有约束的，比如你之前已经停靠的站点不能在之后又出现，第一个停靠站必须是仓库。

鉴于问题的规模不大，共有120种组合，借助Excel中的求解器就可以找到距离最短的路线。对于规模更大的问题，市面上有商业的供应链设计软件专门做这种问题的优化求解。当候选仓库是A时，求解器计算出来的距离最短的组合是仓库A→门店1→门店2→门店3→门店4→门店5，总距离是77.03公里。

按照第三方物流的计价方式，每天的物流费用等于固定费用（100元）+可变费用（每天运70瓶/店×5家店×每瓶250克/1000克×每千克每公里0.1元×77.03公里）=100+674.01=774.01（元）。

接下来把剩下的3个候选仓库的物流费用分别按照上述方法算一遍，最后得到如表3-14所示的数据。

表3-14　第二种模式下的物流费用

	运输距离 （公里）	固定费用 （元）	变动费率 （元/每公里）	日费用 （元）	年费用 （元）
仓库A	77.03	100	8.75	774.01	282 514.56
仓库B	94.71	100	8.75	928.73	338 980.06
仓库C	85.54	100	8.75	848.48	309 693.38
仓库D	118.83	100	8.75	1 140.73	416 013.31

表3-15列示了两种物流模式下，每个候选仓库的年物流费用，以及年租金投入。在物流模式一下，仓库B的年物流费用最低，但是B处于城市中心地带，年租金投入大，加起来年总支出并不是最低的。仓库A的年物流费用比仓库C低，但由于仓库A所需要的年租金投入大，导致总投入比仓库C高。仓库D年物流费用最高，但其仓库的租金最低，年总支出最小，因此是比较经济的选择。在物流模式二下，所有仓库的总支出都超出了模式一中的选项，因此不是经济的选择。

表3-15　两种模式下的物流费用

	年物流费用（元）	年租金（元）	年总支出（元）
物流模式一			
仓库A	132 093.50	800 000.00	932 093.50
仓库B	105 218.55	900 000.00	1 005 218.55
仓库C	143 477.85	750 000.00	893 477.85
仓库D	190 135.80	650 000.00	840 135.80
物流模式二			
仓库A	282 514.56	800 000.00	1 082 514.56

（续）

	年物流费用（元）	年租金（元）	年总支出（元）
仓库 B	338 980.06	900 000.00	1 238 980.06
仓库 C	309 693.38	750 000.00	1 059 693.38
仓库 D	416 013.31	650 000.00	1 066 013.31

上述案例是在单个城市内做仓库选址的例子，如果把区域放大到全国，甚至全球，所需要考虑的因素就更为复杂了。不同的区域，仓库的固定投入不同，用工成本不同，税费比例也不同，运输的费率也不尽相同。

该案例围绕着最小化"总投入"进行仓库的配置设计，只考虑了量化的因素，实践中除了定量考虑，还要考虑定性的因素，比如区位的发展、不同区位的政策扶持以及当地工人是不是好招聘等。一般会对定量和定性因素设定不同的权重，采用打分的方式来评判不同的候选仓库孰优孰劣。

☞ 示例 2：复杂仓库配置设计

现实世界中没有只卖一种商品的零售商，它可能不仅仅在一个城市开店。如图 3-26 所示，有个大型零售商，打算在我国开展线下零售业务。它计划经营 15 个品类，每个品类下有若干种商品，每个品类有 1～5 个供应商，国内供应商集中在环渤海和长三角地区，国外供应商集中在东南亚地区。该零售商初步计划设立 2 个总仓（central distribution center，CDC）、6 个区域仓（regional distribution center，RDC），在 10 个省经营 800 个门店。在实际操作中，距离接近的门店往往由同一班车送货，因此我们把每个区域内距离较近的门店汇聚起来，使之成为一个"点"，这个"点"称为"需求中心"，这样总共形成了 45 个需求中心。

如图 3-27 所示，先把这样的结构直观地放到地图上来看，正方形的方块表示两个 CDC，中等大小的圆形表示 6 个 RDC，最小的圆形代表需求中心。仓库的具体位置没有确定，总分仓的数量也待定，这些是需要被设计的。

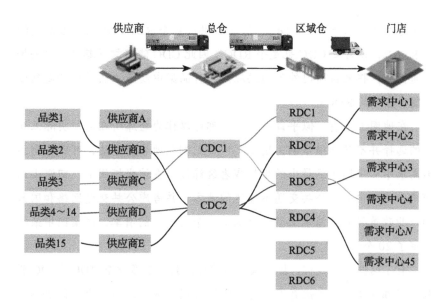

图 3-26 某大型零售商的供应链结构

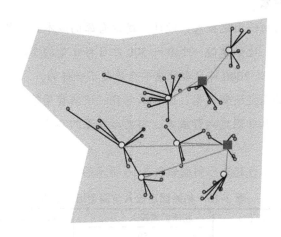

图 3-27 供应链网络示意图

如果没有 CDC，RDC 就需要面对国内外的供应商，6 个 RDC 与 15 个供应商有很多种可能的组合，读者可以试想一下有多少种可能的组合，要管理这些供应商在这么多 RDC 的订单、收货、退货，复杂度很高，同时每个 RDC 的库存分散，导致整体库存水平偏高。如果用 CDC 来做收货，15 个品类的供应商只需要面对 2 个 CDC，同时由于库存集中，整体库存水平也会降低。CDC 不仅能够供应各个 RDC，还能覆盖就近的需求中心，换言之 CDC 也是个 RDC。因此 CDC 能够靠近港口、码头等交通枢纽，将来自国内外不同供应商的货品集中起来，然后再分发到位于国内各地的 RDC。

在地图上来看，似乎每一个地点都可以作为仓库所在地，实际上仓库的选择并不是无限多的，用上文中提到的绿地分析方法，可以找到距离需求中心平均距离最小的坐标或者经纬度。在该坐标周围，回避山川河流、城市中心、公共交通不发达的地方，并考虑公共交通网络和国家的产业政策导向，基本上就可以确定一个短一点的清单，该案例中最终确定了 20 个候选城市。

有了这些候选城市，接下来就需要确定到底要多少个 RDC（CDC 暂且也当作 RDC）。这就离不开运筹优化模型的帮忙，第一步你得告诉它设计的目标是什么。以最小化成本为例，成本由如下要素构成。

1. 仓库成本

a. 仓库的初始固定投入：设计、建设仓库的成本。它的大小一般与吞吐能力有关，比如建设一个 0 ～ 500 件日吞吐量的仓库的初始固定投入和一个 1000 ～ 2000 件日吞吐量的仓库是不一样的。

b. 仓库的固定运营成本，比如水电费、清洁费用等。如果是租赁的仓库，租金就算作固定运营成本。它也与仓库的吞吐量有关系，是有梯度的。

上述两项结合起来，制成如表 3-16 所示的组合。

表 3-16 初始固定投入与固定运营成本

吞吐能力范围（件）	初始固定投入（万元）	固定运营成本（万元/月）
0 ～ 1 000	50	1
1 001 ～ 2 000	60	1.2
2 001 ～ 3 000	65	1.4

2. 库存成本

a. 库存处理成本：包含进项出项物流的处理成本。进项物流成本是指从接收货物到把货物搬运到货架并上架的成本，一般是按照单件计算的；出项物流成本是指将货物从货架上拣货，并包装好放到待发货区域的成本。

b. 库存持有成本：库存是资金的固定存在形态，属于流动资产，流动性比现金差，把资金变成了库存也意味着放弃了资金的财务收益，如银行利息。同时因为库存货品放在仓库里，需要购买保险，还有一定比例的损耗、丢失，这部分都算作库存持有成本。一般库存持有成本可以按照这个公式计算：平均库存量 × 商品的采购成本 × 库存持有成本比例（等值资金的平均投资回报率）+ 保险费 + 损耗丢失金额。

c. 在途库存持有成本：在路上运输的库存也属于流动资产，在途库存的持有成本 = 在途库存 × 商品的采购成本 × 库存持有成本比例。

3. 运输成本

生活中，我们开车去外地，其间的交通成本一般包含固定的部分，比如过路费，以及变动的部分（一般和距离有关）。在物流运输领域，变动成本除了与距离有关，还与计价单位有关，比如体积或者重量，体积决定了运输车辆需要多大，重量会影响车辆的油耗。举个例子，小张运输10万瓶水，从 A 地运输到 B 地，距离是 100 公里，每瓶水 250 克，一辆小卡车只能装 5000 千克，那么它就需要 100 000 × 250/1000/5000 = 5 辆车，每辆车出车的固定成本为 500 元，可变成本为每公里 25 元，那么单车的总成本 =500+100 × 25 = 3000 元。表 3-17 所示为不同的运输方式与收费标准。

表 3-17 运输方式收费表

运输方式	最小起运量 / 固定成本	重量 × 距离	体积 × 距离	平均速度
整车（FTL）	1 000 千克 /500 元	500 元 / 100 千克 ×10 公里	300 元 / 1 立方米 ×10 公里	50 公里 / 小时
零担（LTL）	200 千克 /200 元	300 元 / 100 千克 ×5 公里	200 元 / 1 立方米 ×10 公里	30 公里 / 小时

为了测算成本，需要知道每个需求中心预计的需求量，它代表了要在仓库里储藏、从仓库往外运输多少数量或者多少重量或者多大体积的商品，具体用什么单位取决于物流运输的计费标准。仓库配置设计的场景下，做需求量预估时不需要细化到单品，只需要把具有相同运输计价标准的商品组合起来，打包进行预测即可。比如商品的运输计费规格是

重量，则可以把这些商品合起来，按照公斤或吨做需求量预测。表 3-18
列示了以吨为单位的 1～5 年的需求预估。

表 3-18　1～5 年需求预估

需求中心	产品组	Y1（明年）	Y2	Y3	Y4	Y5
D1	P1	100	120	130	140	150
D1	P2	300	310	320	330	340
D1	P3	500	520	540	560	580
D2	P1	130	150	170	190	210
D2	P2	300	310	320	330	340
D2	P3	500	520	540	560	580
…						

有了需求就可以测算仓库里需要多少库存来满足这些需求，比如产
品组 P1 第一年需求是 100 吨，RDC 全年就需要输出 100 吨，RDC 全年
的平均库存就是 50 吨，如果考虑到节假日需求的波动，再加上 30% 就
是 65 吨的平均库存。

还需要知道需求点到候选 RDC 的距离，可以按照地图上的经度和
纬度进行测算，测算后可以得到如表 3-19 所示的距离矩阵。

表 3-19　候选 RDC 到需求中心的距离矩阵

需求中心 / 候选 RDC	D1	D2	D3	D4	D5	D6	…
R1	234	142	178	262	221	192	
R2	346	371	245	249	265	286	
R3	195	278	260	233	280	252	
R4	260	209	203	266	282	235	
R5	234	312	240	343	289	340	
R6	279	280	250	249	247	241	
…							

运输成本是按照需求量所对应的体积或重量，结合运输距离，再
结合不同运输方式下的计费标准测算出来的。为了把这 15 大品类通过
CDC、RDC 配送到全国的 45 个需求中心，我们可以把这 15 大品类的商
品想象成 15 个人，沿着候选 RDC 一直行走，走遍所有的 45 个需求中
心。由于 RDC 有好多个，需求中心也有好多个，因此他们每个人要把
每个可能的组合都走一遍。每走一条路径，都记录一下自己背了多重的
东西，走了多长，花了多少钱，然后在哪里做了停留，放了多少库存下

来，再继续走，最终结合运输计费标准、库存持有成本的测算方式，测算该路径的运输成本和库存持有成本，再加上仓库的固定投入和可变成本，就能算出每个候选 RDC 的总成本。

总成本 = 仓库成本（与位置、大小有关）+ 库存成本（与需求量有关）+

运输成本（与需求量、距离和运输方式有关）

将运筹优化模型的目标函数简化一点表达出来，如下公式所示。

$$\text{Min}\sum(\text{仓库成本} + \text{库存成本} + \text{运输成本})$$

为了找到成本最小的路径，还需要有约束条件，比如每个需求中心的需求必须要足量被满足，85% 的门店必须至少在 1 天内能送达，98% 的门店能够在 2 天内送达。

在优化求解的过程中，可以变动的决策变量包含：①候选 RDC 的位置，需要把 20 个候选城市都试验一遍。②每个 RDC 的面积，它们可大可小，大了可以减少补货频率，小了就需要高频补货。③RDC 到 RDC、RDC 到需求中心之间的连接关系和运输方式，可以从 RDC1 发给需求中心 1，也可以从 RDC2 发给需求中心 1；可以采用大卡车也可以采用小卡车。求解时，根据候选 RDC、面积配置，在给定的距离、需求量、运输费率下逐条进行测算，算出每个组合的总成本，最后找到总成本最低的那个组合。

接下来详细分析一下计算过程。到底放多少个 RDC 最合适，我们还不知道，为此需要验证到底多少个 RDC 是合适的。

仓库成本 = 固定投入（不同区域、不同大小，投入不同）+ 变动投入（不同区域、不同大小，变动投入不同），比如把仓库面积分成 1000 平方米、800 平方米、500 平方米三档，这时候可以得到不同的固定成本、变动成本，如表 3-20 所示，选择什么样的"仓库大小"取决于需求的规模。

库存成本与需求的规模有关，每年卖 100 万元的需求点和每年卖 500 万元的需求点所需要的库存量是不一样的。运输成本与需求量、运输距离、运输方式有关。

为了找到最优的 RDC 数量，应用运筹优化模型，先从只选择 1 个

RDC 开始，遍历 20 个候选城市，找到总成本最低的组合。然后逐步增加 RDC 的数量，来看仓库数量与成本的关系。

表 3-20　不同仓库大小与固定投入、变动投入的关系

候选 RDC	仓库大小（平方米）	固定投入（万元）	变动投入（万元/年）
R1	500～1 000	50	10
R1	1 001～2 000	80	14
R2	500～1 000	80	15
R2	1 001～2 000	100	18
…			

之后再测算 2 个 RDC 的情况，这时候的组合就更多了，假设只有 1 个需求中心、20 个 RDC 候选城市，那么就有 20 种从候选 RDC 到需求中心的路径；假设有 2 个需求中心、20 个 RDC 候选城市，那么每个需求中心就有 20 条路径，总共有 20×20 种组合。这个例子中总共有 45 个需求中心，这时候的组合数量就有 20^{45} 个，这已经超出了 Excel 可以运算的范围，不得不借助专业的供应链设计软件把每种组合都尝试一遍，然后制作出如表 3-21 所示的表格。从这张表格中可以看出，仓库数量并非越多越好，在 5 个仓库的时候，总成本到达了最低值。400 公里内覆盖的需求中心数，反映了单个 RDC 覆盖门店的程度，该数值越高，仓到店的服务水平越高，补货速度也会更快。对于电商而言，还可以看一下 RDC 在 400 公里内覆盖的人口规模，它反映了 RDC 能够为多少人口提供从仓库的发货能力和发货速度。至于具体是 400 公里还是 800 公里，每个零售商会有差别，这取决于商品的特性和需求的特性，生鲜类商品可能就需要更近的距离圈，而电子产品 400 公里或许还可以。也可以把距离换算成时间来描述覆盖的程度，比如每小时行驶 40 公里，400 公里就是 10 小时，这样就可以按照 10 小时"到达圈"内有多少个需求中心，能覆盖多少人口，或者 4 小时"到达圈"内有多少个需求中心，能覆盖多少人口来进行统计，然后结合商品的特性来判断这样的覆盖率是否合理。

表 3-21 只是以一年的数据为例来说明问题，由于仓库配置决策是中长期的决策，实践中往往会向前看上 1～5 年，甚至 1～10 年。

表 3-21　RDC 数量与总成本的关系

候选RDC数	成本最低的组合	仓库固定投入（万元）	仓库可变成本（万元）	库存处理成本（万元）	库存持有成本（万元）	运输成本（万元）	总成本（万元）	400公里内覆盖的需求中心数（个）	总需求中心占比	400公里内覆盖人口（万人）	总人口占比
1	R1	50	8	20	5	620	703	5	11.11%	5 000	3.57%
2	R2，R3	120	12	30	12	530	704	8	17.78%	8 000	5.71%
3	R2，R3，R5	180	18	40	16	440	694	15	33.33%	11 000	7.86%
4	R1，R3，R5，R6	220	24	50	18	340	652	22	48.89%	18 000	12.86%
5	R2，R3，R4，R6，R7	260	28	60	23	280	651	28	62.22%	24 000	17.14%
6	R2，R3，R4，R6，R8，R10	340	28	60	23	280	731	32	71.11%	32 000	22.86%
7	R1，R3，R4，R6，R8，R10，R14	420	28	60	23	280	811	38	84.44%	41 000	29.29%

如果仅从总成本最低的角度出发，5 个 RDC 是一个很合理的规模。在做上述运算时，优化模型也考虑到了仓库的容积，也就是说在满足需求的前提下，仓库数量越少，每个仓库的容积就会越大；仓库数量越多，仓库的容积就会越小。最终计算出来的结果，不但会给出候选 RDC 的位置，还会给出候选 RDC 的面积大小。运筹优化模型也会结合运输方式、距离，将各个产品组在不同 RDC、需求中心的最优物流路径算出来。这就形成了寻源策略和运输策略，即每个商品在哪些 RDC 存放，从哪个 RDC 送到哪个需求点。

定好了 RDC，再从这些 RDC 中，选择两个离港口、码头近的 RDC 作为 CDC。如果供应商主要在国内，采购价格里不包含从供应商发往仓库的运费，那在建立模型时还需要考虑供应商到 CDC 的运输成本，也就是要从供应源头来遍历各种可能的路径的组合，找出成本最优的路径。

4）外包还是自建

仓库外包是一种很常见的仓库配置模式，它在企业的实际应用中有三种形式。自建与外包仓库的利弊分析如表 3-22 所示。

表 3-22　自建与外包仓库的利弊分析

	完全自建	自建仓库	混合型	完全外包
内容	自建物流体系：仓储、运输	自建仓库，运输外包给第三方物流	部分物流设施自建，部分外包	仓储和物流都给第三方
利	对于物流体系的管控最强，可以无缝地围绕客户需求、公司战略开展物流业务；仓库地产有增值的机会；能够更好地对齐物流和公司的战略	对于物流体系的管控最强，可以无缝围绕客户需求、公司战略开展物流业务；仓库地产有增值的机会；不用担心车队的满载率或空驶率的问题	自建部分满足大部分需求，外包部分满足局部便宜、少数或者季节性、促销性洪峰需求	初始投入小，可以根据业务规模，在一定范围内弹性伸缩，聚焦于主营业务；专业的团队、领先的技术、初始投资小
弊	初始投入大，财力、物力、人力投入大；车队的满载率会影响资产利用率，满载率不高的时候，车队的投资回报很低	对车队的管控力弱，如果第三方管理能力也不强，服务水平会有风险	同时管理两种模式，对管理、信息系统提出了挑战	毕竟不是主体公司的一部分，要贯彻公司的战略、管理，是有难度的；你的供应链能力，会通过行业间的泛化，传播到更多的企业，最终使用外包的行业内的企业的供应链能力达到差不多的水平；供应链能力到平均数，再精进那就要依赖第三方物流的成长

　　投资建仓库是一个比投资建门店影响还要深远的决定，它的投资比大多数门店都要高，会影响日常的仓储物流作业、门店的服务水平。不同的零售商所经营的商品、业务的模式各有特点，在做外包和自建这个决策时，有一个非常重要的输入是整个供应链的战略，它决定了设施配置的方向。如表 3-23 所示，以低成本、轻资产、优质服务这三种供应链战略为例，来阐述仓库设施的重要程度。在建仓库这个问题上，不同企业的看法是不一致的。有的企业认为这个是重资产模式，会把企业拖垮，因此不愿意投入，愿意做外包，腾出资源和精力专心做主营业务。也有企业认为仓库是"军事基地"，有了基地才好去开疆拓土。问题的核心在于仓储物流是不是能够构建你的护城河，也就是你的核心竞争力，如果不是，你确实不必投入太多。

表 3-23 不同供应链战略下仓库设施的重要程度

供应链战略	描述	举例	仓库设施重要程度	核心竞争力
低成本	降低商品在仓储、搬运环节的可变成本	沃尔玛、麦当劳、肯德基	非常重要	是
轻资产	最小化物流设施投资	苹果、Prada、LV	一般	不是
优质服务	营收是由供应链的响应速度决定的，需要维持优质的供应链服务水平	ZARA	很重要	够不够快是商业模式成功的关键要素

一般而言，外包仓库的可变成本会比较高，也就是单件仓储、搬运的成本会比自建高，在评估可行性时，需要结合商品的物流成本占总成本的比例。比如对于苹果手机而言，物流成本占总成本的比例比较小，中高档服装也类似，一件衣服的物流成本占总成本的比重也不大，外包仓库并不会影响核心竞争力。但对于物流成本占总成本比较高的商品，比如生鲜食品、超市便利店里的生活用品，控制物流成本非常关键，甚至是企业的核心竞争力，因此自建仓库设施就非常重要。

选择外包还是自建，还与企业的发展阶段和规模密切相关。早期初创阶段，关注的是如何把模式跑出来，把市场跑出来，外包是不错的选择，能让企业减少在仓库设施上的投入，聚焦于业务本身。发展阶段，规模会越来越大，模式也日渐成熟了，需要思考物流是不是核心竞争力，需不需要成为核心竞争力，有没有资金去做这件事。如果做了，中长期会给企业带来什么回报。著名的例子就是京东，它在别人都不看好的重资产模式下，坚持自建仓库和物流，事后证明这是正确的。

明尼苏达大学教授霍姆斯（Homles）在《沃尔玛的规模经济与扩散效应》(*The Diffusion of Walmart and Economies of Density*) 一文中，把沃尔玛的扩张模式称为"波浪式"，就像在池塘里面丢了一块石头，先是在中间激起剧烈的波纹，然后余波不断从中央四散传播。

图 3-28 是该文中提到的沃尔玛在 1970～2005 年开设的门店与仓库的分布，可以明显地看出门店铺设和仓库建设的进度配合得非常紧密。沿着时间轴看，仓库建好之后门店陆陆续续在周边建立起来，然后沃尔

玛再去新的地方建仓库，新门店又陆陆续续建起来。仓库就像书中提到的石头，门店就像泛起的波纹。它通过在当地建立仓库，搭好"军事基地"，然后再围绕"军事基地"快速开店，与基地建立连接，充分利用基地的补给，提高仓库设施的利用率，进而提高资产回报率。

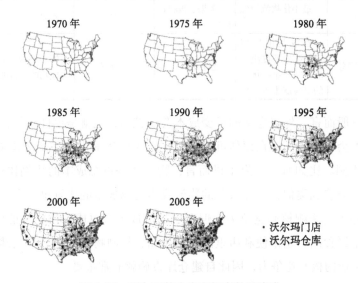

图 3-28   沃尔玛的仓库和门店数量演进

而苹果则选择外包，它聚焦于技术、设计、工艺，以及供应商管理，流通和零售环节的仓储物流交给 UPS 就好了。星巴克选择需求密集的地方自建仓库，偏远的地方选择外包。

5）仓库建几个，建多大

如果资源是无限多的，仓库当然越多越好，这样仓库到门店的距离是最近的，运输成本也最低。客户可以在任何地点、任何时间获得自己需要的商品。但零售企业的资金、人力都是有限制的。不论是外包还是自建，都需要回答一个问题：最优的仓库数量是几个？

企业在从零开始设计供应链时，规模一般都不太大，到不了考虑建几个仓库的规模，就像小张选择仓库的例子，可能先搞定一个仓库就很不错了。但如果是在某一个区域发展成熟了，希望跨区域发展，这时原有的仓库往往无法支撑全国性的扩张，建设更多的仓库就成为重要议题。

如图 3-29 所示，横轴代表仓库数量，纵轴代表成本，图中有四条曲线，曲线②代表固定成本，曲线③代表库存持有成本，曲线④代表运输成本，是指进项加出项物流成本之和，曲线①代表这三种成本之和，即总成本。

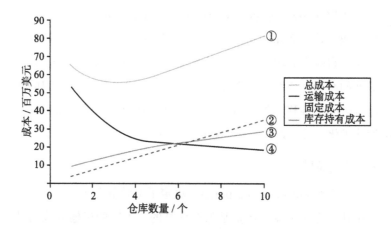

图 3-29 仓库数量与总成本的关系

图 3-29 中的曲线是通过供应链设计软件，设定不同数量的仓库，测算出的成本与仓库数量的关系曲线，数值并非真实数值，仅做示意。从图中可以看出，在早期阶段，增加仓库数量可以显著降低运输成本，但是同时也增加了库存成本和仓库的固定投入成本。随着仓库数量的继续增多，物流成本的下降幅度就不大了，但固定投入的成本和库存成本继续在攀升，导致总成本反而开始上升。这也不难理解，当全国或者某个区域内仓库比较少的时候，增加仓库确实可以让仓库到门店的平均距离缩短，物流成本降低，但随着仓库越来越密集，能够缩短的平均距离就有限了。同时仓库多了，带来了固定投资加大、库存成本上升，蚕食掉了所节约的物流成本，最终导致总成本开始上升。

沃尔玛通过不断地建立仓库、开设门店，使得新建立的仓库的服务对象即门店越来越多，虽然仓库数量增加了，但新门店的出现使得物流成本能持续降低，本质上来说是通过密集的门店网络提升了对仓库的利用效率。

6.设施连接设计

仓库与仓库、仓库与门店之间的连接，是通过寻源策略、运输策略和库存策略完成的。

1）寻源策略

寻源策略（sourcing policy）决定了下游节点是由哪一个上游节点来提供供应。比如超市里的电饭煲是来自 RDC 还是 CDC，如果有多个 RDC，是来自哪个 RDC。这在仓库配置设计环节，已经通过运算找到了成本最低的路径，该路径包含了仓库和仓库、仓库和门店之间的连接关系。随着时间的推移，如果需求或者供应侧有变化，还可以通过供应链网络设计优化，重新评估，产生新的寻源策略。

2）运输策略

运输策略（transportation policy）决定了上游节点运输货物到下游节点时，用什么方式运输，运费是怎么计算的。不同的运输方式的计价方式不同，可以按照单位重量 × 单位距离收费，也可以按照单位体积 × 单位距离收费。在零售供应链上，不同类型的商品所需要的服务水平不同，比如高档手机或者高档奢侈品鞋包，通过空运也不为过，但是卫生纸、洗发水通过整车运输也没问题。高时效性的生鲜产品，通过小批量高频率运输更合适，而长保质期的商品大批量低频运输也能满足需求。

3）库存策略

库存策略（inventory policy）定义了"持有库存"的供应链节点上（比如总仓、分仓、门店），为了保持对下游节点的服务水平或者说现货率，需要多久检查一次库存水平，在什么时候补充库存，以什么频率补充库存。不同节点上、不同的商品其库存策略可以不同。比如超市里的蔬菜和电饭锅，它们的补充的频率肯定是不一样的，后仓里的电饭锅的补充频率又和总仓是不一样的。上游节点释放库存后，库存水位下降，释放的库存运输到下一个节点，接收入库之后，下游节点的库存水位上升，每个节点库存下降到特定点就触发对上游节点的需求信号。

如图 3-30 所示，这三个策略是相辅相成又相互影响的。库存策略决定了什么时候向上游节点发出进货的信号，寻源策略决定了从哪个上游节点获取供应，运输策略决定了用什么运输方式把商品从上游节点运输到下游节点。

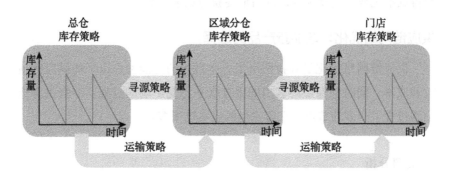

图 3-30　寻源、运输、库存策略

这三个策略的抉择，一般在设施配置设计环节考虑。比如库存策略，在设计时就考虑到不同的库存策略对门店库存、仓库库存、运输成本的影响，选择最优的库存策略。对于寻源策略，在设施设计的过程中，优化模型会根据不同路径之间的距离、运输成本，找到最优的寻源策略。同样地，对于运输策略也是一样。然而在实践中，由于设施配置设计关注的是在更长的周期内的总体上的选择，但在后续运营中需求的状况会发生变化，导致之前制定的三种策略未必是最优的，这就需要持续地进行分析来优化供应链的效率和效益。

如何优化供应链网络

首先，供应链网络不是一成不变的。随着零售企业去越来越多的地方开疆拓土，它需要适时对"硬件"配置做出调整，确保原有的设施能够辐射到新的市场。零售商也可能收购一个公司，两家公司合并时也会引起供应链结构的调整。零售商为了满足市场需求不断推出新产品，也会面临给新产品设计库存策略、寻源策略、运输策略的问题。这些都需要复盘供应链网络设计，对其进行调整和优化。

其次，供应链网络设计不是一个结果，而是持续的过程。设计是一个宏观的规划，当宏观的规划碰到现实之后，可能有好的地方，也可能有不好的地方。同时，零售企业面临竞争、成本压力，也希望不断通过分析供应链运营中产生的海量数据来指导供应链网络的优化，通过优化获得成本优势、速度优势，进而最终获得竞争优势。

供应链网络优化：增加新产品的选择

供应链网络优化是寻找网络组合中最优的可能性，以平衡供应链绩效和成本，同时确保最终客户的服务水平不受影响的过程。零售供应链网络包含了众多的节点，它所发生的成本也很多。

☞ 案例分析

如图 3-31 所示，一个有多级库存的大型餐饮零售商，它有 3000 个供应商和 3 个工厂，有 6 个全国总仓，有 32 个分仓，有 2300 家门店。

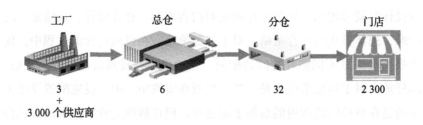

工厂　　　总仓　　　分仓　　　门店

3　　　　6　　　　32　　　2 300
+
3 000 个供应商

图 3-31　大型餐饮零售商的供应链结构

该餐饮零售商全年的物流支出高达数十亿美元，其原料和成品在供应链网络中流动的成本可以分解为以下四项。

- 进项物流成本（inbound logistics cost）：原料从港口、码头、供应商处到达工厂的物流成本，占比约为 15%。
- 出项物流成本（outbound logistics cost）：把原料或成品从工厂发往总仓、分仓、客户仓库的物流成本，占比约为 27%。
- 分配物流成本（distribution cost）：原料或成品在总仓之间、分仓之间、总仓和分仓之间分配转移的物流成本，占比约为 15%。
- 城市配送或最后一公里物流成本（last mile）：从总仓或分仓发往

门店的物流成本，占比约为43%。

经过市场分析和研究，该公司决定推出一款季节性的新产品，产品研发已经完成，准备进入量产阶段，希望量产之后这款产品能够在2300家门店销售。

此次供应链网络优化的目标是，基于现有的供应链网络完成新产品的上市。他们需要你协助完成对供应链网络的选择，即在哪里生产，存放到哪些总仓、哪些分仓，通过哪些路径运送到每个门店。先来分析一下这个问题的复杂性，假设工厂、总仓、分仓这三个节点中，每个节点都选择1个来处理该新品，那就有 $C_3^1 C_6^1 C_{32}^1$ 种组合；假设每个节点选择2个来处理该新品，那就有 $C_3^2 C_6^2 \times 2^6 \times C_{32}^2 \times 2^{32}$ 种组合。每个节点可以被选中的数量还有更多组合的可能性，比如工厂选择1个，总仓选择2个，分仓选择32个，等等，再加上门店，假设2300个门店每个都是单独的需求中心，读者可以思考一下会有多少种可能的组合。在这么多组合中，怎样才能找到最优的配置和路径，同时保持像成熟产品那样的服务水平呢？首先需要明确设计的目标，由于这是季节性食品，对于客户而言新鲜是最重要的，产品部门要求这款产品出厂后只能有5天的销售时间，这就清晰地定义了这次网络优化的目标。

如图3-32所示，首先来看一下有哪些可以选择的路径。把这款季节性产品从工厂搬运到门店，从节点的组合上看可以有如下四种选择。

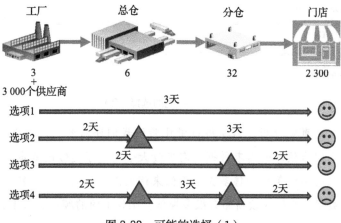

图3-32 可能的选择（1）

　　第一种，从工厂直发门店，总共需要 3 天运输时间，符合产品部门对新鲜度的要求。

　　第二种，从工厂发往总仓，再由总仓发往门店，总共要 5 天时间，不符合要求。

　　第三种，从工厂发往分仓，再由分仓发往门店，总共要 4 天时间，符合要求。

　　第四种，从工厂发往总仓，再由总仓发往分仓，再由分仓发往门店，总共要 7 天时间，不符合要求。

　　最终选项 2 和选项 4 被淘汰了，如图 3-33 所示，只剩下两个选项。优化问题收敛为在剩下的两个选项所构成的"三种组合"中做选择：是用选项 1（对应图 3-32 中的选项 1）服务所有的门店，还是用选项 2（对应图 3-32 中的选项 3）服务所有的门店，或是把 1 和 2 组合起来服务门店。选项 1 中，由于门店比较分散，离工厂的平均距离比较远，可能导致运输路线比较长，物流成本比较高；选项 2 中，把工厂到某一片区域的门店的需求汇总起来，集中运输到分仓，带来了规模效应，再从分仓由最后一公里物流完成到门店的配送，看起来这个选项的物流成本会比较低。

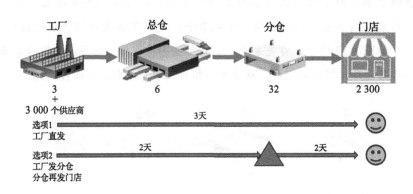

图 3-33　可能的选择（2）

　　以上是直觉分析，为了进行量化验证我们还需要一些数据。首先，需要各个门店预计的需求数据，需求量大小决定了运输的成本，此处可用每个门店预计年度销售多少个单位来代表需求量的大小。其次，需要产品的数据，假如这款新品有很多规格，比如不同的颜色、大小、形状，导致有不同的 SKU 号码。做供应链网络优化关注的是宏观层面，一般会把类似的 SKU 合并到一个型号上。最后，需要确定运输模式和计费方式，以及不同节点之间的运输距离数据。运输距离可以用精确的地形距离，也可以用粗略的直线距离，因为我们是做同样条件下的比较，每个组合都用一样的标准，距离精度几乎是没有影响的。供应链网络优化是在宏观层面寻找更好的设施、路径组合选择，与其通过分析每一笔发货需求、每一个产品的数据来决定选择的优劣，不如把每一笔发货汇总起来，将不同的产品按照重量或者体积单位进行汇总，这样能够让分析更简单，更容易理解。

假设每个节点上都只有一个供应来源，我们来分析这两个选项的优劣。对于选项1，按照需求数量、产品的重量和体积、每个工厂到门店的距离、运输成本来测算，用如下公式（示意）来计算工厂到门店的运输成本。

工厂到门店的运输成本=需求数量×重量或体积×运费费率×运输距离

计算过程用表 3-24 示意，表中对每个工厂到门店的运输成本进行了测算。每个门店需要从 3 个工厂中选出一个作为供应来源，那么一共就有 3^{2300} 个组合。借助技术工具，可以找到这 3^{2300} 个组合中成本最低的那一个，即选项 1 中的最低成本组合。

表 3-24　工厂直发门店的成本

工厂	门店	需求量	单位重量 (kg)	单位体积 (cm³)	距离 (km)	运输方式	运输费率 (kg × km)	运输成本 (元)
P1	ST1	5 000	0.5	10	890	LTL	20	44 500 000
P1	ST2	4 600	0.5	10	590	LTL	20	27 140 000
P1	ST3	3 800	0.5	10	480	LTL	20	18 240 000
P2	ST1	5 000	0.5	10	560	LTL	20	28 000 000
P2	ST2	4 600	0.5	10	910	LTL	20	41 860 000
P2	ST3	3 800	0.5	10	380	LTL	20	14 440 000
P3	ST1	5 000	0.5	10	410	LTL	20	20 500 000
P3	ST2	4 600	0.5	10	540	LTL	20	24 840 000
P3	ST3	3 800	0.5	10	1 020	LTL	20	38 760 000

对于选项 2，情况要复杂很多了。假设每个分仓都处理该产品，从工厂到分仓有 3^{32} 种可能的组合，分仓到门店有 32^{2300} 种可能的组合，总共有（3^{32}）^{2300} 种可能的组合，这就必须借助技术工具来测算最优的组合了，结果如表 3-25 所示。

表 3-25　工厂发分仓、分仓发门店的成本

工厂	分仓	厂到仓运输量	厂到仓距离	运输成本	门店	需求量	单位重量(kg)	单位体积(cm³)	距离(km)	运输方式	运输费率(kg×km)	仓到店运输成本(元)	总运输成本(元)
P1	RDC1	12 810	1 758	1 125 999	ST1	3 640	0.5	10	526	LTL	20	19 146 400	20 272 399
P1	RDC1				ST2	4 651	0.5	10	273	LTL	20	12 697 230	13 823 229
P1	RDC1				ST3	4 519	0.5	10	443	LTL	20	20 019 170	21 145 169
P1	RDC2	12 605	588	370 587	ST1	4 132	0.5	10	285	LTL	20	11 776 200	12 146 787
P1	RDC2				ST2	5 080	0.5	10	562	LTL	20	28 549 600	28 920 187
P1	RDC2				ST3	3 393	0.5	10	446	LTL	20	15 132 780	15 503 367
P1	RDC3	13 464	1 680	1 130 976	ST1	4 495	0.5	10	720	LTL	20	32 364 000	33 494 976
P1	RDC3				ST2	3 562	0.5	10	376	LTL	20	13 393 120	14 524 096
P1	RDC3				ST3	5 407	0.5	10	689	LTL	20	37 254 230	38 385 206
……	……	……	……	……	……	……	……	……	……	……	……	……	……
P2	RDC1	15 313	527	403 497.55	ST1	5 241	0.5	10	596	LTL	20	31 236 360	31 639 858
P2	RDC1				ST2	4 751	0.5	10	302	LTL	20	14 348 020	14 751 518
P2	RDC1				ST3	5 321	0.5	10	554	LTL	20	29 478 340	29 881 838
P2	RDC2	12 544	845	529 984	ST1	3 620	0.5	10	315	LTL	20	11 403 000	11 932 984
P2	RDC2				ST2	4 899	0.5	10	419	LTL	20	20 526 810	21 056 794
P2	RDC2				ST3	4 025	0.5	10	591	LTL	20	23 787 750	24 317 734
P2	RDC3	9 893	1 578	780 557.7	ST1	3 465	0.5	10	210	LTL	20	7 276 500	8 057 058
P2	RDC3				ST2	3 077	0.5	10	669	LTL	20	20 585 130	21 365 688
P2	RDC3				ST3	3 351	0.5	10	442	LTL	20	14 811 420	15 591 978
……	……	……	……	……	……	……	……	……	……	……	……	……	……

工厂	分仓	厂到仓运输量	厂到仓距离	运输成本	门店	需求量	单位重量（kg）	单位体积（cm³）	距离（km）	运输方式	运输费率（kg×km）	仓到店运输成本（元）	总运输成本（元）
P3	RDC1	10 050	1 057	531 142.5	ST1	3 685	0.5	10	489	LTL	20	18 019 650	18 550 793
P3	RDC1				ST2	3 110	0.5	10	691	LTL	20	21 490 100	22 021 243
P3	RDC1				ST3	3 255	0.5	10	423	LTL	20	13 768 650	14 299 793
P3	RDC2	14 187	1 864	1 322 228.4	ST1	5 989	0.5	10	530	LTL	20	31 741 700	33 063 928
P3	RDC2				ST2	3 479	0.5	10	635	LTL	20	22 091 650	23 413 878
P3	RDC2				ST3	4 719	0.5	10	521	LTL	20	24 585 990	25 908 218
P3	RDC3	14 535	1 309	951 315.75	ST1	5 139	0.5	10	672	LTL	20	34 534 080	35 485 396
P3	RDC3				ST2	4 188	0.5	10	313	LTL	20	13 108 440	14 059 756
P3	RDC3				ST3	5 208	0.5	10	533	LTL	20	27 758 640	28 709 956
……	……	……	……	……	……	……	……	……	……	……	……	……	……

通过测算，最终就得到了在选项 2 下到底哪种组合的运输成本最低，以及最低的成本下所对应的工厂到分仓的路径、分仓到门店的路径。

最难的是最后一种，选项 1 和选项 2 的混合，也就是工厂直发一部分门店，同时工厂发分仓、分仓覆盖剩下的没有工厂直发的门店。工厂直发门店数量一定的情况下，组合数量就变成了："工厂直发门店"组合数量 × "工厂发分仓，分仓发门店"组合数量，工厂直发的门店，不应该再在分仓发往的门店里重复计算。假设工厂直发 Q 个门店，剩下的 2300-Q 个门店由分仓发货，Q 从 1 到 2299，并且每个门店由一个分仓或工厂供货，每个分仓由一个工厂供货。此时组合数量就有：$C_{2300}^{Q} \times 3^{Q} \times 3^{32} \times 32^{2300-Q}$。Q = 1 时，就有 $2300 \times 3 \times 3^{32} \times 32^{2299}$ 个组合，把 Q 从 1 到 2299 遍历一遍，总的需要测算的组合数将是个天文数字。这就不得不借助专业的供应链设计优化软件来进行测算了，当然过程中也可以适度简化问题，比如把离工厂超过一定距离的门店排除，把分仓和就近覆盖的门店建立组合关系，分仓覆盖不到的门店也排除，这时组合数量就会大幅度降低。

通过测算上面三种方式的总成本，就可以比较哪种选项在成本上更优，进而做出选择。

供应链网络优化：优化现有网络

供应链网络设计是基于一定的假设进行的，比如对于需求量，是用预测的数据进行测算的；对于运输费率，是基于市场的情况进行选择的。设计和建设完成之后，供应链进入运营阶段。运营过程是"理想"碰到"现实"的过程，如果现实很"丰满"，比如需求量超出当初设计时的假设，你可能面临整个链条的运转跟不上，比如仓库和运输满负荷了，服务水平还是不达标，仓库缺货，门店缺货；如果现实很"骨感"，比如需求量比你当初设计时的假设要低很多，你可能会面临仓库闲置，利用率不高，门店供应过剩。

如果现实和理想非常接近，是不是就万事大吉了？也不是。在实际运营过程中，你会新开门店，虽然需求总量和你设计的比较接近，但需求量可能在不同区域、不同门店之间出现差异，同时不同门店的服务水平也会出现差异，网络设计和优化的目的是以最优的成本服务好客户，因此你需要定期进行网络结构的绩效评估。在运营过程中，还有很多比设计时要细的点，也是需要优化的，比如以下几点。①最后一公里优化：如何让你的车队以最优的数量配置、最短的距离、最低的成本把商品从分仓发往城市中的各个门店。由于最后一公里物流是高频、大规模的运输，如上文所述，最后一公里物流成本占到总物流成本的30%～50%，因此它是非常值得投入进行优化的环节。②运输优化：除了最后一公里，进项物流、出项物流也可以进行优化，包含装载优化、路线优化、分货集货优化、运输方式组合优化。③库存优化：库存能够保证客户及时拿到现货，但库存也不能过多，如何通过分析商品的需求特性，有针对性地优化库存策略，进而将合适数量的商品在合适的时间放到合适的位置，是库存优化的重点。库存优化一般分为单节点库存优化（比如总仓、分仓或者门店优化）和多节点库存优化（比如总仓、分仓、门店协同优化）。④设施配置优化：在实际运行过程中，即便需求总量和设计时的假设是接近的，但需求的分配还是会有所差别，比如不同区域的需求有差异，同一区域内不同门店的需求也有差异，这时就需要重新来看设施配置是否合理，微观层面的差异对总成本的影响是什么。

供应链网络优化能够给零售企业带来成本节约和服务水平提升，所谓"有病治病，无病强身"。对于经营着几亿元、几十亿元甚至几百亿元的生意的零售商，供应链是其生意的命脉，定期把脉，做体检，确保它的健壮性是一种非常好的实践。

下面用一个设施配置优化的例子为大家介绍怎么持续地进行供应链网络优化。

☞ 案例分析

如图 3-34 所示，一个零售商在设计好网络结构之后，按照设计的结果，在中西部和东南沿海分别租了两个仓库，开始进行经营。随着生意的发展，它的门店越开越多，覆盖了更多的区域。在每年定期的供应链网络绩效评估中，它发现平均运输距离与之前设计的已经出现了较大的差异。

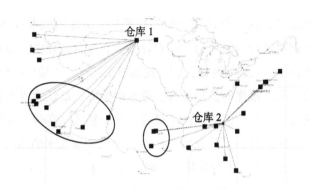

图 3-34　供应链网络示意图

原本在中西部的仓库 1，覆盖的是中部和西北的需求中心，但由于门店开到了西南地区，导致运输的距离越变越长了。在中部偏南的地区新开的门店由仓库 2 覆盖，距离的增加不明显。口说无凭，接下来拿数据进行测算。负责供应链网络设计和优化的团队，收集了仓库 1、仓库 2 所覆盖的门店过去一年的需求数据、产品的体积和重量数据、仓到店的距离数据、仓到店的运输方式和费率数据，接下来开始分析。

首先，分析仓到店的加权平均距离。计算方法：用每个门店的运量乘以仓到该店的距离，然后把所有门店的该数据都加起来，再除以各个门店运量之和，从而得到用运量加权之后的平均距离。

$$加权平均距离 = \frac{\sum_{门店1}^{门店N}\{D(运量) \times Dist(仓到店)\}}{\sum_{门店1}^{门店N}\{D(运量)\}}$$

其次，计算全年的总运输成本。罗列以上数据，如表 3-26 所示。对比发现，仓库 1 的加权平均距离增加得很快，因此也带来了物流成本的大幅攀升。这成为整个优化设计的基准，接下来的优化都围绕这个基准，如果优化之后比基准差，那优化方案就没有产生应有的效果。

表 3-26　设计成本与实际成本对比

	设计		2019 年实际		2020 年实际	
	物流成本（万元）	加权平均距离（千米）	物流成本（万元）	加权平均距离（千米）	物流成本（万元）	加权平均距离（千米）
仓库 1	3 200	3 200	3 800	3 800	4 500	4 200
仓库 2	1 800	2 400	2 200	2 600	2 900	2 800

接下来，团队开始进行探索。抛开现实情况，假设只放一个仓库，通过绿地分析发现，理想的仓库位置如图3-35所示，在中部偏南的地方。

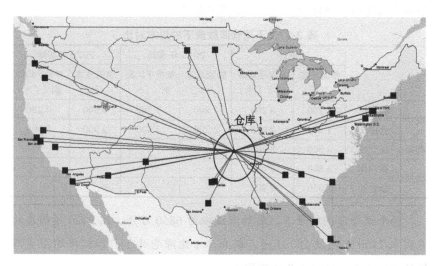

图3-35 一个仓库的情况

假设可以放两个仓库，通过绿地分析发现，理想的仓库位置如图3-36所示。一个在西部中间的位置，一个在东南的位置。可以继续模拟一下3个、4个仓库的情况，供应链网络设计和优化就是一个模拟测试和寻优的过程。

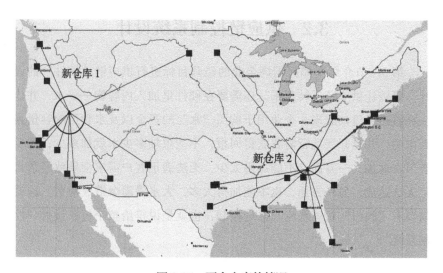

图3-36 两个仓库的情况

再接下来，对比数字指标。如表 3-27 所示，把各个仓库数量下测算出来的数字填进去，发现只有 1 个仓库（一个新的仓库位置）的场景下，加权平均距离大幅提升，物流成本也大幅提升。

表 3-27　不同仓库数量下的成本对比

		设计		2019 年实际		2020 年实际	
		物流成本（万元）	加权平均距离（千米）	物流成本（万元）	加权平均距离（千米）	物流成本（万元）	加权平均距离（千米）
现状	仓库 1	3 200	3 200	3 800	3 800	4 800	4 200
	仓库 2	1 800	2 400	2 200	2 600	2 900	2 800
模拟 1	新仓库 1	8 900	8 200	—	—	—	—
模拟 2	新仓库 1	3 800	3 600	—	—	—	—
	新仓库 2	3 050	2 900	—	—	—	—

两个新仓库的场景下，总物流成本为 6850 万元，比 2020 年的总物流成本 7400 万元低 550 万元。新仓库 1 比原仓库 1 的加权平均距离降低了 600 千米，新仓库 2 的变化不大。

最后，就需要评估是否有必要做仓库的调整了，这里面要考虑到老仓库的关闭成本、物资转移成本、人员转移成本，以及新仓库的租用、设备部署成本，看看节省的钱能不能覆盖这些成本，或者说节省的钱在几年内能够覆盖这些支出，这些可以通过财务分析来判断。

3.2　供应链控制系统设计

第 3.1 节介绍了如何围绕企业的经营目标进行供应链"硬件"的设计，要想让供应链运转起来，还需要在硬件里加入内容物——水，并让它在管道里流动起来。企业用于购买"水"的资金以及水管道的容量是有限的，并且开展运营需要获得回报，不能想加多少水就加多少，需要有节奏地加：一方面，不能加得太少，无法满足客户需求会导致经营目标无法达成；另一方面，也不能加得太多，大水漫灌会造成浪费。这就需要有"阀门"对"水流"进行控制，也就是说得给整个链条设计"控制系统"。

什么是控制系统

学理工科的读者可能知道或者听说过控制理论，笔者以外行的角度来介绍一个简单的控制系统，最典型的就是空调。夏天天气热，室温高达38℃，打开空调，设定温度为32℃，空调里的温度感应器开始探测室内空气温度，然后对比设定温度和室内温度的差异。如果探测室温高于设定的目标温度，控制器会给动力装置（动力装置是指在"控制器"传达的指令的控制下，把电流转化成动力的装置，比如马达就是一个动力装置，空调里的制冷系统也是）发出指令。空调制冷系统启动，它吸入室内空气通过制冷系统把空气冷却后释放到房间里，温度感应器持续检查室温是否达到32℃，达到后会暂停一段时间，同时定期检查室温。如果室温高于32℃，它继续开始作业。这样的控制系统也被称为闭环控制系统，它能根据输出水平通过控制器、动力装置的运作来输出预期的结果，是周而复始地进行运作的封闭式控制系统，如图3-37所示。

图3-37　封闭式控制系统示意图

在20世纪90年代，大部分空调是通过设定输出温度和设定时间来运作的，空调就在设定的时间内运转，不会感应室内温度的变化，这种空调的控制系统是开放式的。在开放式控制系统中，控制指令与输出的水平无关。如图3-38所示，这是一个典型的推式系统，即开放式控制系统，它没有根据输出进行反馈和控制。

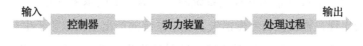

图3-38　开放式控制系统示意图

为什么会有封闭式控制系统？因为空调不能一直转，这样太费电了。

设定的温度达到了就可以停一停或者降低动力装置运行的速度或力度，等到温度升起来后再次启动，这样的控制系统解决了如何合理和有效地分配资源来达到目标的问题。

供应链是什么类型的系统呢？相信读者都会选择封闭式控制系统。这很明显，供应链上所能应用的资源是有限的，在有限的资源下达成目标就离不开控制。比如在生产环节，根据需求计划，制作采购和生产计划，进行原料采购，然后将原料输入生产过程，同时输入生产指令，经过生产加工过程，产出成品，进行销售；销售发生后，产生了销售历史数据，根据这些数据预测下一个循环的销售量，结合人工判断，形成需求计划，进入第二个循环。再如在门店环节，店员根据对销售的预判，生成补货指令，仓库经过运输过程把货发到门店，门店开始销售，销售发生后，有了销售数据，根据这些数据预估下一个循环的销售量，进入第二个循环，这本质上就是一个"以终端消费需求驱动供应链运作"的封闭式控制系统。

在供给方主导供应链的 20 世纪八九十年代，产品供不应求，供应链往往是以类似开放式控制系统的方式运作，按照最大产能生产就是了，管它什么输出的反馈。在 2010 年前后，我国服装行业经历了库存积压，这是因为品牌商往往把货压给渠道商，无视渠道商的货品消化速度，造成整个供应链网络中靠近市场端的库存过多，最后导致渠道商没有钱来采购品牌商后续生产的新货。之后不少服装品牌商痛定思痛，开始从批发到零售的转型，直接开店经营或者强化渠道商的货品管控，自己安装和管理终端的"水龙头"，确保通过集中、统一的控制，用更合理的资源投入让水能顺畅地沿着管道从水龙头里流出去。

开放式系统适用于供不应求的时代，整个系统的产出取决于输出的水平，没必要根据市场反馈的信息进行调整，生产多少都能卖出去，这就相当于水管道系统的上游打开水阀，下游一定能让水流出去。供应有稀缺性时，是可以采用开放式系统的。但随着供应越来越充足以及竞争对手的出现，稀缺性会慢慢消失，整个系统的产出不仅依赖于生产多少，更依赖于能卖掉多少，这时快速、及时地收集终端市场销售的反馈，让后端的供应匹配前端的需求就变得非常重要，这正是导言部分介绍的"终端消费需求驱动的供应链"。

零售供应链控制什么

空调的控制系统中，没有考虑电费。一般居家过日子，电费支出占家庭支出的比例并不大。一家之主一般不会为了电费去做预算，然后再来控制空调应该什么时候开，什么时候关，以确保电费支出在预算范围内。而在零售供应链上，用于供应（采购或生产）的资金是有限制的。供应得多了，库存量就大，卖不掉就会导致周转慢，影响现金流，也影响毛利；供应得少了，库存量就小，会影响销售。为此，零售供应链控制系统围绕着销售目标、周转目标、毛利目标，安排可用于供应的支出，并将这些支出变成库存。

以门店为例，它的业绩目标相当于空调的目标温度，为了实现经营目标，需要有两股力量——需求驱动力（驱动出热水）和供应驱动力（驱动出冷水）。需求驱动力来自品牌、门店、商品对客户的吸引力，供应驱动力来自门店库存、仓库库存、供应商手里的库存、供应商的产能（如果是自有工厂，就是工厂的产能）。需求和供应接触后才有可能发生销售，理想状态是实际销售大于等于业绩目标。当实际销售小于业绩目标时，就要分析是需求驱动力还是供应驱动力出了问题，然后根据与目标差异的大小，向两种动力发号施令，让它们朝着业绩目标发力。以门店为例，如果门店业绩不达标，店长经过分析发现是由于客单数下降引起的，他就会通过发传单等宣传方式，或发起促销活动，或引入新品，来吸引客户进店购买，这些都是需求驱动力的运作方式。假如店长发现门店的货有问题，比如货品结构不符合客户的需求，或者货量不够，总是断货影响销售，他就会决定调整货品结构或加大进货量，这就是改变供应驱动力的做法，如图 3-39 所示。

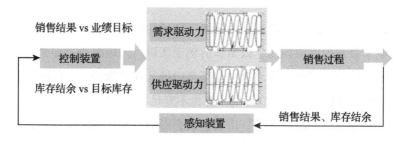

图 3-39　供应链控制系统示意图

现实世界远比这些复杂，**首先**，门店层面的控制系统不完全是闭环系统，它必须通过观察和分析市场与客群需求的变化，来调整自己所经营的商品；它也要关注附近的竞争对手在做些什么，如何与他们竞争，确保客户不被夺走。**其次**，站在零售商的角度来看，门店仅仅是整个控制系统的最细小单元。笔者用图 3-40 来表示公司级别的控制系统，整个控制围绕着供需控制展开，它的输入有管理层制定的战略方向、战略目标，财务制定的财务目标，销售制定的销售目标。供需控制围绕着这两大输入，向供应驱动力和需求驱动力发号施令。供应驱动力是靠供应管理达成的，需求驱动力是靠需求管理达成的。

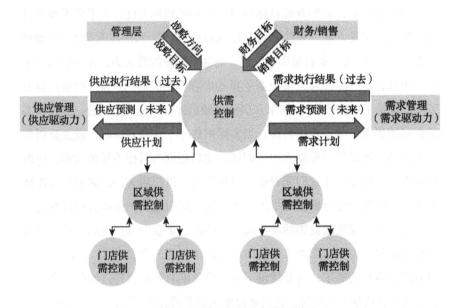

图 3-40　公司级别的控制系统

最后，门店的供需控制水平受制于区域的供需控制，区域的供需控制受制于总部的供需控制。以实际的例子来讲，门店想通过促销扩大需求，需要得到总部的批准或者由总部集中进行促销管理。门店的库存来自总部的仓库供应，如果仓库的库存也不充足，门店的供应会受到影响。同时，总部开展的品牌营销、市场营销会影响门店的需求驱动力，总部建设的仓库的大小以及供应商管理的能力又影响门店的供应驱动力。

军事上常说，工业是军事力量的储备，意思是即便没有现成的装备和弹药，但只要有工业能力就可以源源不断地造出武器和弹药。零售供应链上也有类似的逻辑，我们把供应驱动力分为：近场驱动力，比如门店的库存，它们是现货，马上就可以被客户浏览和购买，发挥作用；中场驱动力，比如仓库里的库存，它们不会马上发挥作用，但是通过一段时间的运输到门店后就可以发挥作用；远场驱动力，比如供应商的生产能力或工厂的生产能力，这时还没有库存实物，驱动力是以原料加生产能力的形态存在的。力场越近，调动起来越容易；越远，调动的难度越大、周期越长，越需要做好中长期计划。需求驱动力也类似，比如品牌形象的构建不是一朝一夕就能达成的，是远场驱动力，而市场营销活动则可在个把月产生作用，是中场驱动力，而门店内的促销、陈列、店员服务则是消费者靠近后就可以激发出需求的，是近场驱动力。正是因为驱动力场有远、中、近，而它们又相互关联、相互影响，对它们的控制也就需要分层次。

如图 3-41 所示，企业在经营过程中，首先得制定近期、中期、远期的销售目标。这些目标分解得到对不同品类、商品的需求。接着企业通过分析自己的历史销售数据，进行需求预测，预估市场上可能的需求。销售目标和预估的市场需求之间的差异驱动了需求驱动力的运作，比如某个月份的销售目标是 1000 万元，而按照往年历史销售预测出来的销售额是 800 万元，这时差异部分可以由促销、降价、服务提升等来弥补，而中长期的差异则需要靠品牌建设、商品能力建设驱动。再看供应，供应是要瞄准预测的需求还是销售目标呢？这需要慎重的分析，企业需要定期频繁地复盘预测的需求和销售目标的差距。如果目标定得过高，总是无法达成，围绕目标开展供应会造成供应过多，这些供应就是无效的，没有足够的需求来消化它们。如果目标定得过低，则会导致企业的资源没有得到充足的利用，需求没有被充分满足，浪费了需求驱动力。如果企业为了弥补销售目标和市场需求的差距，让需求驱动力发力来放大需求，这时供应就应该围绕销售目标来管理，否则需求驱动力释放出来的需求会因为没有供应而无法被满足；而如果没有需求驱动力的动作，这时就不适合围绕销售目标去管理供应。大多数企业的库存问题都是供需控制问题导致的，而供需控制本质上是多个部门的事，不是供应链管理一个部门的事，它需要营销部门、零售运营部门、商品运营部门、供应链管理部门围绕经营目标协调一致。

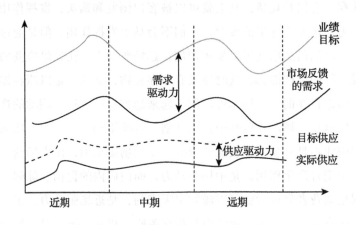

图 3-41　不同时间段的供需控制

按照供应链控制的层次来看，战略层面控制的是 1～3 年总体的供需平衡，确保长期资源的投入能够产生足够的需求和供应。这个层面的需求驱动力是需要长期投入的，比如品牌力、产品力、商品力。战略层面的供应驱动力也一样是长期投入资源建设，比如工厂产能、战略采购能力、仓库数量与容量。战术层控制的是中期的供需平衡，它是在战略层制定的资源范围内，确保供需平衡并达到经营目标，它的需求驱动力是市场营销活动、广告，供应驱动力是生产或采购能力、仓储与运输能力。运营层控制的是日常每一天、每一周的供需平衡，它是在战术层的范围内的供需平衡，它的需求驱动力包含门店层面的陈列摆放、促销、服务、价格调整，它的供应驱动力包含门店现货库存、在途库存。这三者的关系如图 3-42 所示，首先，它们不是孤立的，近期的动力是从远期、中期延续下来的。试想，品牌力很差的情况下，再做广告，也激发不出太多的需求。对于供应驱动力也一样，如果没有长期产能规划、战略供应商的培养，那么到了近期也无法供应适量的库存来满足近期需求。远期的力量建设是需要周期的，只有远期规划到了，到了近期才能变成可以落地的力量。反过来讲，所有近期的力量落地执行的好坏，又影响到中远期的力量。比如，近期门店服务不好，肯定影响品牌力；近期补货做不好，肯定影响销售，进而影响对中长期供应的投入。

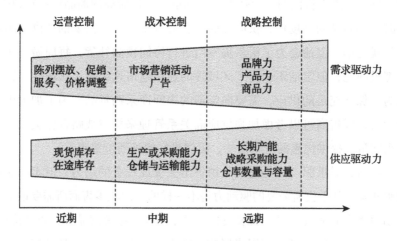

图 3-42　供需驱动力的表现形式

这种从近到远的供需控制是有实践意义的，首先，这两种力量需要匹配。如果企业打算在远期需求驱动力上发力，那么就需要规划远期的供应驱动力，比如扩大仓库、扩大供应商的基数、增加战略供应商等。如果企业打算在中期需求驱动力上发力，由于供应本身需要周期，那么就需要中期的供应开始提前准备和安排。比如两个月之后，企业准备搞一场大型的会员促销活动，货品的准备需要提前安排，供应驱动力在这时就需要开始发力了，提前开始采购或者生产这部分货品。如果下周计划在门店发动需求驱动力，搞个促销，这时就需要在下周前发动供应驱动力，补充足够的库存到门店里。

其次，供需动力的对比会影响企业具体的经营策略。要把商品从上游移动到下游，所需要的驱动力的大小取决于商品的数量和上下游的距离，以及上游商品获得的难易程度和对下游的配合程度。把商品从自己的仓库搬运到自己的门店所需要的驱动力，要比把商品从供应商处搬到自己的仓库的驱动力小，因为仓库是自己的，获得商品比较容易，仓库会配合门店进行补货。（当然在有些管理不善的组织内，从外部获取反而更容易，这个另当别论。）如果供应商的商品有稀缺性，获得商品的难度加大，同时供应商对于小一点的客户的配合程度有限，这时所需要的"供应驱动力"就更大，比如通过加大采购量或者更好的采购价格等方式；反之如果零售商的实力强大，采购量大，供应商的商品没有稀缺性，这时获得商品的难度低，供应商的配合程度也高，所需要的"供应驱动力"就更小。宝洁会为了沃尔玛专门进行协同预测补货，每周做一次补货都没问题，但宝洁不会为了区域性的连锁超市这么做，区域性连锁超市为了保证充足的供应，需要向宝洁的中间商采购货品。为了加大供应驱动力，零售商可以考虑加强供应商关系管理来构建战略合作关系，加大采购量，提供优惠的付款条件，提供更好的陈列位置等。

最后，需求驱动力是把商品销售出去变成现金的动力，但卖一瓶矿泉水和卖一部手机所需要的驱动力是不一样的，因此零售商所需要的需求驱动力受商品消费频率、供求关系、商品品牌、零售商品牌、商品价格、商品品质、购物便利性等因素影响。需求驱动力越大，商品越好卖。零售商都希望自己所经营的商品的需求驱动力充足，那它就需要根据自己所经营的商品的特性，来识别影响需求驱动力的因素并想办法放大动力。

☞ **案例分析**

以笔者前雇主星巴克为例，在美国有喝咖啡习惯的消费者非常多，星巴克在门店里安放了座椅供消费者消费咖啡。咖啡消费有个场景是早上起床之后上班之前，这段时间消费者要吃早饭，制作咖啡是比较费时间的，但如果到咖啡店里排队等着购买咖啡，同样比较浪费时间。为了便于消费者早上在上班之前，喝到一杯热咖啡，星巴克在有条件的门店边上开辟了开车驶入的点单和取咖啡的地方，同时在早高峰安排两个人进行服务。通过这样便利的服务，在早上上班之前吸引了很多人开车来消费咖啡，客户购买完成之后在车里完成消费。这样做不会对门店造成拥堵，扩大了需求驱动力，释放了更多的需求。海底捞的服务大家都赞不绝口，其实这也是一种需求驱动力，海底捞通过优质的服务降低了客户选择的难度，客户想到海底捞就想到了放心和舒适的服务，从不选择转向选择一方的动力就变强了。最重要的是，海底捞通过体系化的师傅带徒弟的方式不断巩固这种服务体系，凡是做得好的徒弟，可以出去带新店，徒弟业绩做得好，师傅也沾光，这就构成了持续的需求驱动力。胖东来也类似，它通过提供优质的服务和个性化体贴的商品陈列、指示，让客户觉得在店里就像在家里一样轻松惬意、毫无拘束，这样的需求驱动力不可能不强。也有通过供应驱动力的增强来放大需求驱动力的，经典的案例是亚马逊和京东，它们通过投资供应链设施和系统，不断降低物流成本，节省下来的费用都让渡给消费者。同时，对于客户而言，物流速度越来越快这种体验本身就形成了对品牌形象的认知，都不需要打广告。Costco 也是类似的逻辑，它在市面上的广告极少，就是凭着高效的供应链和聚焦的品类、精选的单品，批量采购，把成本做低，把价格做低，把品质做好，从而成了以供应驱动力促进需求驱动力的典范。

近些年，一些电商平台上的商家叫苦连天，流量（需求驱动力）越来越贵，销售又不见增长，如果不花钱买流量，就更没有生意。这其实也是中长期驱动力累积的问题，如果在电商发展的红利期，商家没有积累出品牌力、产品力，或者商家是后期加入者，本身也没有品牌，那么买流量自然是最好的选择。今天，商家买了流量，吸引来了客户，但是客户买完可能由于品牌或者产品没有突出的特点，没记住你从而不会复购。这样不断地购买流量，就只会形成近场需求驱动力，而没有中长期需求驱动力，导致生意很难做。

供应驱动力负责把商品推到离客户最近的地方，如果是线下零售就是门店，如果是线上零售就是发货仓；需求驱动力负责把客户推到销售终端，如果是线下零售就是把客户吸引到门店，如果是线上零售就是把客户吸引到你的网上商店，包含电商平台、小程序商城、App 商城。在供应链上，供应驱动力把水从上游注入下游水池，需求驱动力则把水从下游水池抽出去，变成现金。两种动力平衡的状态是最理想的，如果两者失衡就会带来问题：需求驱动力大于供应驱动力，水池里的水不够用，就没有足够的库存来支撑销售，损失了销售机会；需求驱动力小于供应驱动力，水池里的水就有积压，没办法变成现金，货就有可能砸手里。现实世界中两者无法完全精准匹配，但控制指令必须感知到供需的状况，才能调节这两种动力，以使其达到更好的状态。

☞ 案例分析

西班牙时尚服饰品牌 ZARA，是全球快时尚行业的代表，它所经营的商品是典型的供需不确定性都很高的品类，市场需求随潮流趋势、气温和竞争的变化有着非常大的波动。ZARA 为了驾驭这种波动，采用了快速响应市场需求的方式，首先，它通过总部强大的设计、生产能力，压缩从需求到产品的周期，即缩短了"需求波动周期"。其次，它通过让最靠近客户的门店与总部直接沟通，压缩了需求信号传递到供应端的时间，争取到更多的反应时间。

它依靠互联网技术在遍布全球的门店和总部之间建立了实时、快速的连接。每天门店店长或店员会把门店的销售情况比如消费者试穿、消费喜好等信息反馈给总部。然后，总部通过供需控制，按照需求信号快速设计、研发新品，生成供应信号传递到工厂。最后，工厂生产好后通过高效的空运和仓储物流网络，把实物发送到遍布全球的门店。在这个过程中所生产的批量和数量都控制在能满足 2 ～ 4 周需求的范围内。通过连续高频地收集市场销售情况的反馈，确保供应的有效性和供应批量的合理性。如图 3-43 所示，ZARA 的供需控制就好像空调控制设备一样，频繁检查室内温度，然后通过控制器调节动力装置对环境做出反应，而不是等到过冷或者过热才进行控制。

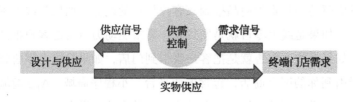

图 3-43　ZARA 供需控制示意图

在快时尚行业常讲的快速反应，本质上是快速反馈市场需求、快速做出控制指令、快速进行供需驱动力运作，少了任意一环都不能称为快速反应。比如对市场的反馈不够灵敏，不能及时做出指令，那么后端生产或者采购得再快也无法发挥出力量。同理，如果供应驱动力（生产或采购）不能快速针对控制器发出的指令做出动作，那么也就无法把这种驱动力转换成销售。这就好比一个空调，如果它不能快速地感知到室内的温度，那么控制器就无法快速决策，更不用说把温度降下来，从而导致室内温度无法贴合主人设定的目标；如果它的制冷系统制冷速度慢，那么就算控制指令非常及时，但制冷系统要花半天才能把温度降下来，最终也无法让室内的温度及时贴合目标温度。

手机新品导入是供应链管理的一大难点。新品的需求有极大的不确定性，很难预测，因此想要控制新品供应的批量就变得很难，但在数字化时代有越来越多的方式可以控制需求，进而让供应去匹配需求。首先，品牌商会针对新品开发布会，然后在自己的官方在线商城、平台自营店铺进行新品预售。在发布会后，品牌商会分析网络上的舆情数据，判断商品的市场"热度"，同时通过预售制锁定首批订单数量。之后，品牌商每月甚至每两周开一次新品产销协同会议，根据最近2周到1个月的销售情况，制订下个周期的销售计划，并分解得到关键器件的采购计划以及成品生产计划，这样的控制循环滚动进行。在互联网上还有更极致的做法，品牌商通过众筹或者产品概念的发布，获得潜在客户的反馈、评论、点赞，在此基础上分析需求的程度，进而指导供应批量的设定。

如何看零售供应链控制得好不好

对于控制效果的衡量，从**总体结果**上看，有两类指标，一类是反映产出规模的指标，比如销售收入、毛利、净利，另一类是反映产出效率的指标，比如毛利率、净利率、资产利用率、资产回报率等；从**空间的利用效率**上看，有平效（每平方米产出的销售额），货架的米效（每米货架产出的销售额）；从**人的使用效率**上看，有员工人均产出、全职员工人均产出；从**品类或单品的效率**上看，有品类产出、品类产出占比等。

既然控制是分层次的，那么零售供应链控制得好不好，也可以分三个层次来看。

- 从**战略层**上看，控制得好坏主要取决于如下指标。

  a. 总体产出：年度销售额、毛利额、净利额。

  b. 总体效率：年度已动用资本回报率（ROCE）、投入资本回报率（ROCI）、毛利率、总体售罄率、净利率。

- 从**战术层**上看，控制得好坏主要取决于如下指标。

  a. 月度或季度产出：月度或季度销售额、毛利额、净利额、商品或品类售罄率。

  b. 库存效率：库存周转率、库存回报率。

- 从**执行层**上看，控制得好坏主要取决于如下指标。

  a. 周或日产出：日或周销售额、毛利额、净利额、商品售罄率。

  b. 库存效率：库存周转率、库存回报率。

产出因企业规模大小不同而异，而库存效率与规模大小无关，是供应绩效的重要表征。把钱花到库存上了，这些库存的周转和带来的回报就能够反映控制得好或者不好。

库存周转率是指库存在一段时间内周转了几次，或者说被销售掉了几次。举个例子，假如你是卖矿泉水的，矿泉水每天平均销售 100 瓶，每瓶的成本是 0.5 元，售价是 1 元。你每天进一次货，当天卖完，相当于每天库存周转一次，那么全年的库存周转率就是 365 次。为了启动这个生意，你要投入 50 元，而当天就收回了 100 元。假如你每周进一次货，当周卖完，相当于每周库存周转一次，全年的库存周转率就是 52 次，这时你每周投入 $7 \times 100 \times 0.5 = 350$ 元，当周收回 700 元。假如你每个季度进一次货，当季卖完，相当于库存每个季度周转一次，全年的库存周转率就是 4 次。这时你每季度投入 $3 \times 30 \times 100 \times 0.5 = 4500$ 元，当季收回 9000 元。这三种模式的销售额一样，但是资金投入完全不同。

库存周转快慢影响着什么呢？首先是投入经营的资金需求不同，如上述例子所述，每天周转一次的情况下，库存只占用 50 元，只占用一天，而每季度周转一次的情况下，库存平均占用 2250 块，平均来看占用了一个季度。其次是资金回笼的速度，库存周转越快，资金回笼越快，每天周转一次，当天资金就能回笼，而每季度周转一次，则要一个季度资金才能全部回笼。

库存周转快慢怎么计算呢？库存周转率 = 销售额（以成本计算）/ 平

均库存额（以成本计算），从单品的角度看，销售成本额 = 销售量 × 成本，平均库存成本额 = 平均库存量 × 成本，因此库存周转率 = 销售量 / 平均库存量。以单品角度衡量，可以用数量计算，汇总计算时由于单品之间销售数量有差异，因此往往用金额计算。库存周转率的分母是平均库存成本额，它是由供应决定的，分子是销售成本额，它是由需求决定的。假设同样的需求下，库存变多，那么库存周转率就变小了，这说明你用了更多库存来满足同样大小的需求。库存是供需控制的结果，如果需求没有准确、及时地传递给供应端，最终结果看起来是供应的问题，但其实可能是需求的问题。假设同样的供应下，需求变小了，那么库存周转率也会变小，这同样说明你用了更多库存来满足需求，供需控制出现了问题，需求变小没有被及时地传递到供应端。这些说起来都简单，如果到企业里面看，从需求管理到供应管理的流程冗长，涉及部门众多。假设是一个人来做这项工作，他的左手控制需求，右手控制供应，想要控制好尚且需要很强的平衡能力，更别说这项工作是在一个组织内由跨部门、多岗位来沟通和协调。而正因为这样，才能反映出企业和企业之间供应链管理能力的强弱。

只看库存周转也不全面。继续沿用上述卖矿泉水的例子。假设除了矿泉水，你还卖方便面，方便面的库存周转率没有矿泉水高，但方便面的毛利很高。这时就需要用第二个指标"库存回报率"来衡量，它等于毛利额 / 平均库存额（以成本计算），它衡量的是每投入 1 元钱的库存（成本价），能带来多少毛利，也称为库存毛利率（gross margin return on inventory，GMROI）、交叉比率或者库存投入产出比。它反映的是库存投入产生毛利的效率，而库存周转率仅仅反映了库存的周转效率。

毛利额 = 销售额（以售价计算）× 毛利率，销售额由需求量决定，毛利率由成本结构决定，平均库存额由供应决定。如果我们把这个公式拆开来看，GMROI = 销售额（以售价计算）× 毛利率 / 平均库存额（以成本计算），而销售额（以售价计算）= 销售额（以成本计算）× 定价倍率，这样就得到 GMROI = 销售额（以成本计算）× 定价倍率 × 毛利率 / 平均库存额（以成本计算）= 库存周转率 × 定价倍率 × 毛利率，因此要扩大 GMROI 就需要从三个角度着手，即提高库存周转率、提高定价倍率、提高毛利率。定价倍率更多地取决于品牌溢价和市场营销策略或者说需求驱动力的大小，而毛利率则取决于成本结构，是与供应链效率密切相关的。

　　零售供应链是从商品生产好，开始在市场上流通和销售这一段开始的，因此商品的生产成本已经固定，是给定的，我们把它称为产品成本。如果是你自己生产，一件要 500 元的成本，那么产品成本就是 500 元；如果你是从外面采购的，采购一件要 600 元，那么产品成本就是 600 元。而商品的总成本则要包含从拿到产品，到把产品配销到终端的运输、仓储、上下架成本。把零售供应链上的商品的成本结构展开，如图 3-44 所示。在实践中，笔者见过比这个结构更细致的成本结构，比如把营销费用也算到里面。在供应链管理环节，笔者认为应该关注的是运输、仓储、配送成本，这些是供应链需要管理和优化的对象，更细致的成本分摊方式，不妨纳入财务成本核算进行管理。

图 3-44　商品的成本结构

　　在产品成本和售价一定的情况下，想要提高毛利，就需要压缩门店上下架成本、到门店配送成本、仓储成本、运输成本，这几部分都与零售供应链息息相关。到门店配送成本、仓储成本、运输成本如何优化已在第 3.1 节"供应链网络设计"中详细介绍。

　　售罄率是零售供应链上非常重要的指标，特别是在服饰品零售行业。这类商品的需求具有很大的不确定性，同时消费者会希望在很多款式的商品中做选择，因此就会出现零售商配备了很多种商品、很多库存来服务消费者。而最终能卖出去多少件，就要看售罄率（销售的金额/总进货库存金额，也有按照数量计算的）。它由两个因素决定，一个是销售的金额，一个是总进货库存金额，售罄率低可能是由于销售不好，也可能是由于进货过多，也就是供应和需求不平衡而导致，为了达到更高的售罄率，就需要从供需控制的角度做好平衡。

控制系统为了能达到目标，还需要在过程中不断去感知过程指标，进而指挥动力装置运作以朝着目标前进。

库存效率由需求和供应两部分决定，从需求控制的角度来看，理想的情况是供需严丝合缝、精准匹配，即计划的需求数量和实际的需求数量一致，按照计划的需求量做采购或补货，这时没有多余的库存，也没有库存不足。一旦计划需求大于实际需求就会出现多余的库存，而计划需求小于实际需求就会出现库存不足。监控计划需求与实际需求的匹配程度就需要跟踪两者的偏差和偏差程度，笔者罗列了零售供应链上常见的衡量供需匹配的指标，如表 3-28 所示，表中 A(actual) 表示实际销量，F（forecast）表示需求计划中的预测销量。

表 3-28　衡量供需匹配的指标

指标名称	衡量角度	绝对偏差	说明	举例
实际消耗占比	数量	SUM(A)/SUM(F)	它反映的是实际销量占预测销量的比例，大于 1 说明实际销量超出预测销量，小于 1 说明实际销量低于预测销量	假设预测销量为 100 个，实际卖出 80 个，那么实际消耗占比就是 80%，但如果卖出 110 个，那么实际消耗占比就是 110%。销售为什么会超过预测？因为还有安全库存或者缓冲库存，导致销量可能超过预测量
	金额	SUM(A × C)/SUM(F × C)	以成本计算	
绝对偏差（MAD）	数量	SUM(ABS(A−F))	它反映的是实际销量与预测销量的偏差的绝对值，也可以不用绝对值，这样通过正负就能看出来是偏大还是偏小	假设预测销量为 100 个，实际销售了 80 个，绝对偏差就是 20 个
	金额	SUM(ABS(A−F) × COST)	以成本计算	

（续）

指标名称	衡量角度	绝对偏差	说明	举例
偏差比率	数量	(SUM(F)−SUM(A))/SUM(A)	它反映的是预测偏离实际的程度，偏大为正数，偏小为负数	假设预测销量为100个，实际销售了80个，那么偏差比率就是25%。如果销量预测是60个，实际销售了80个，那么偏差比率就是−25%
	金额	(SUM(F×C)−SUM(A×C))/SUM(A×C)	以成本计算	
预测偏差率（MAPE）	数量	SUM(ABS(A−F))/SUM(A)	它反映的是偏差绝对值占实际销售的百分比，越大说明偏差越大，预测越不准，越小说明偏差越小，预测越准确	假设预测销量为100个，实际销售了80个，那么偏差比率就是25%。如果销量预测为60个，实际销售了80个，那么偏差比率也是25%。这样做的好处是在汇总分析时，不会出现正负抵消的情况，如上一行中的例子，如果出现一正一负，最终统计可能就得出没有偏差的结论
	金额	SUM(ABS(A−F)×COST)/SUM(A×C)	以成本计算	
加权预测偏差率（WMAPE）	数量	SUM((ABS(A−F)/A)×W)/SUM(W)	MAPE反映的偏差是一视同仁的，没有考虑不同的商品的销售量、销售额、毛利的权重。管理上需要抓大放小，因此重要的商品的权重应该在计算准确率时有所体现	假设某个品类内有两个商品，PD1和PD2，PD1的预测销售量为100个，实际销售了80个，MAPE就是25%，PD2的预测销售量为120个，实际销售了100个，MAPE就是20%，PD1的销售额为200元，PD2的销售额为400元，如果以销售额加权的话该品类的WMAPE=（25%×200+20%×400）/（200+400）
	金额	SUM((ABS(A−F)/A)×C)/SUM(C)	以成本计算	
预测准确率	数量	1−WMAPE或者MAPE	1减去预偏差率就是预测的准确率	
	金额	1−WMAPE或者MAPE	以成本计算	

这些指标一般会以一定周期来复盘，比如按照周、月、季度来监控。

为了控制供应，要能感知到供应的波动，供应波动的衡量具体包含如下几个指标。

- **需求满足率**。以生产商为例，如果渠道商向生产商提出 100 件 A 商品的订单，生产商只能满足 80 件，剩下的要延期，那么满足率就是 80%。站在零售商的角度，门店提出了 100 个商品的需求，其中仓库可以满足 80 个，剩下的 20 个不能满足，那么订单满足率就只有 80%。
- **及时足量交货率**（on time in full）。以生产商为例，如果渠道商向生产商提出 10 天后交付 100 件 A 商品的订单，生产商能做到，那么该指标就是 100%。如果有 100 个订单，只有 40 个可以做到及时足量交货，那么该指标就是 40%。站在零售商的角度也是一样的计算方式。
- **门店缺货率**。对于线下零售而言，门店缺货发生在门店的库存为 0 时或者低于最小陈列量时（不够陈列了）。统计门店缺货率有多个角度，可以从品种来看，即 100 个品种中，每天有多少个品种缺货。也可以从单品看，看该单品每个月有多少天缺货。对于服装零售，由于尺码是非常重要的属性，大多数客户不会在尺码上做让步，因此会用断码率来衡量缺货的情况。这类零售商会定义不同区域甚至门店的主要或者核心尺码（比如 S、M、L），如果核心尺码中有一个缺货，就视作断码。
- **客户在线订单满足率**。对于线上零售而言，它衡量的是客户的在线订单有多大比例能按照约定的时间交付。比如要求 2 天到货的订单有 100 个，但只有 80 个是 2 天到货，剩下的 20 个因为缺货或者物流是 3 天甚至多于 3 天才到货，这时客户的在线订单满足率就只有 80%。

有了这些指标，就可以定期给公司做体检：一方面，跟往年的指标进行比较，看看有没有变得更好，或者哪些指标变差了；另一方面，跟同行或者竞争对手做一下对比，看看还有哪些差距。就好比我们每年要去做一次体检一样，每一个检查项目都要和合理的范围进行比较，超出范围就有风险，需要仔细分析到底为什么出现这个情况，应该采取什么行动来解决。

如何分层控制

空调控制系统往往在一个封闭的环境中运转，它的目标是把一个封闭环境中的温度控制在主人设定的温度上。但如果让空调在窗户、门都打开同时电力供应又不稳定的环境中作业，情况就会变得很复杂。而这正是零售供应链控制系统面临的挑战，首先，它是开放的，它所服务的客户不是局限在某几个人身上而是一大群分布在不同地方的人，这些客户的需求不仅受到企业自己需求驱动力的影响，还受到竞争对手需求驱动力、经济环境、季节、天气等外界不可控因素的影响。

其次，供应也有不确定性。它是由一组供应商组成的，供应商的经营有不稳定性因素，供应商的供应商也有不稳定性，导致它给你的供应也有不确定性。供应链控制系统在这样一个开放的环境中开展工作，它需要把错综复杂的供应稳定住，同时把错综复杂的需求稳定住，然后将两者在时间、空间上匹配起来，让库存周转起来，也让资金周转起来。如图 3-45 所示，这样复杂的系统的运行，离不开分远、中、近场的逐步分层的控制系统。

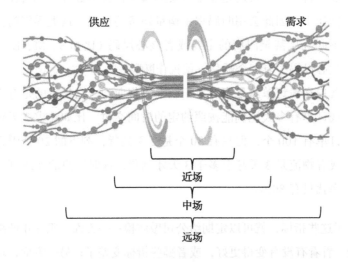

图 3-45　复杂的供需控制

零售供应链上所需要的资源有门店设施、仓储设施、物流设备、供应商、流转的商品。这些资源的建立和获取所需的时间长短不一样，比如门店设施的建设以月计，仓储设施的建设以年计，供应商资源的开发以月计，商品库存的获取以周或日计，因此对于这些资源的分配和控制会以资源获得的周期来进行。假设建一个仓库需要一年时间，那就没办法每天都进行网络控制设计，最快一年一次是合理的。但如果你想增加商品的品种或者数量，可能以天、周计就是可以的。同时，不同层级的控制之间是相互影响的，仓库的容量决定了你能够增加的商品的总数量。如果你发现每个月进出仓库的商品已经堆不下了，仓库一直处于爆仓状态，这就构成了对供应链网络设计的反馈输入。

如果按照供应链的术语来划分，这些循环可以分为三类：战略控制循环、战术控制循环、运营控制循环。如图 3-46 所示，笔者对零售供应链的控制循环进行了总结，这三个循环从上往下构成推动关系，从下往上构成反馈关系。战略控制是整个体系的决定性输入，它的目的是：①安排和分配长期资源（或者称为战略资源），这种资源的获得周期比较长，比如新建物流中心、新建仓库，调整年度供需平衡；②识别核心能力，然后构建这种能力并形成竞争优势，供应链能力通过组织、人、技术的组合提高运营绩效，构建能力也需要时间，是战略层面的议题；③框定整个供应链控制的资源和能力空间，即整个网络的能力、可以分配的资源的多少，以及能够达到的能力是什么，从而向下推动战术控制。

战术控制的目的是：①围绕战略控制的输出，预判销售以及市场的变化，对中期资源进行安排和分配，比如资金花在哪些商品上，采买哪些商品，预计买多少，放在哪些仓库；②向下推动运营控制，向上为战略控制提供反馈输入。

运营控制的目的是：①将战术控制落地实施，感知每日、每周的执行结果，将短期资源按照周、日进行分配，比如门店日常的补货、仓库日常的收发货；②将运营控制的结果反馈给战术控制。

1. 战略控制

战略控制关注的是远场动力，给人的感觉不是很具体，因此也是最难做的控制。恰恰因为如此，它往往被忽略，或者公司做出来的战略因空洞而无法落地，有些公司甚至认为供应链战略就是无稽之谈。实际上，好的战略控制是一个非常标准化、可重复执行、可落地的过程，战略控制能力的强弱反映了公司和公司之间的差异。大多数公司都具有把执行做完、做对的能力，只有少数优秀的公司具有把战略做对、做具体、做细致的能力，本节重点介绍如何可落地地开展战略控制。

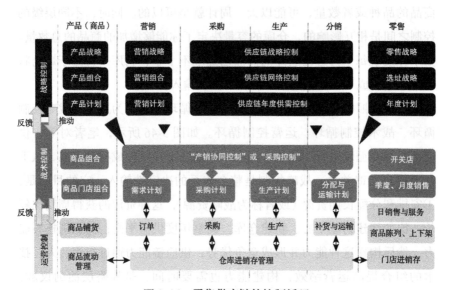

图 3-46　零售供应链的控制循环

假设老板给你出了一道战略题，让你把长期资源分配到供应链上，以达到企业的长期经营目标，你可以参考这样的步骤来开展：①建立供应链战略，即通过对整盘生意状况的感知，围绕公司的发展目标和竞争优势建设供应链核心能力，进而确定整体资源分配原则；②进行"供应链硬件"的分析和建设，对投入硬件建设的资源进行分配，即供应链网络控制；③控制供需的总量，比如年度的供需计划，对在供应链上流动的内容——"实物流"资源进行年度分配，即供应链年度供需控制。

1）建立供应链战略

供应链战略控制的过程如图 3-47 所示。感知是分析现状和预判未来的过程，通过分析内部和外部的信息，分析内部供应链的战略绩效和能力现状，来发现供需现状以及未来可能出现的不平衡；控制是指定义战略，即根据感知结果定义供应链的核心驱动力和能力，借鉴业界领先实践形成方案，并定义可量化的绩效衡量指标；动力则是制定实现路径和行动计划的过程，使得定义好的战略通过动力推动向前；落地是指按照计划部署落地，把路径和行动计划落实下去。这样的循环应每年做一次，对于市场环境变化很快的行业，甚至会半年开展一次。

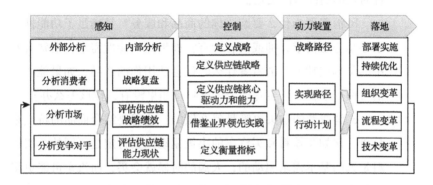

图 3-47　供应链战略控制过程示意图

（1）感知

感知分为外部分析和内部分析。它的目的是：首先，分析当前的市场和竞争情况，同时观察竞争对手做得怎么样；其次，分析自己之前制定的战略、上个循环执行的结果，以及当前所具备的能力。就像军事战争中的侦察工作，要做到知己知彼，了解敌我力量对比。

外部分析包含消费者分析、市场分析、竞争对手分析。这对零售企业非常关键，如果对那些经营不下去的企业进行分析，你会发现，其中有一个原因是它们对消费者和市场的把握出现了偏差。比如美国的西斯百货，它没有察觉到自己的目标市场已经出现了分化，消费者不再光顾，不断流失，而西斯百货根本没有反应过来，更别说采取行动了，最终导致它经营破败。再如诺基亚手机，它的前 CEO 约玛·奥利拉说："我们并没有做错什么，但不知为什么，我们输了。"回头看，输赢不重要，重要的是知道输在哪里。如果做经营不能围绕消费者、客户、市场需求的变化，那么当需求驱动力不足时，你的供应驱动力就变成了烂铜废铁，经营自然日渐困难。

- **分析消费者**：分析消费者的目标是确定哪些消费者在买什么，为什么买，他们还会买什么，不买什么，这些信息是企业定位和产品定位的关键输入。

  a.是谁在购买你的商品和服务？你需要知道谁是你的消费者。识别出消费者，才能更准地进行定位，从而设计和筛选出有针对性的商品来满足他们。

  b.消费者为什么要购买你的商品和服务？是满足了功能性需求还是心理需求，抑或两者皆有？如果是功能性需求，消费者看中的是哪些功能？消费者什么时候会使用你的产品，如果他的生活习惯变了，他还会有这个需求吗？如果没有，你该怎么办？

  c.消费者的购买决策是怎么做的？这需要结合商品的特点来分析，比如买饮料和买汽车的决策驱动因素肯定是不同的，买饮料是人的基本需求驱动的，人渴的时候就会买，而汽车可能更多的是人生到一定阶段才购买，需要考虑的因素会更多。还有一类商品不是为了满足功能性需求，而是为了满足心理需求，比如购买时尚饰品、时尚服装时，做决策的方式就会不一样。只有了解了消费者的购买决策过程，才能通过管理来施加影响，让消费者选择你的产品。

  d.分析和判断你现在的商品和服务是否能满足消费者的需求。根据对消费者与商品和服务匹配度的分析，来判断其间的匹配程度，看看是否有偏差，哪里是匹配的，哪里是不匹配的，不匹配的部分就是需要优化的地方。

- **分析市场**：消费者合起来就构成了市场，他们分布在不同的国家、区域、省市。为了做好生意，你必须搞清楚市场的状况，包括整体的情况，以及你所关注的目标市场的现状和趋势。

  a.整体市场分析，即分析行业现状和发展趋势。比如，如果你是卖笔记本电脑的，你就得知道市场对笔记本电脑的需求是增长的还是下降的，有什么新技术出现；如果你是经营电子产品的，你就需要分析各个品类的现状和趋势，是什么在驱动品类的成长或者萎缩，比如笔记本电脑的销售可能会因为平板电脑的上市而萎缩。此外，你还需要分析市场所面临的压力。

  b. 目标市场定义：市场上有很多种类型的消费者，你需要对这些细分的类型进行定义，并结合自己的优势选中要进入的目标细分市场。

  c. 识别目标市场容量增长动力：包含用金额预估的市场容量和用客户数预估的目标市场人数，识别市场会因为什么因素而增长。

- **分析竞争对手**：竞争对手是和你抢地盘的人，就像战场上的敌人。你要和他抢夺同一个目标市场里的客户，首先你得知道竞争对手有谁，他们擅长什么，不擅长什么，这样才能把他们打败。

  a. 罗列市场上的竞争对手。

  b. 分析竞争对手的优势和劣势。

内部分析分为战略复盘、评估供应链战略绩效和评估供应链能力现状。通过内部分析，你可以了解自己。

- **战略复盘**：评估公司过去一个战略控制周期内，所取得的业绩、供应链的现状、与竞争对手比在供应链上的差异性，这是理解过去一个循环的起点。

  a. 评估公司产品或产品组合的绩效，比如产品的营收与增长率、市场占有率，产品组合的营收与增长率。

  b. 评估供应链现状：通过绘制供应链的节点图展示供应链全貌，同时分析供应链上产品的多样性、供应链网络的复杂性，掌握供应链端到端的运营以及所有场景的现状。

  c. 评估与竞争对手供应链的差异：通过获取关键竞争对手有关的信息、资料、数据，来分析竞争对手的供应链运营模式，并评估与它的差异点，了解哪些地方对手做得好，哪些地方自己做得好。

- **评估供应链战略绩效**。

  战略循环是年度循环，需要按年来评估供应链业绩。评估之前，首先定义需要评估的指标。各个企业的情况会有所差别，一般会按照如表 3-29 所示的指标体系来评估。你也可以按照自己企业所关注的分类，筛选出与你企业相关的指标进行评估。一方面，收集往年的指标数据，跟自己比；另一方面，如果有竞争对手或者同行的数据，也可以横向比较，一般上市公司这样的数据会比较全面。可以根据自己企业的规模和所处的阶段，重点关注影响当前发展的指标。比如，初创阶段销售收入和增长是最关键的，那就重点看这一部分指标的情况。如果是成熟期，那就需要关注成本与费用、运营资本、固定资产。如果是衰退期，反过来又需要关注销售收入与增长了。

表 3-29　供应链战略绩效的指标体系

指标分类	表征指标
销售收入和增长	·价格 ·销售量 ·市场占有率
销售成本	·直接材料成本 ·生产成本 ·生产费用
销售、研发、管理及行政费用	·销售与促销费用 ·运输费用 ·设施费用 ·物流中心人工费用 ·采购费用 ·设计费用
运营成本	·库存成本（库存水平） ·应收账款 ·应付账款
固定资产	·设施设备折旧 ·利用率

也可以用效率指标来衡量供应链战略绩效，比如用 ROCE 的树状结构来评估。ROCE 反映的是经营所投入资本的回报率（息前税前），同时在这个树状结构中也反映了毛利情况以及资本的投入情况。实践中，一般会将这几个指标历年的数据进行对比，以反映绩效的连续变化情况，也可以用上市公司里同行的数据进行对比，如图 3-48 所示。

想要提高毛利，就需要提高销售收入，同时控制销售成本的增幅。如果后者的增幅超过销售的增幅，就会蚕食毛利。为了支撑高销售额，所需要的库存（库存算运营资本）就会增加，同时为了支撑更多的库存，就需要扩大物流配送中心的规模，固定资产也会增加。这时就会面临毛利增长了，同时资本投入也增长了，而 ROCE 不变甚至变差的情况。在供应链运营的过程中应对这样的变化，可以从三个角度着手：①从库存角度来看，提高周转率，平均库存就会降低，进而运营资本也会降低，至少要把库存水平的增幅控制在销售额增幅的范围内，否则这种增长是不健康的。②从固定资产角度来看，可以采用轻资产的方式，轻资产可以是门店侧采用加盟、仓库侧采用第三方物流。③在现有的固定资产投入下，优化资源利用，比如用自动化仓储、高效的仓库运营体系来优化仓库的利用，而不一定要建设新的仓库。

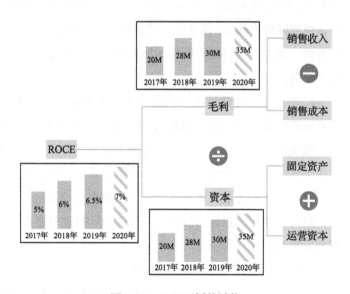

图 3-48　ROCE 树状结构

如果销售增长，同时 ROCE 与往年比也有增长，这反映了销售增长的同时资本投入的增长是可控的，因此最终回报率也在增长。如果销售增长，但 ROCE 与往年持平，那就说明成本增长或资本投入增长吃掉了销售增长带来的回报。如果销售增长而ROCE 下降，说明这有可能是靠资本增长驱动的低质量增长；如果回报率有很低的增长，也有可能是固定资产刚刚投入，还没有发挥出更多的作用。

判断 ROCE 的合理数值范围可以结合行业数据，也可以结合自己企业的发展阶段。比如处在扩张阶段的组织，其发展方式往往比较激进，倾向于用运营资本投入带来收入增长。这种无序会导致效率低下，因此在这个过程中 ROCE 可能会下降，但销售在上升，此时对于该组织来说，拿下市场是第一位的。接下来，江山稳当了，组织的扩张也没那么疯狂了，是时候来整治一下了。这时就需要抓一下"资本投入"的回报率，看看固定资产、运营资本有没有优化的空间。如果是处于衰退期的企业，那可不能随意进行资产的扩张，应该看看是不是所经营的产品出了问题，哪些应该割舍，哪些应该保留，进而控制运营资本和固定资产的投入。

- **评估供应链能力现状**：绩效是运营的结果，它是通过"运营能力"兑现的，而能力本身是不容易标准化的，往往需要进行定性和定量的评估。

  a. 确定需要评估的能力的范围和评估方法：为了评估现状，需要明确所要评估的能力的范围，是端到端的全面评估，还是某一个领域的能力评估。评估供应链能力的方法有很多，有**定性的方法**，比如组织问卷调研，一对一访谈，开工作坊群体交流问答等；也有**定量的方法**，通过用分析经营数据、绩效指标、过程指标，跟自己往年的指标进行纵向比较，跟同行进行横向比较来分析和发现可以提升的能力。

  b. 定性分析：开展面谈或者工作坊，与相关能力领域的负责人和中基层人员进行访谈。供应链管理是软科学，因此对人、流程、组织的分析必不可少，这就必须通过访谈和工作坊的方式来完成。通过和人的互动，结合概括、总结、投票、打分、排序等定性的方式来评价组织的能力水平，输出的内容包含流程现状、关键的问题、潜在的改进点、建议的关键能力。

  c. 定量分析：收集定量的数据，将数据进行清洗和分析。定量分析就是用实际经营的结果数据进行分析，比如分析和利用经营数据计算出库存周转率、预测准确率、计划达成率、资源利用效率、产品上市周期、产品到市场的周期、现金循环周期、应收账款周期、应付账款周期等，然后进行横向和纵向的比较来分析和发现问题。比如库存周转天数，假设行业平均是 30 天，如果你是 45 天，那么你是低于平均水平的，这就是可以改进的地方；如果你是 25 天，那么你就是高于平均水平的。再如新品上市周期，假设同行平均是 25 天，你要 45 天，那你就足足高了 20 天。

　　d. 评估供应链的核心能力。任何一个供应链上都有大大小小的问题，所需要具备的能力也非常之多。毫无疑问，这是由它的开放性、软科学的特点决定的。优秀的企业往往能在问题中平衡并推进业务发展，而不是一下子投入巨大的资源和时间试图解决所有问题。但凡参与竞争并获得胜利的企业，都识别出了支撑当前业务发展所需要的核心能力。而试图解决所有问题的企业，往往因无法聚焦而失去竞争力。比如，沃尔玛的核心能力是高效供应链，它必须把产品的成本做到最低，自有供应链网络、全球集中采购是其核心能力。苹果的核心能力是通过设计和研发确保产品领先，因此它的供应链核心能力不在于效率而在于产品研发。

　　供应链上需要具备的能力有很多，首先，需要进行归类，表 3-30 中列举了一部分分类。其次，每个分类的驱动因素各有不同，比如收入和增长会由价格、销量、市场占有率驱动。这些驱动力所要求的关键能力也不同，比如市场占有率需要企业具备的是产品组合管理的能力。

表 3-30　供应链绩效驱动力与关键能力

分类	驱动力	关键能力
收入和增长	·价格 ·销量 ·市场占有率	·价格和促销策略 ·需求计划 ·产品组合管理 ·供应链服务策略
销货成本	·直接物料成本 ·生产成本 ·折旧费用	·战略采购 ·外采 vs 自产
运营资本	·库存水平 ·应收账款 ·应付账款	·供应和需求协同 ·销售和运营计划 ·库存可视化管理

反过来，如果你识别出自己需要在收入和增长方面构建关键能力，那可以用价格、销量、市场占有率这三个指标来衡量，同时可以构建的关键能力包含价格和促销策略、需求计划、产品组合管理、供应链服务策略。

（2）控制

在战略控制循环中的控制器，主要下达的指令包含：①定义供应链战略；②定义供应链核心驱动力和能力；③借鉴业界领先实践；④定义战略结果的衡量指标。①和②回答的是"是什么"的问题，③解决的是"怎么做"的问题，④解决的是如何衡量即"做到什么程度"的问题。

- **定义供应链战略**。如果你的企业是初次进入战略控制循环，那么这个问题就需要花很多时间和精力来讨论和明确；如果不是第一次做战略设计，那更多的是复盘和再次确认的过程。

  要回答"供应链战略是什么"这个问题，首先需要明确供应链在企业核心竞争力中的作用是什么。比如，是快速反应，还是高效运营，抑或是品质领先？有了这样宏观的战略还不够，假如你经营多个品类的商品，就需要把这个战略和你的商品品类结合起来。每个品类的特点可能不一样，拿品类最多的超市来说，如果是饮料和包装食品，这些品类的商品是标准品，它们的生产工艺和技术成熟且供应稳定，可以走高效供应链的战略，通过批量采购降低成本；如果是熟食、蔬菜、加工食品，这类商品的消费频率很高，给超市吸引了大量的客流，但同时食品安全的风险比较高，不容有失，因此品质领先是非常重要的；对于流行性、季节性的商品或者节假日主题类商品，它们的需求波动比较大并且稍纵即逝，这时就需要快速反应，从而快速捕捉市场需求并满足它。
- **定义供应链核心驱动力与能力**。供应链战略指引了供应链的发展方向，朝着这个方向进发就需要动力和能力，这就需要识别出这些核心动力和能力。可以参考表3-30中的分类，围绕供应链战略来判断和选择核心驱动因素。比如高效运营战略下，核心驱动因素就是库存水平，对应的关键能力要求就是供应和需求协同、销售和运营计划、库存可视化管理等。

- **借鉴业界领先实践**。识别出核心驱动因素与能力，就需要进行能力的建设，确保能够得到这样的能力进而达成战略目标。你可以独立自主地想办法来进行能力建设，比如自己从组织、流程、技术角度着手进行改进、优化、变革，这时你可能是开创者，无依无靠。你也可以摸着石头过河，这里的石头就是其他人的实践，比如丰田提出了 JIT，现在各行各业都在应用。其他人的实践是他山之石，经过实践检验，可落地性强。如何获取领先实践呢？可以参考行业资料，找行业专家或者咨询公司，看看类似的问题行业内是怎么解决的。将借鉴到的实践和自己的能力进行匹配，选择某个具体的实践方式来提升能力，就构成了后面的实现路径设计的输入。

- **定义衡量指标**。结果必须量化才能改善，对于战略也一样，它是下一轮战略控制循环的输入。你可以选择表 3-29 中的指标并给定预期的范围，比如库存周转要提升 10%，产品上市时间要缩短到 12 天等。

（3）动力装置

有了控制指令，还需要动力装置来让指令落地，这在供应链战略循环中称为实现路径与行动计划。

- **实现路径**。年度要提升的能力点一般不是单独的几个，会是多个，甚至会形成一条线，找到可以实现的实践方式后，就需要制作实现路径，即先做什么，后做什么，怎么衔接，哪些可以并行，时间表是怎么安排的。比如你希望提高供应链效率，从库存周转角度入手，你可以建设供需协同的能力，也可以建设库存可视化的能力，还可以建设库存优化的能力；从 SKU 角度入手，你可以优化低周转的 SKU。为了达到最终的目标，你需要对这些能力进行排序，并列出优先级，然后制定实现路径。

- **行动计划**。行动计划就是围绕着实现路径，把实现路径上的事项切割成项目，比如库存优化是一个项目，SKU 优化是一个项目，供需协同是一个项目，然后为每个项目制订计划，细致到每个季度、月、周、日要做什么，做到什么程度。

（4）落地

落地过程是最关键的，组织内部发生的变革在执行过程中往往阻力重重。组织内对现行的实践往往有巨大的惯性，而变革是会打破既有的习惯的，因此会带来不适应。不适应就会出现阻力，因此这个过程中最重要的是做好变革管理。

变革管理是为了让组织接受、适应变化，并配合把这些变化变成"新常态"，形成新习惯。因此变革管理主要是围绕着化解人或者部门的抵抗进行的。笔者认为，一场变革要成功必须包含：①远见，这是中高层给大家描绘的变革成功之后的理想状态。②技能，变革需要具备必要的技能，比如怎么进行沟通，怎么管理分歧，怎么影响大家的认知模式等。③激励，要奖励带头做出改变的人，同时形成机制，迈出第一步的人都需要得到肯定，越来越多的人得到肯定，掉队的人就会形成追赶。④资源，如果没有资源就什么事也完成不了，变革就成了空头支票。⑤行动计划，也就是项目计划，变革项目必须有清晰、明确、可衡量结果的项目计划。

2）供应链网络控制

供应链网络属于战略资源，自建的话周期相对较长。现如今随着第三方仓储物流、云仓等的发展，供应链网络变成了一种中期甚至短期的资源，此处先以自建来进行讨论。

供应链网络是供应链运行的基础，没有仓库就没有地方堆放货品，没有门店就无法发生线下销售，没有工厂就无法生产产品。仓库有了但是容量太小，就约束了供应链运行的规模，比如一个日吞吐量20万件的仓库，可能支撑不了日100万件发货的需求。由于网络设施建设的周期比较长，因此有必要把供应链网络控制作为一个战略议题，在年度供应链战略控制循环中进行讨论和分析。

它的输入是未来1～5年的需求量，以及上一个循环中网络设施的使用情况，包含产出水平、利用效率或饱和程度和物流成本，通过与来年的目标值对比来找到差异，同时设计和优化供应链网络。供应链网络具体怎么建设和怎么优化，参见第 3.1 节"供应链网络设计"。

3）供应链年度供需控制

如果说上面两项战略控制是在能力和硬件上的控制，它们决定了水池的大小，水管的粗细、长短和强弱，那么年度供需控制就是控制整个年度水管道中的水位。前文分析过，企业的资源是有限的，管道里的水位需要进行控制，它决定了企业全年需要投入的资源的多寡，比如要投入多少钱来采购商品，多少钱来开拓门店，多少钱来投放广告等。

用如图 3-49 所示的例子来说明。首先，企业根据过去 1～3 年每个月的销售额，预测来年的销售额，这是基于历史可以延续对销售做出的预测。其次，企业结合自己的能力对预测进行调整，从而得到销售目标。再次，企业结合库存周转目标，计算年度平均库存需求，比如年度销售目标是 500 万元（以成本计），年度库存周转率目标是 5，那么年度平均库存就是 100 万元。也可以将平均库存需求细化到月。最后，企业计算出每个月的采购需求，进而根据这些数据和供应商谈采购框架协议。同时，企业可以根据进店率、转化率、平均客单测算需要的客流，进而安排年度广告、促销、节假日活动等，确保销售额达成。

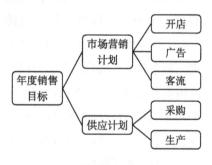

图 3-49 年度销售目标与供需控制

2. 战术与运营控制

如"如何分层控制"一节所述，供需驱动力分为远场、中场、近场驱动力。战略控制把控"远场驱动力"平衡的问题，战术控制把控"中场驱动力"平衡的问题，运营控制把控"近场驱动力"平衡的问题。驱动力从远场到中场、从中场到近场的转换是需要时间的。以商品在供应链上的流动为例，从供应商发货到仓库收货，从仓库发货到门店收货都需要经过一段时间，这要求商品进入整个链条的时间要早于终端售卖给客户的时间。比如门店今天销售的商品，可能是 2 个月前工厂生产好放到仓库的，或者是零售商 1 个月前向供应商采购好放到仓库的（当然，不同商品的供应周期不同，这也会引起一些差异，比如对新鲜度要求非常高的商品，一周甚至几天内就要完成从源头到仓库的过程）。为了应对这样的提前期，就需要从战术上提早进行控制。就好像你用中程导弹击打敌人，导弹到达敌人处是需要时间的，不能等到敌人到了身边时才发射，你需要提前观察敌人的动向，提前部署，提早发射出去。当商品到达仓库后，再从仓库将商品送达门店所需要的时间就短多了。中场驱动力负责把商品从源头搬到仓库，而近场驱动力负责把商品从仓库搬到门店。这两种驱动力产生作用的周期不同，但又相互影响。没有足够的中场驱动力，近场驱动力用尽后企业会陷入无力可使的境地。反之，没有近场驱动力的作用，中场驱动力就无法被释放出来，从而导致库存挤压在仓库。正因为如此，笔者把这两种控制放在了一个小节进行介绍。如图 3-50 所示，假设零售供应链上有工厂或供应商，它们向总仓供货，总仓向分仓供货，分仓向门店或消费者供货。我们把门店的供需平衡定义为运营层的控制，把分仓、总仓、工厂或供应商的供需平衡定义为战术层的控制。

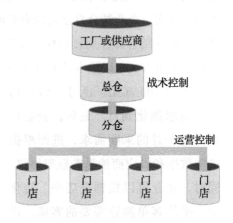

图 3-50　战术控制与运营控制

1）整体控制模式选择

像空调这样的控制系统是一个单一控制系统，一个主体说了算，并且只控制温度。而在零售供应链上，门店和总部是两个主体，同时，每个主体有需求和供应要控制，这两者又相互关联。这时就面临控制层次选择的问题，即哪些供需控制在门店层面做，哪些在总部层面做。比如，打折、促销是需要总部统一来做，还是门店可以有自主权，加盟门店是否有自主权；货品从仓库发往门店的指令是由总部做出还是门店做出。如图 3-51 所示，一个水管道上有一个总阀门负责控制流入仓库的水量，还有各个分支水管的阀门控制仓库流入各个门店的水量。你可以让一个人控制这两个阀门，这时他只有盯着分支的水流情况，调整分支阀门的水流大小，同时调整总阀门的水流大小，才能使整个系统水流（各个门店流出的水量之和）最大。也可以安排两个人控制这两个阀门，这时这两个人就得密切沟通。上面这个例子中只有两个阀门，现实中当一个零售商有1个仓库和200个门店时，那就有1个仓库的进水阀门和200个门店的进水阀门需要控制。如果我们把每个阀门换成浴室里的花洒水阀，既有冷水（供应）又有热水（需求），最终要调节出温度适宜的水（供需匹配），再加上在企业中往往"冷水"归供应链管理部门负责，"热水"由零售运营、市场、销售部门负责，这个事就变得更加复杂了，出现协调不一致是常态。正因为如此，供应链管理水平高的公司能够在整个公司内从横向跨部门到纵向供应链都能很好地进行供需协同与集成。

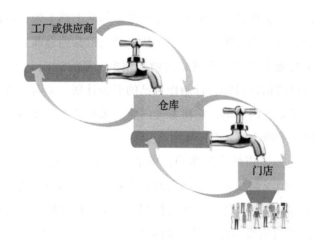

图3-51　总部和门店的供需控制示意图

为了便于分析，假设有一个三个节点的零售供应链：供应商—仓库—门店，战术和运营控制系统一般有三种模式。

第一种是分散式控制系统，它是指各个节点各自控制自己的供需，上下游只是相互衔接而已，如图3-52所示。这就相当于仓库管理自己的供需比如进行商品采购，它把门店当作自己的客户。门店独立自主地控制自己的供需比如进行补货和门店层面的促销、陈列、上新品的决定，把仓库当作自己的供应商。

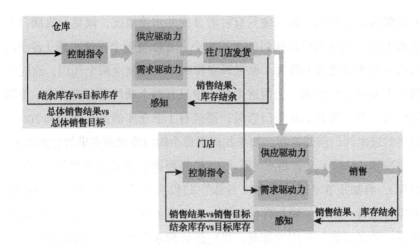

图 3-52 分散式控制系统

这种模式下制作销售目标时，往往是总部从上到下做，将销售目标分解到各个门店，而门店也做一版，从下到上汇总到总部。两者进行匹配，有差异的地方需要双方进行协商和调整，最后达成一致。接下来，门店围绕自己的销售目标自行制作自己的资金计划、采购计划、库存计划，而总部是服务门店的，它得参考门店的采购和库存计划，制作自己的资金计划、采购计划、库存计划。

它的好处是门店最接近客户，能够快速根据当地市场的反应、销售情况、库存情况制作需求驱动力的指令和供应驱动力的指令。门店既可以控制来自仓库的补货，也可以控制门店层面的促销、陈列调整、店内广告等，当门店发现供需失衡时可以调节这两者，进而把商品卖出去。由于门店自行控制供需，店长或店员对于销售目标的达成更有主人翁精神，自己"挖的坑"自己还是要想办法填的。比如，货补多了，他们会想办法制定营销活动，把多的商品推销出去；货补少了，他们会想办法调整销售结构，或者下一次补货时调整过来。仓库层面能够汇总各个门店的需求，进行集中采购和供需管理，通过大批量集中采购降低成本。

它适用于满足基本需求的商品，这类商品的需求稳定，并且各个门店差异不会很大，即便有起伏波动也是比较有规律的，因此各个节点的负责人可以独立做出质量还不错的指令。大型连锁超市比如沃尔玛、大型连锁服装门店比如优衣库会采用这种形式。

它的缺点是单点决策，无法从全局来优化资源配置。从组织上来看，这种方式相对难形成专业分工，比如各个门店在做类似的事情，门店之间由于距离和人员不互通无法把各自的经验和能力形成组织的力量。

这种模式下，仓库的控制指令基于总体销售结果与总体销售目标的对比，以及结余库存和预计需求推算出来的目标库存的对比。如果总体销售结果低于总体销售目标，就需要提高需求驱动力；如果结余库存低，不足以满足预计的需求，就需要提高供应驱动力。它和门店层面的供需是有区别的，它是把所覆盖的门店的销售数据汇总进行对比，是全局性的和整体性的，并不反映具体门店的差异。对于需求驱动力而言，如果总体销售目标没有达成，所需要的指令就不只是在单个门店层面，并且总部的需求驱动力是全局性的。比如一旦仓库引入新品，各个门店都可以上新，而单个门店的上新，只是针对某个具体的门店。因此仓库层面解决全局问题，门店层面解决局部问题。

这种模式下对组织的要求是，门店店长或店员必须有供需控制的能力，能够进行库存控制与营销管理。

第二种是集中式供需控制系统，如图3-53所示，所有反馈都发送至总部或者区域公司，然后由总部或者区域公司集中发出两种控制指令，门店和仓库分别接收和执行指令。这就相当于总部制订门店的补货计划、促销活动，制订仓库层面的补货计划、整个公司的促销活动。

这种模式下，资金计划往往是由总部从上到下制作的，可以理解为总部独裁式地将销售目标分解下去，门店没有回旋的余地。

这样做的特点是通过集中控制供应驱动力和需求驱动力，可以开展货品的集中采购和集中调配，从全局上把有限的货品资源分配到更需要的地方。这适用于生命周期短且需求不稳定，不同区域、门店的需求差异明显且波动性大的商品。比如服装连锁专卖、珠宝零售采用这种模式的居多。通过这样的设置可以让供应和需求驱动力在整个网络内合理分配，做到资源的全局优化使用。也有满足基本需求的商品的零售商采用这种形式，比如餐饮零售商。笔者的前雇主星巴克在北美采用的就是这种模式，原因是餐饮零售商门店的服务人员是门店产出的重要瓶颈之一，他们如果还肩负着制作指令的任务，那效率就会降低，因此就把这一部分职责放到了总部。

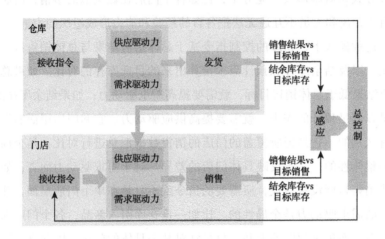

图 3-53　集中式供需控制系统

这种模式下，总部需要有人负责仓库的供需控制，也需要有人负责门店的供需控制，门店数量众多时，总部为了做到集中感应、集中控制，往往离不开数字化技术手段。

第三种是部分集中部分分散供需控制系统，仓库的供需由总部控制，门店的供应驱动力指令由门店自己控制，门店只有一部分需求驱动力指令权限，如图 3-54 所示。这是绝大多数便利店、烘焙连锁、餐饮连锁所采用的模式。门店控制补货，门店在总部允许的范围内进行陈列调整、促销、品类调整，剩下的由总部或区域公司统一控制。仓库做供需控制，可以做到集中采购，跟供应商建立长期合作以及控制采购成本。通过门店做供需控制，可以激发门店工作人员想办法来通过调节供应和需求，达成销售目标。比如补货多了，他就要想办法通过需求驱动力，刺激销售，让多的货被销售出去。这种模式下总部也可以从门店运营中发现有效地扩大需求的方式，把民间的智慧收集起来，形成标准化的选项，在全体门店中进行推广。

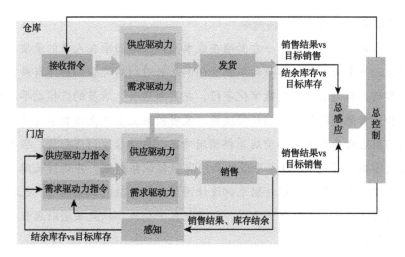

图 3-54 部分集中部分分散供需控制系统

☞ 数字化时代的实践

　　门店众多，店长和店员要管理的内容多，同时优秀店长或店员匮乏是零售业的一个痛点。门店作为终端的水龙头，它的供需控制影响甚至决定着整个系统的产出水平。驾驭零售供应链上多层级的供需控制问题非常关键，它困扰着不少企业，但在数字化时代我们多了很多选择。首先，门店经营的"冷暖"除了店长和店员能实时感知到，通过一系列数字化手段，还可以快速让总部感知到。比如通过摄像头可以监控客流变化，通过门店实时的 POS 系统可以实时感知销售和库存的情况，通过店员、店长管理系统可以实时采集他们跟客户交流的内容，观察客户对产品的反馈。有了这些海量数据之后，总部的人就要"崩溃"了，因为他们没有办法分析。为此，在总部层面需要引入数据分析、数据挖掘技术，让技术来挖掘各个门店感知到的数据中所蕴含的供需问题，并有针对性地发出控制指令。

　　餐饮零售商通过在门店安装摄像头监控进店客流和购买的客流，通过数据分析可以发现是进店客流减少了还是转化率降低了。如果是进店客流减少了，就需要分析周边客流结构的变化，是商圈整体客流变化还是自己的店失去了对客流的吸引力。如果是转化率降低了，就需要分析是商品不够好还是价格问题等。

　　零售企业用工难，一方面难在成本高，一方面难在人员的素质难以把控，一个负责任的店长和不负责任的店长对门店经营的好坏有着巨大的影响。有越来越多的数字化手段，充当起店长、店员的虚拟助手，辅助和监督他们做好门店的经营决策。笔者前雇主星巴克用数字化手段检测门店后仓库存水位和前店原料使用情况，自动触发门店补货。领先的服装零售商通过 RFID 等手段收集门店服装试穿数据，并让店长用手持设备输入客户反馈，以帮助总部设计团队快速对款式做出调整。也有企业通过"阿米巴"经营的方式，把责任包干到户，以此来激励店长发挥主观能动性。

2）供需控制

　　不同类型的商品的获取周期不同，销售周期不同，导致战术控制和运营控制的方式会有显著的差别。笔者把曾经服务过的企业所经营的商品分成三类，第一类是满足基本需求的产品（staple product），如洗发水、卫生纸、牛奶、面包等；第二类是时尚型产品（fashion product），如新潮电子产品、流行服饰、季节性商品等；第三类是加工餐饮产品（serviced food and beverage），比如现制咖啡、现制快餐、现制饮品。

　　满足基本需求的产品的形态稳定且需求相对平稳，比如洗发水、卫生纸、面包这类产品的形态可以几年不发生变化；时尚型产品本身的形态多变，且需求的波动性高，比如个人电子消费产品因为硬件更新频繁推出新产品，流行服饰每年、每季的产品形态千差万别；加工餐饮产品存在的形态并不是成品，而是客户点单后用原料进行加工才变成成品。

　　在零售供应链上对于满足基本需求的产品一般会采用"持续补货"（continuous replenishment）的控制方式。比如零售商门店里的面包卖掉了，那就从仓库往门店发货，同时生产商的工厂开始生产以补充库存。面包是基本需求，客户总归是要来买的，而且面包的形态不会发生翻天覆地的变化，后续的供应肯定是会有需求的。

　　对于时尚型产品，以时装为例，春夏秋冬每个销售季只有短短 3 个月，天气变化快，流行性元素变化快，产品过时或错过适宜销售的温度都会导致它卖不掉，从而需要折价处理，损失了利润，并且你无法保证每个款式的衣服都能卖掉。为了控制库存风险，企业往往会采用"采购预算管理"（open to buy，OTB）的控制方式来计划将多少钱花在开季后首次铺货的量（首单）上，将多少钱花在季中识别出来的畅销款的追加采购或生产（翻单）上，将多少钱花在当季新增加的款（追款）上。OTB管理方法根据要卖出的金额来决定接下来采购或生产多少库存，每月或每周复盘销售情况，控制用于采购的支出金额和库存水平，这是一种非

常经典的以销定产的模式。图3-55中对比了这两种产品需求的特点，前者稳定，因此可以连续供应；后者波动大，所以得"走着瞧"，即走一步看一步，看到有潜力的款式再追加采购。

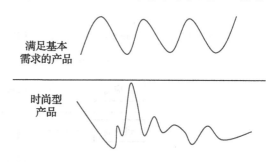

图3-55　两种产品需求的特点

针对加工餐饮产品，其供应链上流动的并非最终售卖的产品，而往往是在门店加工所用到的原料，控制的重点在于原料的供需平衡。

3）满足基本需求的产品

满足基本需求的产品主要在超市、便利店、专卖店销售，日常生活中人们会高频率地反复购买，零售商会采用持续补货的模式进行控制。门店发生销售后，库存水位低于一定水平，则进行补货，补充的量满足补货周期内的需求，并且持续这样的过程。仓库也是一样，仓库往门店发货后，库存降低，低于一定水平后，则进行补货，并且持续这样的过程。

读者作为消费者购物时，如果仔细观察一下，会发现很多商品的有效期很长，几个月前出厂的商品还可以在超市、便利店里看到，比如洗发水、卫生纸。而有些商品比如蔬菜、水果、牛奶等则没有这么长的有效期，比如1天前的蔬菜就需要下架了。因为有效期的差异，导致对零售供应链的控制方式有很大差异。对于长保质期的商品，在战术控制上往往采用批量获取的方式来获得成本优势，在运营控制上主要采用门店需求拉动仓库补货的方式；对于短保质期的商品，缩短原产地到门店的

时间是关键，这样才能增加门店可以售卖的时长，一般来讲，门店根据近期销售情况预估短期内的需求，再汇总给仓库作为战术控制的输入，同时仓库采用高频采购补货严格控制供应数量的方式来提高商品的新鲜度和避免过期带来的浪费。

商品从供应商或工厂流动到零售商的门店一般有三种路径，如图 3-56 所示。

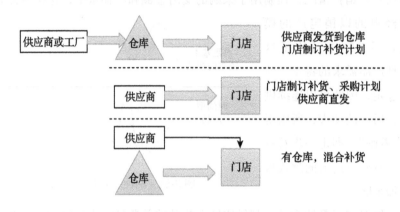

图 3-56　商品流动路径

（1）供应商—仓库（存储）—门店

"供应商—仓库（存储）—门店"模式下，仓库向供应商下采购指令，供应商发货到仓库，仓库验收后将货物上架储存；门店向仓库下补货指令，仓库收到指令进行拣货并发货到门店。这种模式适用于门店存储空间有限，同时门店数量多，需要自建仓库的零售商，比如超市、便利店、杂货店，在商品品类上适用于保质期中等或比较长的商品。这种模式的好处是能够加大采购批量，体现规模经济效益，同时规模化仓储、物流也能带来成本的降低和效率的提升；缺点是需要持有库存。

在这种模式下，运营控制是指门店根据自己的库存和销售情况，制订补货计划发送给仓库，仓库按照门店的补货计划，安排拣货、装箱，运输到门店。战术控制是指仓库为了能够持续为门店提供商品，需要预测更长一段时间内所覆盖的门店的发货需求数量并结合当前库存测算应该采购的数量。门店不同商品的补货周期有所不同，比如有的商品每周一晚上给仓库下补货计划，有的是每周二，有的是每周四。仓库收到补货计划后，当天晚上进行拣货，第二天一早送到门店。仓库给自己补货时，有些商品是一周一补，有些是两周一补，还有些是一个月一补。这时仓库需要看未来一段时间的需求，然后决定到底要补多少货。

（2）供应商—仓库（只验收和解包，不存储）—门店

"供应商—仓库（只验收和解包，不存储）—门店"模式下，门店或者总部采购部门向供应商下达采购送货指令，供应商送货到仓库，仓库验收之后放到待发区域，等送货车辆来了直接装车发到门店，这种模式也称为交叉配送（cross docking）。它适用于短保质期的商品，比如加工食品；对时效要求比较高的商品，比如促销或上新的商品、季节性商品；需要快速周转的商品，比如牛奶、酸奶、啤酒等。它的好处是减少仓库库存，降低对存储空间的要求，同时提高商品的新鲜度和周转速度。这种模式的运行，需要严密和实时的控制系统，确保到仓库的时间和车辆的调度严丝合缝，如果受到交通状况的影响，货物到货延误或者配送车辆延误，容易导致混乱。

这种模式下，运营控制是指门店制作补货计划并发送给供应商，供应商安排拣货、装箱，发货到仓库，仓库转运到门店。由于这类商品不进仓，门店直接下达补货计划给供应商，就不需要再在仓库层面做战术控制了。

（3）供应商—门店

"供应商—门店"模式下，门店或者总部采购部门向供应商下达采购送货指令，供应商直接送货到门店，这种模式也称为供应商直送（direct store delivery）。这种模式一般针对某个具体的品类，比如新鲜的食材、水果、当地供应商供应的商品、中央厨房供应的处理好的食材或鲜食等。它的好处是缩短了商品周转时间，提高了新鲜度，能够快速上市，绕过仓库也降低了运营成本。当然它也有缺点，它把收货、验货确认的压力放到了门店，门店需要腾出时间进行商品的分拣和处理。与"供应商—仓库（只验收和解包，不存储）—门店"模式的区别在于，"供应商—门店"模式下，必须在供应商处就把商品包装拆解到零售门店可以存储、上架的规格。这种模式下的战术和运营控制与"供应商—仓库（只验收

和解包，不存储）—门店"模式类似。

（4）推拉结合设计

大型超市采购满足基本需求的产品时往往是大批量采购，这样可以降低成本。货品采购回来堆放到仓库，等到门店有补货需求再送到门店。这时仓库的库存控制策略是推式，因为它备了超过当前周期内需求的库存数量，而门店的补货是拉式，因为它是由门店一次补货周期内的销售量拉动的，如图3-57所示。推式是大批量，包装规格是工业规格；拉式是小批量，包装规格是小规格甚至是可以消费的包装规格。

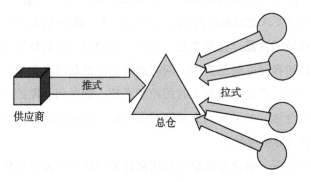

图3-57　推拉结合模式

对于供应驱动力充足的商品，仓库补货覆盖的需求周期可以短一点，比如2～4周。如果供应驱动力不足，商品获取难度大，仓库补货覆盖的需求周期可以适当延长，比如1～3个月，以确保供应的稳定性。对于门店侧，补货周期主要取决于门店给品类的陈列和仓储空间，以及品类的销售速度。如果空间小，销售快，那就需要高频补货。

一般可以按照供应驱动力（获取难易程度）和需求驱动力（销售难易程度）的力量对比，来设计推拉结合。直观地理解就是，需求驱动力大，需求拉动供应，是拉式；需求驱动力小，供应驱动力大，往往就是推式。

举个新品的例子，任何产品都是有生命周期的，对于大多数产品，在早期阶段，往往它的市场接受度还不高，购买的人群比较有限，因此供应驱动力比较足，需求驱动力相对不足。实践中新品上市会采用推式，人们常说某某产品"推出"市场，大概也是这个意思。你可能会说，不对，华为、苹果的新品刚推出就卖得很好，其实华为、苹果是有品牌、技术的远场"需求驱动力"的，综合下来需求驱动力是大于供应驱动力的。数字化时代新产品上市之前，很多厂商会在线上电商做预热，一方面是广告宣传，一方面是获得对市场需求驱动力大小的预判，然后根据对市场需求信号的感知来决定以什么样的供应水平服务市场。

☞ **案例分析**

对于满足基本需求的产品，实践中最典型的当属面包、糕点类零售商，这些零售商大多都有自己的工厂和仓库，是典型的纵向一体化（产供销）零售商。这类零售商一般是区域性的品牌，即便是全国性的品牌，其供应链也是本地化的，也就是说在经营所在地有工厂、仓库。面包当天生产好，第二天在门店销售，客户希望吃到最近生产的面包，面包越新鲜越好卖。工厂也不希望生产太多的面包，避免不新鲜被扔掉，造成浪费。同时，面包的需求相对平稳，供应周期也短，供应周期和需求周期相互匹配。如图3-58所示，在这样的链条上往往采用的是门店需求拉动仓库（规模小一点的工厂同时也充当了仓库，它没有单独的仓库）补货，进而拉动工厂生产的方式，即持续补货模式。具体的操作方式是门店每天盘点结束之后，店长或店员估计第三天的补货量，然后向工厂下达补货计划，工厂收到所有门店的补货计划后开始生产，第二天晚上生产完成，第三天一早送到门店，周而复始形成所谓的"持续补货"模式。

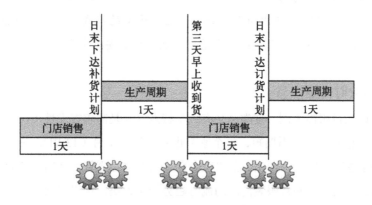

图3-58　面包店的持续补货模式

这种方式下工厂按照门店的净需求量安排生产，仓库没有库存，库存主要在门店。同时，由于门店每天的到货量不会当天全部卖完，只要在保质期内的货还可以接着卖，所以每天都有新货和老货在周转。店长制作第三天的补货计划时，要估计第二天晚上会有多少老货剩下，再估计一下第三天的销售，从而估算出第三天的补货需求。补货多了，卖不掉，过期了，就导致损耗；补货少了，就浪费了销售机会。每个门店都是一个水龙头，它决定着整个系统输出的水位，每个水龙头的开关往往就是这样被无数个店长控制着。提升店长控制的水平，对于整体的供需控制至关重要，如何通过数字化、数据化运营提升控制的质量成为企业降本增效的关键。领先的零售商通过供应链软件系统，预测未来的销售量并推算未来的库存与损耗，根据损耗和销售的平衡制作更加经济的补货指令。

假设该面包零售商的工厂开足马力生产，恰好可以满足所有门店的订货，但企业为了扩张，要开更多的店，就需要考虑扩大生产能力，否则工厂供应不足，门店补货需求无法满足，供应链就拉不动了。假设该面包零售商应用了更好的保鲜技术，它生产的面包可以保鲜 6 天，同时生产周期变长，从原来的一天变成两天，这时门店的订货频率可以改为两天一次，每次订两天的量，工厂每两天向门店发一次货。

面包零售商还定期搞一些促销，有些促销是把卖不掉的东西打折处理掉，有些促销是为了吸引客流，比如周年庆、各种节假日的活动。由于打折影响消费者需求，会使需求激增，因此面包零售商需要配置更多的库存，这些库存可能会超出日常的产能，那就需要提前生产，而不仅仅是按照日常门店订货的量生产，这也是典型的推式。为了做好推式，需要提前预估下一个周期的需求总量，然后提前安排生产。

4）时尚型产品

以流行服饰为例，这类产品有三个特点，一是需求挥发性（volatility）很高，它们的销售周期短，每个季节也就短短 3 个月（13 周），一个人可能一个季节就购买一两次，如果没有合适的商品，零售商就错过了为数不多的销售机会，并且服装商品的流行趋势变化太快，难以捕捉；二是需求很散，特别是女装，消费者喜欢有多种款式的衣服可以选择；三是供应周期比较长（面料准备、生产加工、发到门店），如果以 5000 件服装起生产，生产周期在 14 ~ 60 天，还取决于工厂有没有现货面料和产品是什么季节的服装。如果从现货面料开始，剪裁、缝制、后处理、质检，差不多要 14 ~ 20 天，如果没有现货面料，仅仅采购面料就需要 20 ~ 30 天。

因为生产周期长，销售周期短，这就要求服装企业提前做好计划，决定下一季的商品的品种和数量。企划的款式众多，要在各个款式中做选择，看好的商品就多备货，没把握的就少备货。因为流行趋势多变，消费者需求多变，所以不能全部用提前很早做好的季前计划来指导当季货品的结构和数量。

如图 3-59 所示，为了管理需求周期和生产周期的差异，服装零售商一般会把销售时间按照季节分为四季，每一季的商品都提前 3 ~ 6 个月进行计划，称为季前计划。到了应季，实物到仓后再将库存分配到门店，由门店开展销售。随着销售的发生和门店库存的减少，门店进行库存补充，门店之间库存可能会不均衡，需要进行门店之间的调配，季末进行商品的整合和下架，上市新商品。

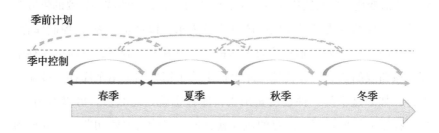

图 3-59　服装零售商的控制模式

在这样的供应链条上，控制风险显得尤为重要。供应资源是有限的，而需求又是多变和易挥发的，供应资源到底应投入到哪些类型的商品上，投入多少？这就和投资股票一样，需要通过投资组合管理来分散风险。同时，在投资组合中，一旦察觉到某只股票有潜力，就需要加码，这就要求企业不要一下子把钱都投进去，每次投入一部分。如图 3-60 所示，如果一次性把货订完，订少了，会造成销售机会损失；订多了，会造成库存积压。服装行业应对这种挑战的最佳实践是 OTB 管理，它是一种量出为入的采购控制方式，即通过观察历史销售金额和计划的销售金额，结合手头现有的库存和未来要留下多少库存，逐步花钱去采买货品的方式。采用该方式可以较好地应对缺货或积压风险。

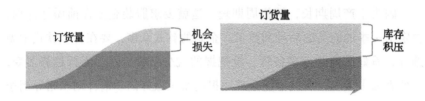

图 3-60　一次性订货的缺点

举例来说，你下个月想实现 100 万元的销售额，现在手上有 20 万元的货，下个月到货 10 万元，下个月月底你希望留有 30 万元的货，确保门店有库存供消费者浏览、挑选，这时下个月你应该采买到货的金额就至少是 100 万元。它的计算公式很简单，即总需求（销售 + 结余库存）- 总供应（现有库存 + 预计到货）= 100（万元）。实际中还需要考虑因为打折导致的货值变化，以及销售完的概率、到货时间和数量的波动导致的供应变化等。这样的方式可以让供应瞄准市场需求，以销定"采"，控制库存。

如图 3-61 所示，假设当月销售的货品都在月初到货，这时的库存金额在该曲线的顶点，也就是说库存最多等于销售加上结余库存，极端一点讲，如果这个月一件也没卖出去，库存也就是这么多。可以看出来，采买控制的周期越短，库存的风险就越低。采购时要密切监控本周期内的销售能不能达成，不能的话就修正销售预测，重新计算采购金额，把库存风险控制住。零售供应链讲究的是周转，只有上一轮的货周转出去变现了，下一轮再开始，风险才是最小的。

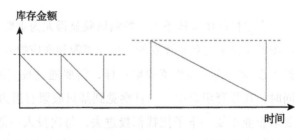

图 3-61　库存金额随着销售发生的变化曲线

这个道理不复

杂，但在实践中用得好坏差别很大。国外不少企业在数字化工具的帮助下，可以做到单店 OTB 管理，然后汇总到总部。国内大多数企业会在总部或者区域级别做 OTB 管理。

用 ZARA 的案例来分析。首先，季前提前设计和生产一部分商品，这些商品足够覆盖季初的一部分需求，比如上市之初 2～4 周的需求，剩下的采购资金先预留着。新品上市采用推式，把提前生产好的库存在季节之初就推送到各个门店进行销售，消费者可以进行选择和购买。同时，销售发生之后，消费者在门店的购买、试穿、问询信息能反映出客户的喜好，这些信息每天都会快速反馈给总部，总部根据这些信息快速组织产品研发、设计、生产，快速把新商品投放到门店，逐步把剩下的采买预算花出去，不断推出新的商品。

ZARA 的模式打破了传统的以季为单位的管理模式，变成了以两周为单位的管理模式，本质上是压缩了提前期，换来了快速反应的时间。这正是消费者需求拉动的产品研发、设计、生产。如图 3-62 所示，通过分批多次补货，首次的货品数量可以降低，同时在销售过程中，通过快速反应系统，快速回收前期的投入，对于发现的畅销元素或者消费者偏好的元素进行新款补充，快速捕捉销售机会，能够明显降低库存并控制风险。

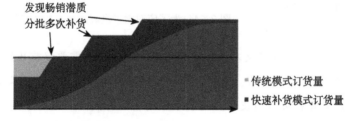

图 3-62　传统模式订货与 OTB 控制下的快速补货模式订货对比

如图 3-63 所示，ZARA 独特的地方在于它每次上新的商品都和之前的不一样，所以它的拉式是消费者需求拉动的新款式上新，用滚动上新款促进销售。另一种方式是对前期销售得好的款式进行量的补充。

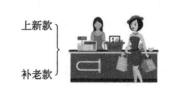

图 3-63　满足消费者需求的两种方式

☞ **季节性商品**

　　笔者把季节性商品归入时尚型产品，因为它们都有着很强的季节性。典型的当属杏花楼（月饼很有名）和五芳斋（粽子很有名）（当然这两个零售商都不是只做一个品类，因为月饼和粽子一年只有一个销售季节，是没有办法支撑公司发展的）。从另外一个角度来看，没有单独的季节性商品的零售商，但是每个零售商都有季节性商品。服装就不用说了，四季都是季节性商品。餐饮行业每个季度甚至月份都有应季的菜品，它需要保持给客户的新鲜感，吸引客户到店里来尝新，提高客户反复进店的概率。

　　季节性商品在供应链控制中的要点在于供应和需求的平衡。以月饼为例，它的需求可不像面包，第一，它是季节性的，只有中秋节前有需求；第二，它的需求量是在短期内爆发的。为了应对需求洪峰，零售商提前开始生产储备库存，如图 3-64 所示。而供应上，零售商不可能按照需求的峰值来设置产能，因为这会带来浪费，但每年只有一次需

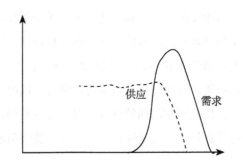

图 3-64　为了应对需求洪峰提前开始生产储备库存

求的集中释放，零售商又不希望浪费市场机会，那就需要提前开始生产，把生产好的月饼作为库存。为了让库存月饼存放的时间长一点，零售商就需要研究保鲜和防腐的技术，到了开始销售的时候，一边卖库存，一边生产。这不是纯拉式的供应链，因为在月饼还没有需求的时候，零售商就开始预先生产（pre-build）库存。也有企业采用预售的方式，早早地就把未来的库存通过月饼券的方式卖出去，然后逐步来生产交付，这样就把原来需要提前做预测的需求变成了确定的订单需求，降低了不确定性。

5）加工餐饮产品

　　经营加工餐饮产品最典型的是餐饮连锁企业，这类企业的供应链控

制的关键是对原料供应和原料损耗的控制。笔者服务过的三家餐饮连锁企业，它们的仓库（分仓和总仓）到门店都采用拉式，工厂或供应商到仓库都采用推式，如图 3-65 所示。星巴克在美国有 5 家大型咖啡烘焙工厂，它通过拥有 5 个 CDC 和 35 个 RDC 的配销网络供应遍布美国的门店。它对关键原料主要采用拉式进行补货，同时以门店的补货需求驱动分仓、总仓的需求。到了工厂层面，需要烘焙生产的咖啡豆有 13 种，总仓的净需求汇总起来就是工厂的总需求。由于各个工厂的产能是有限的，因此星巴克需要通过需求计划、产销协同计划（S&OP）将各个总仓不同产品组合、不同数量的需求分配到具体的工厂，从而在有限的资源下，确保实现公司的营收目标，同时确保门店的需求被满足。

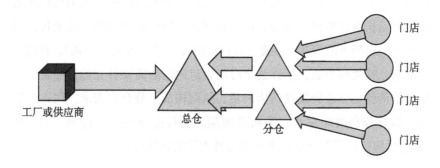

图 3-65 多级仓库下的推拉结合控制

从供应控制的角度来看，应用如下的方式来调控各个环节上的库存水位。

a. 门店侧补货，一般有两种方式。①对于常规销售的商品，首先进行销售预测，然后结合门店库存，根据库存策略进行补货量的计算，每天或者每两天进行一次补货。②按照门店销售的金额分解得到原料需求，一般称为千元用量。比如一个门店一天销售 5000 元，以此为基础预测它需要用多少原料，即青菜多少，猪肉多少等。一般会制定一个销售额和原料用量的对应表，门店只要预测销售额，并按照销售额分解到原料，然后扣除仓库里的库存，就能算出每天需要补多少货。肯德基用的就是这种方式，也有很多中餐厅用这种方式。

b. 分仓侧的补货，有三种方式。①根据历史上从分仓发往门店的数据，做出"发货预测"，再结合分仓的库存、采购提前期，计算要不要补货和补多少量。②用分仓所覆盖的门店的销售预测，作为分仓的需求，再结合分仓的库存、采购提前期，计算要不要补货和补多少量。这里面忽略了门店的库存，门店的销售预测严格来讲不等于门店向分仓订货的需求，因为门店还有库存。比如门店的销售预测是 100，但店里还有 20，它缺的是 80，而不是 100，因此这种方法会有精度方面的问题。如果是做中长期比如 2 ～ 12 个月的分仓需求计划，这种方式就没问题；如果是用来指导近期的仓库补货，那精度就有问题。肯德基是用门店的销售预测作为仓的需求，如图 3-66 所示。将这些需求作为 S&OP 流程的输入，S&OP 流程关注的是 3 ～ 24 个月的需求，这样精度是几乎没有影响的。③由于仓库的补货周期比门店要长，因此可以把门店销售预测的展望期延长至仓库订货周期，然后预测这个时间窗口内门店的销售，同时结合门店当下的库存（需要考虑门店的库存的有效期、损耗）、补货的提前期、补货的参数，推算这个时间窗口内门店需要补充的货品量，这部分数量就是分仓要发往门店的量，从而构成了分仓的需求。用这个需求，结合分仓的库存量、采购提前期，制订分仓的补货计划，第 5 章"零售供应链运营"将会详细介绍这种方法的计算过程。

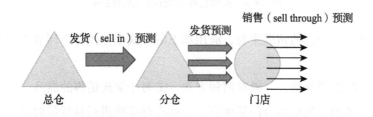

图 3-66　肯德基的供应控制模式

这类企业如果门店数量众多，销售规模大，整个系统产出会受制于供应一侧，因为原料的产出是有周期的，比如鸡肉、蔬菜、瓜果的供应都需要一定周期。因此肯德基、麦当劳这类餐饮零售商投入了相当的资源在供应商的培养和发展上，关注中场周期的需求计划和产销协同计划，从而确保原料供应的稳定性。

6）生产商与渠道商的视角

（1）生产商

生产商作为零售供应链的源头，由于自身供应能力即产能的提升不是一蹴而就的，因此它短期内调控的对象主要是需求和生产能力的匹配。

渠道商和零售商是生产商的下游，它们的水位和水流速度决定着生产商的水位和产出能力，掌握下游的需求量对于生产商制订合理的生产计划尤为关键。生产商一般会通过需求管理流程进行控制，即生产商的渠道管理人员与大客户、渠道商保持密切的关系，根据它们的历史进货数据，结合自己的判断提交销售预测，汇总之后成为生产商的销售预测。生产商结合自己根据历史数据对未来进行的预测，以及自己产品和市场的规划，制作需求计划，进行需求评审，然后由供应部门根据产能、原料的供应情况制订供应计划，如果需求计划和供应计划有差异，需要制订解决差异的方案，在 S&OP 会议上复议决策并确认计划。当供大于求时，需要促销来放大需求；当供不应求时，就需要推后一部分需求，或者减少部分需求的满足率。整个流程如图 3-67 所示。

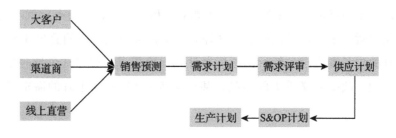

图 3-67　生产商的供需控制流程

以快消品为例，矿泉水和洗发水这类商品的生产商，一般会把渠道分为三类，一类是大客户，比如超大型的全国性零售商如华润万家、沃尔玛、家乐福、物美等。对于这部分大客户，有一定规模的生产商一般会与它们达成战略合作，进行协同预测补货，即从零售商那里拿到实时的商品库存和销售数据，指导自己的生产和库存分配。还有一种方式是与零售商合作，进行消费者需求快速响应的实践，即凭借生产商对品类、市场和客户的深刻理解，指导零售商进行品类管理，通过合理地分配货架空间，将不同品牌、特性、价格的商品合理地组合起来，驱动整个品类的销售增长，最经典的就是宝洁和沃尔玛合作的案例。在一个品类里特别专业的生产商，通过自己的能力提高零售商的品类销售额是一种双赢。第二类是通过渠道商去覆盖更广泛的市场，一般渠道商的数量众多，通过市场销售人员与渠道商保持密切沟通获取其供需的情况，能够很好地给生产商以市场需求数据的输入。比如掌握它们的库存情况、市场销售推进情况，就能很好地判断接下来它们会进什么货，要多少量。第三类是通过线上开展直接面对消费者的销售，这种情况下生产商相当于经营了一个虚拟的门店，可以根据客流、销售历史、点击、浏览、收藏等数据来预测未来的销量，制订需求计划。当然如果发现需求动力不足，可以通过促销、购买流量等方式放大需求。

（2）渠道商

如图 3-68 所示，渠道商的使命是连接和撮合，其战术和运营控制最重要的是对于前方零售商的需求的把握和对于后方生产商的供应的把握。当所经营的品类处于卖方市场时，供应控制就变得非常重要，供需控制设计应该围绕供应效率的提升。比如对于稀缺品类，需要有货就吃进，避免缺货，采用推式供应链。这种方式下，渠道商可以测算出 3 ～ 18 个月的中长期需求，然后扣掉库存计算出净需求，按照这个量向生产商采购。战略意义重大的商品，甚至会按照 12 ～ 24 个月的需求进行备货。

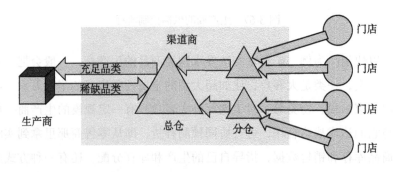

图 3-68　渠道商的供需控制示意图

当所经营的品类处于买方市场时，需求控制就变得非常重要。渠道商应做好与下游零售商的协同，获得一线的销售数据，预测商品需求。如上文所述的生产商所采用的控制方式，渠道商可获得各个客户、各个渠道的需求，然后汇总到分仓、总仓，再结合库存制订采购计划。如果需求稳定，可以用经济订货批量，以降低总体采购和持有成本。如果需求稳定性不高，可以选择高频按需订货。

供应链参数设计

空调的使用说明书里一定会描述它作业的电压范围、作业温度范围，不能连续运行超过多少时长，单位时间内的功耗和输出的功率等。其实任何控制系统都应该有一套参数，这一套参数约定了系统能够接受的输入，能够产出的水平，能够适应的变化幅度，供应链控制系统也不例外。如果我们到苹果的门店跟店员说想采购 1000 部 iPhone，估计它要一两个月才能给我们，如果我们说要买 1 亿部 iPhone，那肯定会让它的供应链瘫痪一阵了。供应链控制系统的参数，约定了系统设计时的假设条件，输入的范围，期待的输出范围，能够容忍的波动范围。从经营的角度看，企业主也需要知道在不同的时间点到底要投入多少，预期有多少产出，经营很好的情况下怎么样，很差的情况下怎么样，做到胸中有数。

实际上供应链参数是供应链硬件、控制系统设计的输入，本书为了便于理解，把供应链参数放到了两者的后面进行介绍。供应链控制的总体运行指标范围，一般会从库存周转、整体产出水平、总体上架周期、现金循环周期、总体成本、总体毛利等几个角度考量，如表 3-31 所示。

表 3-31　供应链控制的总体运行指标

指标	目标范围（示例）	说明
库存周转	25～35 天	代表了库存在变成现金之前存在的天数
整体产出水平	销售额 3 000 万～5 000 万元 / 年	
总体上架周期	20～25 天	
现金循环周期	8～12 天	
总体成本	平均 25 元 / 个；采购 15 元 / 个，物流 5 元 / 个，仓储 5 元 / 个	也可以用占比来表示
总体毛利	15%	整体的毛利水平

供应链控制设计是评估供应链现状，同时基于未来业务规划设计控制系统的过程，设计过程中梳理出来的参数的范围，也是日后定期复盘来分析参数范围是否合理的依据。这个梳理过程不应该是一次性的，而是随着业务的发展，每年甚至对于业务发展快的每个季度开展一次。

此处的指标除了"如何看零售供应链控制得好不好"小节提到的，还有可靠性指标、成本指标、敏捷性指标，这几类指标是供应链性能的重要表征。可靠性反映了控制系统能否连续可靠地运行；成本指标衡量控制系统能否把成本控制在预设的范围内，这样才能保证毛利；敏捷性指标反映的是供应链控制系统对于需求和供应的波动，反应速度和应对能力如何。

1. 输出水平和库存水平

1）输出水平

输出水平是整个指标设计的起点，代表了"产出"的能力，在门店侧它代表了销售产出的能力，在仓库侧它代表了发货吞吐的能力。由于门店是整个产出的水龙头，我们从门店侧开始分析。

（1）门店侧

对于门店的销售预测，前文"复杂仓库配置设计"小节中对未来1～5年每年的销售量进行了预测，因为要根据需求量进行重量、体积的评估。此处为了进行控制参数设计，只需要知道门店的销售额即可，无须到单品及数量。预测的时间颗粒度要细一点，至少要到月份。有以下三种不同的预测方法。

a. 对于尚未营业的新门店，可以参考同区域、同类型、面积大小接近的门店，用类似门店的平效结合新店的面积测算出年度销售额，再参考类似门店不同月份销售额的比例，分解得到每个月的销售额。

b. 对于已经在经营的门店，可以按照门店汇总的历史销售额数据，以周为颗粒度进行预测，然后汇总到月。

c. 如果没有类似门店可以参考，那可以先根据预期盈利，结合门店租金、人工费用等，测算出盈亏平衡点，再估算出销售目标，然后设定品类的销售占比，测算出每个月的销售额目标。

当所经营的商品品类之间的供应特性差别明显时，也可以按照品类来分析产出水平，如表 3-32 所示。比如生鲜类商品和包装零食的保质期不同，供应链管理的策略不同，可以分开来分析。

表 3-32 按照品类的终端门店销售额预测

月份	1	2	3	4	…	12
品类 A 销售额——高	240	220	210	190	…	260
品类 A 销售额——中	200	180	190	170	…	220
品类 A 销售额——低	160	140	150	130	…	180

（2）仓库侧

仓库的库存水平是由其所覆盖的门店的需求水平驱动的。假设新开了一家店，仓库往门店发货，第一批发了 50 万元的货，发过去之后一个月卖了 30 万元的货，还剩下 20 万元的货，第二个月再发 30 万元的货，就这样滚动，假设到了 12 月，总共发了（50+30×11）万元的货，如果把 50 拆开那就是（20+30+30×11 = 20+30×12）万元的货。这 20 万元的货称为基本库存，也就是每月至少要保留的库存，它是维持门店陈列、展示所需要的最少库存，有了这部分库存，客户进店才能进行挑选和购买，从而刺激客户的购物欲望。按照这样的方式就能计算出仓库每个月的需求水平，如表 3-33 所示。

表 3-33 仓库发货额预测

月份	1	2	3	4	…	12
品类发货额——高	240+20	220	210	190	…	260
品类发货额——中	200+20	180	190	170	…	220
品类发货额——低	160+20	140	150	130	…	180

2）库存水平

测算完了门店和仓库的输出水平，接着就可以设计门店和仓库的三个库存水平：最大库存、平均库存、最小库存，如图 3-69 所示。

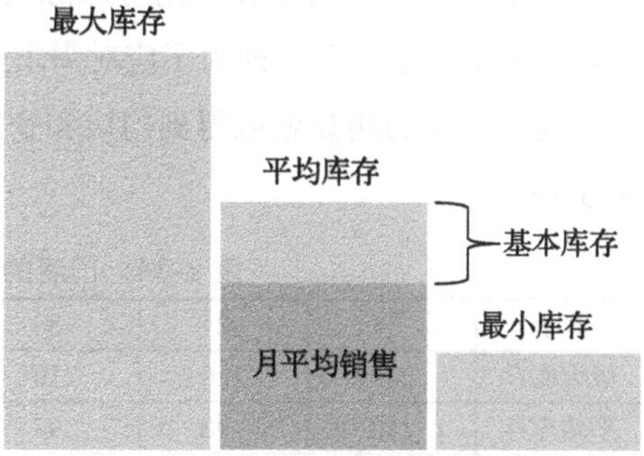

（1）门店侧

最小库存是指能够维持门

图 3-69 库存水平示意图

店销售，确保不断货的最小库存量。它有三种用途：①基本的陈列库存。我们都去过零售门店，不管是超市还是便利店或是专卖店，进去的时候商品都是满满当当的。零售门店不像制造业要按照"准时生产"（Just In Time，JIT）做零库存管理，它需要额外备一些超出短期内需求量的库存来做陈列和展示，以刺激客户的购物欲望。这些库存让客户进店之后可以查看、挑选，让门店看起来商品齐全，也叫最小陈列库存。②安全库存。为了应对需求或供应的波动，需要备一部分安全库存。③从下达补货指令，到下次商品到货是有提前期的，在这段时间内需要有足够的库存能"撑到"下次到货，这些库存等于"到货提前期内的需求"。一般最小库存可以取这三者中的最大值，也有的零售商认为最小陈列库存不能突破，因此会取①和③中的较大值，然后和②相加。

最大库存是指刚刚补完货之后的库存水位，最大库存 = 补货量（补货周期内的需求）+ 最小库存。比如每 2 天补一次货，补一次货至少要覆盖 2 天的需求，每天的需求为 70 个，那么补货量为 140 个，最小库存为 30 个，最大库存为 170 个。

平均库存 =（最大库存 + 最小库存）/2 = 销售成本额 / 库存周转率。比如月度销售额（以成本价计算）是 50 万元，月度库存周转率是 2，那平均库存就是 25 万元，也就是说在库存每个月周转两次的情况下，为了支撑 50 万元（成本价计算）的销售额，平均只需要 25 万元的库存。

（2）仓库侧

仓库的最大库存、平均库存与门店的计算方式差不多，但最小库存有所差别，仓库里的库存不用考虑陈列和让客户挑选的问题，因此最小库存一般指安全库存，即为了应对需求或供应的波动额外配备的库存量。

通过这样的测算就能得到门店和仓库的三个库存，分别如表 3-34 和表 3-35 所示。

表 3-34　门店的库存水平

月份	1	2	3	4	…	12
最大库存	240	220	210	190	…	260
平均库存	110	90	95	85	…	110
最小库存	20	25	30	25	…	25

表 3-35 仓库的库存水平

月份	1	2	3	4	...	12
最大库存	240+20	220	210	190	...	260
平均库存	110	90	95	85	...	110
最小库存	30	35	30	30	...	35

2. 周转周期

库存从补充到消耗殆尽构成周转周期,这个周期是需要被设计的,一方面它决定了实物流转的周期,另一方面它决定了现金回流的周期。而周期需要围绕着经营目标,不同类型商品的特点和经营目标不同就导致周期有所不同。我们罗列几种典型的模式,来介绍整体周期的设计。

对于生命周期短,市场需求变化快,频繁更新迭代的商品,周转设计一般会围绕着速度展开。以某时尚服饰零售商为例,假设它下达采购订单需要 1 天,下达的采购量是 2 万件,供应商进行生产,生产完送到零售商的仓库需要 14 天,送到仓库之后零售商进行分拣、包装到发货需要 4 天,发往门店需要 3 天,门店的销售周期为 7 天。从采购商品到商品在门店上架就需要 1+14+(4+3)= 22(天)。

时尚服饰的销售分为春夏秋冬四季,每一季有 12 周左右的销售时间,错过销售季节就会造成库存积压。当季发现了很好卖的商品但库存不足,就需要快速追加采购,而上市时间是影响响应速度的关键因素。下达 1 万件的采购订单,要 22 天才能上市,这意味着当季已经过了 1/4,因此必须进行优化。假设采购订单周期压缩 0.5 天,采购批量不那么大,先采购 2000 件,同时让供应商完成 500 件就发货一次。这时 1.4 天能生产 500 件,然后发到零售商仓库,拣货只需要 1 天,发货需要 3 天,理论上来讲上市时间就变成了 0.5 + 1.4 + 1 +3 = 5.9(天),约等于 6 天,如图 3-70 所示。但因为只有 2000 件,供应所覆盖的门店比较少,因此需要多批次的采购,后续生产的库存可以用来扩大覆盖的门店。通过这样小步快跑的方式,就能实现产品的快速上市,从而抢占为数不多的销售机会。

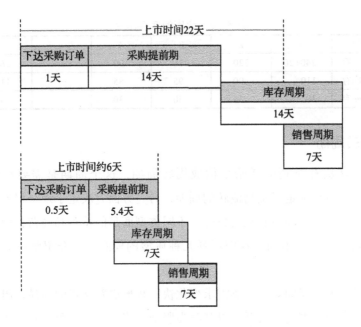

图 3-70　时尚服饰上市周期示意图

　　这样做也是需要投入的，第一，业务流和信息流要高效，能够小步快跑地获取市场需求并传递到采购、生产端；第二，设计要快，要能快速组织公司内部能力响应市场需求，从概念到产品的速度非常快；第三，生产要快，要和供应商建立战略合作关系，需要它们配合小批量的交付；第四，物流交付要快，从工厂到需求地的时间要短，这样做物流成本肯定很高，但在时尚季节性商品的成本中物流成本占比并不高，经过测算或许这个投入是值得的，或者反过来说因为这样的商业模式，就要求有更高的毛利来支持各个环节的"快"。

　　对于生命周期长且处于生命周期的成熟阶段的商品，比如超市、便利店、基本款的服装零售商、快餐连锁企业所经营的品类，追求效率或者说低成本是首要目标，周转设计往往围绕成本最低开展。如图 3-71 所示，为了把总成本做低，需要走大批量的路线，往往采用大批量生产、采购，大批量运输到总仓的方式。由于门店前店后仓空间有限，不可能放下大量的货品，因此采用按需补货，即按门店销售需求拉动从仓库往门店的补货，形成推拉结合的供应链。

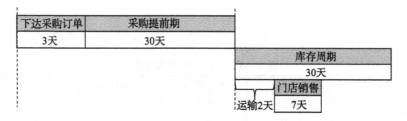

图 3-71　批量采购拉式销售的周期示意图

3. 库存周期

库存周转率 = 销售成本额 / 平均库存成本额，销售成本额代表了需求水平，平均库存成本额代表了库存水平。也可以按照售价来测算库存周转率，即库存周转率 = 销售额 / 平均库存金额（以售价计算）。

零售商投入资金把钱变成库存，再把库存卖出去变成钱，再把钱投入购买库存，周而复始地获取盈利。销售额取决于商品需求的特性，购买频繁的商品的库存周转率会更高，比如生鲜食品，而购买不频繁的商品的库存周转率会更低，比如汽车、家具、高档珠宝。分母——库存额取决于库存的多少，同样购买频率的商品，如果你的库存多了，那周转率就低了，反之亦然。

库存周转率越高，代表着投入库存的资金周转得越快，做到同样规模的销售额所需要的库存资金越少，同时零售商可以快速把老库存变成现金再将现金转化成新库存，商品的新鲜度高。

库存周转率越低，代表库存周转得越慢，资金从老库存中释放出来所需要的时间越长，这容易导致商品过期，或需要将商品折价处理掉，从而造成损失。

库存周转率也不是越高越好，如小张卖水的例子中，如果每天补一次货，门店的库存周转率是最高的，但同时订货成本很高，这就回到了供应链网络设计环节所分析的订货频率合理性的问题，需要在库存成本和订货成本之间做出平衡。

企业通过获取同行的库存周转指标来进行对标分析，帮助自己找到进步的空间。对于新成立的零售商，参考同行或者行业数据是个很好的起始点，对于已经在经营的零售商，这个数据是可以通过自己的历史数据准确地测算出来的。

库存周期或者库存周转率可以参照如表 3-36 所示的数据进行约定。

表 3-36 库存周转参数示例

节点类型	品类	库存周期	库存周转率	测算时间范围
门店	零食	30 天	12	1 年
仓库	零食	60 天	6	1 年
整体	零食	40 天	9	1 年

4. 现金周转周期

沿用上文中小张卖水的例子，有 1 家店的时候每天卖 70 瓶水，每瓶水进价 0.5 元，售价 1.5 元，70 瓶水当天销售完。如果按照时间的先后顺序来看，他第一次去批发商那里买了 70 瓶水，投入 35 元，把水搬到门店开始销售。假设他每天补一次货，那么在门店晚上打烊之前，他需要把第二天的水补充到位。他在当天下午去采购，继续买 70 瓶水，这时他又花了 35 元。等他把水买回来，差不多到了晚上，门店结束一天的营业，得到了 105 元的销售货款，收回了昨天花在商品采购上的 35 元。为了让这个生意持续运行，小张需要持续投入采购库存的资金就是昨天的 35 元加上今天的 35 元，总共 70 元。如图 3-72 所示，他每天下达补货指令，指令的周期是 1 天一次，从下达指令到收到货在当天完成，销售周期是 1 天，因为客户都是现款结算，回款周期也是同一天，现金循环周期就是 1 天，也就是说昨天付出去的钱，第二天就收回来了。

假设他每周补一次货，周日去批发商处采购一周的销售量，周日晚上把商品放到门店，现金的回收周期就变成了 7 天，如图 3-73 所示。

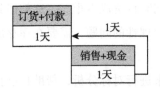

图 3-72　当天订货当天卖完
　　　　　的现金循环周期

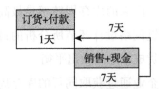

图 3-73　当周订货当周卖完
　　　　　的现金循环周期

假如他与批发商建立了长期的合作，约定可以赊账两周，这时现金循环周期就是 −7 天，也就是说销售完成之后，过 7 天才支付采购货款，如图 3-74 所示。这也就是俗话说的"空手套白狼"，但它也是有前提的，需要拿信用背书来提货，同时因为付款周期长，通常供应商可能会提高价格来弥补自己额外垫付的资金利息。

图 3-74　当周订货小张赊账两周的现金循环周期

假设小张的客户和他关系很好，在门店买完水后赊账一周，这种情况下现金循环周期就变成了 0 天，如图 3-75 所示。

订货	付款		
1天	14天		
	销售	付款	0天
	7天	7天	

图 3-75　当周订货客户赊账一周的现金循环周期

这么看来，现金循环周期由三个因素决定：**销售周期、客户付款周期、给供应商的付款周期**。销售周期也称为库存周转天数，比如 490 瓶水，在门店卖了 7 天，那么库存周转天数就是 7 天。与之相对应的是库存周转率，库存周转率是指库存一年转了几次。在库存周转天数是 7 天的情况下，库存一年就转了 52 次，也就是 7 天卖光一次，然后补充，然后卖光，循环了 52 次。

客户付款周期在财务上称为"应收账款周转天数"，给供应商的付款周期在财务上称为"应付账款周转天数"，现金循环周期 = 销售周期 + 客户付款周期 − 给供应商的付款周期，换成专业术语，现金循环周期 = 库存周转天数 + 应收账款周转天数 − 应付账款周转天数。

我们跟制造业做个对比，假设一个工厂采用按照库存生产的模式。如图 3-76 所示，工厂下达采购订单指令要 3 天，采购提前期为 15 天（供应商生产加上发货的周期），收到货后 30 天付款给供应商；收到原料后，进行成品生产需要 20 天，成品平均在仓库里待 10 天；完成和下达销售订单指令要 2 天，发货要 5 天，发货后客户付款周期为 20 天。现金循环周期就是从支付供应商采购货款到收到客户销售回款的时间跨度，即 25 天。

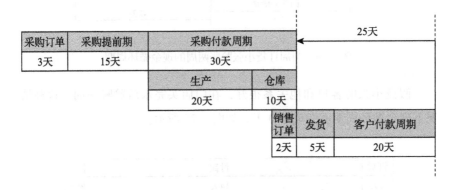

图 3-76　制造业现金循环周期

对比来看，零售业好一些，东西卖出去就收到全部货款了。门店客户一般都是现款现结，就算客户用信用卡，第二天货款也就到账了，电商平台上大概 7 天自动确认收货后也就收到货款了。其实不然，零售商的支出主要在库存，不仅仅是门店的库存，还有仓库的库存，我们继续往下分析。小张的生意做大了，为了扩大规模，他建了一个仓库，同时新开了 19 家门店，总共 20 家门店。按照每周从仓库往门店补货计算，每一次要补充 $20 \times 70 \times 7 = 9800$ 瓶水。每次小张去进货时，由于水的需求量大，批发商需要提前准备，这就要求他要提前订货。假设供应商从收到订单和货款再发货到小张的仓库总共需要 7 天，1 天用来处理订单，6 天用来准备货品和发货。货到了小张仓库后会存放 3 天，接着发到门店。小张觉得好不容易订一次货，要不每次就定两周的货量，他要分别测算一下两种场景下现金循环周期会发生什么样的变化，如图 3-77 所示。

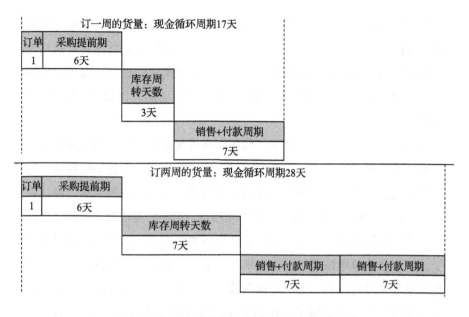

图 3-77 不同订货频率下的现金循环周期对比

订一周的货量的情况下，现金循环周期 = 仓库库存周转天数 + 门店库存周转天数 + 门店应收账款周转天数 - 仓库采购应付账款天数 = 3 + 7 + 0 - (-7) = 17（天）。这种情况下，为了让生意运转，小张在一开始需要投入 9800 × 0.5 = 4900（元）。

订两周的货量的情况下，假设货品到仓后就把当周的量发往门店，剩下一周的量 7 天后发，那么仓库库存周转天数就是 7 天。现金循环周期 = 仓库库存周转天数 + 门店库存周转天数 + 门店应收账款周转天数 - 仓库采购应付账款天数 = 7 + 14 + 0 - (-7) = 28（天）。这种情况下，为了让生意运转，小张在一开始需要投入 9800 × 2 × 0.5 = 9800（元）。

以上例子都是理想情况，每一天客户对水的需求不可能一成不变地维持在 70 瓶。如果每天的需求为 50 瓶，那每周进货 490 瓶时门店库存周转天数就接近 10 天；如果每天的需求为 100 瓶，那么门店库存周转天数就接近 5 天。为了应对这种波动，一般会在做现金循环周期测算时，考虑一定的波动，比如 21 天加减 3 天。

想缩减现金循环周期，可以从仓库库存周转天数、门店库存周转天数、仓库采购应付账款天数上想办法。降低前两个，增加最后一个，也可以带来现金循环周期的缩短。具体的方法有：高频订货，仓库一次只订 1 天的量；通过合理的收发货节拍设计，在供应商到货之后直接从仓库发往门店，不在仓库做停留，这也称为交叉配送；让供应商直接发到门店；和供应商谈更好的付款条件，延长付款周期，比如收到货之后 7 天付款。

这是只有一级库存的情况，假如你有两级库存，现金循环周期会变得更复杂。除了这些，还需要考虑门店的退货比例，退货影响收款。退货对于电商来说影响更明显，在网上购物收到货后，需要点击"确认收货"，这个按钮是 1 天后点，还是 7 天后点，影响的是电商企业的现金循环周期。如果小张除了卖水，还卖其他品类的商品，这时情况就更复杂了，就不是简单地按照单品逐个来测算了，一般按照所有商品的金额数据汇总起来进行测算，而不是按照数量，这可能会丢失掉一些精度，但是对于指导实践是足够了。比如库存周转周期可以用 365 天／所有商品的平均周转率来计算，应付账款周转天数可以用平均值，应收账款天数也可以用平均值。

5. 可靠性指标

从门店侧来看，服务水平非常关键，它是从客户角度对供应链的运营水平提出的基本要求。举个例子，你是小张的客户，每天到他店里去买水，最近一个月内，你碰到 2 次去他店里没有水卖的情况，那这个月的服务水平 = 1−（2/30）= 93.33%，它表示不断货的概率。同样的逻辑也适用于仓库，比如门店向仓库订货，一个月内出现了 2 次缺货，那仓库对门店的服务水平就是 93.33%。服务水平用来描述供应链上游节点对下游节点需求满足的比例或者程度。服务水平越高，客户越满意，但同时带来的库存水平越高，成本越高；服务水平越低，客户越不满意，但库存水平会降低，成本降低。

一般用以下三种方式来表示服务水平。

- 按照次数，如上面的例子，用有货的次数占总订货的次数的比例来表示服务水平。这种方式下的计算不需要订货数量，它统计的是有没有发生缺货，以及发生的次数。

- 按照订货数量，用足量满足的需求量占总需求量的比例来表示服务水平，比如某月，门店向仓库总共订货 1000 个，仓库只发了800 个，那么服务水平就是 80%，这个比值也称订单达成率（fill rate）。它不需要次数统计，反映的是有多少需求被满足了，有多少没有被满足。
- 按照时间长度，用缺货时长占统计期间时长的比例来表示服务水平。比如某个商品一个月内有 2 次缺货，一次持续 2 天，另一次持续 3 天，那么服务水平就是 1−（2+3）/30 = 83.33%。在门店一侧，由于门店每天经营节奏快，几乎分秒必争，也会按照时间段来计算服务水平，比如过去一个月，中午 12 点之前断货有3 次，每次分别持续 1 小时、3 小时、2 小时，每天按照 12 小时营业，那么服务水平就是 1−（1+3+2）/（12×30）= 98.33%。

服务水平是非常重要的，单独看一个指标不能反映全貌。比如门店里，某天早上一个客户需求量大，多买了一点，导致某个商品被卖光了，这时按照整月来看该商品只有 1 次断货，服务水平是 1−1/30 = 96.66%，但是按照整天来看，这一天的服务水平就是 0。再比如按缺货次数统计，有一个小订单没被满足与一个超级大的订单没被满足相比，它们的缺货次数一样，但是影响不一样，大订单的损失更大。因此计算服务水平时，还需要从数量的角度来考量。比如某月客户需求数量是 100 个，由10 张订单构成，有一个订单的需求数量是 40 个且没被满足，这时按照订单数量计算的服务水平是 90%，而按照需求数量计算的服务水平只有 60%。

服务水平是计算安全库存的基础，它和安全库存的关系不在这里展开，读者可以自行搜索相关内容进行研究。

标准实践中，一般按照缺货的数量来计算服务水平。先从门店一侧开始，此时的服务水平一般称为有货率，它有三种实践类型。

- 按照商品的重要程度（比如分为 A、B、C 类），设定不同的服务水平，比如 A 类商品的服务水平最高，B 类次之，C 类最低。
- 在商超便利店行业，对于不同角色的品类设定不同的服务水平，比如目标型品类的服务水平为 98%，方便型品类为 95%，偶然性品类为 92%，日常品类为 90%。

- 按照毛利贡献来设置服务水平，比如按照毛利贡献占比排名来设定，排名越靠前，服务水平越高。

不同的服务水平代表不同的库存水位要求，企业能投入库存的资源是有限制的，需要进行优化配置，第 6 章 "库存与服务水平" 将详细介绍一些实践方法。

仓库层面一般用订单达成率（或者订单满足率、订单完成率）来表示服务水平，订单达成率 = 交付的数量 / 总需求数量，比如门店需要 100 个，仓库只发了 80 个，订单达成率 = 80%。

设定完门店的服务水平，就需要设定仓库的服务水平。由于仓库是服务门店的，仓库的服务水平可以从下游门店的服务水平汇总得来，具体计算方式参见第 6 章 "库存与服务水平"。

6. 成本指标

成本指标衡量的是供应链搬运商品所付出的资金代价，比如从供应商处采购商品所付出的采购成本，商品从供应商处搬运到仓库再到上架的到仓成本。到仓成本 = 采购成本 + 运输成本 + 仓储成本，到店成本 = 采购成本 + 运输成本 + 仓储成本 + 配送到店成本 + 门店上下架成本。

成本指标需要根据盈利性分析，结合实际的门店租金、人工费用，仓库租金、人工费用、设备折旧，分摊计算出每一个商品的各项成本。这样才能进行管理和监控。笔者简要罗列了零售门店的商品成本（到店成本）和电商的商品成本（到户成本）（见图 3-44），供读者对比参考。

7. 敏捷性指标

敏捷性指标是一类很重要但绝大多数企业都不会分析的指标，它反映的是供应链在受到供应或者需求大幅波动（正常波动由安全库存应对）的影响时，能在多快的时间内有效应对，从而不浪费市场机会或者造成供应链中断。2020 年的新冠肺炎疫情给企业提出了敏捷性的挑战，其间有些零售企业因为线下客流减少导致业绩大幅下滑，而有些企业需求激增，比如线上卖菜的电商。这极大地检验了企业应对突发需求和供应变化的速度。对于敏捷性，门店侧和仓库侧可以从如下两个维度来分析。

1）门店侧

需求增加 50% 多久可以解决：假如客户需求由于特殊原因增加了 50%，这时候怎么办？有什么办法或有什么预案，多长时间可以解决？你越快解决，就越能把握市场机会。

供应减少 50% 多久可以解决：假如因为仓库供应或者运输的问题，导致供应骤减，门店怎么办？有什么办法？能不能通过别的门店调剂，多长时间可以解决？

2）仓库侧

需求增加 50% 多久可以解决：假如门店的需求增加了，仓库有没有办法应对，有没有候选供应商和候选的供应能力？

供应减少 50% 多久可以解决：假如因为某个供应商的问题，供应能力骤降，你有什么办法可以解决？

为了制定这样的指标，企业需要评估自己的供应链的弹性空间有多大以及它们来自哪里。比如碰到需求高峰了，能临时增加的供应来源有哪些，有哪些备用供应商，运输能力能增加多少，有多少备用车队和人员等。

8. 形成指标基准

供应链参数设计完成之后，需要形成文档，将这些参数和数值以指标和数值范围的方式约定下来并记录在案。表 3-37 是常见的供应链控制设计所需要的输出，它表达了在若干门店、1 个仓库的结构下，门店和仓库的需求、供应、库存周转、资金周转相关的效率、周期指标，这些指标都应在供应链开展运行之前设计完成，并成为供应链运营健康监控的标准。

测算过程中，先按照需求稳定的理想情况进行测算，接着引入需求的不稳定性以及供应的不稳定性，找到供应链各个环节输入和输出的边界。

表 3-37　供应链参数示例

节点类型	指标分类	衡量维度	最大值	平均值	最小值
门店 A	需求水平	销售额	120	100	80
		销货成本	96	80	64
	供应水平	平均库存	480	400	320
		基本库存	120	100	80
	可靠性指标	服务水平	98%	97%	95%
		补货周期	4 天	2 天	1 天
	成本指标	到店成本	75	70	65
	敏捷性指标	需求增加 50% 多久可以解决	10 天	5 天	2 天
		供应减少 50% 多久可以解决	8 天	6 天	3 天
	效率指标	库存周转率	12	8	6
仓库	需求水平	发货额	1040 000	900 000	740 000
		平均库存	50 000	42 000	38 000
	供应水平	采购额	130 000	120 000	110 000
	可靠性指标	服务水平	98%	97%	96%
	成本指标	到仓成本	72	68	60
	敏捷性指标	需求增加 50% 多久可以解决	20 天	10 天	5 天
		供应减少 50% 多久可以解决	18 天	12 天	8 天
	效率指标	库存周转率	4	3	2
	响应性指标	采购周期	15 天	12 天	10 天
		仓到店到货周期	3	2	1
总体	资产利用效率	现金循环周期	30	25	20
		资产回报率	8%	6%	4%
		运营资本回报率	21%	18%	15%

注：数值仅供参考，无实际意义。

系统仿真

对于具有一定规模的公司而言，控制风险与获得增长同样重要。如果没有控制好风险，盲目扩张，很容易导致资金链断裂，在零售供应链上资金链断裂本质是周转资金链断裂。为此每一个扩张或其他重大决策之前，都非常有必要进行一次供应链参数的仿真，确保在最好、一般、最差的情况下企业的资金都能够支撑供应链运转。

仿真测算能用来检验供应链能否经受住实际波动的考验，对于业务比较简单的企业，Excel 就可以进行这样的测算。对于业务比较庞杂的，那就需要借助专业的软件来进行模拟和仿真，一般会模拟需求波动看看对上游的影响，模拟供应波动看看对下游的影响，模拟供应和需求同时波动看看对整体的影响。

☞ **实践案例**

供应链参数设计并不是一次性做完之后，永久不变的。企业需要根据自己供需的变化情况，适时进行参数重新设计和仿真，以确保供应链运行能够支撑这些变化，比如计划新增大量门店时，计划新增大量品类时，计划加大采购或生产量时，计划扩大心理覆盖、数字世界覆盖时等。

实践中，服装零售业是应用供应链参数设计与仿真最多的典型代表。在做每个季节的商品企划时，服务零售行业会依据往年的历史数据，结合下一季节的销售目标，制作商品品类结构（不同颜色、款式、面料、价位的占比）、每个结构里的商品款数、库存周转、计划的折扣、计划的上市时间、计划的毛利、计划的商品数量补充情况等，并对这些数据进行调整，来模拟现实世界里供需发生波动时，对销售目标、周转、毛利的影响。

3.3 供应链运营流程设计

仅仅有供应链"硬件"和"控制系统"，还不足以让供应链运行起来，还要明确需要具有什么技能的人，在什么时间，具体做什么事情，用什么工具做，人和人之间怎么沟通，怎么看做得好不好。这些问题组合起来称为供应链运营流程设计。

谈到供应链运营流程设计，就必须介绍最经典的也是欧美应用最普遍的 SCOR 模型。它是国际供应链协会于 1996 年发布的"供应链运作参考模型"，简称 SCOR 模型，该模型经过这么多年众多行业专家的完善和迭代，发布了很多版本。它能够解决供应链上人、流程、实践、技术、绩效的组合和配置关系，简单来讲就是分层级定义业务流程，分层级设定绩效指标，同时将管理中行之有效的人、流程、技术、绩效的组合方式归纳成实践，供行业内的企业参考。

它有五个要素：人、流程、实践、技术、绩效。流程分为三种类型：计划类流程（包含需求计划、供应计划、运输计划）、执行类流程（包括寻源、生产、交付、退货）、赋能类流程（它是在第九版更新中，SCOR 模型推出的一个新流程类型，英文为 enable，有人把它翻译成"支持"，按照现在流行的说法翻译成"赋能"更恰当）。它是指通过管理供应链业务规则、供应链数据、供应链风险、供应链绩效、供应链人力资源，监控供应链运营状态，为供应链运营提供支持，持续让它运行在较优化的状态下。

笔者基于实践中 SCOR 模型在中美不同企业中的应用的心得，对该模型做一下扩充。笔者将它定义为六大要素——PPPPPT，即 principle（指导原则）、practice（实践）、process（流程）、people（人）、performance（绩效）、technology（技术）。具体是指通过将指导原则、实践、流程、人、绩效、技术组合起来，确保供应链上的活动按照正确的顺序发生，通过从下游到上游的信息流，指挥实物流高效地从供应商处流到客户需求地点，同时产生最好的绩效。

在详细介绍这些术语和概念之前，我们来看看供应链管理这门实践性很强的学科的特点。首先，供应链管理本身是"软科学"，有科学的成分也有艺术的成分。那什么是科学呢？它是研究事物如何形成、如何运行的学科。我们学过物理，知道万有引力定律，它能够解释为什么成熟的苹果要往下掉，只要在地球上，不管你在哪个国家，在什么环境下，这个定律都能用来解释重力现象。我们都知道热胀冷缩，只要加热金属，它就会膨胀。我们学过化学，知道水能够通过电分解出氢气和氧气。科学能够建立事物之间的因果关系、输入变量和输出变量之间的因果关系，这些因果关系背后是科学定律在起作用，科学定律是有普适性的，可以反复被检验。再来看看艺术，它是观察环境并创造性地通过文字、音乐、绘画等，表达想法、情绪、感受的学科。一个艺术作品，不同的人看了会有不同的感受，有人说好就有人说不好。再来看看供应链管理，它需要通过管理人、物资、设施、事情来达成服务客户和创造价值的目标。人是个体客观存在，同时也是社会存在，从公司内部来看，你把同样的人放到不同的群体中，让他做一样的事，达成的结果一定不一样，哪怕同样的人在同样的群体中，让他反复做一样的事，达成的结果也会有偏差，原因是人类的行为是很难准确地被预测的，这就带来了流程上的不确定性，进而会导致供应侧的波动；从外部客户角度来看，客户也是人，他对你的产品怎么看，需要购买多少，也受他的主观意识、他对客观环境的感知的影响，这就带来了需求侧的不确定性。

供应链管理的对象除了人还有物资，比如原材料、设备、工厂、仓库等，这些是物理存在，它们的运行是有科学规律而言的，比如原料经过设备的加工才能变成成品，加工过程受工艺的影响，工艺要考虑原料的物理和化学变化。比如，仓库里能放多少成品，受到仓库货架容积和成品体积的限制；把货品从工厂发往仓库的运输成本，受到工厂到仓库距离的影响，这里面有很多科学的成分。再看"事情"，事情是为了达成目标要完成的活动或者任务，是人和物资、人和设施结合的点，一旦有人参与，这里就有不确定性了。比如一个身体素质好、干活快的人一天可以从仓库拣货 50 件，一个身体素质一般、干活没那么快的人一天可以从仓库拣货 30 件；一个数据分析能力和沟通能力很好的计划人员能够用历史数据做出预测，再从销售、市场、产品部门获得各种输入，进而优化预测数字，得出比较准确的预测，而一个只会做数据分析的计划员，往往只分析历史数据，不和其他会对需求产生影响的部门协同，他会错过销售部门对客户的判断，错过市场部门的推广活动信息，错过产品部门对产品退市和新产品上市的信息，导致做出来的预测没法用。

供应链管理是"软科学"，很难用通用的定律来解释因果关系进而进行纯量化的管理，比如今天门店里缺货了一件商品，对明天以及后续运营的影响是什么，你可以估计，但是很难得到像科学定律那样，可以被反复验证的解释。但如果你增加了一个仓库，位置更靠近市场了，能够带来发货效率的提高、发货周期的缩短，这是可以进行量化测算的。正因为如此，我们对供应链管理应该一分为二地来看，科学的部分在管理中引入定量的方法，艺术的部分在管理中引入定性的方法，比如借鉴同行验证可行的实践。

用图 3-78 来表达 PPPPPT 的关系，供应链战略是"供应链运营模型"设计的基础，战略决定了是低成本、产品领先，还是高速响应，而运营模型应该围绕着战略进行设计。指导原则是那些无法用量化表达的企业供应链运营的宏观指挥棒，比如客户需求响应速度第一，时刻关注客户的需求，提高产品上市的速度；实践是在指导原则基础上，可以落地的操作方式，它是人、流程、技术的组合方式，确保指导原则被贯彻。比如为了做到客户响应速度第一，需要缩短从门店感知客户需求到把需求传递到总部的时间，能力上就要求总部需要能收集、分析门店店员的反馈，流程上就需要建立每天的实时反馈流程，为了支撑这个流程需要相应的信息技术手段。你可能会说我们公司没有实践，其实肯定是有的，要么是老板自己拍板决定的，要么是请的外部顾问决定的。最后就是人、流程、技术的组合，按照供应链作业流程，建立工作内容和人的组合关系，并将技术穿插其中。

图 3-78　供应链运营模型的结构

- 人、流程、技术决定了"谁""做什么"和"怎么做"，以及"用什么技术工具"做。比如采购人员每天干什么，需要按照什么流程完成什么具体任务，如何使用企业资源计划软件（ERP）或者供应链管理软件，在软件中应该查看什么信息或报告。
- 实践是基于指导原则，在某个特定行业或者领域把组织、流程、技术组合起来解决问题的方式。它既包含全局的人、流程、技术怎么组合的实践，也包含特定领域的实践。比如用协同预测补货（CPFR）这种方式解决如何与供应商协同计划与作业，高效补充商品库存的问题。再如供应商分类的实践，采购人员要对供应商进行分类管理，他应该按照哪些指标，怎么进行分类，分几类，不同的分类怎么管理。实践决定了怎么"有效地做"。

- 指导原则决定了"为什么"这么做。比如为什么要进行供应商分类，因为不同等级的供应商对公司的重要程度不一样，对公司业务影响的程度不一样，因此在资源有限的情况下，应该按照分级进行管理，抓大放小。
- 绩效反映了做得"怎么样"，比如衡量供应商关系管理得如何，要看按时足量交货率、质量良率、订单响应速度、产能分配的比例等。

在设计中，人、流程、技术是相互影响的，比如"要缩短与市场的距离"这个原则（why，即为什么），它有个具体的实践方法——CPFR（how，即如何做），那就需要设计人、流程、技术的组合关系，让 how 变成日常怎么做的问题（what to do，即做什么），基层作业人员可以日复一日地进行操作，不需要再过多地思考。如图 3-79 所示，作为管理者，你没有那么多时间和精力去让组织里上上下下的人都具有和你一样的经验和技能，以及思考问题的方式，你雇高层帮你解决 why 和 how 的问题，雇中层帮你解决 how 的问题，雇用基层员工帮你解决 what to do 的问题。如果这个人才结构没搭好，供应链组织上的噪声就会比较多，你也不知道怎么回事，更不知道如何着手解决。高层、中层需要帮助你把 why 和 how 转变成 what to do，这样管理就变轻松了，基层员工可以在 what to do 中慢慢学到 how 和 why，同时还不耽误你的运营。这也就是为什么 ERP 和 SCM 等这类管理工具会给企业带来管理提升，这些管理工具里都有管理上的 how，同时把 how 通过流程固化成 what to do，在这些工具实施过程中，顾问需要把 why 也说清楚。

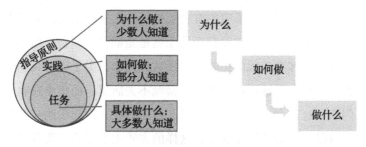

图 3-79　指导原则、实践、任务的关系

指导原则

我们知道原则是基本的事实、规律，是指导世界运行的基本常识、基础学说。在供应链管理领域也是一样，举几个原则的例子：①客户服务水平越高，要求的库存就越多；②需要按照客户的特点，对客户进行分类，按照投入产出比的等级，设定服务水平；③需要对供应链上运行的商品进行 A、B、C 等级的划分，进行重点投入，获得最大的产出；④持续改进，成功的公司会认为通往优秀的路是渐进的，而不是一蹴而就的，这时就需要塑造持续改进的文化。

指导原则和实践是有区别的，实践是把指导原则用到某个具体场景上的做法，而指导原则与环境、场景无关。比如客户分类这个指导原则在不同的企业都需要，但它们的实践会不一样，它们可以按照购买金额分类，也可以按照购买频率分类。

任何一个供应链组织运行背后一定要有指导原则，因为做事的实践、方法有很多，而指导原则约定了哪些方法能用，哪些不能用。指导原则是怎么来的呢？它们往往是经典理论和验证可行的经验总结，很多原则是历久弥新，很多新的概念你仔细分析可能会发现其实似曾相识。

前文的"供应链网络设计"小节中，列举了不少量化的因素，供应链运营过程中除了用量化方法推算的结论之外，还有很多环节是没办法或者不能仅仅依靠量化分析来决定的。比如笔者的前雇主曾经发生过这样一件事，有一家供应链技术供应商说可以用算法预测当天下午下班之前销售完所有当天制作的蛋糕和鲜食的概率，如果概率比较低，则可结合价格弹性分析，计算最优的折扣，以折扣券的形式，在晚上下班高峰之前推送到客户的手机 App 上。如果单从技术角度看，这是一个无与伦比的想法，避免了当天卖不完的鲜食要被扔掉带来的浪费，同时也让营销手段自动化了。但这个实践背后的原则是短期经济利益，而不是客户的感受，以及对客户长远的影响。假设这样操作，为了能够买到便宜的商品，客户会倾向于选择在中午或者傍晚不去店里，而集中在晚上下班高峰去门店，这就会造成拥挤。同时这给那些在正常时段购买的客户的感觉是，自己的消费效用降低了，这样的方式也会影响消费者对品牌的认知。这种认知一旦建立，可能很难改变。最终这个方案被否决了，它不符合公司的指导原则——客户体验第一。

如果你要做一家基业长青的零售商，你的指导原则和短暂经营赚快钱的零售商的指导原则会不一样，一个是追求长期利益，一个是追求短期利益。当你面临不同实践方法的选择时，先不急于去复制别人的实践或最佳实践，先看看这些实践背后的指导原则即 why 是什么，这样才能更好地用到你的场景上。

很多专业和优秀的从业者总结了非常经典的供应链管理指导原则，比如要与供应商建立战略合作伙伴关系，而不是交易伙伴关系等。这些原则中最经典的当属安达信咨询公司的专家 1997 年在 *Supply Chain Management Review*（《供应链管理评论》）杂志上发表的《供应链管理的七个原则》，这篇文章发表后，在接下来的十年成为该杂志阅读量最多的文章，笔者把七个原则翻译过来并附上部分自己的理解供读者参考。

- **按照客户的需求特点，对客户进行分类，然后用不同的"供应链"来满足自己客户的需求，同时产生利润。**

  比如沃尔玛对自己客户的定位是价格敏感同时需要全品类的商品的普罗大众，它就必须在高效供应链上下足功夫，通过低价来服务好自己的客户。再如 ZARA 定义自己的客户是追求时尚潮流的，它需要用合理的价格以最快的速度提供全球领先潮流的时尚服装，必须在快上做到极致。

- **建立定制化的供应链网络，制定不同的服务水平来服务不同的客户类型并获得盈利。**

- **倾听市场的需求信号并以市场需求信号驱动需求计划，确保企业资源的分配与市场需求匹配。**

  这个说起来容易，但做起来太难了，企业内部的部门、岗位、流程，会导致市场信号的加工、处理、传播要么失真要么延后，最终导致资源的分配与市场真实的信号不匹配。在零售供应链上更是如此，零售供应链就像是交响乐，要想演奏好，得各个环节无缝衔接，听从市场需求的指挥。

- **让产品离市场更近，同时通过供应链缩短产品上市和产出的时间。**

  与传统的大批量生产相比，今天的消费者更需要小批量、多品种的商品，加快符合市场需求的新品的研发，缩短上市周期非常关键。

- **与供应商建立长期的战略合作伙伴关系，以降低原料和服务的总体拥有成本。**

  你从供应商那里获得了最低的价格，可能会损失它对你的服务水平、交期，从而导致你的供应链健壮性不足。与供应商建立长期合作伙伴关系，它能在产品设计、生产多个环节参与进来，对你产生影响。如果只是短期合作，以价格为第一考虑因素，这时你的事不会成为它关心的内容，它没有从你这里得到合理的利润，也不会在你身上花什么功夫，长期来看你的总体成本是高的。

- **建立供应链技术应用战略，以支撑不同层级的决策制定，给不同角色的人员提供供应链上产品流、信息流、资金流的可视化视图。**

  这就是今天时下常说的供应链可视化、供应链决策支持技术。

- **建立多维度的指标体系，来衡量供应链满足市场需求的绩效，便于最终使用者方便和有效地查询与分析。**

  绩效指标是供应链运营的结果的体现，而对指标的分析和洞察反过来能够影响运营的决策，形成"运营—绩效—改善—运营"的良性循环。

有了这七个原则还不够，它们太抽象了，所以需要我们按照所在的行业、市场竞争情况，把它们"本土化"，转换成适用于自己企业的原则。举个例子，对于最后一项原则，首先需要识别自己生意成功的关键因素，是快速响应市场需求，还是价格便宜，或是产品领先。如果是"快速响应市场需求"，那么你在指标体系建立时，就需要围绕"快速捕捉市场需求"，比如市场需求信号分析的频率、新品上市的周期、新品推出的数量等。

实践

实践是指为了达成管理目标，对人、流程、技术进行组合的方式。举一个具体的例子来说明，你开车出行，在市区时交通拥堵，你会启用经济模式，这样比较省油；等到了郊区，交通条件比较好时，你会启用运动模式，这样速度快。供应链实践也类似，在制造业"供应链计划"的流程是销售计划—需求计划—S&OP计划—主计划—主生产计划—排产计划，但在流通业就变成了销售计划—需求计划—采购计划，在商超零售业是销售计划—门店发展计划—商品品类计划—需求计划—采购计划—补货计划，在纵向一体化的服装零售业是销售计划—门店发展计划—商品企划—商品计划—订货计划—OTB采购计划—分配计划—补货计划—DRP配销计划。直观地理解，实践就是如何组合供应链作业顺序，如何组织人、流程、技术来实现管理目标。

美国供应链管理专业协会把实践分成如下三种。

- **标准或者基本实践**（standard practices），是指经过大量公司实践的检验，已经非常成熟和可靠的实践。由于这类实践的普遍性和公开性，它们无法给企业带来明显的竞争优势。应用这类实践的风险低，同时收益也低，比如业务流程管理与改进、供应链风险管理、需求计划、需求管理、安全库存计划、产销协同计划、产品生命周期管理、采购管理、库存管理、订单管理、运输管理、数据和信息管理、供应商管理库存（VMI）等。

- **最佳实践**（best practices），是指经过实践重复检验，证明能够对供应链绩效产生积极影响的实践。这类实践不是最新的，但也不是行业内全面普及的，已经在多个企业、多个行业得到实施并获得绩效改善。应用这类实践的风险中等，同时绩效改善的程度也是中等，比如供应链网络设计与优化、集成业务计划（IBP）、运输优化、最后一公里优化、库存优化、需求网络优化、供应网络优化、战略采购寻源、设备预测性保养、供应链控制塔、端到端可视化、TOC理论应用、CPFR、SKU合理性优化、供应链数据科学、供应链决策科学。

- **新兴实践**（emerging practices），这种类型的实践引入新技术，或从未应用过的人、流程、技术的组织方式。新兴实践有可能产生非常高的绩效改善，让企业在竞争中占领高地，但它因为技术新颖往往不容易落地推广。新兴实践一般没有被广泛验证和采用，

它的风险很高，同时预期的收益也很高，比如 3D 打印、自主无
人供应链、无人仓库、无人机运输、区块链、IoT、实时供应链、
数字化供应链、实时场景计划等。

如图 3-80 所示，这三种实践实际上是迭代的关系，任何一种实践刚
刚被提出时，总有一部分企业愿意尝试，这时这种实践处于新兴实践阶
段。这部分企业应用之后取得了不错的效果，同时随着技术的成熟，风
险也越来越可控，更多企业开始尝试，这种实践慢慢变成最佳实践。当
广泛的企业都应用时，这种实践就变成了标准实践。当然也不能忽视
风险，也有不少的新型实践没有带来应有的绩效而被放弃，或者这些新
兴实践只能在特定环境下被特定组织所采用而无法继续推广。2002 年，
耐克和供应链计划软件供应商 i2 发生纠纷，耐克官方发文指责 i2 软件
给他们带来了额外的库存和订单的延期。2010 年 i2 被美国连锁零售商
Dillard 告上法庭，2012 年美国某著名供应链运营软件被客户告上法庭，
2014 年该供应链软件厂商再次因为专利纠纷被告上法庭。第一个吃螃蟹
的都会有风险，特别是在技术快速更新迭代的时代，各种各样的名词、
概念让人眼花缭乱。企业在考量是否要采用新兴实践时，要看清楚它到
底是什么技术，有什么特点，能解决什么问题，使用时会碰到什么问题，
组织能否驾驭。

图 3-80　新兴实践、最佳实践、标准实践的关系

在竞争如此激烈的今天，广泛地参与行业内的交流、论坛、活动，
获取最新的实践以及被验证可行的实践，对于企业增强自身供应链能力
是大有帮助的。

流程

流程是一个或者一系列活动的组合，通过执行它来完成货品的流动、周转、销售。一般会从大到小，从粗到细，从宏观到微观，把流程进行不同等级的划分，比如一级流程、二级流程、三级流程、四级流程等。SCOR 模型中的流程与传统意义上的流程有所区别，它关注的是如何用通用的框架和语言来描述供应链活动，而不是关注作业活动的详细拆分。

它把流程分为三种类型：计划类、执行类、赋能类。

计划类流程是指将企业资源组织起来满足客户需求的流程，在一定时间展望期内平衡供应和需求，一般按照固定的周期发生。

执行类流程是指由计划类流程驱动，按照计划约定的事项，通过采购、仓储、物流执行改变供应或者改变需求。它一般涉及改变物品的地点比如搬运，改变物品的状态比如生产。

赋能类流程是指为了让计划类、执行类流程发生，所需要准备、维护和管理的管理规则、数据、信息等的流程。

通过把物流、信息流、资金流上的活动分解开，可以识别出为了服务客户所需要完成的所有活动。举个例子来说明，你准备开一家快餐连锁零售企业，宏观来讲你的整个供应链可以分成几大环节：计划、采购、仓储、加工、销售，这几大环节构成了一级流程。然后把每个环节展开来看，比如计划，首先制订销售计划，为了支撑销售计划，你需要食材；其次按照销售计划分解得到各类食材的需求量，制作需求计划；最后根据库存制作采购计划，这就是计划的二级流程。销售计划也可以再细化，首先分析市场环境和往年的销售情况，然后结合新品计划和老品退市计划，制订未来的销售计划，这就构成了三级流程。

这里需要的能力包含计划能力、采购能力、仓库管理能力、送货能力、食材加工能力、财务处理能力。假如你一个人开了一家快餐店，那你就需要具备所有这些能力，这样生意才能运转起来。但假如你打算请一个人，那就需要先定义你打算把哪些能力对应的事项移交给新来的人，招聘时就按照这个能力筛选。

人

这里为什么用"人"，而不用"组织"呢？在供应链运营过程中，是需要"人"按照顺序执行作业活动的，从而达成企业服务客户和获得盈利的目标，人是比组织更小的"单位"或者颗粒度。这样做可以解除人和部门、岗位的绑定关系，也就是说即便企业规模小，暂时没有这样的岗位或者部门，只要组织里的人具有这个能力，这项工作也是能开展的。

为了让供应链运营设计更有普适性，我们重点关注为了完成供应链上的作业活动对人的技能、经验、能力、培训的要求，具体岗位、部门的设置需要结合具体企业的情况来进行设计。

绩效

绩效是用来衡量供应链运营所产生的结果的好坏的，分为可靠性、响应性、敏捷性、成本、资产利用效率五大类。为了形成对绩效的标准化的衡量，需要建立指标，指标是可以量化的。供应链管理是分级的，不同层级的责任不同，因此指标也有差别。表 3-38 列示了最高层级的战略绩效指标体系。

表 3-38　最高层级的战略绩效指标体系

绩效分类	指标
可靠性	按时足量交付订单比例
响应性	订单履约周期 库存周转率或者库存周期
敏捷性	上游波动适应性 下游波动适应性 整体价值风险
成本	总体供应链成本 销货成本
资产利用效率	现金回收周期 固定资产回报率 已动用资本回报率

除了衡量供应链运营水平，还需要衡量流程、人、实践的成熟度，这些虽然不是供应链运营的输出，但是极大地影响着运营的水平。用来衡量供应链流程和实践有效性的模型，称为"能力成熟度"模型。它通

过比较企业实际应用的流程和实践与业界的标准实践、最佳实践的差距，从定性的角度定义供应链流程和实践的成熟度。一般会有如下几个层次的成熟度。

- 初级，很少或几乎没有流程，运行缺乏稳定性，随机性很大。
- 应付型，有简单的业务流程定义和非常有限的跨功能的同步和协同。
- 基本流程，有业务流程设定，有供应链职能内的集成，但没有跨部门和与供应链伙伴的协同。
- 有定量管理，集成非常紧密的供应链流程，有些环节有与供应链伙伴的协同，以及与公司目标和战略的基本协同和对齐，大量应用信息技术和数字化技术。
- 优化管理，非常紧密的供应链流程集成，不管是内部还是外部伙伴，紧密围绕公司目标和战略开展运营，重度应用数字化技术和信息技术，以及相关的最佳实践。

技术

供应链运营离不开技术，从 20 世纪 60 年代的 MRP1 到 20 世纪 70 年代的 MRP2，从 20 世纪 80 年代末期的供应链管理软件到 2000 年的供应链集成软件，再到今天广泛宣传的所谓大数据、智能供应链，这些都离不开技术的进步。技术是人的能力的延伸，能够极大地扩大组织的能力边界。

供应链上的技术分为两类，一类是设备相关的技术，比如车间生产设备相关的技术、仓库自动化设备相关的技术、物流运输相关的技术；另一类是供应链管理、运营、优化相关的软件技术。在接下来"运营模型设计案例"中提到的技术更多的是与供应链管理和运营相关的信息或者数据技术。这类技术能够帮助采集数据，处理数据，传递信息，传递指令，沉淀数据，形成报表；供运营人员处理交易，分析数据，下达指令。这类技术是供应链管理必不可少的信息流"管道"，没有它们信息就无法流动，指令就无法传达下去，执行结果的反馈就无法收集，供应链就无法滚动运行下去。

运营模型设计案例

以业务比较复杂的大型连锁超市为例进行介绍。该企业有总仓、区域仓和遍布全国各地的门店，它的供应链运营流程如图 3-81 所示。

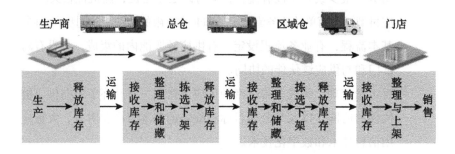

图 3-81　大型连锁超市供应链运营流程

1. 运营模型设计简介

接下来围绕 PPPPPT 展开设计，从第一个 P——指导原则开始。由于从客户的需求到采购，中间隔着很多节点和流程，这个企业想要成功地经营，基本的原则是"适时响应客户需求"。

为了响应客户需求，需要有能力完成以下两种活动。①需求侧：市场分析，客户行为分析，识别客户的需求。②供应侧：把识别出来的客户需求，转化成对商品的需求；在市场上寻找供应商，与供应商建立合作关系；制订采购计划，制订到货计划。

如何组合流程呢？进入另一个 P——实践，一般有两种做法。①把这两种能力合并起来，赋予一个人，比如总部的商品采购人员，也叫买手。②把这两种能力分开，需求侧在总部设置商品企划岗位，供应侧在总部设置采购岗位。在总部设置商品企划岗位，同时流程设计上需要与门店店员协同，吸收门店店员或店长对消费者的观察与分析，并在总部设置采购岗位。对于全公司统一采购的商品，采用总部集中进行企划和采购的管理方式；对于区域消费者需求有差异的商品，交给门店进行企划和采购。你需要根据自己企业的情况选定一种实践方式，选定之后，就可以开始进行 P——人的设定。比如你选择了①，那么你需要在总部有一个人，这个人同时具备需求侧和供应侧的管理能力。至于这个岗位和部门怎么设置，要看企业的规模和具体情况。

设定好了人，开始着手设计 P——绩效，怎么衡量做得好不好呢？既然是满足客户需求，那就要分两个维度来看：①围绕满足被满足的程度，比如所选择的商品销售进度是否符合预期，销售在品类内的占比是否稳定，是否有增长。②围绕需求供应是否稳定，门店层面要看现货率，仓库层面要看对门店补货单的足量按时发货率。

最后，T——技术如何参与其中，在这些流程中需要配备哪些工具？至少需要商品管理系统和数据分析系统来分析现有商品的销售趋势，还需要采购管理系统，能够进行供应商数据的查询、维护，以及采购订单的录入等。

2. 运营模型设计详解

1）能力、流程与技术设计

实物流和信息流链条很长，首先需要对它进行分类。从大的功能分类上，我们把所有的活动分为两类，即计划类、执行类。如图 3-82 所示，计划功能驱动执行功能，执行功能落地后产生执行结果信息，又反馈给计划功能，供计划进行下一轮的运作。

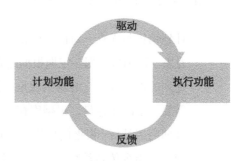

图 3-82　运营模型中功能的分类

每一个实物流动作都代表了执行功能，而信息流中的指令都代表了计划功能。把计划功能按照所计划的对象做一个对应，按照计划与执行两大功能对供应链活动进行拆分如图 3-83 所示。

计算补货量，一般有两个步骤：对消费者未来的购买量做出预测，此时需要考虑价格、季节、促销等，制订出需求计划；再按照"库存策略"，计算补货量。补货计划又细分为"需求计划"和"供应计划"。在实操中，对于分仓往门店的补货，由于展望期比较短，比如 1 ～ 14 天，因此不会单独管理需求计划，统称为补货计划；对于仓库的补货，由于展望期比较长，往往要覆盖 3 ～ 12 个月，需求计划就变得很重要，因此会分成需求计划和供应计划来管理。

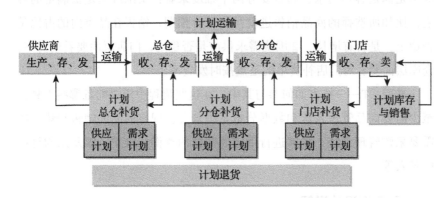

图 3-83　按照计划与执行两大功能对供应链活动进行拆分

计划功能可以分为如下子功能。

- 计划销售与库存：对门店的销售进行计划，比如制订年度、季度、月度、周销售计划。定期根据门店实际销售执行的情况，进行销售计划的再计划。它的输出就是一份销售计划。同时为了支撑销售，需要一定的库存量，根据库存与销售的关系可以推算出库存计划。
- 计划门店补货：根据门店库存和销售情况，做出门店补货的计划，把计划指令传达给分仓，分仓按照该指令安排发货。它的输出是给仓库的补货单，这时有可能出现补货单中需求的数量仓库库存无法满足的情况，此时需要仓库对补货单进行平衡，输出仓库的分配单。
- 计划分仓补货：根据分仓库存和分仓发往门店的需求计划，做出分仓补货计划，把计划指令传达给总仓，总仓按照该指令安排发货。
- 计划总仓补货：根据总仓库存和总仓发往分仓的需求情况，做出总仓补货计划，因为总仓的补充来源是供应商，因此也称为采购计划。
- 计划运输：根据补货计划，结合仓库的出库计划，安排运输车辆和人员，也称为调度。

- 计划退货：根据客户退货，或者仓库发现质量问题退货给供应商，安排逆向物流和仓储，最终把退货的物品退到供应商或者仓库。
- 计划产品：设定产品推陈出新计划和产品组合计划来满足客户需求。

执行功能可以分为如下子功能。

- 销售类：收货、上架、销售、盘点。
- 仓库类：收货、上架、拣货、发货。
- 采购类：供应商寻源、供应商关系管理、采购订单管理。
- 运输类：装货、开车运送、卸货，逆向物流接收、运输、卸货。

需要的技术支撑包含以下几种。

- 商品管理：商品主数据管理、商品库存数据管理。
- 计划指令的传达：门店补货计划、仓库补货计划、运输计划。
- 反馈执行记录：销售订单、补货订单、仓库补货订单、采购订单、仓库拣货单、仓库发货单、运输装箱单、运输路线明细、运输卸货单、收货单。

结合 SCOR 模型，可以得到如图 3-84 所示的一级和二级流程，这些流程只是列示了各个板块的功能，并没有到详细的作业任务。

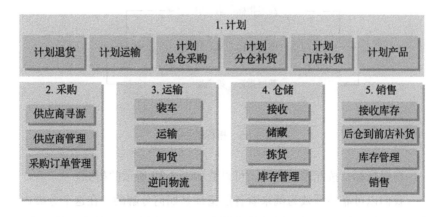

图 3-84 一级与二级流程示意图

这只是对业务功能的划分，并不代表业务部门就要这么设置，比如在超市行业采购往往会放在品类管理部门。按照这样的一级、二级流程再往下细化出三级、四级流程，比如具体接收库存的作业活动、操作顺序等。

2）指标怎么设置

指标有宏观和微观之分，宏观指标反映的是总体业绩情况，比如销售达成率、资产回报率，但宏观指标反映不出具体问题，因此需要微观指标来分析问题。微观支撑宏观，宏观分解到微观，宏观和微观指标的设置与关系，一般也称为指标体系。

设置指标其实并不难，难的是指标定在什么范围内，这就像我们去检查身体，有很多指标需要检查，但是每个指标在什么范围内是健康的，这个更重要。因此业绩指标设置就需要回答两个问题。①指标体系：宏观用什么指标，微观用什么指标。②指标的范围怎么设置。

如图 3-85 所示，把指标分成不同的层次，第一层是最宏观的层次，它反映了供应链整体运行的情况，是非常关键的指标，也称为 KPI。第二层指标是由第一层分解而来的，第三层是由第二层分解而来的，发现第一层指标有问题时，通过分析第二层来诊断，发现第二层指标有问题时，通过第三层指标来找问题。

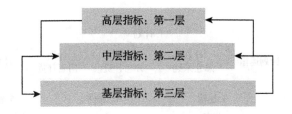

图 3-85　指标的层次

高层指标，按照绩效分类，可设置如表 3-37 所示的指标。

我们以可靠性绩效为例来看各层指标是如何分解的。在这个分类内，第一层指标"按时足量交付订单比例"，把它放到仓库往门店发货这个环节，也就是说来看看从仓库发往门店的订单中有多少是足量和按时的。第一层指标看的是宏观，用全年或全季度或整月的数据进行计算，按时足量交付订单比例 = 按时足量交付订单数量 / 总订单数量，它反映的是在仓库响应门店需求的过程中，有多少比例的订单是被"完美"交付的。完美交付的比例越高，反映供应链整体的可靠性越高；完美交付的比例越低，反映了供应链的可靠性越低。

如图 3-86 所示，将这个指标往下分解，完美订单是那些"按时""足量"并且所运送的货品"状体完好"的订单，可以分解出三个第二层指标。

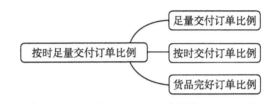

图 3-86　高层指标的分解

足量交付订单比例 = 足量交付订单数量 / 总订单数量

按期交付订单比例 = 按期交付订单数量 / 总订单数量

货品完好订单比例 = 货品完好订单数量 / 总订单数量

再以第二层的指标"足量交付订单比例"为例，继续往第三层进行分解。订单没有被足量交付，一般有三个原因：发货的时候漏发了，货品出现缺货，库存盘点不准确导致库存虚高。为此可以通过如下指标进行诊断分析，判断为什么不能足量交付。

发货量达成率 = 实际发货量 / 计划发货量

缺货率 = 缺货数量 / 总订货数量

盘点准确率 = 实物库存等于理论库存的 SKU 数 / 总 SKU

第4章 产品与商品组合

　　用导言中提到的战争后勤与零售供应链的类比，商品就类似于战争中的兵种，不同的兵种在不同的战场发挥不同的作用，同时为了打胜仗就需要各个兵种的配合，这是一门如何调兵遣将的学问。如果终端门店把某件商品放到了客流最大的货架上，并且连着放了多个陈列面，该商品的销售自然就会变大，而从仓库侧来看，如果不掌握这样的变化，用历史数据做需求预测，那么再怎么做也做不出准确的预测。同样的道理，如果品牌商上个月覆盖了一个零售商的10家门店，下个月要覆盖同一个零售商的20家门店，也会导致用之前的历史数据做出来的预测根本没法用。这些都是活生生的前方调兵遣将变化，引起后勤保障也要调整的例子，调兵遣将策略的变化导致对后勤物资需求的变化。因此研究产品与商品组合，对于零售供应链管理是至关重要的，不知道前方怎么打仗怎么用兵，后勤保障就是空谈。

　　大家常讲供应链是7R［7个right（合适）的意思］，即把合适的产品在合适的时间以合适的数量、合适的成本放到合适的地方，以合适的价格卖给合适的客户。其中合适的产品、合适的地方、合适的客户离不开商品组合管理。品牌商的产品管理部门通过分析市场需求设计和研发市场需要的产品，解决"合适的产品"的问题。零售商的品类管理或商品管理部门，通过分析各个门店所服务的客群的差异性，有选择性地提供商品，满足差异化的需求，进而满足当地的客户，做到把合适的产品放到合适的地方，卖给合适的客户。对于渠道商而言，因为它是连接品牌商和零售商的，它的商品管理或者品类管理部门通过分析自己服务的零售商覆盖的区域的市场需求，提供合适的商品给零售商。

　　市面上没有一个品牌商能够满足人们所有的需求，也没有一个零售商能够满足人们所有的需求。各个参与方的人力、物力是有限的，他们必须根据自己的特长在无限多的可以经营的产品、商品中做出选择，如图4-1所示。

图4-1　各个参与方的商品选择

　　不论是品牌商、渠道商还是零售商，都希望自己能够基于有限的资源做出最优的组合选择，进而最大化地利用资源，获得更高的资产回报率。就像基金经理手握着投资人交给他的钱，在众多的股票中做出选择，有的股票收益低但是波动小、风险低，有的股票收益高但是波动大、风险高。为了整体上获得可观的收益，基金经理必须在这些股票中做出资金的分配，而分配的方法就是在有限的资金下，获得最大化收益的方法。这在投资界叫作投资组合管理（portfolio management），产品组合管理的英文中也有 portfolio 一词，叫作 product portfolio management，portfolio 在英文中有文件夹的意思。但商品组合管理却不这么叫，叫作assortment management，assortment 的意思是把多种不一样的东西收集起来，它反映的是从多个东西中整理出自己需要的东西。

渠道商或零售商把多种多样的东西收集起来，要么放到仓库，要么放到门店的货架上。而仓库或门店是分区域的，同时这些地方的空间大小是固定和有限的，因此商品组合不仅仅要考虑资金资源的分配，还需要考虑区域的分配、货架空间资源的分配。分析一个更复杂的场景，对于时尚型产品例如时尚着装，其生命周期短，商品上市之后可销售的时间也很短，每个季节也就 3 个月的时间，并且气温在每一周都有不同的变化，导致人们对服装的需求有所不同。如果是同样的商品能从季初卖到季末倒还好，但如果这段时间内不断有新品上架，怎么把这么多新品"塞到"这么短的时间轴里，这就又多出一个维度的资源要进行分配，即"时间资源"。

继续沿用第 3.2 节中提到的产品分类方式，满足基本需求的产品其需求稳定并且生命周期比较长，因此产品组合关注的是资金、门店、货架空间的分配；时尚型产品其需求波动大，售卖周期短，商品组合关注的是资金、时间、门店、货架空间的分配；加工餐饮产品看起来没有成型的产品，都是在菜单上，似乎没有限制，菜单上随便放多少菜品都可以，但实践中菜单的页数是有限的，不能搞本字典给客户点菜，同时虽然菜品所用到的原料是有限的，但各个区域的喜好会有差别，那就变成了两个问题——菜单可显示的空间以及餐饮店后仓的原料资源在不同门店分配的问题。电商面临的其实也是类似的问题，虽然它没有物理货架空间的限制，但是客户的注意力是有限的。研究表明，大多数客户不会浏览超过 3 个页面，同时每个页面前 7 个商品是关注度最高的，因此电商也面临如何分配虚拟货架空间的问题。

品牌商的角度：产品组合管理

随着科技的进步和竞争的白热化，产品的生命周期越来越短，产品创新的速度越来越快，产品越来越细分，这是不需要数据报告我们就能明显感受到的变化。10 年前一款电视机能卖三四年，现在可能最多卖一年就开始衰退了，手机厂商每年办两次发布会发布两款新手机已经是常态，每一款手机又细分为多个版本。笔记本电脑一年推出一代新品，就连满足基本需求的产品比如洗发水每 1 ～ 2 年都会有新版本的迭代。比如我们耳熟能详的"飘柔二合一"，它从 1989 年进入中国到现在陆续推出了 16 次升级与迭代。流行服饰产品就更快了，电商平台每周上新品，线下每周甚至每天上一次新品已经不是什么新鲜的玩法了。不断快速创新，不断迎合市场需求，日渐成为品牌商生存的基本技能。

1. 什么是产品组合

在如此快速的产品迭代速度下，为了保证销售稳定并且可持续，要求既有足够的老产品支撑销售，同时又有符合未来需求的新产品在研发中，用老产品的收入培育新产品，等到新产品成长起来再培育后续的新产品。为了便于理解产品组合管理在企业管理中的位置，笔者把品牌商典型的产品管理流程以及相关职能部门的关系用图 4-2 来表示，"产品组合管理流程"是中心位"出镜"，它定义了用什么产品满足细分市场的需求（有哪些产品，产品处在生命周期的哪个阶段，哪些是可以开展营销活动的产品，哪些是可以开展销售的产品，哪些是可以进行供应的产品，哪些是要退出市场的产品，哪些产品正在研发中）。而"产品开发流程"则是把产品组合里定义好的新产品开发出来的过程。

前面提到 portfolio 是文件夹的意思，具体到产品组合就是把全公司所有的产品按照产品的特性（比如按客户细分、技术类型、产品分类、产品生命周期、产品形态等）进行分类，像文件夹一样归类好，然后进行盈利性、成长性、生命周期阶段的分析，进而指导公司进行新产品投入和老产品退出的决策。以苹果手机为例（2020 年 3 月数据），这类产品更新换代快，一般按照生命周期阶段进行组合分析，可得到如图 4-3 所示的产品组合。

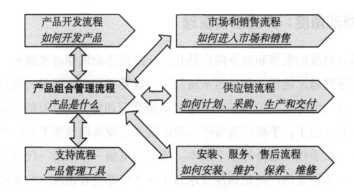

图 4-2　产品组合管理在品牌商管理体系中的位置

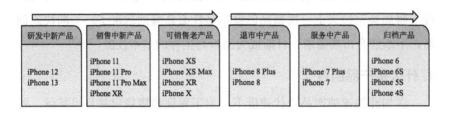

图 4-3　苹果的产品组合

　　这个"文件夹"有什么用呢？举几个最常用的例子，服务中的产品是需要配件的，那就需要在供应链中配备相应的配件给这些产品。对于退市中的产品，要先把渠道里的库存卖完，这就需要制订退出计划，逐步清空渠道里的库存。可销售的老产品需要有生产供应、有流通的库存，这就需要投入资金，当然它也能产生销售收入。而刚刚上市的新产品由于还在成长和成熟的过程中，需要供应同时也产生收入。最后研发中的新产品目前只有投入，没有产出，靠销售中的新产品和可销售的老产品的收入来支撑。

　　如果按照客户需求类型进行产品组合管理，以快消品品牌商宝洁为例，它的产品组合如图 4-4 所示。它的产品主要是满足基本需求的，技术的革新并不像苹果这类高科技产品那么快，人们对清洁用品的需求变化相对没有那么快，因此产品更新的频率会低一点，往往不会按照生命周期进行组合管理。

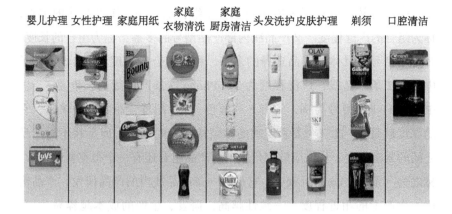

图 4-4 宝洁按照需求类型进行组合管理

2. 怎么做产品组合管理

产品组合不可能无限多，因为没有那么多资源，也不能无限少，因为要有东西可卖。因此产品组合面临的第一个问题是组合的大小，这在实践中被称为广泛程度、长度、深度的选择问题。以苹果为例，它有多条产品线，如 iPhone、iPad、Mac；每条产品线里有多个产品型号，比如 iPhone 有 11 Pro、11 Pro Max、11、XR、SE 等型号；每个型号下有多种颜色和配置。iPad 也是类似的结构，如图 4-5 所示。

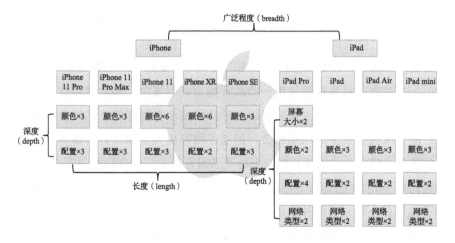

图 4-5 苹果的产品组合大小分析

　　一般会从三个角度来描述一个产品组合的大小：①产品线的多寡，称为组合的广泛程度。②产品线内部产品型号的多寡，称为组合的长度。③每个型号下具体的产品选择的多寡，称为组合的深度。图 4-5 的例子中，有 2 条产品线，广泛程度为 2，iPhone 这条产品线的长度是 5，以 iPhone 11 Pro 型号为例，它有 3 种颜色、3 种配置，总共 9 种单品，它的深度就是 9。这三个要素反映的是结构层面的大小，但反映不出产品之间的紧密程度。从供应链的角度来看产品组合还有一个很重要的要素，称之为一致性（consistency），它是指一条产品线内的产品研发、产品构成、生产上的相近程度。一致性越高，研发、生产的成本越容易共享，就会越低，效率就越高。比如 iPhone 产品线下，各种型号的手机共用一套设计框架，只是将屏幕、摄像头、CPU 进行个性化的调整，这样不论是生产设备、工艺还是原料采购，都能带来规模效应。

1）产品组合的几个关键决策

　　要做好产品管理，第一步是决定产品组合的广泛程度、长度、深度、一致性。公司都希望自己的产品组合很大，这样能够覆盖的市场广、客群大，看起来自然而然就有很多生意机会，而实际上这要看公司所处的阶段。产品组合设计是一个非常有战略性的决策，它决定了公司能够进入的细分市场的大小，同时也决定了公司所需要投入的资源的多寡。有限的产品组合意味着公司更聚焦，走专业化精品路线，战线的纵深很深。很大的产品组合意味着进入广泛的市场，同时参与广泛的市场竞争，战线比较长，耗费的资源更多。这就像打仗一样，你要打全面战争那就需要更多的物资，而如果你打一场突击战就不需要那么多的物资了。

　　大多数公司往往是从单一产品开始发展起来的，当取得经营上的成功之后，公司拥有了更多的资源，才开始逐步在同样的产品线中增加新产品，来抓住更多的市场机会，把业务做得更大。如果分析市场上成功的消费品牌商，会发现它们当下的产品组合很大，但你回顾一下会发现，它们最早开始经营时，产品组合几乎都很小。以苹果为例，第一代苹果手机只有一种型号两种颜色供选择，这么多年才演化出这么多组合。初创公司在决定产品组合大小时一定要谨慎，试想苹果在第一代手机推出时就做 5 个型号，每个型号至少 6 个选择，那时触摸屏手机还不普遍，大家没有广泛接受，推出更多的种类意味着做了大量的不确定性很高的投入（产品研发、产品生产）。

那什么时候应该进行产品组合的扩充呢？实践中，从宏观行业面的角度来看，会用市场与技术对比矩阵（见表4-1）来判断需要产品组合往哪个方向延伸。在产品所使用的技术和所在市场都没有变化的情况下，产品组合可以维持现状，最典型的就是奢侈品的经典款式。这类产品的生产技术没有变化，大多数是手工加部分机器加工，而市场也集中在头部优质客群，比如Channel的经典包。对于技术没变化，但是市场由于竞争对手的出现或者市场需求本身发生了变化的产品，这时就需要重新包装，并对产品加强市场营销。典型的就是可口可乐等软饮料，其技术没什么大的变化，但是每年赞助不同的明星或者热点活动，来扩大目标客群的心理覆盖。如果技术没有变化但想把老产品用到新市场，那就需要找到老产品的新用途。比如同样是电脑，既可以打字办公也可以打游戏，因此就有了所谓的游戏电脑的说法，开拓了电脑的新用途。如果市场没有变化，则可以局部改善产品保持技术领先，例如同样型号的笔记本电脑每年升级更换一次CPU，就变成了20××年新款；市场变化的情况下，比如竞争对手推出了新的型号，可能就需要通过改善产品来应对；对于新市场，需要用改善的产品进行市场拓展。如果出现了全新的技术但市场没有变化，则可以推出更新换代的产品，比如时下比较热门的柔性显示屏幕，华为和三星都因此而推出了新一代的产品；在市场变化的情况下，可以对老产品线进行产品线扩充，比如家用轿车中由于电动汽车技术的升级，客户逐渐接受电动汽车，各个汽车厂商都开始推出全新的电动汽车；对于新市场里用全新技术，则需要进行多元化，需要新的产品线。

表4-1　市场与技术对比矩阵

	技术没有变化	改善的技术	全新技术
市场没有变化	产品无须变化	局部改善产品	更新换代
市场变化	换包装和加强营销	改善产品	产品线扩充
新市场	开拓新用途	市场拓展	多元化

在同一产品线内部做**长度扩充**，往往有两个方向，一是往上走高端延伸，二是往下走低端延伸。往上延伸的，比如海飞丝到沙宣系列的洗

发水；往下延伸的，比如 iPhone 11 Pro 到 iPhone SE。也有同时往上和往下延伸的情况。高、中、低端产品的目标客户具有的购买力不同，因此市场容量也不同，长度扩充后能够覆盖更多的潜在客户，带来市场空间的扩大。但这样做是有代价的，比如需要研发、原料采购、生产设备投入等。为了尽可能规避成本增长的失控，就需要尽可能利用现有产品的"平台"（技术、生产工艺、生产设备、原材料），也就是前文中提到的提高产品之间的相关性，这样就能控制投入。

在同一产品线内做**深度扩展**，推出更多的"变种"来满足客户个性化的需求，比如洗发水有家庭装、个人装、差旅装，有去屑的、护发的、滋养的。比较经典的"多变种"情况当属油漆，早在 20 世纪 40 年代美国的油漆出厂时是带有颜色的，但随着油漆消费越来越家庭化、个性化，油漆工厂通过技术革新将油漆分成底漆和颜料。在家装店销售油漆时，客户先选择底漆，然后再选择颜料，混合搅拌好就变成了带有颜色的油漆。这是典型的"后置"（postpone 是指在生产的最末端工序添加满足个性化需求的原料、包装，让产品变得多种多样）策略，通过这样的策略对冲了变种过多带来的生产品批次多、批量小的问题，同时也因为底漆品种集中解决了预测准确率的问题，降低了库存。在连锁咖啡零售业，咖啡豆的烘焙是标准和大批量的，在此基础上通过各类咖啡碾磨、蒸馏、结晶等技术可以生产出胶囊咖啡、速溶咖啡等多样化的产品，实现了深度的扩展。在服装行业，版型、材质一样的情况下，通过印刷、印染、刺绣等工艺加上不同的时尚图案就创造出了更多的变种产品。就连我们日常用的手机贴膜，也无不是这种策略的应用，手机贴膜有高清的、防蓝光的、保护隐私的、防指纹的等，而手机每半年就推出很多新款，这些新款手机屏幕的大小、形状千差万别。对于贴膜生产商而言就需要以不变应万变，不变的是整块的贴膜基础材料，变化的是各种模具，根据模具切出适配各种屏幕的贴膜。总之做深度的扩充，需要通过前端大批量、后端采用后置策略的方式，降低边际研发和生产成本。

关于深度扩展的争议有很多，有人认为由于产品变种变多，导致长尾产品出现，进而导致管理复杂程度提高，库存变多，运营成本变高；也有人认为需要更多的产品覆盖更多的需求。这个争论很难有绝对正确的答案，笔者认为产品的多寡取决于公司的业务目标和战略方向。你看优衣库的产品品种少，集中度高，而 ZARA 每两周就上大量新品，但不影响它们都是经营成功的企业。苹果手机早期产品线聚焦，现在也在逐步扩展深度。华为手机的产品有两个品牌（华为、荣耀），华为品牌内又有 P 系列、M 系列、青芒系列、nova 系列；荣耀品牌内有 V 系列、Play 系列、荣耀系列。在市场越来越细分的今天，多产品系列是竞争的重要手段，华为可以用荣耀打击国内的多个中低端品牌，同时保持高端品牌的排他性。这样就要求企业思考如何通过创造性的供应链管理手段来驾驭复杂性，提高柔性，毕竟供应链是后勤支持，要确保能支持业务而不能因噎废食。

从品牌商的战略绩效角度来看，产品线比较短时往往走的是效率路线，通过大批量生产获得规模效益，降低成本，从而降低售价，扩大了客户的基数，获得更大规模的销售。产品线比较长时往往走的是效益路线，因为提供了更多的选择给客户，所以可以制定更高的售价，进而毛利比较高。

2）产品组合的业务流程

在组织和流程上，实践中企业会在公司级别成立产品组合管理委员会，成员以 CEO、CFO、销售负责人、供应链负责人、研发负责人、产品负责人为主，同时产品部门内部设置产品组合经理，作为产品组合的负责人统筹产品组合的关键决策，产品组合经理下设各个产品的产品经理。每年管理委员会依据公司的战略目标建立和更新产品组合的战略定位与目标，同时设定产品组合的财务目标、增长目标、产品数量目标、毛利目标、投入预算。接着由产品组合经理制作年度产品组合计划，并制作当年的产品组合提案，陈述清楚研发计划、老品退出或延续计划、新品导入计划、财务投入产出计划，提交管理委员会审批。审批完成后，开始产品组合管理的实施和控制，定期（一般一个季度）复盘和跟踪计划的进展，对于生命周期特别短的商品，每个月复盘也是有可能的。

3）产品组合绩效

既然产品组合像投资组合，想知道自己投资的股票赚钱了或亏钱了，就离不开财务分析。

（1）整体绩效

看投资组合时我们往往先从总体上看盈亏情况，再具体来看到底哪一只股票在亏钱，哪一只在赚钱。实践中产品组合绩效从宏观上看有如表 4-2 所示的指标，按照年度列出最近 3～5 年的指标，便于跟踪指标的连续变化。它反映了整个产品组合的健康程度，以及近几年的变化。

表 4-2　产品组合宏观绩效

指标	子指标	总数	核心产品	非核心产品
组合容量	研发中的产品数量	20	8	12
	销售中的产品数量	22	11	11
	正在退出的产品数量	4	0	4
	已退出的产品数量	2	0	2
	服务中的产品数量	8	2	6
销售	目标年销售额	2 000	1 500	500
	实际销售额	1 200	900	300
	实际销售增长率	25%	30%	20%
成本与利润	销货成本	700	500	200
	毛利	500	400	100
	毛利率	42%	44%	33%
资源投入	计划的新投入	300	200	100
	实际投入	150	100	50
	计划的人力资源	200	150	50
	实际投入的人力资源	180	135	45

注：表中数据仅供参考，不具有实际意义，单位略。

整体绩效反映整个组合投入产出的健康程度，如果整体上能产生正的现金流同时能持续产生有增长的正现金流，那就是健康的。就像股票投资，即便有亏损的股票，但整个投资组合要能盈利。而为了有这样的能力就必须从更细的角度来分析，找到个股之间的差异，进行差异化的资源分配。

（2）组合绩效

在同一条产品线内，不同产品（或产品型号）的投入产出的表现有好有坏，在进行资源分配时就需要有针对性，就像投资股票，预期有涨幅的，投入可以加大一点，预期要跌了，可能就需要清仓，这样的分析在产品组合管理中称为组合分析。关注股票或者基金投资组合的读者，或许都了解这样一对概念——被动投资和主动投资。所谓被动投资是指，通过分析，选择一个看好的行业，然后投资该行业的部分或多数股票，随着整个行业的发展，带来行业内公司股价的上涨而获利，它忽略行业内公司之间的差别。所谓主动投资是指，投资人认为市场上的股票即便所处的整个行业都很好，也会有做得好和做得差的公司，他们会分析和研究每个公司，主动地研究公司财报、营业情况，有针对性地调整股票投资组合来获利。产品组合绩效管理是两者的结合。被动投资的方式是顺着市场的大势来做组合，比如整个社会的趋势是消费升级，竞争对手推出高价位高品质的产品，并且做得不错，那就顺着大势跟着做。而主动投资则需要定期分析市场、技术、竞争的变化，根据产品组合在市场上的表现调整产品线、产品之间的投入，不断推出市场上还没有出现的产品组合。

产品组合最常用的分析方法是增长率和占有率矩阵分析，该方法是由美国波士顿咨询公司发明的，也被称为波士顿矩阵。它通过分析产品的相对市场增长率和产品的市场占有率来分析产品的现状和潜力，指导企业在不同的产品之间做资源分配。

实践中会这样来计算，首先计算每个产品的相对市场占有率，即产品的市场占有率除以竞争对手中最大的那家的市场占有率，最大不超过100%（竞争对手的市场占有率数据一般会通过从外部获取行业报告的方式获取）。接着计算市场增长率，它等于（产品今年的销售额 – 去年的销售额）/ 整个行业的销售额（从外部获取行业报告数据）。为了反映出不同产品销售额的大小，在图表上还需要能表现出销售额的相对大小，这样就得到了如表 4-3 所示的一组数据。

表 4-3　各个产品的市场占有率与增长率

产品	销售额	销售额占比	最大竞争对手的市场占有率	自己的市场占有率	相对市场占有率	市场增长率
产品 1	500 000	55%	15%	60%	100%	3%
产品 2	350 000	31%	30%	5%	17%	12%
产品 3	50 000	10%	45%	30%	67%	13%
产品 4	20 000	4%	10%	1%	10%	15%

注：表中数据仅供参考，不具有实际意义，单位略。

接着以相对市场占有率为横轴，市场增长率为纵轴，就得到了一个四象限的矩阵。把相对市场占有率高、市场增长率高的产品称为"明星产品"，把相对市场占有率高、市场增长率低的产品称为"现金牛产品"，而相对市场占有率低、市场增长率低的产品是"瘦狗产品"，相对市场占有率低但市场增长率高的是"问号产品"，如图 4-6 所示。

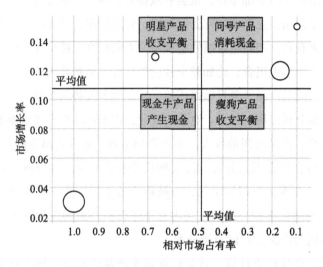

图 4-6　波士顿矩阵

明星产品的相对市场占有率高，同时市场增长率高，一般是处于导入期或者成长期的产品，明星表明了它们受关注的程度高。它们产生了大量的销售，但由于其处于导入或成长期，往往需要进一步扩大覆盖（心理覆盖、物流覆盖、数字世界覆盖），意味着更多的市场投入、生产投入、库存投入，因此销售产生的现金流入和为了扩大覆盖导致的现金流出往往刚好收支平衡。如果企业没有扩大覆盖，产品会失去市场占有率，成为问号产品或瘦狗产品。但如果持续投入扩大覆盖，它就有可能成为现金牛产品。因为扩大覆盖之后，相对市场占有率提高，客户形成购买习惯，销售就滚滚而来。

问号产品的相对市场占有率低，但是市场增长率高，为了增长就意味着更多的投入。新品是典型的问号产品，市场增长快，投入巨大，如果投入仅仅为了保持市场增长率而相对市场占有率不能提升，那它就会需要吸收现金才能维持在该象限内。为了持续保持增长还需要更多的现金流入，因此它是"吸收现金"的。为了让情况变得更好，就需要想办法让它成为明星产品，比如通过持续投入扩大覆盖，寄希望于它能提升相对市场占有率。如果你对它们什么都不做，它们会持续吸收现金，这不是一个很好的选择，如果最终相对市场占有率也收缩了，它就变成了瘦狗产品。

现金牛产品是那些在成熟市场中有竞争力、占有率高的产品，这类产品的覆盖投入或者研发投入很少。同时由于相对市场占有率高意味着毛利也很高，因此被称为现金牛，是一个公司最核心的产品。企业经营过程中要想尽办法尽可能延长现金牛产品的存续时间，比如定期迭代，推出延续款，与市场趋势同步等方式。这方面的案例就太多了，比如可口可乐的产品并没有发生多大的改变，但它通过明星代言、热门活动赞助，在包装上印刷这些信息保持与市场同步。比如小米手机，市场已经成熟，它每年持续推出更新换代产品，延长现金牛产品的周期。它们产生的现金往往被用来投资于新产品、问号产品、明星产品。随着技术、市场的变化，现金牛产品逐渐也会变成瘦狗产品。

瘦狗产品的相对市场占有率、市场增长率都低。它有两种可能性：①产品在一个已经成熟的市场中占有很小的份额。为了扩大份额就需要更大的覆盖投入，而由于成熟市场的竞争激烈即便投入了也很难扩大市场份额。典型的场景就是老产品在老市场上，比如 MP3 播放器。②新产品在新市场上占有很小的份额。产品刚刚上市时，相对市场占有率、市场增长率都有限，但随着覆盖的扩大，就有可能成为问号产品或者明星产品。

如果把产品生命周期和波士顿矩阵结合起来看，新导入的产品往往是问号产品，前途不明朗，随着持续投入扩大覆盖，有可能变成成长期的明星产品；明星产品持续投入扩大覆盖，就会进入成熟期变成现金牛产品；现金牛产品所产生的现金一定要能够养活其他产品同时还有盈余，否则经营就有风险了；最后现金牛产品逐步衰退，市场份额和增长率双双萎缩就变成了瘦狗产品。不同类型的产品，其投资策略如图 4-7 所示。

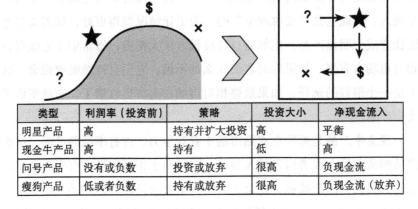

类型	利润率（投资前）	策略	投资大小	净现金流入
明星产品	高	持有并扩大投资	高	平衡
现金牛产品	高	持有	低	高
问号产品	没有或负数	投资或放弃	很高	负现金流
瘦狗产品	低或者负数	持有或放弃	很高	负现金流（放弃）

图 4-7　不同类型产品的投资策略

上述是以单个产品为例，波士顿矩阵还可以用于分子公司的组合、事业部的组合、产品线的组合、产品型号的组合等场景。另外除了结合市场占有率分析，还可以基于公司内部各个产品之间的占比和增长率进行微观的分析，比如把横轴变成公司内各个产品的占比，把纵轴变成公司内各个产品的销售增长，就可以看出各个产品在公司内部的投入和回报变化，进而可以针对性地进行资源投入决策。

☞ **实践案例**

　　以消费品品牌商为例，企业对自己的产品未来 1 ～ 3 年的销售额、相对市场占有率、市场增长率进行了预估，通过波士顿矩阵方法，得到了如图 4-8 所示的矩阵。

　　1 号明星产品的下一步是走向成熟，它需要更多的资本投入来扩大覆盖，使得它能增加相对市场占有率，赶走竞争对手，针对它的策略就是持有并持续投资，寄希望

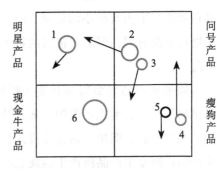

图 4-8　消费品品牌商的不同
类型产品的发展路径

于它有朝一日成为现金牛产品。

6号现金牛产品的增长空间有限了，保持平稳，针对它的策略是持有和不进行投资，用它产生的现金去投资新导入的问号产品。

2号问号产品相对比较新，如果在快速扩张的市场表现还不错，针对它的策略是持续投入，在扩张阶段获得更多的市场份额。为了支持它的扩张，持续的投入和相对有限的产出会导致它出现负现金流，需要吸收现金牛产品产生的现金。

3号问号产品，如果该产品持续在这个象限，并且没有什么增长，甚至进行了现金投入后还是这样，那它就需要被"软着陆"，从问号到瘦狗，最后退出。

4号瘦狗产品，该产品是个新产品，看起来有所增长，很有希望，需要进行投资让它进入问号区间。

5号瘦狗产品，该产品已经上市一段时间了，市场没有增长，产品没有增长，策略上不应该再进行投入，应该考虑淘汰。

以快时尚服装品牌商为例，该类品牌商的产品的生命周期短，一个产品从问号到明星、到现金牛、到瘦狗在1个季节中发生，如图4-9所示。同时由于季节与温度的变化、流行趋势的变化，客户所喜欢的产品也有很大的不确定性，因此快时尚服装品牌商为了对冲不确定性，往往会选择多品类、多品种、频繁上新，通过跑马不相马的方式来看市场对不同款式的需求情况，根据需求的大小来调整供应，实现对市场需求的响应。产品上市导入后一般是问号产品，为了控制风险，往往只覆盖一部分门店。快时尚服装品牌商会密切监控问号产品的销售情况，从而找到明星产品（或有明星潜力的产品）。线下销售的服装企业的产品上市一周，它就开始密切监控产品的销售表现，线上经营的服装企业以天为单位监控产品的销售表现。这种方式在服装行业被称为"畅平滞"识别，其实和对产品的A、B、C分类类似。明星产品占比不高，一般在20%～30%，但它们贡献了60%～80%的利润。被客户广泛喜欢的产品才能称为明星产品，被个别客户喜欢的产品不能称为明星产品。而服装产品在不同区域的需求差别很大，实践中会区分全国范围内的"畅销款"和地区范围的"畅销款"，它们的占比如图4-10所示。如果是全国范围内的畅销款, 那么给它的供应力度和覆盖力度会最大, 但如果是区域内的畅销款, 那么给它的供应力度就不用那么大, 仅在区域内扩大覆盖。

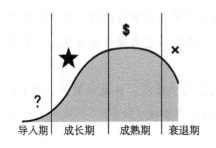

图 4-9 快时尚服装品牌商
的产品的生命周期

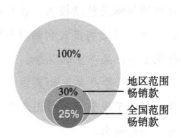

图 4-10 不同区域的畅销款
占比 (示例)

识别"畅平滞"简单有效的方法是, 用销售速度 (门店周均销量) 结合销售量排名来判断, 比如这两个指标排名都在前 10% 内的产品就算畅销款, 或者某一款门店周均销量高于平均周均销量的 1.5 ~ 2 倍就算明星产品即畅销款。

识别出明星款之后, 如果有足够的供应就扩大它们的覆盖, 配发到更多的门店中。如果供应不足, 则给它们充足的供应 (生产或采购更多的量)。快时尚行业所谓的快速反应, 基本上就是这种模式。这种模式下, 供应链能以多快的速度供应明星款就变得非常重要, 它取决于是否有足够的面料准备, 是否有足够的产能准备, 如果这些没做好, 快速反应也是无源之水。

对于销售表现不好的产品, 就需要当机立断。要么打折, 要么下沉到奥特莱斯店或者其他渠道, 释放资金和空间资源。一般来看畅销款贡献了 60% ~ 80% 的销售额, 它们是服装企业经营的现金牛产品, 养活了研发中、导入期、衰退期的产品。因此快时尚品牌商无不对此投入时间、精力、资金, 谁能更快地感知到市场的需求, 识别出畅销款, 谁就能更快速地抓住稍纵即逝 (销售时间短, 季节变化快) 的市场机会。

☞ 单个产品或产品型号的绩效

看个股的好坏，一是看它沿着时间轴的股价、K线、回报率，二是看个股在整个组合中的表现。产品组合也是类似的道理，会按时间轴看产品线内的产品型号的投入产出情况。以图4-11为例，首先产品PD1的研发阶段是投资期，并且持续投入，到了开始生产之后随着销售的发生，销售收入逐步提升，直到销售到一定规模后前期投入的资金全部收回，达到盈亏平衡，接下来开始产生正的回报。后续又投入研发一个延续产品PD2，此时该变种产品的研发投入明显降低，很快达到盈亏平衡。在后续也有可能有失败的变种产品PD3。总的来看，可以根据各个产品的投入和产出，制作现金流量表，从而分析投入和产出的情况。

分析单个产品线的生命周期中的现金流时，它在研发阶段肯定是负现金流，进入销售阶段才产生收入。到了量产阶段为了扩大销售，又回到前文的覆盖和周转的问题。扩大覆盖、提高周转能获得更多的销售，同时控制住生产成本、分销成本（库存、仓储、物流成本），就能产生更多的现金流，这是这个阶段经营的重点。如果由于单品进入生命周期衰退阶段，它的销售收入日渐萎缩，同时延续产品没有跟上，就会出现整个产品线现金流下滑的风险。产品组合管理中的一项重要工作就是确保老产品能产生足够的收入，培育新产品，同时新产品如期开始销售，在市场营销、销售部门的配合下让其成长起来并产生足够的收入。

零售商的角度：商品组合管理

零售商是整个零售供应链的最后一个环节，它的门店直接面对最终客户，最终客户的需求是多种多样的，并且在不同的区域、不同的季节、不同的时间有很大的差异。我们常说把合适的商品在合适的时间放到合适的地方，卖给合适的客户，这要求零售商能够从众多品牌商、渠道商的商品中"挑选和收集"出不同区域、不同客户在不同时间所需要的商品。它决定了整个供应链的有效性，把错误的商品放在门店不仅不会带来销售，还浪费了宝贵的资金、门店空间、货架空间等资源。

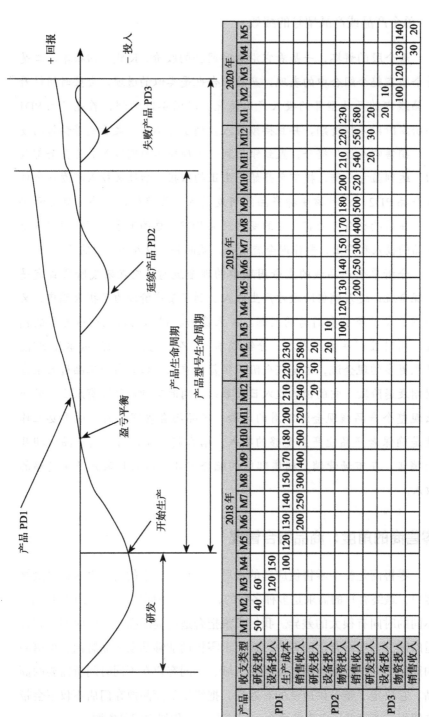

图4-11 单个产品的投入产出分析

零售商做商品组合管理与品牌商做产品组合管理有不同的地方。品牌商主要关注的是资金和人力资源在不同产品线、产品类型、产品之间的分配。站在零售商的角度，要分配的资源不仅仅是资金和人力资源，还有空间资源（区域、城市、门店、门店货架空间）、时间资源（售卖期很短的商品如月饼、粽子、服装等需考虑）。同时，零售商所经营的商品种类多，面对的最终客户多，它要解决的是在多对多的情况下如何组合商品的问题。如图 4-12 所示，在商品一侧有众多选择；在需求一侧，客户和门店分布在不同的区域，需求在不同时间会有所差别。商品如何组合就变成了零售商需要解决的三个问题：①经营什么商品，②在哪里经营，③在什么时间经营。

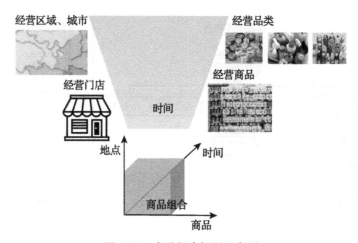

图 4-12 商品组合问题示意图

1. 经营什么商品

市面上的商品琳琅满目，品牌商也非常多，零售商为了确定要经营的商品，应按照以下步骤进行。

第一，选择所经营的品类。品类是指满足客户特定需求的一组商品的组合，比如洗发水是一个品类，护肤品是一个品类，软饮料是一个品类，牛奶是一个品类，男装衬衫是一个品类，等等。经营什么品类与企业定位有关，比如奶茶店多数情况下就围绕着奶茶这个品类，男装店围绕着男装经营，细分为衬衫、裤子、短袖等。

实践中会按照零售商所经营的品类的多寡，把零售商分为多品类零售商和聚焦品类零售商。比如超市和便利店，它们是多品类零售商，经营的商品涵盖了人们日常衣食住行的方方面面，而服装店、面包店、咖啡店、餐饮店则是聚焦品类零售商（也常被称为专卖店），其经营围绕核心品类做有限的选择。与产品组合类似，商品组合也面临着广泛程度、长度、深度的选择，由于所经营的品类有差异，因此组合方式有所差别。对于多品类零售商，比如超市、便利店，它们的商品组合可以跨品牌，比如同样是洗发水，可以组合联合利华的产品也可以组合宝洁的产品，因此广泛程度比较广，同时长度也比较长。聚焦品类零售商的商品组合则广泛程度低，长度也短，但深度很深，如图 4-13 所示。

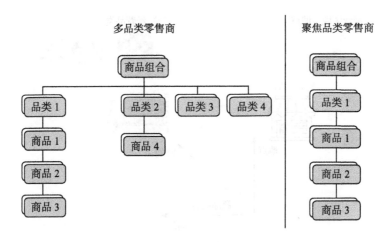

图 4-13　多品类与聚焦品类零售商的商品组合的差异

第二，决定品类之间的组合关系。如导言所述，供应链管理是在战争后勤理论基础上发展起来的，这么多的商品就像不同的兵种，扮演着在市场上相互配合、冲锋陷阵的角色（当然客户不是敌人，客户是朋友）。它们肯定不能胡乱出击，应该各有各的特长，各有各的定位，最终要达成销售目标，而不能互相残杀，导致战争失败。多品类零售商经营着多个品类，为了避免混乱，它首先需要定义各个品类的角色，而聚焦品类零售商经营着单一或者有限的品类，更多的是定义品类内各个商品的角色。

多品类零售商对于各个品类的角色的定义，其最佳实践发生在超市和便利店行业，它们通过品类管理（品牌商和零售商合作，专注于满足大多数客户的需求，对品类进行管理，推动整个品类的销售成长）来设定每个品类所扮演的角色。如前文中图 3-9 所示，按照购买频率和市场渗透率可以将品类分为四种角色。以超市为例，季节性品类包含月饼、粽子、新年礼品、圣诞礼品、应季瓜果等，目标型品类包含高温加工食品、蔬菜、肉类、饮料、冷冻食品等，方便型品类包含雨伞、香烟、电池、五金工具等，日常品类包含日用杂货、纺织品、零食、厨房调味品、酒类等。

目标型品类是战略性品类，通过英文 destination（目的地）更容易理解它的意思，也就是说它是目的地，消费者是冲着它来到某个零售商的门店的。它通过给目标消费群提供持续的、超出对手的价值，帮助零售商门店成为消费者的必选。它的商品品种占比在 5% ～ 10%，发挥着如下作用。

- 代表零售商的品牌形象，是零售商的代名词，消费者一想起买某一品类，马上就想到该零售商。
- 对目标消费群很重要。
- 在销售增长方面，居于所有品类的领先地位。

目标型品类的重要程度是最高的，该类商品的市场渗透率高，购买频率高说明它的市场是广泛的，并且需求是高频的，比如人们几乎每天都会去买菜买肉。

对于日常品类，零售商通过给目标消费群提供持续的、有竞争力的价值，帮助零售商发展成为客户的优先选择。它的商品品种占比一般在 50% ～ 70%，发挥着如下作用。

- 在销售增长和利润之间进行平衡。
- 是客户每日需要的重要品类。
- 保证门店的客流。

季节性品类通过给目标消费群提供频繁的、有竞争力的价值，加强零售商门店在客户心目中的形象。它的商品品种占比一般在 10% ～ 15%，发挥着如下作用。

- 在利润、现金流方面扮演第二位的角色。
- 在应季期间处于领导地位。
- 为门店带来客流。

方便型品类通过给目标客户群提供便利、良好的价值，帮助加强零售商门店的形象。它的商品品种占比一般在 10% ～ 15%，发挥着如下作用。

- 为额外的"便利性"购买提供机会。
- 加强该零售商"一站式"购物的形象。
- 为利润的增长提供机会。

如果用统一的方式来表达上述各个角色的作用，可以构建如表 4-4 所示的矩阵。以目标型品类为例，该品类对于客户来说非常重要，对于零售商而言也就非常重要，它最重要的作用是吸引足够的客流，产生交易量，同时保护客流不被竞争对手抢走。比如超市里的生鲜品类，它是最能吸引客流的品类，它为零售商带来了大量的客流和交易，往往这类品类都放在超市的最里面，使得其他品类有更多曝光的机会。目标型品类、日常品类能够产生大的销售额，日常品类、季节性品类、方便型品类往往能够产生毛利。

表 4-4　各个角色的作用

		目标型品类	日常品类	季节性品类	方便型品类	描述
品类作用	建立流量	√		√		聚焦于吸引客流到门店，到品类所在货架
	建立交易量	√	√		√	聚焦于扩大平均交易额
	产生销售额	√				聚焦于用品类内的部分商品产生销售额
	产生毛利		√	√	√	聚焦于用品类内的部分商品产生高于平均水平的毛利
	竞争保护	√				激进地用品类内的部分商品保护客流，与对手竞争
	创造惊喜			√		用来传达紧迫感、新鲜感、消费机会
	品牌形象塑造				√	用来传达零售商的品牌形象：价格、服务、质量、商品多样性

明确了品类的角色和在战场上的作用，接下来就该为品类制定打仗的兵法了。在超市行业，常见的兵法有以下四种。

- 商品组合，即长度、深度的选择。
- 高低搭配的价格策略。
- 促销，即通过折扣或者销售推动来扩大销售。
- 陈列，即通过商品在货架上的陈列调整，比如扩大陈列面（陈列更多的位置），放到更显眼、客流更多的位置等，来扩大销售。

表 4-5 列示了四大品类的角色与其战略的矩阵。比如对于目标型品类，流量是奔着它来的，因此它需要有最全的商品选择，有激进的高性价比，高频促销，放在最好的位置；对于方便型品类，不需要面面俱到的商品组合，同时价格也可以不用那么激进，由于它的需求是低频的，因此促销不用很多，放在能够找到的位置即可，不需要特别好的位置。

表 4-5　品类战略矩阵

		目标型品类	日常品类	季节性品类	方便型品类
品类战略	商品组合	最全的商品选择	基本的配置	季节性配置	主要的品牌和 SKU 即可
	价格	激进的高性价比	有竞争力	有竞争力	可接受的价格浮动
	促销	激进的高频促销	基本的促销活动	季节性促销	低促销
	陈列	最好的位置	基本的位置	好的位置	可用的位置

第三，选择每个品类内的商品。该决策事关商品的深度，即同一个品类内用多少种商品来满足客户的需求。这取决于零售商的经营范围，聚焦品类零售商的深度往往很深，它存在的一个重要的目的是在所经营的品类内提供更多的选择，让客户能一站式购物。比如专门卖水果的，各种水果都得有；卖茶的，各种茶都得有；卖钢琴的，需要覆盖多种类型的钢琴等。对于多品类零售商，商品的种类取决于空间的大小。比如一个面积为 200 平方米的小超市和一个面积为 2 万平方米的大超市，它们经营的品类可能差不多，但是每个品类内的商品丰富程度相差很大。小超市在一个品类内可能有 1 ～ 3 种商品，而大超市在一个品类内可能会有 3 ～ 5 个品牌，每个品牌下有 3 ～ 5 种商品。

对于多品类零售商，一般会按照品牌、价位、商品特性进行选择，确保每个品类内有合适的商品，比如价位要覆盖高中低档。

对于聚焦品类零售商而言，品类相对比较少，品类内的商品分别扮演着不同的角色。实践中会分三个角度来分析：①带来流量的商品，即流量款（traffic driver）；②带来销售额的商品，即销售额款（spend driver）；③带来毛利的商品，即毛利款（profit driver）。

以①和②为例来分析，带来流量的商品往往价格低，受众广，能够给客户建立价格安全感，鼓励客户进店，形成反复购买并有可能促进其他商品的销售；带来销售额的商品往往价格高，购买的客群相对较少。如果把这两个分类与销售额等级结合起来分析，就可以得到如表 4-6 所示的销售额等级与购买频率矩阵。为了识别哪些是流量款，哪些是销售额款，可以将售价低于品类平均价格的商品识别出来，作为带来流量的商品，再拿其在销售小票中的销售额占比来分析，占比在 50% 及以上的是 A 类，20%～50% 的是 B 类，20% 及以下的是 C 类，具体百分比每个企业可以根据自己的情况调节，同样的方法也适用于带来销售额的商品。

表 4-6　销售额等级与购买频率矩阵

		购买频率	
		带来流量的商品	带来销售额的商品
销售额等级	A	大量客户重复购买的商品	大部分客户会购买的核心商品
		重要性：高	重要性：高
	B	部分客户重复购买的商品	部分客户会购买的核心商品
		重要性：中	重要性：中
	C	小部分客户重复购买的商品	小部分客户会购买的非核心商品
		重要性：低	重要性：低

识别出了商品的角色，接下来就可以有针对性地选择商品来填充货架了。你需要流量款，也需要些销售额款。为了决定具体每个品类放多少种商品，常见的是按照功能或特性和价位来设置，比如卖面包的按照面包的口味以及价格区间来设置，各个口味、各个价格区间需要合理地搭配。对于带来流量的商品，占比一般在 20%～40%，而带来销售额的商品的占比一般在 60%～80%。除了经验值，还可以用精密的定量分析方法比如运筹优化，围绕流量、销售额、毛利的组合，进行最优组合的测算。

2. 在哪里经营

"在哪里经营"这个问题可以分解为两个问题，一是门店在哪里，即选址问题；二是在有多个门店的情况下，不同的商品分别放到哪些门店售卖。第一个问题与选址有关，上文中已经介绍过，此处不再赘述，本节重点分析第二个问题。要把多种多样的商品放到每一个具体的门店里，就需要回答什么样的商品要到什么样的门店，这也称为"门店商品组合"问题；到了门店还没解决所有问题，还需要把商品放到具体的货架上，这也称为"商品货架陈列"问题，如图 4-14 所示。

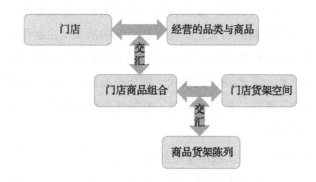

图 4-14　商品组合的层级

1）门店商品组合

（1）谁来制定："中央"与"地方"的关系

从管理和流程上来看，企业需要决定谁控制门店的商品组合，是零售商总部的商品管理人员（商品经理或商品专员），还是门店的工作人员（店长或店员）。这是一个"中央"和"地方"的分权与集权的问题，总部的人来做可以发挥中央统筹、全局优化的作用，但这样做地方的积极性和主动性以及对当地信息的掌握没有办法得到发挥和应用。如果门店的工作人员决定门店商品组合，这能够充分调动他们的积极性和主动性，并获得他们作为一线人员对前线战场的判断，即所谓的让听得见炮火的人来做指挥。但这种方法也有不足：①前线的人往往更关注门店执行，未必有宏观思考。②前线的人的商品管理水平参差不齐，普遍不高，做出的决定未必合理。③部分人员能做出部分合理的决策，但可能不是从公司的角度出发，往往会偏单店的色彩或者个人的色彩，考虑的是单个门店的成败，没有全局思考。④不利于管理的标准化和企业品牌形象的一致性。

这个问题就好比战场上的指挥一样，是总部指挥还是战场一线的人员指挥，总部指挥可以统筹全盘，考虑的不仅仅是一城一池的得失，而一线人员掌握单个战场具体和详细的信息。实践中有三种办法来应对这个问题：①总部制定核心商品的商品组合（这部分商品决定了零售商的定位、特长），比如60%的商品由总部决定，它们是每个门店必选的商品，剩下的交给门店决定。②让门店的优秀店长（业绩好或者门店销售客均价高、连带率高的店长）参与商品组合的决策（在制作商品组合决定时，邀请优秀店长代表），比如在进行门店商品组合决策时，给店长的意见一定的权重。③ZARA的模式，即店长按照总部的要求格式提供门店里客户试穿、喜好、反馈的信息，总部综合多个店长的信息形成对门店商品偏好的判断。

（2）如何制作：在实践中常用的四种方法

第一种是所有门店都用同一种商品组合，即千店一面。这种方式易于管理和标准化，适用于聚焦品类零售商，这类商品需求的区域性差别很小，比如奶茶店、面包房、包子铺等。

第二种是基于商品等级和门店等级的组合方法，即门店与商品等级组合法。如图4-15所示，把商品按照售价或者销售额等分成A、B、C等级，门店按照营业额或者面积等分成A、B、C等级，接着A类商品可以到A类门

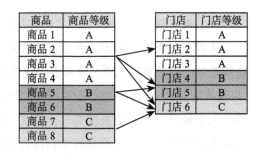

图4-15　门店与商品等级组合法

店销售，A、B类商品可以到B类门店销售（A类商品占比下调一些），A、B、C类商品可以到C类门店销售（A、B类商品占比下调一些），这种方法适用于商品众多、门店多且经营的商品因为区域有较大差异的情况，

比如服装零售商。

服装零售行业在用这种方法时，除了按照商品销售等级分类，还可以按照总部订货量等级分类。由于服装产品的加工周期长，往往在季节前需要生产好一部分货量（具体多少取决于供应链的供应周期），总部按照订货量大小，把商品分为 A 类（货量在品类内占比大于或等于60%）、B 类（货量在30%左右）、C 类（货量在10%左右）。接着规定门店商品组合的比例，比如订货量大的 A 类款，所有门店都得配备，剩下部分品类门店可以灵活选择，再如40%的门店可以从总部提供的 B 类、C 类商品目录里进行选择。这背后的原理是订货量代表了服装公司内部的设计、商品、销售专家对商品销售的预判，预判销售量大的就多订一点，订得多的自然就需要覆盖更多的门店。

为了发挥规模采购的经济效益，大型连锁超市的总部往往会制定商品清单，对需求量大的头部（比如60%左右）商品进行集中采购，接着下放部分（比如20%左右）权力给区域进行区域性集中采购，剩下的是超市门店可以在当地采购的区域性商品。这样能够做到，大批量的商品有规模优势，小批量当地化的商品本地供应商可以快速响应。当然也有极端的，比如沃尔玛几乎所有商品都集中起来采购，它在全球各地成立了集中采购中心，把全球各地的商品批量地采购进来，然后分发到各个区域、各个门店，但笔者相信，对于生鲜等品类沃尔玛肯定也是门店层面进行采购的，这涉及时效性的问题。

第三种是区域与商品层级组合法，它把门店按照区域分成层级（全国—区域—省—市），把商品分成层级（如大类—肉，中类—猪肉类、牛肉类、鸡肉类，小类—500g、1kg），选择门店的层级和商品的层级进行组合，如图 4-16 所示。比如选择省和牛肉，那么某个省下面所有的城市的门店都将销售牛肉类下面所有的商品。这种方法便于管理，总部可以从中类甚至大类上将商品与门店所在区域关联，同时不同区域商品负责人也可以依据自己的判断在总部的基础上微调。这种方法在超市或便利店比较常见。

第四种是，对门店进行分组，按照门店分组来关联不同的商品，如表 4-7 所示。这种方式基于单个商品的角度，适用于聚焦品类零售商，比如咖啡店、手机店、服装专卖店等。

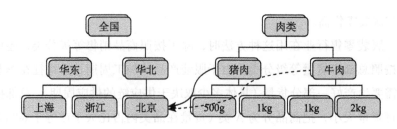

图 4-16　区域与商品层级组合法

表 4-7　按门店分组做组合

	组合类型	门店分组 1	门店分组 2	门店分组 3	门店分组 4	门店分组 5	门店分组 6
	必选	√	√	√	√	√	√
	可选	√			√	√	√
	可选		√	√		√	
	特定门店必选					√	√

我们把线上零售和线下零售做个对比，线上零售所谓的前店千面，本质上是因为门店里陈列的是信息（视频、图文），运用数据和运算能力就能够让每个人登录门店后看到各不相同的商品组合。线下零售门店陈列的是实实在在的商品，如果每个门店都有自己的陈列方式，会导致标准不统一，品牌形象不一致，管理复杂度高。在数字化时代也出现了更高级的方法，比如基于运筹优化的方法。想要把合适的商品放到合适的门店，可以通过数学模型精密地测算单个门店的商品组合应该怎么配置，这样的方法人工很难操作，非常依赖于数据与算法。

有了这么多种方法，具体怎么决定每种商品应该去哪些门店呢？如果是全新的门店，可以参考类似门店的商品组合来进行设定，比如分析门店所处区域、商圈的类型、客流的分布、门店的大小，找到接近的门店然后复制它的商品组合。如果没有可参考的门店，那就先凭借经验来制作一个商品组合结构，再在销售的过程中根据销售的情况逐步调整。

如果是已经在经营的门店，可以通过挖掘销售数据，找到不同门店、不同类型门店销售上的特点，这些特点是指导未来商品组合的重要参数。实践中在门店数量比较多（比如大于 20 家）的情况下，假如按照单店来做商品组合，在没有技术手段支撑时，想让每个店都有自己独特的商品组合，会带来很高的管理复杂度。比如你不知道门店是否遵守了总部制定的商品组合策略，而要进行督察就非常耗时耗力。实践中就需要对门店进行分类，按照不同分类的门店进行商品组合的设定，这样在同样的门店组合内进行标准化的管理。门店分类也有很多种方式，比如按照门店本身的特性，如面积、营业额、门店的位置（社区店、商圈店、购物中心店等）。

我们以餐饮连锁零售商为例，做门店分类不是为了分类而分类，而是需要根据影响销售的因素来做分类。这时第一件事是分析历史销售数据与门店属性的相关性。可以借助数据挖掘技术来识别销售与门店属性的相关性。一般只需要 1 ～ 4 种影响权重最大的属性，属性太多也很难有实际的用处，反而干扰计算。该例子中餐饮连锁零售商重要的影响因素包括门店销售面积、门店当地中等收入水平、户外平均温度、平均降雨量，如表 4-8 所示。

表 4-8 餐饮连锁门店属性数据示意

门店	地区类型	销售额（万元）	门店销售面积（平方米）	门店当地中等收入水平（元 / 月）	户外平均温度（℃）	平均降雨量（毫米）
门店 1	办公	500	150	60 000	18	1 829
门店 2	机场	800	120	30 000	22	2 249
门店 3	大学	400	50	60 000	13	1 829
门店 4	购物中心	700	150	25 000	25	1 463
门店 5	办公	480	120	60 000	22	1 665
门店 6	社区	300	120	45 000	15	2 298
门店 7	大学	420	80	60 000	13	2 021
门店 8	购物中心	900	160	25 000	25	1 857
门店 9	大学	430	80	35 000	22	1 559
门店 10	机场	850	120	55 000	15	2 291

以销售面积、门店当地中等收入水平、户外平均温度为门店分类依据，可以得到如图 4-17 所示的矩阵。它把门店分成四大类：①代表门店当地中等收入水平低，户外平均温度高，门店销售面积大，且销售额大的门店；②代表门店当地中等收入水平高，户外平均温度高，门店销售面

积大，销售额中等的门店；③代表门店当地中等收入水平高，户外平均温度中等，门店销售面积中等，销售额大的门店。④代表门店当地中等收入水平居中，户外平均温度中等，销售面积中等，销售额小的门店。

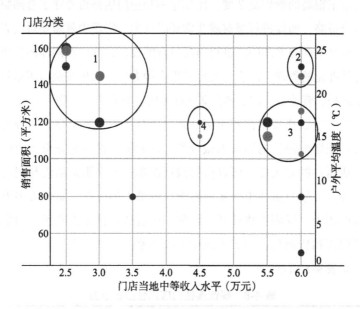

图4-17　餐饮连锁门店分类结果

门店分类做完了，接下来可以指导商品的价格组合、商品冷热菜品组合、商品品种数量的设定。为了把商品组合到门店，就需要考虑商品的特点，表4-9列示了不同商品及其特性。比如门店当地中等收入水平高的地方，高价格的商品可以适当多一点；户外平均温度高的地方，冷菜品或者让人凉爽的菜品可以多一点等。

表4-9　商品特性数据

商品类别	商品	是否战略产品	是否战略品类	是否流量款	可替代性	是否带来销售额	温度	价位（元）	销售速度：周平均销售额			
									门店分类1（千元）	门店分类2（千元）	门店分类3（千元）	门店分类4（千元）
小吃	F001		否	是	低			10～15	80	128	128	218
	F002			高				12～16	10	20	22	29
	F003	是			低	是	常温	20～25	30	45	63	95
	F004			是	低			8～12	70	140	224	381
	F005				低	是	冷藏	25～30	35	53	58	110

（续）

商品类别	商品	是否战略产品	是否战略品类	是否流量款	可替代性	是否带来销售额	温度	价位（元）	销售速度：周平均销售额			
									门店分类1（千元）	门店分类2（千元）	门店分类3（千元）	门店分类4（千元）
主食	F006		否	是	低			20～25	60	108	108	162
	F007				高			12～16	20	38	61	85
	F008	是			低	是	常温	20～25	50	65	78	117
	F009			是	低			8～12	70	77	146	205
	F010				高	是	冷藏	35～40	50	85	85	136

　　商品组合是要把合适的商品放到合适的地方，提供给合适的客户。销售速度是一个很好的体现组合是否合理的指标，同一品类内某商品销售速度快代表客户喜欢该商品，但同时门店也不能只考虑销售速度快的商品。试想一下，如果超市里只有销售速度快的商品，那大概就只剩下蔬菜和肉类了，其他商品都得下架，那超市就变成菜场了，客户和经营范围就都萎缩了，因此需要考虑组合搭配。通过分析商品的特性和门店的分类，门店先填充客户喜欢的，接着填充客户购买过程中可以搭配的。实践中可以对标同一分类的门店中业绩表现好的门店的商品组合，比如按照它的商品组合配比（比如价格高低搭配的比例、流量款和销售额款的比例、各种特性的商品的比例）来制定同分类内新门店的商品组合，或者对同一分类内表现不好的门店进行商品组合的优化。表 4-9 中最后几列是商品在不同类型门店的周平均销售额，参考这个数值可以校验所组合的商品是否能够产生符合预期的销售额。这样的计算过程可以在 Excel 中完成，通过给不同分类的门店设定品类组合，并且进行尝试性的商品填充，来观察销售额的情况，并不断调整。数字化时代的实践是借助商品组合计划（assortment planning）软件，用数学模型来进行商品组合的自动计算，计算的过程中会围绕门店经营目标（比如销售额或者毛利额或者平效），在众多商品中进行选择，最终组合出能满足目标的商品。其原理就像地图导航中的路径选择一样，把每个可能的商品都组合进去，穷举一遍，然后找到那个能满足目标的组合。最终得到的门店商品组合如表 4-10 所示，对不同分类的门店就制定了不同的商品组合。

表 4-10 以门店分类开展商品组合

	门店分类 1	门店分类 2	门店分类 3	门店分类 4
F001	√	√	√	√
F002	√			√
F003		√	√	√
F004	√	√	√	√
F005	√			
F006	√		√	
F007	√		√	√
F008	√		√	
F009	√	√		√
F010	√	√		

2）商品货架陈列

前文分析了怎么做商品组合，做完门店商品组合，门店知道了应该经营什么商品，接下来就需要把这些商品放到货架上，供客户挑选和购买。我们到门店里买东西，即便这些门店属于同一个零售商，不同门店商品的陈列位置、陈列面的多少也有所区别。有些商品放在很容易找到的地方，比如最靠近店门口的货架上；有些放在不容易找到的地方，比如最靠近里面的地方；有些放在货架上与人的视线水平的地方；有些放在要蹲下来或者垫脚仰望的地方。同时，不同的商品有的在货架上摆放了不止一个陈列面，比如洗发水，门店会横着放好多瓶一样的，而有的商品只放了一个陈列面。

要让商品卖出去，就需要把商品曝光给客户，线下零售曝光的方式是把商品放在货架上，客户走过来的时候可以看到，可以触摸。商品本身被消费的频率与其曝光的位置有着很强的相关性，需要有针对性地将商品曝光到合适的地方，而不是把每个商品都放到最容易曝光的位置。这就像战场上的士兵，要把他们安排在不同的位置上，有的负责打头阵，有的负责防守，有的负责掩护。

为此需要先进行门店内的空间布局设计，然后将商品分配到相应的空间里。门店空间布局设计是零售行业非常重要的一门学问，不是本书分析的重点，接下来我们假设门店布局已经给定，分析如何把商品分配到门店不同的位置上。

（1）宏观的空间分配

门店里的区域有很多块，首先需要决定把哪一品类或类型的商品放到门店的哪个位置，这被称为"宏观的空间分配"。以商超便利店为例，前文我们分析了商品的品类角色，实践中需要围绕这些品类角色制定其在门店的摆放位置。如图4-18所示，这是国内超市中不同品类摆放位置的常见布局。目标型品类是被客户高频消费的品类，一般放在最里面，它吸引客流一直走进去，途经季节性品类、促销品类、常规品类。便捷性品类放在不是很显眼的位置，季节性品类往往放在最显眼的地方，因为它的毛利高，同时销售周期短，需要最好的曝光区域。促销品类会沿着主干道摆放，确保客户走过路过时都能看到，刺激购买。一般目标型品类的面积占比在20%左右，常规品类的面积占比在40%～60%，季节性品类的面积占比在5%～10%，便捷性品类的面积占比在5%～10%。超市和便利店的门店布局多种多样，上述空间分配方式只是其中一种。

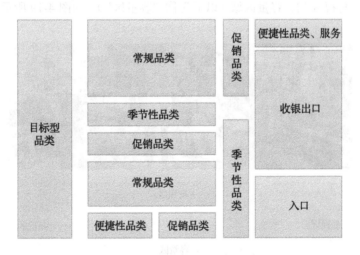

图 4-18　商超的空间分配示意图

国外的超市比如Safeway、沃尔玛往往把生鲜蔬菜放在最靠近门口的位置，生鲜品类是高频消费的品类，这样方便客户快速购物。但Costco把生鲜蔬菜放在超市的最里面。国内超市一般把这一部分尽量放到最里面，希望客户可以多走一走，刺激更多的消费。

不同角色的品类所分配的面积，可以用该品类的平效（品类销售额／

品类销售面积）来测算。比如目标型品类的平效是年均20万元/平方米，它的销售目标是1000万元/年，那该品类就需要50平方米的销售面积。更高级的方法是用运筹优化的方法，优化的目标是最大化销售或最大化毛利，约束条件是每个品类至少都要被分配到，每个品类的销售目标都能够达成，可分配的销售面积是一定的，不能被突破。接下来，优化算法可以调节不同品类分配的空间，穷举所有可能性，最终找到最优的分配空间。

再以服装零售商为例，客户购买服装不仅看服装的功能特性（保暖御寒、凉爽透气），还看服装的款式、颜色、图案是不是自己喜欢的，因此商品的视觉表现就非常重要，在实践中会采用"视觉陈列"的方式来决定商品摆放的位置。抓不住客户的眼球，客户不会进店，商品不会曝光给客户，销售就无法发生。实践中的做法是把门店的空间分为三个区域，即主要视线焦点区域（以下简称"主焦区"）、易见视线区域（以下简称"易视区"）、容量区域（以下简称"容量区"），如图4-19所示。

图4-19　服装商品门店空间分配示意图

主焦区是最容易让客户看到，吸引客户进店的陈列区域。典型的位置包含以下几部分。

- 前部的模特和陈列桌。
- 前部的两侧墙面。
- 面对主通道的墙面。
- 收银台背后的陈列位置。

由于该区域"寸土寸金"，在主焦区主要陈列的货品是战略意义重大的商品，同时还要能抓人眼球。

- 公司主推的商品（新品——高毛利、促销品——高库存）。
- 需要重点突出的商品（代表品牌形象、订货量大的商品）。
- 对上述商品进行搭配，要做到色彩鲜艳，能抓人眼球。

对服装商品组合而言，时间是非常重要的资源，为此也需要在主焦区进行精细的时间管理，通过轮动来充分利用该区域。主焦区陈列的商品是否有吸引力，对于站在店外的顾客是否会进店有重大影响，因此需要定期注入新鲜血液。

- 更换时间与市场推广时间一致。
- 更换时间看商品的特点，流行性高的可以 1 ～ 2 周更换一次，流行性不高的可以 1 个月更换一次。

易视区是顾客一进店能很容易发现的区域，典型的位置包含以下几部分。

- 门店中后部及左右侧的墙壁。
- 前部左右侧陈列柜。

主要陈列的货品有以下几种。

- 从主焦区更换下来的商品。
- 重点商品系列。
- 与当季主题、系列色彩搭配的商品。

货品陈列时间有以下两项要求。

- 陈列半个月到一个月之间。
- 出现断码之后就需要撤下来。

容量区是大量陈列货品而非展示较多细节的陈列区域，典型的位置包含以下部分。

- 位于店铺中部和后部的中岛。

主要陈列的货品有以下几种。

- 订货量比较大的款式。
- 销售速度快，需要更多库存的款式。
- 非当季货品但适合当季穿着的商品。

货品陈列时间要求如下。

- 最好控制在两个月内，超过的必须进行轮换。

从总体上看，所有的商品都有事先预定的生命周期，在店销售的1～3个月内，依次把产品从主焦区移到易视区，然后移至容量区，销售超过3个月的产品就变成了非当季产品，需要打折然后把陈列的位置让给接下来的应季商品。对于频繁上新的服装零售商，保证1～2周更新一次店内最好或最显著位置的陈列，根据陈列位置的优劣排序来陈列相应的商品，对于上新没那么快的，调整节奏可以慢一点。

对于餐饮连锁零售业，菜品往往展示在收银台的后墙上，会按照餐饮的时间进行分类，比如分成早餐、中餐、晚餐和夜宵等几大主题，在这几大主题内又会分成不同的品种，比如主食、套餐、小吃等。在组合上，会把主销的放在最显著的位置，比如前三位，或者把菜品的图片或文字放大显示。对于把商品放在菜单上的餐饮连锁，菜单的组合就非常关键，怎么通过菜单组合来最大化销售，这与把商品放到合适的货架上来最大化销售是一个道理。实践中会根据菜品本身在销售中的角色比如小菜、搭配菜、主食、主菜等进行组合，通过分析不同菜品的历史销售数据找到客户在不同菜品上的偏好、花费，结合菜品本身的毛利进行菜品的组合，从而最大化毛利。比如毛利高的要放在显著的、推荐的位置，大家喜欢点的单价低的要放在方便点的位置，销量大的要放在主要的位置。餐饮零售与其他零售不同的地方在于菜品之间的连带搭配，比如荤素搭配、冷热搭配、开胃的和填肚子的搭配，这些都可以通过分析历史销售数据得出，进而指导菜品在菜单内的组合。

（2）微观的空间分配

A. 货架分配

知道了什么品类、类型的商品应该放在哪一区域，接下来就要把具体的商品放到货架上，这被称为"微观的空间分配"，比如一个品类内的商品或者细分类别在货架上摆放的先后顺序是什么，谁在前，谁在后，某个商品是在货架的上层还是下层，给它分配多少货架空间。

这就需要决定各个品类在指定的货架区域的占比，比如一整个货架都给了常规品类，常规品类内有很多子品类，油盐酱醋应该占多少比例的空间。实践中会用每个品类平均的货架效率也称为米效（销售额／货架长度），结合门店各个品类的业绩占比，来计算得出不同品类的货架长度。

以多品类零售商超市、便利店为例，实践中先决定横向货架或者纵向货架放什么。如图 4-20 所示，左图所示的方式用货架的每一层来区分不同的商品的摆放位置。比如成人牛奶放在最高一层，成人身高比较高容易拿到；儿童牛奶放在 2～3 层，便于儿童查看；家庭装放在最下面，家庭装比较大和重，放在最下面安全又省力。右图所示的方式是按照纵向来区分不同商品所摆放的区域，横向可以按照不同的品牌分别摆放相应的儿童或成人牛奶。那零售商到底应该用哪种方法呢？

客户在购物决策过程中，是遵循一定规律的，图 4-21 所示的树状结构被称为客户决策树，用来模拟客户在某个商品选择上的层次化的决策过程。它能够用来识别客户在购买某个商品时，看中了什么东西及看中的先后顺序。客户决策树形象化地展示了客户对不同商品属性的重视程度。比如客户在购买牛奶的过程中，可能认为品牌是第一重要的，接着是口味，最后是包装。对于不同的品类，客户的决策树有所差别，比如客户购买洗护发用品和购买牛奶的决策树肯定是不同的，因此每个品类都需要针对性地制定"客户决策树"。

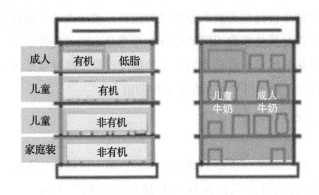

图 4-20　超市或便利店货架分配示意图

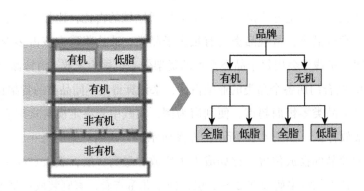

图 4-21　客户决策树示意图

为了确定客户决策树，实践中有两种方法，一种是通过抽样调研客户的方法，即做一套标准的问卷，上面罗列客户购买某种商品时看中的属性及其重要程度。还有一种是用客户购买数据来分析的定量方法。客户在零售门店里选购商品时，是在众多的商品选择中挑选自己喜欢的，挑选其实就是对比不同商品之后进行投票。商品是一组属性的组合，每一次销售都是客户对商品属性组合的投票，比如咖啡豆，客户可能先选择品牌，再选择口味，再选择价格，最后组合出来自己喜欢的商品。读者可能会问,自己购物的时候没有这个逻辑啊,其实我们在购物的过程中已经把这样的逻辑变成下意识了。

如图 4-22 所示,既然客户会考虑不同商品的属性,购买的商品是一组属性的组合,那也就说明这组属性的组合中有客户最看中的属性,每种属性在客户决策中起的作用大小不同。比如挑选洗发水,有的客户看中品牌这个属性,有的看中功效这个属性。不同门店所面向的目标客户不同,他们对于不同属性的喜好程度有所不同。比如餐饮,西南的客户对于食物的"辣"这个属性更为喜欢,而华东对于"甜"这个属性更为喜欢;再如个人洗护用品,北方人可能更多地看重保湿,而南方人可能看重防油。一个商品的特性是有很多种的,比如饼干,它的属性有品牌、包装规格、用料、形状、口味;再如服装,它的属性有品牌、款式、颜色、尺码;再如速溶咖啡,它的属性有品牌、包装规格、口味、咖啡因含量。商品陈列无法满足每一个人的决策逻辑,但必须满足门店所服务的客群的大多数人的决策逻辑。零售商根据客群的购物数据,以及商品属性的数据,通过数学模型来计算这些属性在客群购物过程中的重要程度。基本的原理是通过分析客户购买记录中,在不同的商品属性上如何做选择,以及属性之间的替代性,来对属性的重要程度做排名。比如品牌这个属性,如果观察数据发现大多数客户都在买某一个品牌的商品,即便其他品牌在促销或者降低了价格,也只有一小部分客户转向购买其他品牌,那就说明品牌是第一考虑因素。假设一个客户在零售商这里购买洗发水,他所购买的洗发水的品牌固定,但包装不固定,那么可以认为品牌是该客户决策的第一重要因素,包装是第二重要因素。当商品的属性很多时,这样的计算过程就会变得更复杂,必须借助专业的工具和数学模型进行测算。得到了客户决策树,就可以参考它来做商品的陈列决策。

以牛奶为例,如果客户最看重品牌,接着是牛奶类型,最后是包装规格,那就可以采用如图 4-23 所示的方式来陈列。纵向看各个品牌的牛奶占据一个货柜单元,将核心品牌(牛奶这个品类内区域市场上销售占比最高的品牌)放在货架的最显著位置(中央位置或右侧,看客流从哪里进入),其他品牌依品牌销售额占比高低次序往不显著的地方排序。然后再在纵向的货架上按照客户第二关心的属性"牛奶类型"来摆放,不同层的货架上放不同类型的牛奶，把客户最关心的类型比如"脱脂牛奶"放到最中间，其余的往上或者往下放。最后在横向的每一层，按照客户第三关心的内容"包装规格"，摆放不同的规格。数字化时代，通过门店的视频系统可以分析客户在门店内走动的路线，并据此来分析货架不同位置客户驻足时间和客流量的大小，结合客户决策树更加精准地指导货架商品的陈列。

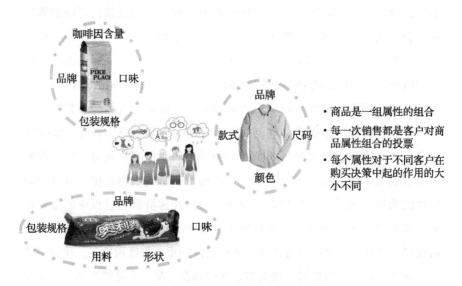

图 4-22　客户购买的不同商品的属性组合

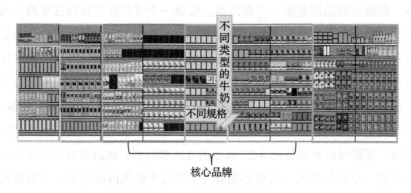

图 4-23　牛奶陈列示意图

　　上述依据客户决策树指导商品陈列的方法，实践中往往是由品类内的领先品牌商与零售商协作完成。品牌商原则上来说对客户研究得更深入，更懂客户，而零售商有客户的购物数据，两者合作发觉客户购物特点，挖掘客户需求，提供以客户需求为中心的快速响应的零售模式，也被称为ECR（effective consumer response）。

对于聚焦品类零售商，比如服装零售更多的是围绕服装的主题，比如春装、套装、系列等开展具体的货品陈列，并且要考虑视觉搭配、款式组合的因素；零食、面包零售商则更多地以商品的毛利、销售速度来决定哪种商品放在货架的哪个位置，同时把最重要（销量大或销售额高）的商品放在最中间的位置。

B. 陈列面分配

定好了哪种商品放在哪个位置，还需要决定放几个陈列面。我们去超市会发现，同一种商品可能会有多个陈列面，而有的商品就只有一个陈列面。陈列面多的商品曝光的程度大，销售的速度会比曝光小的商品来得快。但货架的长度是有限的，某个商品占据了更多的陈列面，就必须牺牲同品类内的其他商品，它们得少放一点，这一多一少就是取舍的选择，选择的逻辑是销售或者毛利的最大化，即如何在有限的空间里，组合出能最大化销售或者毛利的商品。

然而实践中，国内有不少商超零售商对陈列面的分配是由供应商推动的，比如供应商多付点上架费，就有机会获得更多的陈列位置。欧美的实践中，更多的是从对客户需求的满足程度以及经济性的角度来考量，确保分配完之后能带来更多的客户满意进而带来更多的回报。以最大化销售额为例，给商品分配的陈列面的大小与商品的销售额之间是有弹性关系的，这也称为空间销售额弹性。简单来讲，它的计算方法是用销售额的增量除以空间长度的增量，它反映的是长度增大后带来的销售额的增量，弹性越大说明增大长度后带来的增量销售额越大，弹性越小说明增大长度后带来的增量销售额越小。在做长度分配决策时，想要最大化销售额，那就需要把额外增加的货架长度给那些弹性更大的商品。但这种弹性随着货架长度的增加会递减，因为客户需要某种商品的数量总量是有限的，否则超市里只卖最好卖的一种商品就是了。为此还需要找到弹性衰减的点，在这个点之前，可以通过增加长度获得额外的销售，但过了这个点，再增加长度就没用了。为了最大化销售额，就需要计算众多商品的空间销售额弹性系数，接着根据弹性系数来组合商品，找到那个能带来最大销售额的组合，这是一个典型的运筹优化问题，即在众多的选择中找到最优的那个组合。现实中的情况还会更复杂，因为货架本身的位置和分配给商品的位置是不平等的，比如一排货架的两头和货架中间的位置是不同的。为此就需要把货架单位细化，同时计算弹性时要考虑不同货架位置上的长度的差异。

举一个简单的例子，假设货架长度为 10 米，该货架对商品 1 的空间销售额弹性系数是 5，对商品 2 的空间销售额弹性系数是 4，对商品 3 的空间销售额弹性系数是 3，要求是这三种商品每种至少要摆放一个，那么如何排列组合才能够达到最大的销售？很显然商品 1 的空间销售额弹性系数最大，它应该被摆放得多一点，而 2 和 3 按照最小量摆放即可，最终商品 2、商品 3 各摆放 1 个，剩下的空间都摆放商品 1 是最优的组合。假设把商品的长度以及空间销售额弹性系数随着空间变大效应递减考虑进去，问题会变复杂，需要借助专业的工具来完成测算。

3. 在什么时间经营

作为消费者，我们都有感受，在商店里售卖的商品，有些一年四季都能买到，有些只有特定时间才能买到。商品可以售卖的时间与商品本身的特性息息相关，比如牙膏、牙刷与季节、气温关系不大，但花露水、风油精则与季节息息相关。

实践中零售商会根据商品的特性，制订上市计划，根据季节、气温、时间的变化，将商品推向市场。

4. 线上零售的角度

对于线上零售商而言，如果是在平台型电商上开展经营，其客户与商品接触的方式有两种。**一是搜索**。这时商品组合要解决的是如何让客户方便地搜索到商品，比如通过诸如搜索优化、关键词优化的方式，扩大商品的曝光。**二是进入数字化店铺，看到商品目录、排序**。这时可以通过分析排序与流量、销量的弹性关系，结合商品的毛利、库存深度，来决定怎么对目录和排序进行调整。比如库存比较多的商品，可以放到类目排名靠前的位置。

　　线上零售看起来货架空间是无限的，但由于关键词和搜索结果以及客户的注意力是稀缺资源，因此商品越多未必越好。电商流行打造爆款，原因之一是爆款能够带来大量的客流和搜索排名靠前，搜索越靠前曝光就越广泛，销售量就越大，形成优势富集效应。

　　如果是自己搭建微信上的微商城，自建在线商城（网页版+App），那么商品组合要关注的除了排序就是千人千面。通过推荐引擎计算和展示每个客户感兴趣的商品，让每个客户看到的数字化门店因为个人的偏好不同而不同，并且能够不断根据客户与商城互动的方式（浏览、点击、加购、付款、发货）来了解每个客户的喜好，不断调整商品展示方式，针对性地组合和展示出客户可能喜欢的商品。

5. 全渠道零售的视角

　　对于全渠道零售商，在商品组合问题上所面临的选择变多了。首先要选择的是线上和线下是否用同样的商品来服务客户，以及价格体系要不要一致。这是两个非常关键的问题，如果是真正的全渠道，商品和价格应该是线上线下统一的。同时线上和线下可以联动，发挥线上消费者行为数据实时性的特点，分析和挖掘客户行为数据来获取他们浏览、关注、收藏、购买的商品，指导线下的商品陈列。比如发现线上有卖得好的商品，在线下也可以进行主推，放到显著的位置。同理，如果发现线下有好卖的商品，线上也可以进行排序优先、个性化推荐。要充分发挥线上线下业务融合、数据融合的优势。

　　但如果线上和线下面对的客群不同，重叠度不高，那就变成了多渠道而不是真正的全渠道。多渠道的情况下，其实线上和线下是孤立的，可以分别进行商品组合管理。

渠道商的角度：商品组合管理

　　渠道商在做商品组合选择时，主要考虑在有限的资金、仓储空间下，找到零售商需要并且有品牌商供应的商品。一般渠道商与品牌商或品牌商的总代理、区域总代理等合作，经销其产品。对于所经营的商品品类单一的渠道商，商品组合主要是在销售速度快和慢的商品之间做组合，重点是要与零售商即自己的客户保持密切的合作，看他们的什么东西好卖，确保自己所经销的商品有市场，同时观察同品类内市场上有什么好卖的商品，考虑对现有不好卖的商品进行更换。对于经营多品类商品的渠道商，商品组合首先是品类的组合，接着是品类内商品的组合，这与零售商的商品组合逻辑类似，只不过渠道商最终组合到所覆盖的区域，而不用到门店、货架。

渠道商做生意所能投入的资金和仓库空间是有限的，得在做商品组合时考虑这些制约，并寻找最优的组合，这就离不开对商品未来销量的预估，在此基础上通过分析不同商品组合所带来的销售额、毛利，进而找到那个最优的组合。举一个简单的例子，不同商品的采购价格、单件商品所占空间、预期毛利、预期周均需求量如表 4-11 所示。依据这些数据可以测算出预期周均毛利、毛利率、空间贡献率（毛利除以空间）。在做商品组合时，优先把资源分给空间贡献率高、毛利率高的商品。通过优化算法，测算资金、空间在不同的商品上分配所能产生的销售额、毛利额，进而找出最优的组合。

表 4-11　商品的采购价格等数据

商品	采购价格	单件商品所占空间（立方厘米）	预期毛利	预期周均需求量	预期周均毛利	毛利率	空间贡献率
商品 1	80	30	20	50	1 000	25%	67%
商品 2	110	30	30	100	3 000	27%	100%
商品 3	230	40	50	130	6 500	22%	125%
商品 4	300	50	80	60	4 800	27%	160%

注：简单示意，部分单位略。

品类优化

商品组合不是一成不变的，而是随着经营的开展不断地围绕客户需求进行调整和优化的，这也叫作 assortment optimization。在零售行业，它包含如图 4-24 所示的几个方面的内容。

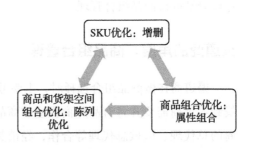

图 4-24　零售行业品类优化的内容

1. 如何开展 SKU 优化

如上文所述，产品组合重要的作用就是要不断推出问号产品，寄希望于它们成长为明星产品。当企业当下经营的产品销售不理想时，企业往往会通过引入新产品来驱动销售。而新产品上市后，有可能成为明星产品，也有可能活不下来而变成瘦狗产品。企业想不断地获得销售的增长，于是不停地推出新产品，导致 SKU 越来越多，这就是著名的 SKU 的困境。SKU 越来越多，但并没有带来越来越多的销售，而是让长尾 SKU 越来越多。如图 4-25 所示，当 SKU 数量多到一定程度之后，其所能带来的销售增长开始衰减，成本持续增加，毛利增长开始下降，所需要的资产投入变大，资产回报率越来越低。因此定期复盘 SKU 的销售贡献、毛利贡献、成本，控制住长尾就变得很重要，它能够帮助企业更好地控制成本和运营资金的投入。

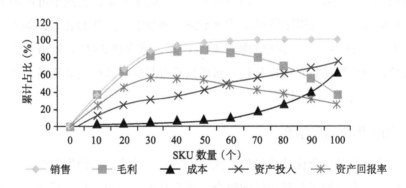

图 4-25 SKU 数量与各项指标的关系示意图

以商超便利店行业为例，优化 SKU 数量的目的是把效率低的 SKU 移出，释放零售资源给其他 SKU，同时找到市场空间，用新产品满足市场需求。删除 SKU 的基本思路是：①识别没有增长潜力，销售额小，占比低的 SKU；②分析这些 SKU 有没有带动其他商品的销售，如果带动作用明显，则不能轻易删除；③分析它们是否在优质客户（高频、高客单价）的购物清单中，如果在，则不能轻易删除；④分析它们附带的属性是否可以转移到类似商品上。

SKU 优化策略如表 4-12 所示。销售表现，可以用年销量、店均周销量或毛利来衡量，也可以给不同的指标不同的权重，加权衡量。

表 4-12　SKU 优化策略

		销售表现		
		低	中	高
价值	低	删除	观察	保留
	中	候选	保留	保留
	高	保留	保留	保留

价值，可以用以下几点衡量：①战略意义，即是否能确保品类的独特性，②是否带动了其他商品的销售，③高净值或终生价值高的客户是否经常购买该商品，④是否有独一无二的属性，无法转移到类似商品上，即替代性很低。

有不少企业删除 SKU 过于草率，仅仅看销售量或增长率排名，而忽略了该 SKU 到底是谁在购买。这个环节一定要考虑忠诚客户（终生价值高的客户或者生命周期价值高的客户）的购买习惯，实践中可以采用这样的方法，把要删除的 SKU 和忠诚客户的购物记录进行比对，如果该 SKU 出现在不少忠诚客户的购物单上，那么删除该 SKU 时就需要格外谨慎，至少要能找到可以替代的新产品或者与客户进行充分沟通，否则流失高净值客户得不偿失。

2. 如何优化商品组合

进行商品组合优化的目的是找到更加适合具体门店销售的商品，扩大销售。客户购买的是属性的组合，属性对于不同的客户，其重要程度是不一样的，商品的变化带来属性的变化，销售额的配比也会在不同商品之间发生变化。每个门店的背后是一群客户，这群客户偏好的属性是不一样的。用算法在品类层面做运算，可以得到三个指标的数据：①属性的重要程度，它表示不同的属性在客户做决策的过程中的重要程度，比如咖啡这个品类，它的品牌的重要程度是 25%，口味的重要程度是 50%，那就是说口味变化对销售带来的影响，是品牌变化带来的影响的 2 倍。②品类弹性（incrementality 或者 assortment elasticity），它表示如果你从品类里删除了某种商品（或者属性）会损失多少销售，或者如果你往品类里增加了某种商品（或者属性）会增加多少销售。比如，品类弹性为 20% 表示，一个品类里有 20% 的销售增长来自新商品或者新属性，或者有 20% 的销售下降来自商品的移出或者属性的移出。③转移的需求（transferable demand），即如果删除或者增加一种商品或者属性，有多少需求会转移到其他商品或者属性上面，这也叫作蚕食（cannibalization）。在一个品类内，各种属性都有其需求，这就构建了一个属性和需求的矩阵，如果要优化这个品类，就需要在这个矩阵中找出一条路径，通过删除部分商品或属性，或者增加部分商品或属性，以及属性的重要程度、品类弹性、转移的需求，来测算整个品类新的产出，这样的测算必须借助专业的工具来完成。

据笔者的经验，上述方法在满足基本需求的商品中使用得比较广泛，比如在快速消费品行业，在数据服务商的带动下，这种方法已经十分普及。有数据服务商联合大型超市，提供各个品类的商品的销售统计数据，计算出上述三个指标的结果，并结合算法建议更好的品类组合。在时尚产品中，由于数据统计周期以及商品生命周期太短，同时间存在新老、处于不同生命周期阶段的商品，导致数据之间的干扰比较大，这些指标的数据不是很精确。除了上述量化研究方法外，还有定性研究方法：①通过行业报告，找到有潜力的新产品、新品类，②参考竞争对手或者同行已经做出来的，并且上市销售，销量还不错的产品。

3. 如何优化商品和货架空间组合

货架空间是非常宝贵的资源，如何分配货架空间资源是优化落地的关键。这个问题可以这样来表述，总毛利 = 分配了货架空间的商品销售产生的毛利 + 转移需求毛利（没有分配货架空间的商品的需求转移到其他类似商品上产生的毛利）− 上架成本，为了最大化总毛利，需要考虑货架空间的约束、商品供应水平的约束，这就变成了一个运筹优化问题。

这看起来有点复杂，但也有简单的定量分析方法，按照品类计算一下品类内的销量或者销售额与所分配的货架长度的弹性系数（也称为米效）。在决定下架某些商品时，看看它的米效是否低于品类平均值，如果是，那它就是候选的下架商品。同理，在选择增加某些品类的商品时，算一下该品类的边际货架长度带来的销售，并进行排名，边际销售高的，可以多放一点，这样就简单多了。

数字化的实践

　　把商品放到合适的门店、合适的货架，这是零售商、渠道商、品牌商都在想办法做到的。在传统手段下，到底商品放到哪里了，没有办法直观地掌握到，首先商品本身在门店里很难被定位，其次货架也很难被定位到。随着物联网技术、RFID 技术、数字图形化工具的发展，已经有零售商在尝试通过物联网技术，实时获取商品的位置，同时在货架上安装数字化的价格标签，既能标价也能标识货架的位置。在国外零售商中非常流行的货架陈列图（plan-o-gram），国内不少零售商如华润万家也在使用，通过商品的数字化、货架的数字化，商品陈列组合的优化就易于开展。结合门店里的视频识别摄像头或图像识别摄像头，可以在商品缺货时提醒店员进行补货，同时也能观察商品在货架上的效率，对于与客户接触效率低下的商品，则需要调整位置或者陈列空间大小。随着商品的在线化、货架的在线化，这两者组合的优化也会变得越来越普遍，让零售商有更多的工具来进行更加实时、高效的消费者需求响应。

第5章 零售供应链运营实践

设计好了供应链上的硬件、控制系统、运营模型，并且选择好了商品组合，接下来就可以开展供应链运营工作了。运营的第一步是要决定花出去多少钱，这在零售供应链上的三个参与方企业中，一般称为"预算控制"。读者可能会说这不是财务应该干的吗，别忘了第 3.2 节"供应链控制系统设计"中提到的，你不能随便投入资源。

供应链预算的制定

资金是所有资源的本源，预算的制定就是对资金资源进行控制。管理水平比较高的品牌商、渠道商、零售商会在实践中进行体系化的"预算"控制，要决定花多少钱就必须回答能赚多少钱，带来多少回报。

举个简化的零售商的例子，假设一个超市门店明年的销售目标是1200 万元，每个月的销售预计是 100 万元，财务要求明年整体库存周转率要做到 12，毛利为 50%。为了支撑这样的销售目标和财务目标，我们来测算一下需要多少货品供应。周转率为 12 意味着，货品一个月周转一次，月初进的货月末全部卖完。毛利为 50% 意味着，为了支撑每个月 100 万元的销售，需要 50 万元（以成本价计算）的货。同时超市里面不可能月末卖到什么货都不剩，要留下一些库存来陈列货架，供客户进行浏览和挑选（即前文中说的基本库存），假设这些基本库存占销售的20%，即每个月月末剩余 20 万元（以售价计算）的货，以成本价计算就是 10 万元的货。总的来看，第一个月月初就需要采购 60 万元的货，全年需要采购 610 万元的货。

把上述例子总结一下，为了制定预算，实践中一般有如图 5-1 所示的三个步骤。

图 5-1　预算制定过程

上述示例为了便于分析问题做了简化，实践中的计算要复杂得多，需要考虑不同的品类、零售门店的开关店计划、不同月份需求的波动、节假日带来的销售变化、促销活动带来的销售变化、销售过程中的打折等。把这些因素都考虑进去，可以做出各月份的"金额采购计划"，该计划约定了每个月可以支出的金额。有了金额采购计划，就可以把该计划分解到不同的品类、不同的商品类型以及不同的时间段，这也被称为"企划"。限于篇幅这里不展开详细分析，但这不代表预算过程不重要。

零售供应链运营

零售供应链最终服务于客户，客户的需求随着经济、技术、竞争、时间、所处人生阶段的变化而变化，导致商品的销售有起有落，就产生了生命周期。导入期的新产品，刚刚进入市场，市场上还没有建立消费习惯；成长、成熟期的产品持续被市场需要；衰落期的产品将面临被淘汰。成长、成熟期的产品是生意的稳定收入来源，同时成长、成熟期产品的下一步是衰退。

以苹果手机为例，图 5-2 中前六个图表反映的是 iPhone 4S 到 iPhone 6S Plus 在 2014 ~ 2016 年全球的出货量。可以看到每一款手机由于导入时间不同，导致销售高峰和衰退的时间点不一样，就像波浪一样，前浪衰退后浪冲锋。最终所有机型的总出货量保持在相对平稳的水平，如图 5-2 中最下面一幅图表所示。

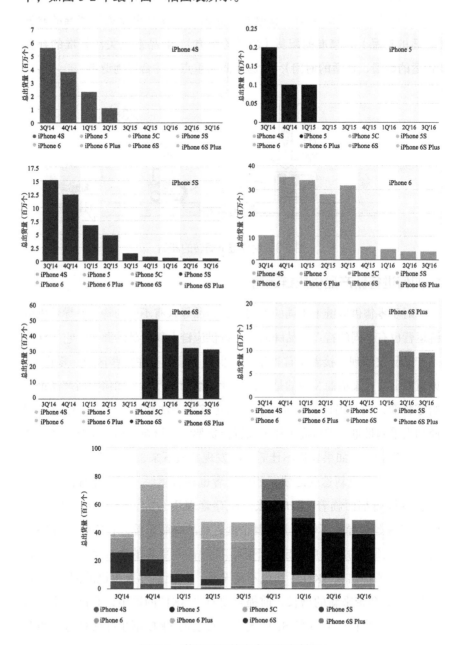

图 5-2　苹果手机的生命周期与销量

资料来源：https://www.statista.com/statistics/519582/iphone-sales-by-model-worldwide/。

面对处于不同生命周期的商品，运营的内容是有差别的。如图 5-3 所示，供应链上周转的商品也会有三种情况，即新品导入，老品（成长、成熟期的商品）持续滚动，衰退期商品退市。新品重点关注**精准的研发（合适的产品）和精准的配货（合适的地方）**，老品重点关注**精准的补货（合适的数量、合适的时间）**，衰退期商品重点关注**合理地退市**。

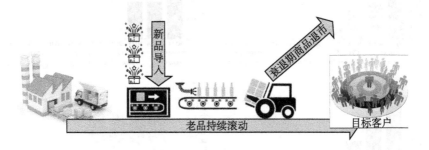

图 5-3　供应链上周转的商品

1. 如何进行新产品供应链运营

对于零售供应链上不同的参与方，新品导入有不同的特点，导致供应链运营也有不同的特点。品牌商是零售供应链上新产品的源头，它关注的是产品研发管理，接着是首批生产多少量，最后是在哪些区域、零售商、渠道商上货；渠道商关注的是如何选择和组合新产品，如何把新产品推介给零售商，同时确保零售商给新产品足够的关注和陈列空间，促进零售商加大采购批量；零售商关注怎么腾出货架空间给新产品，同时关注新产品的销售表现，如果表现不佳需及时发现并撤下来，避免浪费零售资源。

现在产品更新迭代之快，相信读者也深有感触。不少品牌商、渠道商、零售商都面临着 SKU 膨胀，库存管理压力大，资金分散的问题。SKU 越来越多导致了管理上的复杂度，从品牌商来看，它要预测的 SKU 变多了，预测的准确度肯定会下降，同时需要更多的库存来应对。那是不是就不能推出新 SKU 了？也不完全是，如上面苹果手机的例子所示，新的 SKU 会带来新的增长，前提是要有老 SKU 的退出，有进有出就是健康的。如果同时存在的 SKU 太多，衰退的 SKU 不想办法进行分析和淘汰，是会导致问题的。

再看看零售商，有很多公司是靠"SKU 众多"来构建核心竞争力的，比如 ZARA、亚马逊、京东、天猫、华润万家、物美、沃尔玛等。SKU 是多好还是少好，重要的是看你是做什么生意的，如果产品多样性是你生意成功的关键因素，那就想办法构建驾驭多样性的能力。比如 ZARA 通过快速收集门店侧客户对时装喜好的反馈，传达到总部进行快速设计和生产，通过多品种小批量的生产，把多种多样的服装发送到各个门店给客户选择。它并没有控制 SKU 的数量，而是通过极速的市场需求信息收集与分析，提高了新品的精准性，同时控制了每个新品的库存数量。再如 Costco 的 SKU 数量不多，但是每个 SKU 都精挑细选，批量很大，价格也就可以低一点，消费者也很喜欢。最差的模式是品种多，每个品种的数量也多。因此对于新品运营，必须在 SKU 的精准性或者 SKU 的数量上进行控制，或者两者都控制，这对于渠道商也适用。接下来我们分别从三个参与方的角度分析如何开展新产品供应链运营。

1）品牌商的角度

新产品研发与供应链的关系非常密切，供应链能力是研发的重要输入，同时新产品研发也提出了对供应链的要求。新产品的量产与供应链的关系就更大了，在什么时间，要多少数量，是供应链和市场、营销部门一起决定的。新品的铺货，也是市场、销售和供应链紧密协同的过程，铺一个区域和铺两个区域，铺 100 家店和铺 1000 家店，它们的产品需求量是不同的，需要供应链提供后勤保障。

（1）如何精准开发产品

品牌商引入新产品一般有体系化的管理流程，典型的产品研发流程是产品部门主导进行"行业分析，市场分析，客户分析，概念设计，概念筛选，概念验证，产品开发，产品试产，产品验证，产品量产"，详细的流程这里不详细展开。精准开发的重点在于关卡式的"控制"，即获得客户输入后再设计。

早期概念设计、概念筛选、概念验证阶段，让客户介入，反复收集反馈、反复调整，通过控制提高设计命中率。最后产品试产完成后，通过让用户试用，再次获得反馈，进行修正和优化，提高上市成功率。整个流程如图 5-4 所示。

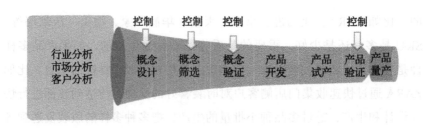

图 5-4　典型的品牌商产品研发流程

一旦产品推向市场，短期内就无法对它进行改善，产品研发流程是个典型的半开放式系统。企业都希望通过关卡式的筛选，甄别出那些真正符合客户需求的概念，再进行设计。在这个过程中，尽早获得客户反馈，尽早让他们参与进来是控制的重要方式。做得好的品牌商在这个过程中会反复邀请样本客户参与产品设计与研发，在十几年前宝洁的新品研发管理被业界津津乐道，它在新产品研发的过程中，会走访经销商、零售商，邀请潜在最终用户进行访谈和调查，了解他们的生活方式，甚至安排现场调研人员与一部分受访者一起生活，观察他们是怎么使用日化清洁用品的。产品试产之后，品牌商会进行反复的用户测试，同时对产品的包装以及即将投放的广告进行测试，最后正式将产品推向市场。

移动互联网时代，客户除了有线下生活还有线上生活，同时在线上所花费的时间越来越多。这个过程产生了大量的行为数据，包含搜索、浏览、点击、购买、评价等数据，这些数据是新产品研发很好的输入。在线化使品牌商可以直接和客户对话，比如通过在社交媒体上发布广告、文章，观察客户的互动反馈。品牌商从原来的线下约谈、调研来获取客户的需求，变成在线跟客户实时交互来了解客户需求。实践中，有越来越多的品牌商通过电商平台或自营电商收集客户的购物轨迹和购买记录，它们也会与零售商联手，获得自己的产品在零售商门店里销售的记录，通过分析客户的购买行为和记录以及热搜关键词获取他们所期待的产品的特性，结合客户画像数据，洞察他们购物的特点，并进行产品概念设计。在完成产品概念设计之后，品牌商会在社交媒体等在线渠道上发布产品的图文、视频，获得反馈来修正设计。在试产之后，品牌商抽样调研部分潜在客户，甚至送出小样来测试，获得的反馈再次传递给产品设计人员，再次进行修正，最后进入量产阶段。

更极致的互联网品牌甚至通过电商数据或社交媒体数据分析，就设计出产品的外观图片和功能说明，然后把图片和说明放到社交媒体或电商平台，收集客户浏览、点击、评价以及在页面上某个部分停留时长的数据，以此分析客户的喜好，指导最终的设计。还有厂商通过在线的付费调研问卷来获得客户的反馈。小米的米粉论坛采用的就是类似的操作方法，小米通过把产品的设计和说明放到论坛上，让网友提供反馈，从而不断修正设计。从老的方法到新的方法，最大的差异是这个控制循环缩短了，获得反馈的周期变短了，更加实时了，控制的节点变多了，控制更前置了，降低了风险。

把传统的产品研发过程和数字化时代的产品研发过程进行对比，其变化如图 5-5 所示。传统的产品研发流程通过市场调研、用户访谈等获取客户的需求，然后进行设计，之后发布产品，发布产品后再验证与量产，即跟进客户的购买、使用反馈，结合最新的市场调研、访谈，获取数据进行下一轮的设计、开发，它是一个产品—数据—产品迭代的过程。而在数字化时代，产品研发的起点是数据，有内部数据也有外部数据，然后是数字化的设计，之后是数字化产品（图文、3D 建模，此时还不是物理的产品），再之后在数字世界进行验证，最后才是物理世界的产品，这就变成了"数据—数字化设计—数字化产品—数字化验证—（物理）产品—数据"的循环。为了做到这一点，需要企业具备在数字化世界分析客户的各种数据，以及倾听消费者声音的能力。

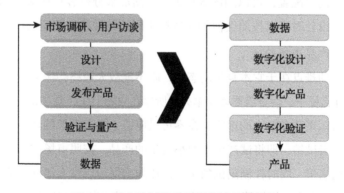

图 5-5 数字化时代产品研发过程的变化

举个例子，星巴克通过分析 POS 数据，发现某个区域内客户购买不加糖的冷咖啡的比例超过了 45%，并且这部分客户中超过 60% 是在门店点单后外带消费。据此，星巴克制作了一款瓶装不加糖的冷咖啡饮品，并将其放到自己的门店和各个超市售卖，让客户不仅可以在星巴克门店购买，还可以在超市里购买这样的咖啡冷饮。这一冷咖啡饮品取得了巨大的成功。

除了分析客户的行为数据，还可以分析外部的数据来指导产品的设计。星巴克通过分析外部数据，发现有些门店周边区域酒精消费量很高，它针对性地设计了酒精饮品，并在夜间菜单中推出这些饮品。2014 年，星巴克使用地理大数据系统，预计美国中部的田纳西州会经历一场热浪，持续时间比较长，于是它调整菜单，对法布奇诺冷饮咖啡进行促销，取得了巨大的成功。前几年比较流行的众筹模式，本质上也是客户参与产品设计的过程，有不少消费品公司借鉴类似的逻辑，通过设计产品概念，然后把不同的产品设计，放到不同的媒体渠道，进行 A/B 测试，看哪些产品获得的"喜欢"和正面评论更多，从而指导产品概念筛选。在流行服饰行业，品牌商通过分析社交媒体上的着装的流行趋势，并参考各大时装媒体网站上的数据，进行新产品款式、颜色的设计，采用的也是类似的原理。

对于功能型产品的设计，最重要的是找对产品特性，以及这些特性对目标客户的重要程度。可以通过建立数据分析模型，找到不同类型的客户对于产品功能点关注的权重。通过分析目标市场平均收入和历史销售的产品的特性的关系，可以判断出产品的哪些特性在不同收入等级被关注程度的高低，如图 5-6 所示。假设你的产品针对不同年龄、收入的群体有不同的配置，可以用图 5-6 所示的图形来分析客户所关注的特性，在新产品设计时可以按照类似的比例给不同的特性设定相应的权重。

（2）产品市场验证

战争的难点在于它本身是动态的，吃不准敌人最终会派多少人来，仗会打成什么样子，后方需要多少军火，所以在战场上往往会有先遣部队，他们负责打探军情和敌人的虚实。在零售供应链上也有类似的环节，称为市场验证或者试销，即将试产出来的小批量的产品，按照市场细分放到有代表性的门店里，同时控制测试的条件，比如确保门店没有额外的活动、流量、促销、广告、打折等，给 2 周至 3 个月的时间来观察样品的销售情况。

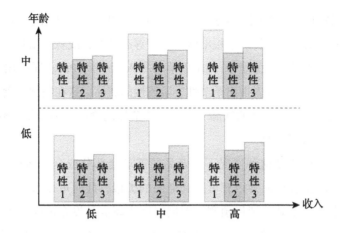

图 5-6 客户年龄、收入与产品特性的关系

消费品行业有专门进行产品市场验证的第三方机构,它们筛选符合目标客群的样本人群,对受访者进行购买测试,看他们对产品的反馈,从而帮助品牌商优化设计、包装、定价,同时也能依据这些信息估计首批量产的规模。在数字化时代,试销变得更为简单,京东推出的"新品频道"专门有新品板块甚至新品免费试用的区域,这也是一种在线化试销的方式。京东可以通过分析点击、浏览、加购等数据来了解新品的热度,然后指导品牌商做新品销售预测。

(3)产品量产阶段

进入量产阶段,就到了和供应链关系密切的环节,此时最重要的是**确定量产的规模**。一场战争需要多少弹药和后勤供给,取决于战争本身的规模,战争本身的规模取决于战场、敌我力量对比,而零售供应链上的这些信息是需要市场和销售部门主导的。它们通过分析战场,选择战场,制订作战计划,决定要拿下哪几个区域的市场,以及要把自己的产品铺到哪些零售商或者分销商那里。因此新品的需求计划是市场、销售、产品、供应链计划部门多方协同的过程。

产品部门推出新品往往带有业务目的,有这么四种常见的新品推出的情况。①作为现有产品的替代。对老产品进行改造升级,用新产品来满足需求。手机、电脑、汽车厂商每年都会推出原有型号的更新款。②对原有产品进行扩充。增加新的产品,使其与老产品并存,但是产品特性、价格、市场定位有所差别。③引入新产品线，推出之前没有生产过的产品，比如华为早期引入手机、平板电脑、电脑等产品线；或者推出整个行业都没有出现过的革命性新产品，比如苹果导入第一代 iPad。④推出时令性新品，限时特售，或者推出季节性、阶段性的新品，这在餐饮、食品行业比较常见，比如时令性的饮品、菜品，季节性的食品，如月饼、粽子等。

A. 替代升级产品

新品代替老品这种情况下，老品的需求会部分或全部转移到新品，因此新品的销售特征会很有可能和老品的类似，此时可以参考老品的销售历史来进行新品的销售预测。但同时因为新老品发布的时间不同，市场所处的环境有所差别，所以很有必要把影响销售的关键因素找出来，然后分析这些因素可能会给销售带来的影响，进行定性的判断。定性判断之后，得到了第一版的销售预测，这时还不能依据这个预测去做新品的量产，最好进行一下供需的风险分析。

如图 5-7 所示，第一步，定量测算，通过将老品的历史销售数据赋予新品，用量化预测模型测算新品的销售预测。或者参考老品在不同月份、周的销售比例，按照新品的总体销量，结合老品在不同时间的销售比例计算出新品每个月、每周的销量，这种方法也称为"产品生命周期指数法"。直观地理解就是，用基于时间轴的产品生命周期曲线的走势，来刻画产品的需求特点，然后结合需求总量测算不同时间点的需求量。

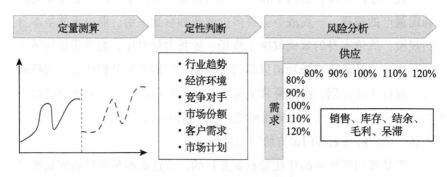

图 5-7　替代升级产品的预测过程

第二步，定性判断。分析行业趋势，判断所经营的产品的品类是在增长期还是进入了衰退期，对于处于衰退期的行业，产量就需要保守一点。经济环境决定了客户的购买能力，经济形势不好的时候，需求会疲软。竞争对手和市场份额也影响新品的量产规模，在充分竞争、市场份额均匀的环境下，品牌商不可能大幅度提高市场占有率，新品的销售量也就有限度。客户需求是最重要的也是最难评估的，在数字化时代客户有了更多的选择。对于市场计划，传统的方式下品牌商只有把商品铺到市场上，才能知道市场的反馈，数字化时代品牌商有了更多选择。比如有些手机厂商先召开新品发布会，设定新品上市日期，然后在电商平台预先发布产品的图片、视频、介绍信息，客户可以提前进行预订，这样手机厂商可以锁定首批销售的一部分订单，同时也可以根据预订的数据来判断市场的趋势和规模，从而修正新品量产的数量。

第三步，风险分析。新品销售的好坏是有不确定性的，应对不确定性的方式是趋利避害。风险分析是指通过对需求和供应做不同等级的场景模拟，分析各个场景下所产生的销售、所需要的库存、可能的库存风险、毛利的水平等。如图 5-7 所示，假设通过定量和定性分析，得出量产数量是 100 万台手机，然后可以按照两个轴来分别分析供需在一定范围内波动时产生的影响。比如供应只能达成 90%，需求超出预期达到110%，这种情况下销售额会有多少，需要投入多少资金进行生产，预计什么时候首批量产库存会卖完，预计下一批什么时候能生产，能生产出来多少。同理，如果需求不足，只有 70%，这时也可以按照上面的方式进行分析，只不过这时关注的是需求不足导致的产能或原材料冗余。

B. 产品线扩充

产品线扩充是为了满足客户相似的需求，让客户在产品规格、属性等方面有更多的选择。比如宝洁的洗发水有海飞丝、潘婷、飘柔等系列，飘柔系列里还分丝滑和清爽等类型，如图 5-8 所示。这时新老品并存，它们共享同样的目标客户，因此新品会蚕食老品的需求，为此就不能简单地参考老品来做出预测。

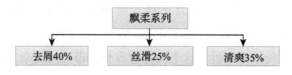

图 5-8 同一系列内的扩充产品

在定量测算环节一般有两种方法，第一种方法是总量分解法。引入新品后整个系列的销量可能会增长，先通过分析市场规模、市场容量来测算整体市场占有率，进而计算出总体销量；然后预估各个产品的销售占比，按照占比分解得到新品的销量预测。为了测算市场规模和市场容量，市场上有专业的数据分析公司，它们提供各个品牌的消费品在不同区域、时间等的销售数据以及一些统计结果，供品牌商参考。

第二种方法是基于属性的预测方法，客户购买的商品本质上是一组自己满意的属性的组合。客户在不同商品上购买的数量的多少，反映了不同属性对客户的重要程度的差别。比如价格低的卖得多，价格高的卖得少，那价格就是客户购买决策中权重很高的属性。再比如品牌，不同品牌的产品的销量不同，这反映了品牌这个属性的权重的大小。这种方法需要借助高级的统计预测模型，它能够把销售历史分解到属性的层面，找到产品属性对销量贡献的权重，建立销量和属性的关联关系。当引入新品后，新品也是一组属性的组合，可以在这种关联关系中建立新品的预测。举个简单的例子来说明一下基本的原理，如表 5-1 所示，有两种手机，SKU1、SKU2，引入新品前它们的销量分别为 100 和 20。

表 5-1 基于属性的预测方法示意

	产品	CPU	占比	内存	销量
引入新品前	SKU1	骁龙 865	33.33%	8G	100
	SKU2	骁龙 855	66.67%	6G	200
引入新品后	SKU1	骁龙 865	33.33%	8G	100
	SKU2	骁龙 855	66.67%	6G	134
	新 SKU	骁龙 855		8G	66

引入第三个 SKU，它的 CPU 与 SKU2 一样，内存与 SKU1 一样。CPU 和内存是两个重要的属性，消费者购买时是在这两者中做选择。CPU 为骁龙 855 的产品销量占比为 66.67%，新引入的手机也是这个 CPU 型号，因此 SKU2 和新 SKU 的销量加起来占比不超过 66.67%，同时由于新 SKU 的内存与 SKU1 一样，而 SKU1 的销量占比为 33.33%，因此可以推测新 SKU 的销量占比是 66.67% × 33.33% = 22.22%。再加入屏幕、电池、价格等属性，这个测算过程会变得更加复杂，必须借助专业工具。

C. 全新产品

对于全新产品，可以通过行业数据分析，借鉴同行的销售情况来做一些定量分析，也可以借鉴公司现有产品中的类似产品的历史销售数据，再结合人工判断。而对于全行业都未出现过的全新产品，需要用定性判断。实践中一般会采用如下一些定性判断方法。① 通过市场分析预计市场容量、市场占有率。② 使用假设分析法，按照公司投入的研发和盈亏平衡点的测算，推断出销量。③ 使用 Bass 分析法。任何新产品导入，都会有早期的尝试者和观望者，该方法能够识别新品被采纳的比例。该模型的参数包括用户数、普及率和模型系数等几类参数。

举个例子，根据 Bass 模型假设，当第一代 iPhone 推出后，客户的增长速度主要受两种因素影响：一是大众传媒；二是口头传播，即已使用者对未使用者的宣传。该模型把客户分为两类，一类群体只受大众传媒的影响，另一类只受口头传播的影响，前者称为创新者，后者称为模仿者，分别用 P、Q 表示与两者有关的变量，P 为创新系数，Q 为模仿系数。P 值表示初期客户发展速度的参数，具体值在 0.00 ～ 1.00，该数值越接近于 1 表示创新者接受的速度越快；Q 值表示产品扩散速度的参数，即表示跟随者使用产品的程度，它的具体值也在 0.00 ～ 1.00，该数值越接近于 1 表示产品在潜在客户中的扩散越快。P 和 Q 可以从历史新产品的购买人数中推算出来，传统的线下媒体、广告等很难跟踪它们对于目标客户所产生的影响，比如有个人看到广告后去买了 iPhone，你不知道到底他是受了广告的影响还是受了其他人传播的影响。在数字化时代，在线广告占比越来越高，并且它可以直接触达每一个人，感兴趣的创新者往往会点击、浏览这些广告，跟踪他们购买的情况可以更精确地计算出 P 的值是多少，而由于社交网络的广泛应用，以及社交媒体的普及，创新者会通过自己的媒介传达对于新产品的满意或者不满意，影响模仿者去购买，自此可以计算出 P 值。也有厂商鼓励创新者推荐产品给模仿者，并给推荐成功者一定的奖励，比如拼多多等社交电商，它们鼓励创新者分享自己的购物体验，创新者推荐成功后会被奖励购物券。

D. 时令、季节性新品

如图 5-9 所示，时令、季节性新品分为两类，一类是重复出现的时令、季节性产品，比如粽子、月饼、年货、圣诞用品等，每年到了同样的季节它们都会上市；一类是一次性的新品，它们只卖一段时间，过了就不再销售了，因此也称为限时特卖产品（limited time offer，LTO）。LTO 这类产品在餐饮连锁中非常常见，特别是快餐行业。它们的出现主要有三个原因：①驱动销售，店内菜单里的菜品一般都是固定的，空间也有限，不能经常性更改，因此 LTO 就产生了，可以用来产生更多销售；②驱动客流，限时销售通过产品的新鲜感和时间的紧迫感，让更多客户来店里消费；③产品更新，销量好、客户反馈好的 LTO 还可以把菜单里动销慢的菜品替换出来。

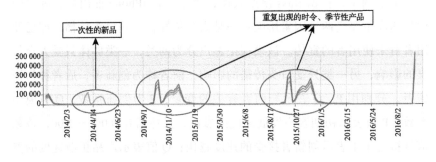

图 5-9 时令、季节性新品

对于第一类新品，可以通过分析往年的销售，结合对市场的判断，最后用供应和需求风险分析来做新品预测。对于第二类，可以参考相似产品的销量、市场判断，然后进行供应和需求风险分析，做出最终的新品预测。

第一类产品由于售卖时间短，因此错过时令库存没消化完就造成了浪费，比如当年的月饼过了中秋节还卖不完，基本上就报废了。服装也类似，过季没卖完还有可能通过打折处理掉，但货值会大打折扣。进行供需的风险分析就尤为重要，以月饼上市为例来看。如表 5-2 所示，2020 年 10 月 1 日是中秋节，通过分析历年的月饼销售数据发现，月饼会在中秋节前 7 周即 8 月 13 日开始发生销售，结合历年的每周的销售占比和今年的销售目标，可以计算出每周的需求量。接着对需求和供应设定不同的带宽，比如分成 60%、80%、100%、120%、140% 等，然后两者组合起来测算相应的库存断货时间和断货量，从而测算风险。

表 5-2　月饼的供需风险分析

120%需求 100%产能	7/2	7/9	7/16	7/23	7/30	8/6	8/13	8/20	8/27	9/3	9/10	9/17	9/24	10/1	10/8
周	7/2	7/9	7/16	7/23	7/30	8/6	8/13	8/20	8/27	9/3	9/10	9/17	9/24	10/1	10/8
需求	0	0	0	0	0	0	100	200	500	700	900	1 100	1 200	800	100
供应能力	200	200	200	200	200	200	200	200	200	200	200	200	200	200	200
预计库存	200	400	600	800	1 000	1 200	1 300	1 300	1 000	500	-200	-1 100	-2 100	-2 700	-2 600
覆盖周数							2.86	2.11	1.33	0.56		0	0	0	0
断货时间											Y				

80%需求 120%产能	7/2	7/9	7/16	7/23	7/30	8/6	8/13	8/20	8/27	9/3	9/10	9/17	9/24	10/1	10/8
周	7/2	7/9	7/16	7/23	7/30	8/6	8/13	8/20	8/27	9/3	9/10	9/17	9/24	10/1	10/8
需求	0	0	0	0	0	0	67	133	333	467	600	733	800	533	67
供应能力	240	240	240	240	240	240	240	240	240	240	240	240	240	240	240
预计库存	240	480	720	960	1 200	1 440	1 613	1 720	1 627	1 400	1 040	547	-13	-306	-133
覆盖周数							4.11	3.44	2.76	2.08	1.38	0.68	0	0	0
断货时间													Y		

供应能力是指每周工厂能生产的月饼的数量，它受到工厂产能和原料采购量的影响。假设120%需求和100%产能的情况下，8月13日之前月饼一直在生产过程中，不断积累库存。到了13日开始销售，可以测算出预计库存的数量，以13日所在这一周为例，前一周积累了1200件库存，13日这一周又生产了200件，这一周的需求是100件，这时预计库存 = 1200+200−100 = 1300（件），这1300件库存预计能覆盖未来3.48周的需求（1300件库存能覆盖8月20日所在周的200件需求、8月27日所在周的500件需求，还剩下600件库存，这600件库存可以覆盖9月3日所在周的700件需求中的600件，也就是2+600/700 = 2.86（周））。这样测算下来，在9月10日所在那一周的最后一天出现了200件的缺货。

假设市场部门经过分析认为，今年竞争激烈，市场可能没有那么好，需求降低20%，同时把产能提高20%，这时会在9月24日所在这一周出现缺货。在这种情况下，如果产能很难再增加了，就需要考虑再早一点启动生产。你会发现，增加需求会带来缺货的风险，但增加供应就需要采购更多的原料，会带来库存呆滞而导致的损耗。因此需要反复测算更多的场景做出利弊权衡，可以把不同供需带宽下的成本、销售罗列出来，把数据汇总成如图5-10所示的矩阵，从而进行最终的决策。决策的依据是对市场前景的判断，前景乐观可以采取积极的策略，前景不乐观那就要采取保守的策略。

		原料采购		
		80% ¥2 247 346	100% ¥3 467 956	120% ¥3 642 323
销售	80% 3 733	断货9/17 断货损失4 227件	断货9/24 断货损失2 133件	库存损耗风险： 800件
	100% 4 667	断货9/10 断货损失7 683件	库存损耗风险： 300件	库存损耗风险： 600件
	120% 5 600	断货9/17 断货损失5 283件	断货9/17 断货损失5 283件	断货9/17 断货损失5 283件

图 5-10　供需风险分析矩阵示意图

由于月饼这种产品的库存风险是非常高的，因此品牌商会采用月饼券的形式，通过与渠道、企事业单位合作早早地把月饼券卖出去，锁定一部分收入，降低库存的风险。也就是说库存还没生产出来就已经"名花有主"了。同时这也是市场趋势验证的一种方式，如果月饼券的销售很好，那预示着月饼销售也不会差，可以采用更加积极的供应策略。

2）渠道商的角度

渠道商本身不研发、不生产新品，它是新品的销售渠道，负责连接零售商和品牌商。品牌商在推出新品后，为了扩大销售往往会给很优惠的代理和进货条件，渠道商乐见其成，但对于渠道商而言，如果要享受这样的优惠就需要吃进库存，意味着资金压力。它需要分析自己所经销的商品的结构，确保用新品替换不好卖还占资源的商品。

精准引进新品的方式是去零售商那里获取数据和信息，来分析哪个品类的商品好卖，有什么样特点的商品好卖，然后再来从品牌商一侧做选择。传统的渠道商往往依赖与零售商的商务关系，以及进场费政策，确保商品能上架。只要能进超市，商品好不好卖不重要。其实不然，现在商品极度丰富，选择非常多，即便付了超市进场费、上架费，但你没给最终客户带来利益，如果客户不买单，零售商也没办法从你这里拿到提成，这个模式就不可持续。因此渠道商有必要与零售商协作，获取终端销售数据和信息，据此优化自己的商品组合和选择策略，服务好最终客户。

3）零售商的角度

以商超便利店为例，获得利益的来源一般有：①进场费，②上架费，放到电商上来看就是购买广告、流量的费用，③商品销售之后的提成。前两者为固定费用，后者是浮动的，受到商品周转快慢的影响。零售商在资金资源、空间资源有限的情况下，想要最大化自己的销售，有赖于商品的选择和商品组合，要做好生意就必须把资源分配到周转更快的商品上，商品周转率高，所投入的资金少，现金循环周期短。为了加快周转就需要淘汰周转慢的，引入可能会周转快的商品，新品就是这样的来源。

有三类方法找到周转更快的新品。①对于某些门店来说，可以找自己没有卖过的，但和自己相似的其他门店卖得还不错的商品。这类商品的销售潜力已经得到验证，确定性比较高。②从零售商内部的数据来分析，找到有潜力的产品，然后在市面上寻找类似产品的供应商。③从外部来看，看看别人家哪些品类里的哪些商品卖得好，结合自己客群的特点，找到供应商，引进这样的商品。

列举几个在快消品行业中常用的方法。周转快慢是相对的，因此必须在同等条件下比较，比如同一个品类内、同一个区域内、同一个门店内，甚至同一个门店的相同陈列位置上。首先选取同一时间段内，同一个门店相同品类的商品，做一个如图 5-11 所示的矩阵。横轴表示销售额，分为高、中、低三档；纵轴表示增量销售额，是指这些 SKU 的存在带来的销售额增加的部分，也分为高、中、低三档。图中的高－高区域里，SKU 的数量并不是很多，而低－低区域的 SKU 明显太多了。因此在高－高区域可以进行 SKU 的添加，引入新品。通过分析高－高区域里这 24 个 SKU 有哪些属性，看看市场上是否还有具有类似属性的新SKU，将其添加进去。同时对于低－低区域的 SKU，可以考虑下架一些动销慢的，腾出空间给新 SKU。

SKU 数量		销售额		
SKU 增量销售额		高	中	低
增量的销售额	高	24	30	24
		118 508	58 361	46 070
	中	32	45	86
		21 428	18 665	16 297
	低	65	45	45
		11 015	9 615	8 535

图 5-11　SKU 冗余与潜力分析矩阵示意图

注：数据仅供示意，单位略。

还可以按照 SKU 的单位货架占用带来的产出来分析，比如用某个品类的 SKU 的销售额除以给该品类的陈列面积或者货架的长度，得到单位空间资源投入下的产出，然后对其进行排序，单位产出低的可以考虑汰换，单位产出高的可以考虑增加陈列面积或长度。

对于经营多个品类的零售商，可以把多个品类拿出来做比较，看看各个品类内销售额、销售量、SKU 数量的相对关系，针对性地采取动作来加快周转，如图 5-12 所示。

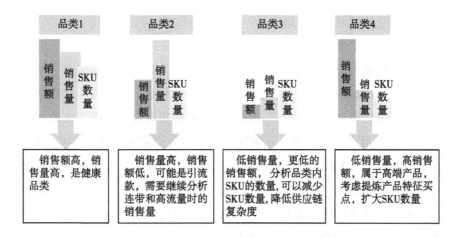

图 5-12 品类销售额、销售量、SKU 数量分析

除了分析自己的数据，还可以看看市面上同行、竞争对手上架了什么商品，哪些卖得好，对比自己的商品结构，选择性地引入新品。渠道商或者品牌商也有动力向零售商提供这样的品类销售洞察信息，特别是自己的产品卖得比较好的时候，希望借此能够占领更多门店、更多货架空间。

选择了新品，还需要确定引入新品的数量，任何新品的销售表现都带有不确定性。对于零售商来说，和渠道商、品牌商建立紧密的协同机制和框架协议，确保市场需求信息第一时间能在供应链链条上传递，就能有效降低风险，根据市场的反馈调整供应的水平。同时也可以参考上文中的供应和需求的风险分析矩阵，来控制风险。

4）新品供应运营

品牌商设计完、生产好新品，就需要把它们输送到市场上，输送到离客户最近的地方，这个活儿就要交给供应链了。新品的销售表现有不确定性，同时新品也需要时间才能积累出足量的库存，这就意味着要提前比较久的时间来预估新品的需求，而这样做出来的预估往往是很不准确的。为了应对预估不准确造成的库存风险，实践中大多数情况下是按照控制生产批量来控制供应水平，这时如何把有限的供应分配到不同的渠道、终端成为新品供应运营的关键点。新品的供应链运作是典型的"推式"，就像士兵出行前的基本弹药和粮草配备，按照总部的规则，把有限的供应分配到各个渠道。

一般按照渠道商或者零售商的等级（销售额、重要程度）、历史同品类销售比例进行分配。随着销售的进行，如果发现实际销售偏离了原先既定的量，比如卖得少了，可以动态调整分配数量，就像战场上根据战况进行军火物资调配一样。先给渠道商或者零售商设定等级，比如把沃尔玛、家乐福、物美、华润万家这种大的零售商定义为关键客户（key account，KA），优先满足它们的需求。同样的等级内，按照历史上的销售比例分配，比如零售商 A、B 历史上分别销售了 40%、60% 的类似产品，则按照这个比例分配新品给它们，这种方法会导致每家的量都是不充足的。还有一种是按照顺序逐个满足，比如总共有 1000 件，门店 A需要 400 件，B 需要 500 件，C 需要 300 件，按照顺序，先满足 A、B，剩下的 100 件分配给 C。

零售商对新品的上架计划，决定了新品上市的总体时间节点和计划。以线下零售商产品上新为例，假设该零售商有两个门店、一个仓库，其新品上市计划表如表 5-3 所示。

表 5-3　线下零售商新品上市计划表

时间		2020/1/6	2020/1/13	2020/1/20	2020/1/27	2020/2/3	2020/2/10	2020/2/17
上市时间				上新				转化为老品
需求占比				20%	20%	30%	30%	
是否有促销				是	是	是	是	否
促销时长（天）				7	7	7	7	
上海门店 1	销售预测			400	400	600	600	
	损耗			10	10	15	15	
	展示和样品			5	5	7	7	
上海门店 2	销售预测			600	600	900	900	
	损耗			15	15	23	23	
	展示和样品			8	8	11	11	
总计	销售预测			1 000	1 000	1 500	1 500	
	损耗			25	25	38	38	
	展示和样品			13	13	18	18	
上海仓库	销售预测		1 000	1 000	1 500	1 500		
	损耗		25	25	37.5	37.5		
	展示和样品		12.5	12.5	17.5	17.5		

注：数据仅供参考，单位略。

首先，需要确定新品在门店终端的上市时间，该例子中两个门店都是 2020 年 1 月 20 日上新，计划新品上市 4 周之后按照老品进行管理，也就是说 2 月 17 日进入老品管理阶段。其次，需要确定新品需求的量级，这里按照需求指数的方法，即参考历史上相似的产品上新后 4 周内的销售比例，计算出需求的占比。再次，按照上新的数量规模，结合销售的比例，进行门店级别的销售预测。除了服务于客户，新品还可能会有损耗，特别是食品、保质期短的产品，展示和样品对于电子消费类产品尤其重要，要让新品有销售必须能让客户体验，这就需要布置样机。最后，测算出门店总的需求。由于从仓库到门店需要时间，因此仓库需要在上新的前一周就准备好商品，仓库的需求会比门店提前，如果该零售商有工厂，那工厂还需要再提前一点时间来准备产品。

品牌商的供应完成之后，按照渠道商要求的到货日期安排运输，渠道商收到货之后按照零售商要求的到货日期安排运输，零售商收到货之后就可以安排把货配送到门店，最后门店按照上市的陈列规范把商品摆放在应该摆放的位置。做好了供应工作，也需要完成需求管理工作，比如门店需要对新品进行营销宣传和推介，确保客户看到这里有新品推出，进行体验甚至尝试，对于餐饮类商品可以提供试吃。

2. 如何进行老产品供应链运营

新品上市之后，经过一段时间的销售，在市场上有了一定的接受度就会产生稳定的需求，供应链运营就进入了如何保持稳定供应的阶段。在这个阶段，终端销售驱动了门店的补货、零售商的仓库的补货、渠道商的补货、品牌商的生产。每个环节的库存补充构成了这个阶段的链条转动的供应驱动力，这个驱动力的大小和开动时间是受"控制器"——库存策略控制的，而控制器接收"感应器"所感知到的过去的销售和对未来的销售预判以及当下的库存水平。

补充库存一般有两种模式。①"持续补货"的模式，比如经营满足基本需求的商品的商超便利店、餐饮连锁一般采用这种形式。②对于获取难度大，供应周期长，同时销售周期短的商品，一般采用 OTB 结合库存策略进行库存的补充，它通过编制采购预算来控制可以在库存上支出的金额，原则是量入为出，销售得多可以多花一点去买新库存，销售得少那就省着点花，避免采购过多导致库存损耗和减值。采用这种模式的典型的代表有流行服饰零售商和新型电子产品比如手机的零售商，也有部分超市采用这种模式控制存货的规模。笔者认为，这种模式可以在季节性、潮流性品类开展实践，针对大型促销的备货也可以采用这种模式，但对于满足基本需求的商品，以及需求相对平稳并且生命周期比较长的品类这种模式并不适用，这些商品与品类更加适合持续补货的模式。

越靠近客户的供应链节点离市场越近，为了提高对市场需求的反应速度，往往补货周期比较短，补充的批量比较小。由于工厂的生产批量和成本考虑，越靠近工厂，往往补货周期越长，补充的批量越大。总仓向工厂进一次货，可能够分仓"拉"好多次了。门店的需求牵动整个供应链的运营，因此首先从门店的角度来进行分析。

1）门店的角度

从门店来看有供应和需求两个角度的运营，通过需求运营扩大进店和购买人数，通过供应运营扩大商品品种或数量，最终的目的是达成业绩目标。如果我们用上文的供应链控制系统的模型来分析，门店需要感知供应、需求的情况，然后下达供应或者需求的指令，让供应驱动力和需求驱动力同时起作用以完成销售。实践中具体由谁来做这两件事有不同的设置，有的零售商比如服装零售商往往由总部集中来做这两件事，而大型超市由门店自主来做，其他门店规模小一点的比如连锁餐饮、烘焙、便利店，供应运营由门店来做，需求运营往往由总部集中统一指挥。不管哪种方式，这两件事总归是要做的，为了分析方便，我们站在事情的角度来看这两种运营如何做。

（1）需求运营

门店是零售的终端，它经营得好坏直接影响整个零售的经营，而需求是否充分，供应是否充足，周转是否顺畅，影响着整个供应链的产出水平。

需求是否充足由如下两方面因素决定。

A. 客流因素

从运营层面来看，客流受天气、日期、市场、营销活动等的影响。

比如，下雨会让一个街边的餐饮店的客流受到影响，但这对一个在商场里的餐饮店的影响可能有限；对于日期，大多数超市、餐饮、服装店周一到周四的客流会比较少，但周五、周六、周日会比较多；节假日和有营销活动时客流会变大。对于线上零售，大多数情况下天气不影响流量，但线上的营销活动的影响就非常大了。

B. 商品因素

客人进店，能不能找到自己需要的商品决定了他会不会购买，这取决于商品组合，即通过什么样的商品来满足目标客户的需求，商品的选择包含商品属性的选择、价格的选择、陈列方式和促销的选择。比如在体育场附近可能运动饮料比较好卖，在办公区域可能咖啡和茶饮料比较好卖。

既然客流和商品影响需求，那我们就有必要分析它们如何影响销售。如果客流发生变化，必然会影响销售，比如客流比去年同期下降了20%，那销售势必要下滑，销售下滑之后，会导致销售预测量减少（如果你不采取"驱动需求动力"的动作），进而导致下次的补货量降低。同理，如果客流上升，会带来销售的上升，导致下次的销售预测量增加，进而导致下次的补货量增加。如果商品组合发生了变化，比如加大了矿泉水的陈列，缩减了碳酸饮料的陈列，这会带来矿泉水销量的上升，碳酸饮料销量的下降。如果对某些商品进行促销，它们的需求量会加大，同时同类的其他商品的销量可能会降低。

门店的需求运营最终是为了带来客流和销售，如图 5-13 所示，销售由"基准销售"和"增量销售"构成。前者是指在没有促销流量、促销商品的情况下发生的销售，是日常每天都会发生的销售，可以理解为"自然销售"，如果自然销售不稳定或者下滑表示公司的基础健康出现了问题。从单店角度来看，它的驱动力有自然客流量，进店客人多，基准销售一般会高。假如早餐门店日常的客流是100，不管你是否有店庆优惠活动，是否有促销，每天这100个客人都会来买早餐吃，这部分销售是生意的根基。基准销售如果发生变化往往是结构性的，比如市场整体下滑或市场整体上升带来的销售下滑或上升，由于竞争对手介入同样的区域带来的整体的销售下滑，周边客群人口的变迁带来的销售下滑等。

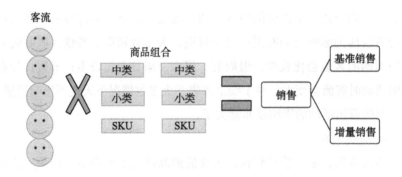

图 5-13　销售的构成

如图 5-14 所示，"增量销售"是市场活动带来的销售，也称为"人为销售"，是在基准销售之上变化的部分。它虽然名为增量销售，但不代表一定是正向的增加，例如你对矿泉水搞促销，矿泉水的销量增加了 50 瓶（称为增加量），这可能会导致其他饮料比如可乐的销量下降 20 瓶（称为蚕食量）。增量销售是局部的和阶段性的，你不会天天搞活动，投放广告，搞价格促销，只会在销售疲软的时候借此吸引客流，扩大销售，或者在节假日或者店庆时借此回馈客户。

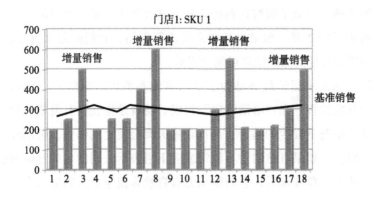

图 5-14　基准销售与增量销售

从感知市场冷暖的角度来看，需要定期对已经发生的客流、转化率、销售额进行分析，发现基准销售的变化情况。对于增量销售，需要对比活动前后客流、转化率、销售额的变化。通过这样的分析及时发现问题，并采取动作。如表5-4中对基准销售的分析示例，首先零售商需要将自己的经营目标分解到每个店，进而得出每个店的客流计划、转化率、销售额计划，随着业务的发生就有了实际的数据。如果发现进店客流低于预期，那就要分析是不是商圈人流结构发生了变化，或者是不是有竞争对手进入。同时为了让客流恢复就需要采取动作，比如进行品牌和门店"知名度"建设，通过广告投放、促销活动、赞助社区活动等方式让大家知道、认识品牌并与品牌产生互动，从而增加客流。如果同等客流条件下，实际购买人数下降，就需要分析商品组合策略和价格策略，比如是不是没有适合客群的商品或者商品的定价出现了问题等。

表 5-4　单店基准销售分析

	10/1	10/8	10/15	10/22	10/29
客流					
经过客流	4 000	4 000	4 500	5 000	5 500
实际客流					
进店率	2.0%	2.5%	3.0%	3.0%	3.0%
实际进店率					
进店人数	80	100	135	150	165
实际进店人数					
购买人数					
购买比例	20.0%	22.0%	23.0%	23.0%	24.0%
实际购买比例					
购买人数	16	22	31	35	40
实际购买比例					
销售额					
客单价	30.00	32.00	33.00	35.00	36.00
实际客单价					
销售额	480	704	1 023	1 225	1 440
实际销售额					

注：数据仅供参考，单位略。

（2）供应运营

我们分析需求运营是要把需求驱动力搞清楚，它会影响销售，进而影响服务于销售的"供应"。门店的供应运营围绕库存展开，库存包含货架上的库存、后仓和发往门店在途的库存，这里面最重要也是最复杂的是库存的补充，它分为补货计划和补货执行两个环节。补货计划是通过分析供应和需求，制定哪些商品要补货，补多少量的计划活动；补货执行是按照补货计划来进行货品的拣选、包装、运输、卸货、入门店仓、上架的动作。

A. 谁来制作补货计划以及其流程是怎样的

谁来制作补货计划？这在实践中有四种情况。

a. 供应商制作。比如，宝洁与沃尔玛应用CPFR技术进行协作，沃尔玛把自己的库存、预测数据分享给宝洁，宝洁据此做出补货计划。专业的供应商参与的补货能给零售商带来很多价值。首先，供应商借助自身对于品类和消费者的专业认识，可以为零售商提供更好的商品组合、陈列的建议，零售商也可以学习到很多品类有关的知识。其次，供应商紧密监控零售商的库存，按需补足，可以有效降低零售商的库存。但这种方式也会带来问题，比如供应商出于自己的利益考虑，可能会把不好卖的商品送过来，寄希望于通过促销把商品卖掉；供应商的销售人员有销售目标的压力时会倾向于多补货。也有些供应商在零售商的门店里安排督导人员，检查商品的销售、库存，给品牌商的仓库下达补货指令。

b. 门店制作，一般是店长或店员制作。便利店、烘焙店、餐饮店往往采用这种模式，大型超市的每个门店就像一家独立的公司，往往也采用这种模式。门店制作补货计划时一般借助内置于门店POS或供应链系统中的"进销存"管理系统，先盘点商品库存量，再将盘点量输入系统，最后凭经验预估补货量。如果使用的是半自动补货系统，店长或店员需要定期设定补货的上下限，输入盘点商品库存数量，由系统测算要补货的量，店长或店员作为总负责人，在这个基础上进行调整、确认，再发送到仓库或供应商。店长或店员制作补货计划的好处有以下三点。第一，他们可以控制自己的工作时间和工作安排，这会提高他们的责任感。总部应给予他们足够的激励和信任，确保他们从公司整体利益考虑，同时让他们控制品类组合、陈列，这可以带来很好的效果。不少日本零售企业都采用这种方式，比如7-11、优衣库等。第二，门店可以推迟或提前订货，节奏自己掌控，这次订多了下次就少订一点，同时避免了店员对总部压货的担心。第三，门店更了解当地消费者，它们订货的时候会更有针对性。

门店这种手工制作补货计划的模式也有缺点。第一，对于送货频繁的商品，订货相对比较容易，今天订多了，明天就不订了，今天订少了，明天还有机会再调整。如果送货周期变长，就要预测很多天的需求，以及要考虑已经下达的尚未到货的数量。比如门店每天订货，但是要 3 ~ 5 天才能到货，那么就可能会有 2 ~ 3 个补货单在"路上"，这时不仅要考虑 3 ~ 5 天后的需求量，还要考虑几天前已经下达过但还没到货的数量，这操作起来比较困难，往往需要自动补货系统的协助。第二，对于多个供应来源（比如不同品类的商品有自己独立的供应来源，有的来自仓库，有的来自供应商），以及不尽相同的补货频率，手工管理难度会很大。第三，当仓库或者供应商库存不足时，手工补货无法考虑到这个限制，导致仓库分配的量不足，门店可能会缺货，而当仓库供应变得充足之后，手工补货又无法重新考虑。最后由于补货对店员的数字分析和处理能力要求比较高，会占用他们不少的时间，从而会影响门店为客户提供服务的时间。

c. 总部制作。总部计划部门统一协调货品供应，统一给各个门店制作补货计划。服装专卖店大多数采用这种模式，快餐连锁企业采用这种模式的也很常见，可以让店员有更多时间服务客户。总部集中补货有两种形式：第一种是推式，比如新品上市、促销、经营季节性商品时都提前把库存分配下去，再开展销售，可以理解为"以补定销"；第二种是拉式，即以销定补，它适用于销售特征已经建立的商品。总部做补货需要两类信息，一是库存信息，二是销售信息。但有些商品是不需要库存数据的，比如报纸、蛋糕、寿司、加工好的鲜食，当天没卖完就报废了，补货时不需要库存信息，即认为库存为零。

d. 总部制作，门店修正，即由总部做出第一版，门店在此基础上根据各自门店的本地的情报进行修正。比如门店对周边的活动、天气、客流的规律掌握得比总部充分的情况下，就可以依据自己的判断调整补货计划，比如增加数量或减少数量，也包含对品种的调整。这种模式下，要约定调整的范围和幅度，不能随便无限制地调整。由于总部和门店一般距离较远，门店的情况总部不掌握，门店店员工作节奏快，不一定会仔细向总部解释为什么要这么调整，就导致总部持续犯同样的错误，补货不对，而店长一次一次手动来修正。这种情况下需要仔细分析每一次的更改，对于规律性的调整，应该考虑是不是补货参数不合理，然后花功夫从根本上解决这些问题。

门店补货计划与执行是零售供应链的核心，它解决的是如何把商品从仓库或供应商处补充到门店的问题。门店就像水龙头，只有打开它，上游各个环节才会跟着响应和调整水位。补货不是零售供应链专有的，其实它在我们每个人的日常生活中也天天发生。每天家里要烧菜做饭，需要到菜场购买原料，然后将它们放到冰箱，每天做饭的时候按需使用，用着用着家里的菜越来越少，那就再去菜场采购。到了节假日，家里会来客人，这时需要多备点菜，加大采购量；工作日家人忙，可能晚上不回来吃饭，这时菜就消耗得慢，维持的时间就长一点。观察家里菜的多少，这就像是盘点；结合节假日等因素估计接下来需要多少菜，这就像是预测未来的销量；根据需要结合家里现在有多少菜，估计要买什么菜，买多少，这就是在做补货计划；去买菜，这就是补货的执行；菜买回来放到冰箱，这就是商品入库。

补货的执行主要包括供应商或零售商仓库的操作人员拣货、包装、装车，物流运输人员运送到门店，门店店员进行检验和接收。一般补货的操作流程如图 5-15 所示。

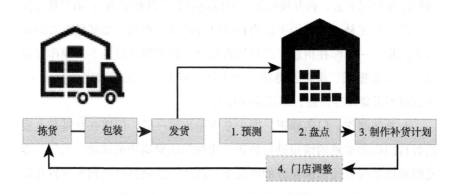

图 5-15　补货的操作流程

要补货首先要对未来的销售进行预测，接着进行库存盘点，看看有多少货在手上，然后制订补货计划，最后门店根据需要调整补货计划。接着就可以将补货计划发给仓库或者供应商进行拣货、包装、发货的动作了。

从作业时间来看，大多数零售企业在门店层面采用的是固定日期补货的方式，比如约定每周补一次或补两次，或者每两天补一次，或者每周的周一、周四补货。也有部分零售商的部分商品，由于是供应商直供，会采用浮动日期补货的方式。固定日期补货的典型流程如图 5-16 所示，T1 日日末制订补货计划，发送给仓库，T2 日仓库进行拣货、包装、发货，T3 日货运送到门店。具体时间间隔要看仓库或供应商到门店的运输距离，以及仓库的处理能力。

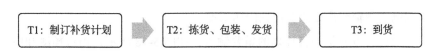

图 5-16　固定日期补货流程示意图

B. 怎么做门店的销售预测

在门店层面做预测和在仓库层面做预测差别非常大，而门店补货与仓库补货也存在差别，如图 5-17 所示。首先，仓库服务的对象一般是门店，它大多数情况下做的是发货预测，即对仓库所覆盖的门店的发货量进行预测。其次，仓库补货的频率比门店低，它不是每天补货，而是按周甚至月来补充，预测的时间颗粒度也比较粗，预测的时间范围比较长。再次，在仓库层面做预测的过程中不考虑每个门店的具体情况，比如不考虑单个门店的客流、门店层面的促销、每个门店当地的天气状况。最后，由于仓库的数据是门店汇总得来的，单个门店的波动会因为门店众多被中和抵消掉，因此仓库层面的预测相对会简单一点。

图 5-17　门店补货与仓库补货的差别

在门店层面的预测要考虑的因素更多，更细致。首先，门店做的是销售预测，影响销售的因素有很多，比如天气会影响街边的便利店的客流，进而影响销量。其次，由于所面对的客群只覆盖了门店周边的区域，样本数据量比较少，随机波动带来的影响会比给仓库层面的总量预测带来的影响大很多。最后，门店的补货频率比较高，有的一天补一次，有的两天补一次，这时所需要的预测颗粒度要细致到天，对于便利店和超市里的生鲜食品甚至要到半天、小时。正是因为这些差别，导致仓库补货预测的逻辑往往无法套用到门店层面。

预测一方面是补货计划的重要输入，如图 5-18 所示，销售预测和库存策略结合起来决定了补货计划；一方面也是销售计划滚动制订和跟踪的输入，对于带有服务性质的零售商比如餐饮零售商，销售预测还指导着人员排班和临时工作人员的招聘计划。然而国内大多数零售商并没有真正在门店层面进行销售预测，往往仅估计一下"补货周期内的需求"，比如接下来 1 天或者 2 天的需求，没有往前看更长的时间。这也和店长时间、精力不够以及没有更好的数字化工具有关。由于门店需求相对稳定，再加上有效的数字化手段，国外部分零售商能做到单店 1～3 个月甚至 3～12 个月的销售预测。这样做的好处是能够提早预判需求，并结合业务目标来采取动作，同时也能建立对每种商品的销售趋势的认识，形成和完善商品的需求特性知识库。

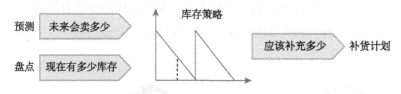

图 5-18　预测、库存策略、补货计划的关系

门店销售预测的方法非常多，但要做好预测的第一步不是选择预测方法，直接开始预测，而是对历史销售的数据进行处理。历史数据中可能有噪声，比如促销、缺货带来的影响，需要处理掉。第二步，预测"基准销售"（没有促销活动的情况下的销售）。第三步，加入未来可以预见的影响需求的事件来预测"增量销售"，比如市场活动，它会带来销售的增加。这就构成了如图 5-19 所示的"门店销售预测三步走"的方法。

图 5-19 门店销售预测三步走

第一步：数据处理。

数据处理是最重要的一步，日常作业中如果你采用了补货计划软件，一般它都会有这样的功能，这就不需要每天手工来做数据处理。笔者此处仅介绍一下数据处理的必要性和基本原理。门店的销售会受多重因素的影响而产生波动，有些波动是季节性、周期性波动，未来还会发生，而有些波动并不是。比如，门店促销活动会增加所促销的商品的销售，促销活动结束了，它的销售会回落；货架上缺货（可能是因为后仓缺货，也可能是因为没有及时上架）会导致销售下降，补充上架后销售又会恢复；门店偶然接到一个大的团购订单，导致销售激增；门店关店或者周边因为施工交通封闭，客流无法到店里导致某一天或者持续几天销售特别低。上述情况非常偶然，在未来较少重复出现。如果我们基于这样的历史销量做预测，很容易出现问题。比如，促销带来增量后，我们按照这个量预测未来的销售，未来如果没有促销，就会导致预测的销售过大，补货过多；库存缺货导致销售降低，如果我们按照历史数据预测，会导致预测的销售变少，按照这个量进行备货，库存会不足，会导致新的缺货，又会导致部分消费者买不到，这样偶然的一两次缺货就变成了持续的缺货。在进行销售预测之前，一定要把这部分受到影响的波动找出来，把历史销售数据还原成基准销售。

以促销为例来说明如何进行数据处理。如图 5-20 所示，门店在第 7、8、9 这三周有促销活动，导致销售大幅增加，最后导致第 14 周的预测销售偏高。这时可以参考历史同期没有促销时的量级，或者参考促销日期前后 4 周的销售的平均值来对其进行"平滑"处理。比如促销周平均销售是 127，其余各周的平均销售是 38，可以把促销周的销售平滑为 38。

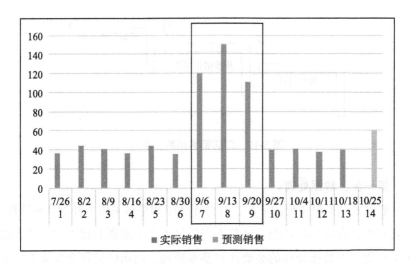

图 5-20　清洗促销带来的增量

再看一个断货的例子。如图 5-21 所示，门店在第 7、8、9 这三周由于缺货导致销量很低甚至没有，如果第 14 周的销售预测按照近 7 周的平均销量来做，会导致预测量偏低进而导致补货偏低，最终销售真的就越来越小了。为此需要把第 7、8、9 这三周的销售补齐，可以用去年同期的销售结合今年的增长率进行推算，然后进行补齐，也可以用最近 3 ～ 7 周的平均数据进行补足。

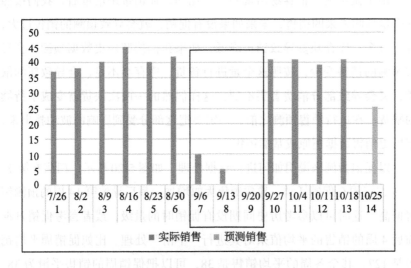

图 5-21　清洗缺货带来的销售异常

数据处理还有很多方法，如果门店经营的品类多或者 SKU 多，逐个处理就会非常复杂且效率低下。

第二步：基准销售预测。

门店的基准销售是基准流量驱动的，基准流量不受日期、天气的影响，也不受促销事件的影响，它是有规律可循的。

● **客流量预测与营业额预估法**

客流是门店生意的根基，监控门店客流的手段也在不断进步，从最早的门店门口的红外装备到手机热点探测，再到现在的摄像头盘点，越来越多的零售门店采用了类似系统。随着数据的丰富和准确，经营分析人员可以采用越来越多的手段，从越来越多的角度来分析客流量的影响因素，帮助企业做出门店层面营销计划和经营计划的建议。

线下门店的客流量受多重因素的影响，主要的影响因素有天气、星期日期、营销活动。这些因素对客流量影响的程度可以通过统计模型测算出来，我们以简单的例子来说明测算的基本原理。以天气为例，如图 5-22 所示，雨雪天气出现时，影响人们的出行，进而影响客流量。如果店员或者总部的计划人员能了解天气如何影响客流量，他们就能够更加精准地"猜测"下一次类似天气情况下客流量会是怎样的，笔者用"猜测"这个词是因为天气本身也是预测出来的，也有精度的问题，运营中不一定要追求 0.99 的精度，只要比人工做的有提高，就可以采纳。

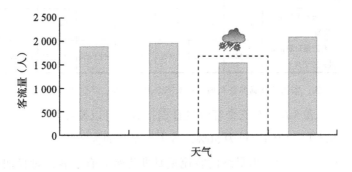

图 5-22　天气与客流量的关系示意图

如何精准地"猜测"呢，可以拿历史上的数据来分析，表 5-5 所示为某个门店近期 5 个晴天的周一的客流量数据和 5 个雨天的周一的客流量数据，把它们匹配起来。假设你知道下周一是雨天，那就可以根据上一次晴天的周一的客流量，预测下周一的客流量了。

表 5-5 晴雨天客流量变化示意

	周一	周一	周一	周一	周一	平均
晴天	104	92	90	94	91	95
雨天	79	75	68	80	68	74
变化幅度	24%	18%	24%	15%	25%	22%

注：表中客流量数据只入不舍。

对于星期日期对客流的影响，如表 5-6 所示，可以把过去一周内每天的客流量，以及过去一个月内星期日期的平均客流量和过去三个月内星期日期的平均客流量统计出来，计算出相应的日均客流量，然后再用统计的这些客流量及平均客流量除以计算得出的日均客流量，最终可以得到相应的客流量日期指数。

表 5-6 星期日期对客流的影响示意

门店 001	周一	周二	周三	周四	周五	周六	周日	日均客流量
过去一周客流量	100	80	90	110	150	200	250	140
客流量日期指数（过去一周）	71.43%	57.14%	64.29%	78.57%	107.14%	142.86%	178.57%	
过去一个月平均客流量	90	71	77	94	123	152	193	115
客流量日期指数（过去一个月）	78.26%	61.74%	66.96%	81.74%	106.96%	132.17%	167.83%	
过去三个月平均客流量	85	53	72	76	98	118	165	96
客流量日期指数（过去三个月）	88.54%	55.21%	75.00%	79.17%	102.08%	122.92%	171.88%	

注：客流量数据非整数的，小数点后只入不舍，单位略。

表 5-6 中有三个客流量日期指数，可以按照加权的方式，比如过去一周的权重为 50%，过去一个月的为 30%，过去三个月的为 20%，计算出最终的客流量日期指数。有了客流量日期指数，接下来就可以用上一周的日均客流乘以每一天的客流量日期指

数，预测下一周每一天的客流量。

接着分析购买客户数、客流量、转化率与日期的关系，如图 5-23 所示，购买客户、客流量和转化率在周与周之间也有不同的变化。找到它们之间的关系后，结合未来的客流量可以预测未来的购买客户，再乘以平均客单价就可以预测出营业额。

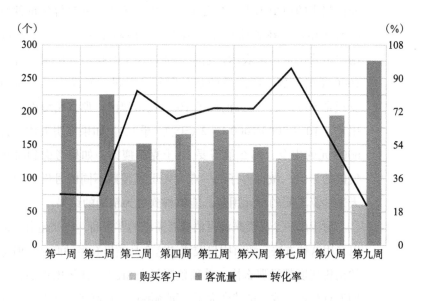

图 5-23　购买客户、客流量、转化率与日期的关系示意图

- **基本预测法**

    基本预测法是最简单的一种预测方法，它认为销售一件接下来还会卖一件，销售两件接下来还会卖两件，预测量就等于销售量。这种方法适用于珠宝首饰、手表等销售非常稀疏的商品，这类商品销售速度慢，不能补太多货，按需补充能够控制库存和资金风险，它对应的补货方法是"销一补一"。

- **总量分解法**

    总量分解法适用于门店销售由多个品类、多种商品构成，同时同一个品类内的商品之间有替代性的情况。比如某个品类内有 A、B 两种商品，客户在商品 A 缺货的情况下，购买商品 B。当做单品预测时，认为 A 缺货了，所以销量应该补全，而 B 销量增加，所以预测可能会被放大，导致品类的总需求平白无故地被放大了。可见按照单品做预测是不合理的，这种情况适合做总量预测，然后按照历史上各个单品的销量比例分解得到各个单品的预测销售量。最典型的是餐饮零售，客户的饭量是有限的，不可能吃下所有的菜品，点了红烧肉可能就不点红烧排骨。这时通过分析门店的历史销售，结合未来销售额预测，分解得到每种原料的预测用量。在餐饮行业，销售额与原料用量之间的关系可以用"千元用量"来表示，它是指通过历史数据测算出来的每发生1000元销售额，所需要的某种原料的数量。假设昨天门店的营业额是5000元，昨天消耗了10千克精瘦肉，那么精瘦肉的千元用量 = 10/（5000/1000）= 2（千克/千元）。如果你明天估计会做6000元的生意，那么就需要12千克精瘦肉。如果考虑到时间和气候的影响，做得再仔细一点，还可以按照不同的月份、周甚至天来计算不同的千元用量，能够得到更为精确的结果。

对于以一个品类来满足消费者需求的零售商，比如超市，也可以采用这种方法。超市中口腔清洁这个品类里有多种商品，但每种的销售速度都没那么快，单独预测每个 SKU 是比较困难的，但它们汇总起来，数据量就变大了，可预测性就提高了。从总量上预测完之后，按照历史销售比例，可以分解得到每个单品的销量预测。

- **平均销量预测法**

平均销量预测法通过单品历史的销量测算出每日平均销量，再结合补货周期计算出补货周期内的需求。这种方法适用于需求平稳，波动幅度不大，季节性不强的商品。这类商品的需求比较平稳，用简单的方法做预测直观且容易理解，对于门店的店员来讲可操作性强。如表 5-7 和图 5-24 所示，我们可以用历史上过去13 天的平均销量来预测第 14 天的销量，把前 13 天的销量相加，然后除以 13，得到平均每天的销量，将该平均销量作为第 14 天的预测销量。具体用多长时间的历史数据，取决于商品销售的特征，我们可以把历史销售数据都整理出来看一下，看看在一定范围内销售的波动持续了多长时间。

表 5-7　按照历史上过去 13 天的平均销量来预测

天数	1	2	3	4	5	6	7	8	9	10	11	12	13	14
时间	7/27	7/28	7/29	7/30	7/31	8/1	8/2	8/3	8/4	8/5	8/6	8/7	8/8	8/9
实际销量	35	26	30	39	38	39	29	33	39	35	27	32	35	
预测销量														34

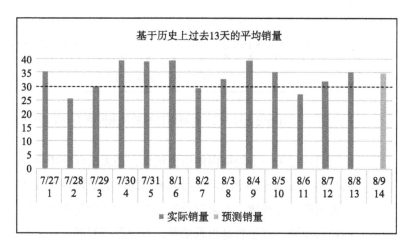

图 5-24　按照历史上过去 13 天的平均销量来预测

实践中，几乎不存在需求完全没有波动的商品，就算是满足基本需求的商品其需求也会有一定程度的波动。比如每逢周末，客流量变大，销售就会放大，过了周末，需求会有所回落，这时上述方法就需要进行一些调整。比如只看历史上过去 13 周每周日的销量，然后将其平均销量作为下个周日的预测销量，如表 5-8 和图 5-25 所示。

表 5-8　用历史上过去 13 周每周日的销量来预测下一个周日的销量

周数（周日）	1	2	3	4	5	6	7	8	9	10	11	12	13	14
时间	7/26	8/2	8/9	8/16	8/23	8/30	9/6	9/13	9/20	9/27	10/4	10/11	10/18	10/25
实际销量	39	38	45	38	39	37	35	44	40	35	43	39	44	
预测销量														40

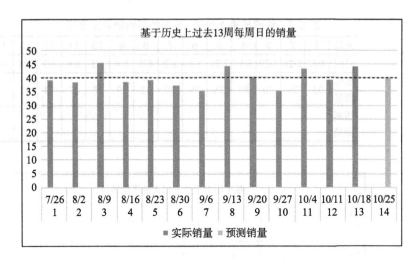

图 5-25　用历史上过去 13 周每周日的销量来预测下一个周日的销量

　　只用过去一个周期内的历史销售，还无法反映销售连续变化的趋势。如图 5-26 所示，过去 28 周的历史销售存在波动，同时这种波动也有规律，如果只看过去 7 周的历史销售来计算下一周的销售预测，就很容易出现偏差，有可能刚好赶上一个销售高峰周期的结束。

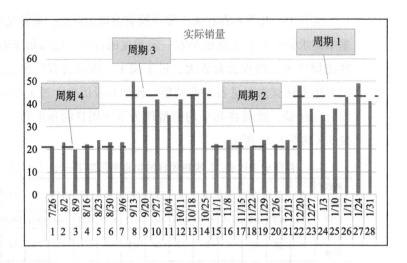

图 5-26　周期性波动的销售走势示意图

为了解决这个问题，引入两种方法来修正。**方法一**，如图 5-27 所示，周期 1 和周期 2 之间有较大的波动，我们可以给不同历史周期赋予不同的权重，一般认为越靠近当下的周期的销售规律，越能影响和揭示未来的销售，越远离当下的周期，因为时过境迁越不能反映未来的销售。假设周期 2 的平均销量是 22，权重是 30%，周期 1 的平均销量是 43，权重是 70%，下一周的预测销量 = 22×30%+43×70% ≈ 37。权重的大小怎么设置呢，举个简单的例子来说明，可以用拟合的方式，用 W 代表周期 2 的权重，100%−W 就是周期 3 的权重，周期 2 的平均销量 ×W+ 周期 3 的平均销量 ×（1−W）= 周期 1 的销量，这三个周期的销量已知，这样可以算出来 W 等于多少。如果你参考的是不止一个周期的历史销售，这个过程就比较复杂，会有多个权重，需要借助专业工具。**方法二**，对于年度增长的趋势，可以通过与历史同期的比较来识别，如图 5-27 所示，20×0 年周期 2 的平均销量是 22，周期 1 的平均销量是 43，增长了（43−22）/22 = 95%。而 20×1 年周期 2 的平均销量只有 16，那么用 20×0 年周期 1 的增幅可以预测 20×1 年周期 1 的销量，即 16+16×95% ≈ 31。

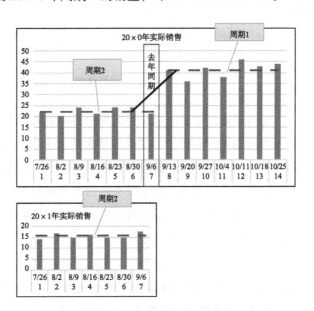

图 5-27　近两年趋势的延续

- **需求走势预测法（也称为生命周期预测法或者季节性指数预测法）**

　　需求走势用来描述一个商品的需求随着时间的起伏的特征，通过它能够提早完整地感应到商品需求的高峰和低谷及其对应的时间。这种方法通过分析历史上同一个商品在不同门店的销售趋势，将趋势相近的归为一类，形成一个需求走势，通过计算近52周每周某商品的销量占52周平均销量的比例得到需求指数，然后将具体的商品和需求走势曲线结合起来，就可以进行销售预测了。如图5-28所示为某商品2018年和2019年在某个门店的销售的曲线走势。

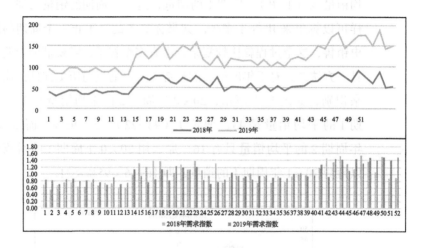

图 5-28　需求走势预测法示意图

　　用每周的总销量除以全年的周平均销量就得到各周的需求指数，当周的销量高于平均需求时该指数大于1，小于平均需求则指数小于1，全年52周的指数加起来等于52，它的高低代表了每周需求变动的情况。它假设全年的需求在每周是有一定分配比例的，需求会在不同的时间段之间移动但不会消失，本周不消费在接下来的某一周就会消费。

　　在使用该方法的过程中，把从当前周算起过去52周的需求指数测算一遍，然后计算出需求指数所代表的销售量。举个例子，过去52周某个商品总共卖了5200件，那么需求指数1就代

表了 100 件销售，假设接下来一个周期内的第 10 周的需求指数
是 2，那么可以预测该周的销量是 200 件，第 11 周的需求指数
是 1.8，可以预测它的销量是 180 件。假设你通过促销把 12 周的
需求指数提高到了 3，那么后续的需求指数就需要被降下来，总
需求指数不会超过 52。以超市里的快消品纸巾为例，你可以在
第 13 周对它进行打折，以提高销量，客户在打折周买得多了，
接下来的周需求就会减少，导致接下来的周需求指数下降。

　　该方法适用于门店周边客户结构相对稳定且品类需求稳定的
情况，比如超市里售卖的满足基本需求的商品。

- **统计预测模型**

　　我们可以用商品的历史销售数据，结合统计预测模型来进行
销售预测。统计预测模型有很多种，有基于时间轴的模型，也称
为时间序列模型，比如移动平均法、指数平滑法、线性回归、霍
尔特温特指数平滑法、克罗斯顿、多项式回归等，更高级的还有
电商平台上使用的人工智能预测模型。这类模型可以考虑的因素
更多，比如可以考虑天气，可以考虑今天是周几。

　　有基于需求影响因子的统计预测模型，它认为需求与环境中
的某些因素密切有关，比如纸尿片的销量与人口出生率有关，产
品的销量与促销有关，雨伞的销量与天气有关，新产品的销售与
其生命周期有关。实践中往往是这两种模型结合使用，时间序列
模型用来预测商品的基准销量，而影响因素模型用来预测商品销
量中因为环境变化而变化的部分。

　　预测可以很简单也可以很复杂，复杂的不一定适合，简单的
也不一定就不好用，最重要的是匹配商品的销售特点，搞清楚商
品销售的驱动因素和历史销售的特点才能选择合适的模型。由于
每个统计模型都有自己的特点和适用的场景，笔者不在这里一一
展开，市面上有些供应链计划软件会用数学模型测算商品的销售
特征，进而选择适用的统计模型，有效地提高预测准确率，同时
也释放人的时间。在总部集中制订补货计划的模式下，利用软件
可以让人在同样的条件下，完成更多的门店的销售预测与补货。

第三步：增量销售预测。

毋庸置疑，营销活动是促进客户购买的重要方式，零售商发现销售疲软跟不上目标进度，就会搞一把促销。然而这也给供应链带来了挑战，越来越多的营销活动使得需求预测变得很困难，也就影响到了供应，要么供应不足，无法有效支撑营销活动，要么供应过多，降低了库存周转甚至造成损耗浪费。营销活动有多种类型，有单品的促销，有品类的活动，还有全店的活动，这些都会带来销量的增加。

营销活动销量预测一般有三种方法：第一种是通过分析历史促销带来的销量变化，计算未来类似的活动所能带来的销量变化；第二种是回归分析，分析历史价格折扣时价格和销量的关系，构建价格弹性指数，然后未来有新的促销可以应用这个弹性指数来测算销量；第三种是目标分解法，根据促销计划制定的总销售目标，把促销量分解到参与促销的单品上。

- 在第一种方法下，比如过去一个月某个商品搞了买一送一的活动，销量比平均销量增加了 20%，那么未来再搞这样的活动也可以带来 20% 的销量增加。如图 5-29 所示，可以通过分析活动销量与平均销量的关系来找到活动带来的增量。读者可能留意到，促销前后销量都比平均销量要低，一般客户提前得知某段时间有促销，就会等到促销的时候集中购物，导致前期需求下降，同样地，集中购物结束之后商品卖得多了，带来一段时间的空窗期。也可以通过分析历史促销前后的数据统计出促销前后销量的下降幅度，从而为未来的促销预测所用。

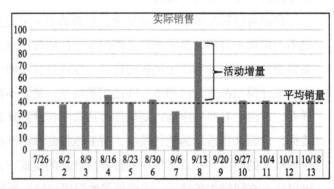

图 5-29　促销带来的销量增加示意图

这种方法下要注意单品销量增加对同品类下其他单品的销售的影响，比如超市里某个酸奶单品搞活动，这会导致其他酸奶的销量下降，称之为蚕食效应，如图 5-30 所示。计算时一般会从商品品牌、属性、价格、历史销售多种因素出发，计算单品之间的替代系数，替代效应弱的情况下，一个单品搞活动时，对另外一个单品的蚕食比较有限。例如客户偏好 A 品牌的酸奶，它被 B 品牌替代的系数很小，当 B 品牌打折时，对 A 品牌的酸奶的影响可能是非常有限的。

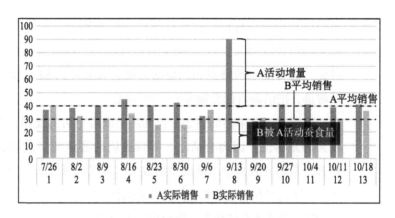

图 5-30　促销带来的蚕食效应示意图

- 价格折扣是刺激需求的重要手段，因此可以运用第二种方法。价格和销量之间是有弹性关系的，同时不同类型的商品的弹性不一样。比如面包打 8 折，可能带来了 40% 的销量增长，但是猪肉打 8 折可能会带来 30% 的销量增长。用销量增加的量除以折扣变动的比例，就可以得到价格弹性系数，上例中面包的价格弹性系数 = 40% / (−20%) = −2。

　　如图 5-31 所示，通过分析历史上不同折扣下的需求增加的数量测算出价格和销量的弹性系数。未来要做折扣活动时，可以参考这个曲线所代表的弹性指数来测算销量增加的部分，增加的多少取决于曲线的倾斜程度。对于没有做过价格折扣的商品，可以参考类似或同类商品的弹性系数来推算其销量。

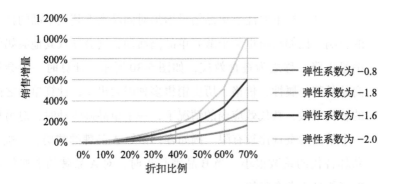

图 5-31　折扣销量弹性指数示意图

- 市场活动是有目标的，也可以运用目标分解法。比如要带来 10 万元的销售额增长，或者 10% 的销售增长，这时可以按照这个目标，结合活动的特点和供应的情况，分解得到 SKU 级别的活动增量，把活动目标金额分解到该 SKU。

　　最后对于非单品的促销，比如品类或者全店的促销，影响比较大的是客流。因为有活动，导致进店的客流变多或者转化率提升，最终导致多个单品的销售放大。可以通过分析历史促销中客流、转化率和销量的关系找到三者的相关性，然后预计未来的活动能带来的客流和转化率，进而估计促销时的销量。在电商行业花钱购买流量带动销售是非常普遍的，可以通过分析历史上流量活动带来的客流、转化率、销量之间的关系，来预测未来活动的销量。

C. 门店的库存量

　　准确的库存数量是门店补货的重要输入，做补货计划就是基于预测和库存数量做数学运算。比如，现在是周日晚上，某门店预计接下来一周某商品会卖 100 个，库存账本里显示该商品的库存有 20 个，那就需要补充 80 个来支撑下一周的销售。库存账本里的库存数字有两种来源。第一种是由门店库存管理系统（POS 或 ERP 里附带的功能）自动更新计算得出的，称为永续库存。比如，某门店昨天进货 20 个，今天卖了 10 个，歇业的时候就剩下 10 个，这 10 个也称为理论库存。第二种是定期库存盘点得到的物理库存量，比如停止营业后盘点店里还有多少件商品，然后根据实际的库存盘点结果更新库存账本。库存账本中的期末库存的计算逻辑，如图 5-32 所示。

期初库存 ＋ 到货 ＋ 客户退货 － 客户购买 － 门店间转移 － 损毁丢失 ＝ 期末库存

图 5-32 库存账本中的期末库存的计算逻辑

库存账本中的库存数量是否准确，直接决定着补货计划的准确性，而大部分零售门店在业务开展过程中，多多少少都会因为入库数量错误、商品损耗、丢失、销售出库错误导致实际库存和理论库存不一致。举个例子，门店补货计划中制定的补货量为 50 个，但仓库实际只发了 45 个，到货后，门店没有检查，直接按照计划补货量确认入库，库存就凭空增加了 5 个；再比如，有 A、B 两种商品，分别有 20 个和 30 个库存，两者外观非常接近但其实是不同的 SKU，客户买了 5 个 A，交易时店员误操作按照 B 进行销售，这时账本上就有 20 个 A、25 个 B，而门店里实际上有 15 个 A、30 个 B。这导致库存虚高或偏低，为了核实门店的实际库存，就需要店员定期对门店商品存量进行盘点，从而掌握货物的实际留存情况。

具体做法是，首先按照商品的重要程度和销售速度，将盘点分为核心商品日盘点、非核心商品周盘点或月盘点，其他可为抽盘。门店库存盘点一般也可以跟补货频率保持同步，比如每天下达一次补货指令，在制作补货指令之前进行一次盘点。以便利店为例，它的商品补货频率有日补、两日补等，日补的就需要日盘。盘点一般在客流少的时候进行，也有的在歇业后进行，这需要考虑做补货计划的时间，如果补货计划要下午 4 点之前下达，门店就需要在 4 点之前完成盘点和补货计划的制作。如果是总部制作补货计划，一般会要求门店下班前进行一次盘点。

也有零售商因商品 SKU 太多没有办法每一个都盘点，它会分析 SKU 盘点库存与理论库存的差异情况，把出现差异比较小的 SKU 纳入低频盘点，或者采用理论库存进行补货计算，不用每次补货前都做盘点。对于当日过期的商品，往往不做盘点，认为当日日末的库存为零。

D. 怎么做补货计划

有了销售预测和盘点数量，就可以着手补货计划的制订了。补货计划是为了计算出需要补充的库存数量，它的核心逻辑可以用如下公式表达。

补货量 = 需求（送货周期内的需求 + 补货周期内的需求）–
供应（库存 + 在途量 + 预计到达的订单数量）

补货的逻辑如果用文字表达就是，"到下次到货之前"预计要销售的数量，减去现有库存的数量、发往门店的在路上的库存量、已经下达补货单但尚未发货的数量。我们以简单的买菜为例，假设你每周日去买菜，买下一周的菜量，你估计下周一家人会吃掉 5 斤番茄，现在家里大概有半斤，那么你需要采购的量就是 4.5 斤。在零售业中，情况要比这个复杂得多，你周日决定去买菜，1 个小时菜就买回来了。而零售业大多数商品从"下达补货计划"到"货品被送到店"，需要至少 1 天的时间。因此你不能等到库存没有的时候，才开始制作补货计划，这样你会缺货。如图 5-33 所示，假设补货计划的制作时间（也称为再订货点）早于实际到货的时间 1 天，这 1 天称为送货周期；假设两次补货指令之间的时间间隔为 3 天，这 3 天称为补货周期。在制作补货计划时，要确保"到货量"能够覆盖"补货周期"加"送货周期"内的需求，也就是说这次补货要覆盖 4 天的需求，直到下一次到货。因此总需求量就是这两个时间段内的需求之和。总供应包括制作补货计划时的库存数量，以及在送货周期和补货周期内预计会到达的在途库存、预计会到达的订单数量。

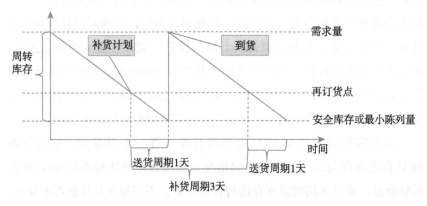

图 5-33 库存策略示意图

库存分为几种不同的类型，有周转库存、陈列库存、安全库存。周转库存即送货周期加补货周期内满足销售需求的库存，比如送货周期加补货周期是 4 天，预计每天的销售量是 10 件，那么周转库存就是 40 件。陈列库存即为了满足客户浏览、查看、挑选的库存，陈列库存由分配给该商品的空间决定。以超市为例，如果一个商品分配了 4 个横向陈列面，每个面的深度是 5 个纵深，那么最大陈列量就是 20 个，最小陈列量就是 4 个（当然最小陈列量也可以根据需要来设定）。补货周期内的需求可能会比你预测的大，同时送货时间和送货量可能也会有波动，为了应对这种不确定性，需要额外的库存来应对风险，这部分库存称为安全库存。安全库存可以以天表示，比如额外 2 天的需求量作为安全库存；也可以用周转库存的百分比表示，比如额外 20% 的库存；还可以通过统计模型来计算安全库存（测算近一段时间的预测准确率、缺货情况，结合有货率或服务水平目标，通过统计模型计算安全库存），后续章节会详细介绍。在进行补货计算时，一般会用安全库存或者最小陈列量这两者中比较大的那一个作为最小库存。也有零售商为了保证陈列的饱满，会用安全库存加上最小陈列量作为最小库存。

图 5-33 中所示的库存策略模型看似简单，却是供应链非常核心和关键的内容，由它也衍生出了很多不同的模型和方法。比如最大最小库存法，该方法把周转库存＋最小库存固定住，将其作为最大库存，也就是图 5-33 中的最高点，最小库存一般用最小陈列量。只要库存低于最小库存，就补货到最大量，这时补货公式就变成了**补货量 = 需求（最大库存量）– 供应（库存 + 在途量 + 预计到达的订单数量）**。

最大最小库存法从时间的角度衍生出了两类模型。一类是固定频率补货模型，比如每两天补货一次，不管现在手上有多少库存，都补充到最高库存，这种方法也称为**库存上限法**。一类是不固定频率补货模型，比如每天检查库存量，但是只有库存低于最低库存或者"再订货点"（送货周期内的需求 + 最小库存）时才进行补货，这也就相当于手上的库存量不足以撑到下次到货（送货周期）再加上最小库存时才进行补货计划的制作，如果再不补货后面几天就没东西卖了。超市便利店行业还有按照固定日期补货的场景，比如每周二、四补货等。

接下来我们按照不同的零售业态来进行详细介绍。

☞ 餐饮零售门店

餐饮零售门店所销售的成品并没有库存，客户点单了才开始生产，门店里的库存一般是食材或原料，补货的对象也就是这些原料。我们去餐厅看到菜单上有众多的菜品选择，这些菜品背后的食材是相对集中的，不一定会很多，比如三道菜里可能都用到了同样一种蔬菜或肉类，只是做法不同。同时，客户到店里消费，如果所点选的菜品的原料没有了，大多数情况下客户会接受换一个菜品。由于菜品众多，每一种被点选的频率可能很低，基于这样的数据想要做出合理的菜品需求预测是比较困难的。相反，它们的原料的消耗量比较大且相对集中，是可以做出质能够让人接受的预测的。

实践中一般有两种做法。第一种，对于菜品丰富的餐饮零售业，直接通过千元用量预测食材的消耗量，结合库存策略制作补货计划。如表 5-9 所示，按照周计算千元用量和每周的需求（当然也可以按照日计算，逻辑都是一样的）。首先用历史上近 3～5 周的销量和材料耗用量计算千元用量。以调味粉为例，历史上它每周的用量 25kg，它的包装规格是袋，每袋 5kg，那么它每个月的使用量就是 5 袋。历史上每周的营业额是 500 000 元，那么调味粉历史的千元用量 = 5/500 000 × 1000 = 0.01。如果预计下个月的营业额是 60 000 元，那么就需要调味粉 600 000 × 0.01= 6（袋），当前库存 2 袋，这次就需要订 4 袋。假设回顾历史的使用量，发现会有 5%～10% 的波动，那么可以在预估需求中增加 5%～10% 甚至更高的量作为安全库存来应对这种波动。

表 5-9　餐饮行业千元用量补货法

原料名称	货品规格	历史使用量（kg/周）	历史使用量（规格/周）	历史营业额（元/周）	千元用量（规格）	库存（规格）	预估需求（规格）	计划订货量（规格）
		千元用量					预估营业额（元/周）	600 000
调味粉	5kg/袋	25kg	5	500 000	0.01	2	6	4
鸡胸肉	10kg/袋	200kg	20	500 000	0.04	1	24	23
鸡腿	10kg/袋	300kg	30	500 000	0.06	0	36	36
肉丸	20kg/袋	500kg	25	500 000	0.05	0	30	30

这种方法的关键是定期用新的历史数据刷新计算千元用量，同时需要考虑天气、节气、周期的影响。假如按照天来计算，你可以用过去 3

周、2周、1周的数据，测算每天的千元用量，然后把天气情况、星期日期考虑进去，找到千元用量与天气和星期日期的关系。

第二种，对于菜品集中度高，菜品的配方标准化程度高的情况，可以直接预测成品的销量，按照配方分解得到原料的需求，再结合原料的库存来计算原料补货量。比如快餐连锁，它的菜单上的成品的数量相对较少，加工的标准化程度很高，它甚至可以直接从仓库补充包装好的食材，每袋包装可以提供一个菜品所需要的所有食材，在门店只要简单加工即可。也有的餐饮零售企业提供预加工好的食品，然后冷藏包装，在门店解冻和加热即可。这种情况可以直接预测菜的需求量，然后结合库存来计算补货计划。

饮品零售业也类似，一般制作饮品的原料相对比较单一，同时成品的品种也比较集中，没有快餐、中西餐门店的菜品那么多。直接通过预测饮料（成品）的需求，按照配方（BOM）分解得到原料的需求，再加上预估的额外的损耗量（比如店员操作中的浪费和标准用量的偏差），就可以得到总的需求，然后再结合库存来判断要不要进货，进多少货。以奶茶店为例，它每两天补一次货，店员隔天下班前下达补货计划给总部，总部第二天早上送货到门店。假设店员预测珍珠奶茶接下来两天的需求会有300杯，每杯珍珠奶茶的原料构成如表5-10所示。如表所示，制作一杯珍珠奶茶需要珍珠15克，300杯奶茶就需要4500克珍珠，同时估计会有200克的损耗，总需求就是4700克，包装规格是500克每袋，那么就需要10袋（小数向上进位），现有库存3.5袋（0.5袋是店员根据使用情况预估的，也可以保守一点认为有3袋），那么进货量就是6.5袋，进位之后就是7袋。

表 5-10 饮品行业每天补货：原料分解法

珍珠奶茶	原料	用量	单位	需求量	损耗	规格（克/袋）	需求规格	现有库存	订货量
300	珍珠	15	克	4 500	200	500	10	3.5	7
	奶精	10	克	3 000	300	500	7	2	5
	泡沫红茶	15	克	4 500	200	500	10	3	7

在这个方法中，珍珠奶茶的销量是需要根据历史销量用上文所述预测方法进行预测的，对于店员来说最简单的做法就是用平均销量进行预

测，对于损耗可以用历史数据进行预测。同时饮料行业与天气和所预测日期是周几密切相关，更精准的做法是加入这些因素用统计预测模型进行销量预测。

如果每两天或每周补一次货，表 5-10 所示的方法就不适用了，同时由于食品是有保质期的，因此测算库存时需要把失效的库存扣除。如图 5-34 所示，假设门店每三天有一次到货，前一天晚上提交补货计划，第二天早上到货，安全库存是预测用量的 20%。6 月 29 日这一天期初库存为 70 个，原料用量预测是通过上述千元用量预测出来的，29 日需要 26 个，这样期末库存为 44 个。由于该原料有保质期，29 日要撤掉 5 个到期库存，期末真正可用的库存就只有 39 个了。6 月 30 日这一天，期末可用库存只有 6 个了，如果不补货，7 月 1 日就没有原料可以用了。补货所针对的需求为 7 月 1 日、7 月 2 日、7 月 3 日这三天预估用量之和即 92 个，再加上这段时间内要到期的库存 20 个，总共 112 个，扣掉 6 月 30 日的期末可用库存 6 个，得到需求为 106 个，按照 106 个去补货，到 7 月 3 日日末刚好库存为 0，为了确保 7 月 3 日日末可用库存不低于安全库存 7 个，就需要再加 7 个安全库存，得到最终的补货量为 113 个。沿着时间轴，后续的补货计划，读者可以尝试自己进行推算。

	6/29	6/30	7/1	7/2	7/3	7/4	7/5	7/6	7/7	7/8	7/9	7/10	7/11	7/12
期初到货量			113			100			105			109		
期初库存	70	39	119	78	52	107	81	41	112	72	39	115	81	37
原料用量预测	26	33	31	26	35	26	35	34	25	33	28	34	34	31
期末库存	44	6	88	52	17	81	46	7	87	39	11	81	47	6
到期库存	5		10		10		5		15		5		10	
期末可用库存	39	6	78	52	7	81	41	7	72	39	6	81	37	6
安全库存	5	7	6	5	7	5	7	5	5	7	6	7	7	6
补货计划量		●113			●100			●105			●109			
到货日			Y			Y			Y			Y		

图 5-34 有保质期的原料补货示意图

☞ **商超、便利店、药店、化妆品专卖店**

经营日用品的商超、便利店，经营常规药品的药店，以及经营化妆品的专卖店，它们所经营的品类比较多，一般会有 10 ～ 50 个品类，单品数因门店的面积大小不同而不同，从大店到小店 SKU 大约在 500 ～ 20 000 个。

　　零售门店存在的目的是满足目标客户对商品多样性的需求，因此有些品类内的商品即便销售得很慢很少也必须有，比如动销很慢的长尾商品，如针线、雨伞等，同时也有些品类销售得很快，比如软饮料、零食等。卖得快的品类的占比大概在 20%，剩下的绝大多数是长尾商品，超市里绝大多数商品一周可能都卖不到一个进货规格的数量，在化妆品专卖店，同一款香水一周卖 2 ～ 3 瓶已经是很高的销量了。正是因为这些因素，就需要多种补货方法来适应不同商品的特点。

　　根据所经营的商品的销售数据特性进行分类，如图 5-35 所示，按照商品的销售额占比将其分为A、B、C 三个等级，然后再按照商品的历史销售数据特点将其分为X、Y、Z 三个等级（需求的波动性可以用 coefficient of variation 即"变异系数"来测算）。然后把所经营的商品或者商品的分类填到这

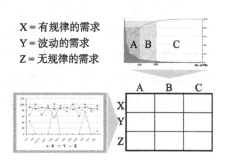

图 5-35　销售等级与需求波动性矩阵

个格子里，为每个格子采用不同的补货方法。一般，对于 X、Y 类商品，可以采用最大最小库存法；对于 Z 类商品，可以采用基本补货法。

　　Z 代表了销售无规律的 SKU，可以采用基本补货法。该方法基于基本预测法，其补货方法是销售一个补充一个，销售两个补充两个。只要发生了销售就驱动补货，补货的量等于销售的量。采用该补货方法的典型商品包括中高端的珠宝首饰、手表、化妆品、香水等。

　　如图 5-36 所示，假设期初库存有 40 个，是货架上的陈列量，销售了 35 个后，剩下 5 个，那就再补充35 个，确保货架陈列满即可。如果

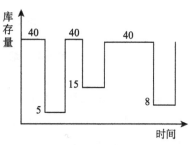

图 5-36　基本补货法示意图

商品陈列规格和订货规格不一样，就需要补齐至订货规格，比如可能会出现销售了 1 个，然后补了一件（12 个）这种情况。

对于销售在一定范围内波动的商品，比如 X、Y 类的商品，可以采用**最大最小库存法（也称为库存上下限法）**进行补充，这种方法有三种不同的形式，第一种是用近期的平均销售量计算最大、最小库存，第二种是只有最大库存，没有最小库存，第三种是用预测计算最大、最小库存，下文逐一介绍。

第一种方法，用近期的平均销售量计算最大、最小库存。如图 5-37 所示，最大最小库存法是一种比较简单、易于操作的方法，现在很多更高级和复杂的方法也都是基于它发展而来的。我们回到生活中的场景，喝牛奶是很健康的生活方式，很多家庭都会定期购买牛奶，将其放到冰箱里，每天喝一瓶。当冰箱里的牛奶只有 1 瓶时，就去超市里购买新的一批奶，再放到冰箱里。这是典型的最大最小库存法，1 瓶是最小库存，一箱是最大库存，只要冰箱里的牛奶到了 1 瓶就去补货，补到一箱为止。

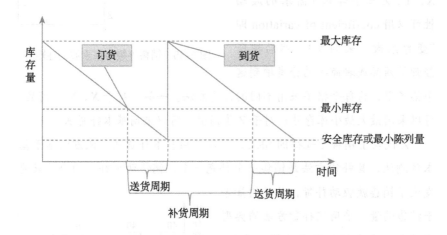

图 5-37　最大最小库存法补货原理

回到便利店或者超市行业，如图 5-40 所示，假如便利店里每两天做一次补货计划，下达补货计划之后第二天仓库或者供应商送货到门店。这种方法最关键的是确定最大和最小库存量，**最小库存**是确保从下达补货计划到商品到货这段时间不断货的数量，换言之最小库存要确保"送货周期"内不缺货。它由两部分构成：①送货周期内的需求，②安全库存或者最小陈列量。安全库存用来应对风险，最小陈列量是为了让客户可以浏览、查看、挑选，这两者是有交集的。安全库存也可以放在货架上作为陈列，同时陈列库存也可以扮演安全库存的角色，因此一般为了不造成库存冗余，在安全库存和最小陈列量中取两者中最大的那个。

最大库存量是由送货周期加上补货周期内的总需求，再加上安全库存或者最小陈列量两者中较大的那一个得到的。之所以要往后看送货周期加上补货周期的天数，是因为在订货时间点来看，此次补货到货后，要能覆盖到下一次补货到货，也就是下一次库存耗尽的时候。

以表 5-11 为例，假设用历史上 7 天的平均销量来测算未来的需求量，安全库存用覆盖周数的方法计算，比如要覆盖 1 周的销量，陈列库存用最少 5 个陈列面，每个面最少 4 个纵深来算，送货周期为 1 天，补货周期为 3 天。

表 5-11 最大最小库存法补货参数示意

日期（D 代表天）	D1	D2	D3	D4	D5	D6	D7	参数	
历史销售	67	70	72	71	70	72	68	历史销售天数	7 天
平均销售	70	70	70	70	70	70	70		
两者中的最大值	70	70	70	70	70	70	70		
安全库存	70	70	70	70	70	70	70	安全库存周数	1 周
最小陈列	20	20	20	20	20	20	20	陈列面（列 × 行）	5×4
最大库存	350	350	350	350	350	350	350		
补货+送货周期内的需求	280	280	280	280	280	280	280	补货周期+送货周期	4 天
最小库存	140	140	140	140	140	140	140		
送货周期内的需求	70	70	70	70	70	70	70	送货周期	1 天

首先，计算平均销售，表 5-11 中该商品过去 7 天的平均销售是 70 个，以 1 天的销售作为安全库存，就是 70 个，最小陈列是 20 个。其次，计算最小库存，送货周期内的需求就是 1 天内的需求，也就是 70 个，再加上安全库存和最小陈列库存中的较大值即 70 个，得到最小库存，即 140 个。最后，计算最大库存，送货周期加上补货周期内的需求是 $70×4 = 280$（个），再加上安全库存和最小陈列库存中的较大值，即 70 个，得到最大库存，即 350 个。

计算出最大、最小库存，再来看一下具体是怎么计算补货量的。如表 5-12 所示，从第 9 天开始，假设第 9 天期初库存为 230 件，当天销售了 69 件，那么期末库存剩余 161 件，是大于最小库存的，因此不需要进行补货。到了第 10 天，预计晚上歇业后库存剩余 91 件，然后发现这小于最小库存，这时就需要补货了，用最大库存减去到货前一天的预计期末库存（第 11 天）350-18 = 332（件），这 332 件经过仓库拣货、包装、装车、运输，要到第 12 天早上才能到货。

表 5-12　最大最小库存计算示意

日期（D代表天）	D9	D10	D11	D12	D13	D14	D15	D16
到货数量				332			210	
期初库存	230	161	91	350	281	208	350	279
日均销售	69	70	73	69	73	68	71	71
期末库存	161	91	18	281	208	140	279	208
最大库存	350	350	350	350	350	350	350	350
最小库存	140	140	140	140	140	140	140	140
补货计划量		332			210			

到了第 12 天，早上到货 332 件，再加上前一天剩余的 18 件，期初库存就有 350 件。依次类推。你可以看到，当期末库存低于或等于最小库存时就会触发补货，隔天到货。

实践中最小库存的量是防止缺货的数量，最大库存的量是防止库存过多的数量。最小库存越小，补货相对就会越频繁，但平均持有的库存会比较低，库存持有成本会降低。最小库存越大，补货就相对越不频繁，平均持有的库存就会比较高。最大和最小库存越接近，补货量就越小，给仓库或供应商造成的运营压力就越大。

如果发现门店频繁出现缺货，应该考虑加大最小库存量，加大的方式可以是调整陈列也可以是加大安全库存。相反，如果门店人员抱怨商品周转慢，库存过多，可以考虑调整最大库存量，但最好不要两个一起调整。门店经营的品类比较多，不止一种，因此最大、最小库存的设置要考虑商品之间的差异性。

最大最小库存法最大的好处是非常直观，就像我们给车加油一样，油箱里的油有高位和低位，低于最低位就触发警报，加到最高位就加不进去了，这个道理大多数人都能明白。不论是谁制作补货计划，只要观察剩余油量，低于最低位就加油，然后继续观察，再次低于最低位就再次加油。把最小库存和最大库存在一段时间内固定住，如果有自动补货的系统的话，可以让系统程序自动检查库存账本上的数量来计算补货量，一旦发现期末库存低于最小库存就触发补货建议。事后出现问题，不管是总部的补货人员，还是店员，都可以来分析最大、最小库存设置得是否合理，有没有导致缺货的问题，这种方法的学习成本较低，对人员的要求也会有所降低。

但它也有缺点，由于固定了最大和最小库存，如果需求波动比较大，按照当初设定好的最大、最小库存水平进行补货，很容易出现断货的情况。读者可以拿上述表格做一下模拟，调整日均销售，让它出现一定幅度的波动，观察库存的变化情况。为了应对这种问题，出现了这种方法的一个进化版本。如图 5-38 所示，根据近期的销售趋势重新计算最大、最小库存量。比如对于有季节性趋势的商品，观测历史同期数据，即将进入相应季节时，修正最大和最小库存量即可，等到预判销售起伏即将结束时，再更正最大最小库存量，这样的方式甚至也能应对营销活动导致的需求波动。

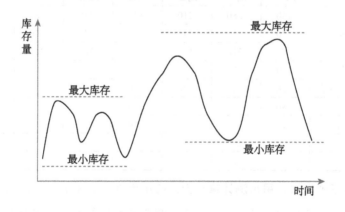

图 5-38 动态计算最大最小库存的方法

第二种方法，只有最大库存，没有最小库存。 有部分零售商定期往门店发货，比如每两天发一次货，或者每周二、每周四进行发货。这种情况下，只要商品库存低于最大库存就进行补货，补到最大库存，而不再将现有库存和最小库存进行比较，这种方法也称为**库存上限法**。如果拿给汽车加油做比喻，这种方法就是有事没事，只要经过加油站，就把油箱加满，不管油箱里剩多少油。这种方法下，最大库存等于两次补货间隔之间的总需求加上安全库存或陈列库存。

用表 5-13 举例示意，假设仓库每周二、每周五早上送货到门店，门店需要在前一天晚上下班前提交补货计划给仓库。周一早上的库存假设有 140 个，销售预测（日均需求）为 70 个，期末库存就有 70 个，考虑到周二早上到货，下次到货要到周五早上，这段时间的需求有（周二、周三、周四，总共 3 天）70×3 = 210（个），再加上安全库存 70 个，需求总共为 280 个。周一期末库存有 70 个，那么总共还需要 280–70 = 210（个），因此补货计划量为 210 个。仓库连夜拣货，第二天一早送到，周二早上的库存就有 280 个。到了周四下午又要订货了，这时候库存有 70 个，下次到货是周二早上，因此需要覆盖 4 天（周五、周六、周日、下周一）的需求，再加上安全库存，总共 350 个，减去现有库存 70，补货计划量等于 280 个，周五一早就到货了。

表 5-13　库存上限补货法示意

	周一	周二	周三	周四	周五	周六	周日
期初库存	140	280	210	140	350	280	210
日均需求	70	70	70	70	70	70	70
期末库存	70	210	140	70	280	210	140
安全库存	70	70	70	70	70	70	70
最小陈列库存	20	20	20	20	20	20	20
最大库存	280			350			
补货计划量	210			280			
到货量		210			280		
到货日		Y			Y		

第三种方法，用预测计算最大、最小库存。对于需求有波动或者有季节性、周期性的商品，可以采用预测驱动补货的方式。它与上述静态最大最小库存方法最大的区别在于，需求不是采用历史需求的平均值，而是采用往前看的"预测值"。这种方法下，最大库存会随着预测的变化而变化，并不是一成不变的。

如图 5-39 举例示意，该商品每三天送货一次，提前三天下达补货计划。假设明天是 6 月 29 日，期初库存有 80 个，销售预测为 45 个，期末库存是 35 个。到了第二天，销售预测为 26 个，期末库存到 9 个，需要制订补货计划了。这次补货计划需要覆盖 7 月 1 日、7 月 2 日、7 月 3 日 3 天的需求即 111（=34+38+39）个，同时安全库存和最小陈列两者的最大值是 30，再加上这 30 个，总需求是 141 个。现有库存 9 个，因此需要补货 132 个，如果有最小包装规格，则需要进位到最小包装规格，其余各天的计算逻辑可以依次类推。

	6/29	6/30	7/1	7/2	7/3	7/4	7/5	7/6	7/7	7/8	7/9	7/10	7/11	7/12
期初到货量			132			90			111			100		
期初库存	80	35	141	107	69	120	85	57	141	113	72	130	94	68
销售预测	45	26	34	38	39	35	28	27	28	41	42	36	26	38
期末库存	35	9	107	69	30	85	57	30	113	72	30	94	68	30
安全库存	30	30	30	30	30	30	30	30	30	30	30	30	30	30
陈列库存	20	20	20	20	20	20	20	20	20	20	20	20	20	20
补货计划量		●132			●90			●111			●100			
到货日			Y			Y			Y			Y		

图 5-39　基于预测的最大最小库存法示意图

补货说难也不难，说不难也难。说它不难是因为，通过简单的补货方法，可以用直觉来做判断；说它难是因为，假如你非要追求 99% 的准确率，用了很多高深的技术，费了很大的劲儿，结果可能也没有达到你想要的效果。

☞ 流行服饰、新潮电子产品零售

流行服饰、新潮电子产品的销售速度比较慢，一天卖 1～5 件就已经算很不错了。同时，它们往往有不同的细分规格，比如服装，同种风格、同一系列有不同的颜色和尺码，导致 SKU 数量很多，再如同样型号的手机，有不同的内存、CPU 组合。上述两种原因导致 SKU 级别的销售数据更为稀疏，单店 SKU 级别的预测很难做准确。

这种情况下一般会用"目标库存"（target lnventory level）的方式来驱动补货，目标库存是指每次补货后的库存到达的水位（order up to level），它应该能覆盖下个周期内的需求。周期性补货时，目标库存其实就是补货下单时的库存量再加上要补货的量，换言之，也就是每个 SKU 在补货周期内的总需求加上安全库存量。这种方式讲究的不完全是精准性，而是根据市场销售趋势动态调整库存水位。当销售得好的时候，目标库存定高一点，以应对未来的需求；当销售得不好的时候，目标库存定低一点，避免库存积压。

以手机为例，它是分系列的，每个系列下面有多种型号，每种型号的手机由多种配置（内存＋颜色）构成，一种配置唯一地决定了一个 SKU。如图 5-40 所示，2020 年华为推出的 P40 系列手机分为三种型号，每种型号下面细分为多种配置。

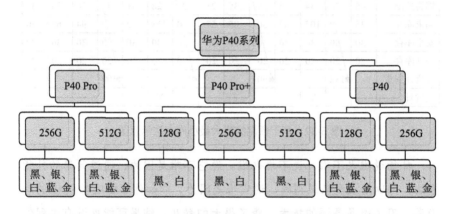

图 5-40　华为手机系列、型号、配置示意图

补货的颗粒度必须到 SKU 和门店，我们没有办法根据型号进行补货，目标库存的测算也必须在 SKU 级别。目标库存的计算方法分为两步。**第一步**，计算到货周期内的需求量，比如 2 天到一次货，那么就计算 2 天的需求量再加上安全库存。

需求量 ＝ 送货周期内的需求 ＋ 安全库存

送货周期内的需求，可以采用简单预测的方法。安全库存可以用天表达，比如额外配备满足 1 天需求的量作为安全库存。

第二步，对比需求量和最小陈列量，确定目标库存。每天预计剩余的库存即"目标库存"是要能满足送货周期内的需求量的。举个极端的例子，假设今天店里没有库存了，为了支撑接下来 2 天的销售，今天到货的量要能满足未来 2 天的需求量和安全库存，所以每一天的目标库存一般就是"需求量"。门店对商品有陈列的要求，商品至少要摆放到柜台或者货架上，同时库存也不能太多，有个上限。因此需要对需求量和最小陈列量做比较，如果低于最小陈列量，那么库存补充到最小陈列量就满足需求了；如果高于最小陈列量，那么就需要将需求量作为目标库存量，同时也要确保需求量不高于库存上限（比如最大陈列量或者测算出来的销售的上限），从而把库存控制在合理的范围内，如图 5-41 示意。

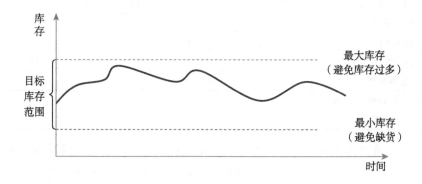

图 5-41 目标库存控制范围示意图

举个例子来看，货架上摆放了 5 个陈列面，每个面有 3 个纵深，那么最小库存是 5 个，最大库存是货架陈列满的量即 15 个（库存上限）。"需求量"是为了确保到货周期内的需求能得到满足，把它与最大、最小库存进行比较，从而确保库存数量的合理性。如果"需求量"小于最小库存，假设还以需求量作为目标库存，会导致门店里卖完货之后商品陈列缺失，不饱满，这会影响消费者的购物欲望进而影响销售。如果"需求量"大于最大库存，会导致门店卖完货之后，库存过多。

分析表 5-14 所示的具体例子，该手机店当天下达补货指令，2 天后到货。安全库存覆盖需求的天数为 1 天，那么"需求量"就是送货提前期内的需求加上安全库存的量，即 3 天内的需求。如表中"需求量"一行所示，从周一往前看 3 天（包含周一），需求量就是周一、周二、周三的销售预测之和，即 6 台，周二往前看 3 天，需求量就是周二、周三、周四 3 天需求量之后，即 3 台，依次类推。

表 5-14　手机按照目标库存补货示意

	第 13 周						
	周一	周二	周三	周四	周五	周六	周日
日期	2022/9/26	2022/9/27	2022/9/28	2022/9/29	2022/9/30	2022/10/1	2022/10/2
期初库存	10	11	15	14	13	15	16
销售预测	4	1	1	1	3	4	5
在途库存	5	5	0	0	0	0	0
预计到货量	0	0	0	0	5	5	0
期末库存	11	15	14	13	15	16	11
需求量	6	3	5	8	12	12	10
最小库存	5	5	5	5	5	5	5
最大库存	15	15	15	15	15	15	15
目标库存	6	3	5	8	12	12	10
送货提前期	2	2	2	2	2	2	2
补货计划量	0	0	5	5	0	0	5
补货规格	5	5	5	5	5	5	5

接着将需求量和最大、最小库存量进行比较，周一的时候需求量大于最小库存，小于最大库存，那么目标库存就是需求量 6 个。周一，期初库存有 10 个，销售了 4 个，剩下 6 个，同时有 5 个在途会到货，期末就有 11 个库存，大于目标库存 6 个，因此不需要补货。直到周五，期初库存是 13 个，销售了 3 个，剩下 10 个，而周五的目标库存是 12 个，需要补充 12-10 = 2（个），补货规格是 5 个起，因此补充 5 个，考虑到送货提前期是 2 天，因此要在周三下达补货计划。到了周六，期初库存是 15 个，销售了 4 个，剩下 11 个，而目标库存是 12 个，则需要补充 5 个，在周四下达补货计划。这样做最大的好处是把门店里的库存控制在可以维系 2 天销售的范围内，外加一些安全库存，两天后就有新的库存到店。

对于流行服饰也可以采用上述类似的方法，服装的复杂度和手机也类似，同样的款式有不同的尺码、颜色，每个 SKU 其实销售得并不多。流行服饰商品的需求波动性和挥发性很大，稍纵即逝，销售的频率很低，更难预测。因此在做目标库存测算时，更多的是参考市场需求的变化，而不仅仅是陈列库存的限制。比如卖得好的商品，目标库存就应该调高；卖得不好的商品，目标库存就应该下调。在计算目标库存时先给一个初始目标库存，然后以此在市场开展销售。根据商品"实际销售"的情况

（比如有没有断货，或者过多），来调整本次补货计划中的目标库存。如果上个周期出现断货了，那本次目标库存就应该调高；如果上个周期库存过多了，那本次目标库存就应该降低。由于这种方法不参考预测，仅仅参考历史销量，因此它总是滞后于销售一个周期，会导致商品销售爬坡或下滑时，总是晚一个周期被感知到，爬坡时容易导致库存不够出现缺货，下滑时会导致库存过多。为了弥补这个缺陷，需要结合对商品销售趋势和生命周期的预判。

E. 自动补货还是手工补货

上文介绍了实践中常用的补货方法，除此之外，零售商还面临一个非常重要的选择，即自动补货还是手工补货。对于总部集中补货的模式，有必要借助自动补货系统。这样即便是用库存上下限或者库存上限补货法，上下限也可以跟着预测的销量动态调整，从而减少人工干预，提高自动化程度，否则就需要人不断地监控和调整库存上下限。但问题恰恰就出在这里，零售前端的创新太多太快了，消费者可以选择的购物途径也越来越多，导致零售门店的销售预测越来越难做，即便补货系统有预测功能，还是需要人来进行监控和干预。为了用好自动补货系统，需要设计完整的例外监控机制，比如能够把经常断货的商品、门店识别出来，能够把库存过高的商品和门店识别出来，能够把有断货风险的商品识别出来。让人来处理例外，没有例外的部分就交给系统自动运行。

同时想要用好自动补货，也需要供应侧的配合，比如供应商有稳定的送货周期，或者仓库有稳定的送货周期。供应商发货需要能够符合补货指令，到货时间和数量稳定可靠；仓库发货必须按时按量。否则自动补货计算出来的计划，到头来没有办法执行，最后还是得人工去找到底货在哪儿，什么时候到，实在追不上了回过头来修改补货量等，就又回到人工补货了。

店长人工补货看起来好像很落后，但有些场景下它是适用的。比如对于规模不大的零售商，商品品类集中，让店员手工补货发挥主观能动性，不见得就比自动补货差。

F. 补货执行怎么做

做好了补货计划，接下来就需要执行补货计划了。执行的第一步是确认供应来源（供应商直发门店的情况下，来源就是供应商；如果是自己的仓库发货，来源就是仓库）是否有充足的供应，并决定给门店补多少量。如果供应充足，皆大欢喜，门店能够得到"补货计划"所要求的数量；如果供应有限，这时就涉及供应如何分配的问题。一般有这样三种方法：①按照优先级分配，优先级高的门店优先满足，比如按照门店的销售等级，等级高的全部满足后，剩下的再往等级低的分配。②按照比例均分，即按照各个门店近期（一周或一个月）销售的占比，进行分配。③按照各个门店预计的销售速度，以及运输成本预期收益，进行优化分配，确保总体收益最大化。这个逻辑是说每个门店其实是生来就不平等的，有的销售速度快，有的慢，总部希望把有限的资源优先投入能最快销售的门店，这样就能加快周转。

如果商品从自己的仓库发往门店，其补货的执行过程如图 5-42 所示。由于一次发货要覆盖多个门店，规模大的零售商门店数量多，可能需要多个车辆来进行货物的运输。具体哪个车辆走哪条路线，给哪些门店送货，是需要定义好的。在实践中有两种做法：一种是固定路线，比如先送门店 1，再送门店 2，最后送门店 3，车辆的分配就看哪辆车空闲；一种是动态地根据车辆的班次和送货量的大小来进行计算和分配。不管哪种方式，都需根据补货单输出接下来的运输路线，然后打印出拣货清单和装箱清单。这样仓库拣货的时候才能有针对性地把货品按照门店区分开来，放到待发货区，并贴上补货单号。如果不这样做，把所有货品一锅粥地放到待发货区，后面发货的时候就不知道先发给谁，应该把哪些货卸下来，导致混乱。

有了这些明确的指示，接下来进行商品的拣选，拣货完毕，把货品放到待发区域，如果是比较散的规格，则需要对商品进行包装，最后就等着装车和把货发出去。

货发到门店后，补货还没有完成，还需要门店进行接收确认。门店店员根据补货单，结合装箱清单、发货单，对货品进行数量和外观损毁的检查，过程中可能需要将商品的包装解除，确认没有问题后再收货。

在门店的系统里输入接收数量或者确认补货完成，账簿库存增加。

- 输入：补货单
- 处理过程：根据补货单生成拣货清单，进行拣货
- 结果：货品放到待发区域

- 输入：拣选好、堆放的货品
- 处理过程：货品包装或堆叠
- 结果：包装和堆叠好的货包、装箱清单

- 输入：包装和堆叠好的货品
- 处理过程：生成发货单，货品装车、运输、卸货
- 结果：货品发到门店

图 5-42　补货的执行过程

2）分销网络的角度

上规模的零售商会有自己的仓库，甚至会有多级仓库，比如有前置仓、分仓、总仓。门店里的库存满足了客户的需要，而分销网络里的库存，除了电商的前置仓是满足客户需求的（To C），其他更多是满足门店需要的（To B）。这些设施也需要进行库存的补充，本节以如图 5-43 所示的总仓—前置仓的网络结构进行介绍，先从前置仓开始。

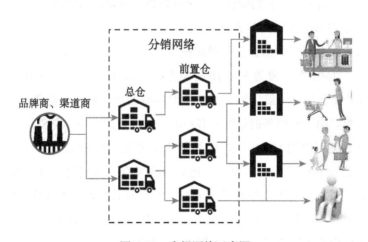

图 5-43　多级网络示意图

（1）前置仓补货

建立前置仓是为了更靠近市场，更快速地响应市场需求。一般生鲜电商都会有前置仓，线下零售商由于门店仓储空间有限，销售速度很快的情况下也会建立前置仓。笔者认为前置仓有两种，一种是市区内甚至是闹市区的仓库，扮演的是服务线上客户订单的角色，这种前置仓里的布局就像我们在超市看到的货架，工作人员像"逛超市"一样，在里面拣选客户在线订购的商品，这种仓库在欧美也称为 dark store，顾名思义它"黑灯瞎火"，不开门营业。但是里面的布局和门店差不多，也有货架和简单的陈列，便于工作人员拣货。也有一些销售标品的电商，把前置仓做成自动仓库，不需要太多人工干预，这种情况下它就不像门店，更像仓库了。阿里旗下的盒马鲜生把门店和前置仓合二为一，所以购物的时候，你会发现你和门店里的拣货人员在"背对背"购物。

另一种更像是仓库，它服务的对象是门店，可能在市区也可能在城市的近郊。对于餐饮零售行业，由于门店加工空间的限制，也会在市区购置独立的中央厨房，或者跟供应商合作在类似的场所进行菜品、熟食、冷冻食品的加工，再运到门店。比如便利店、咖啡店里的熟食、三明治、汉堡包，大多是中央厨房送到门店的。把这种类型的仓库称为分仓也不太合适，分仓更多的是指覆盖一个区域的仓库（RDC），笔者暂且也把它纳入前置仓的范畴。这种类型的仓库在欧美称为 FDC（fast deliver center），顾名思义，它们能够快速进行发货，满足门店的需求。

A. 服务线上客户的前置仓

服务线上客户的前置仓一般面积在 100 ～ 500 平方米，SKU 的数量在 800 ～ 1500 个，覆盖 3 ～ 10 公里范围的需求，可以实现 30 分钟到 1 小时送货上门。一般生鲜商品、低温冷藏的加工食品是这类前置仓的核心品类。由于它服务的是线上客户的订单，因此本质上它就是个门店，那是不是就可以用上文中给门店补货的方法呢？还不行，门店的补货一般是固定频率或者固定日期的，比如每两天有一次到货，或者每周二、每周四到货。而前置仓往往是按需补货的，即只要剩余库存低于再订货点（最大最小库存订货法的情况下，再订货点就是最小库存）就触发补货，不固定送货频率或日期，如图 5-44 所示。

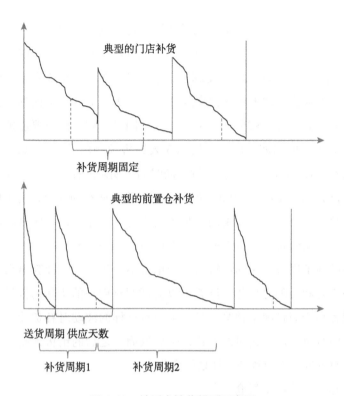

图 5-44　前置仓补货模型示意图

补多少量取决于送货周期和供应天数。送货周期（supply lead time）即下达补货计划后，货品多长时间送到仓库，它由总仓或供应商拣货、包装、发货、运输的周期决定。合并供应天数（fixed days supply）是指单次补货覆盖的需求天数，它的目的是控制订货的频率。对于蔬菜、肉类、现制的冷藏食品等保质期短，客户对新鲜度要求高的商品，需要高频补货，合并供应天数在 1～2 天，甚至半天；对于"干货"如米、酱油、醋这类，供应天数可以长一点，比如 3～7 天。当然这也取决于商品需求的波动性：需求随机性很大，商品单价很高，供应天数也可以短一点；需求稳定，并且保质期长的，可以长一点。

由于这类前置仓不是给客户挑选商品用的，客户只是在网上进行商品挑选，并不在意店里面的陈列，因此最大、最小陈列就不重要，重要的是安全库存，因为它能确保当实际需求超出预测量时，需求仍然能被满足。

举一个例子，如图 5-45 所示，与补货有关的参数：假设安全库存是销售预测量的 20%，送货提前期是 2 天，合并供应天数是 3 天，每次到货发生在早上。周一期初库存是 60 个，销售预测为 15 个，期末库存为 45 个。到了周三，期末库存变成了 3 个，刚好等于安全库存量。到了周四，如果不补货，期末库存就变成 −20 个，为了周四早上能到货，提前两天也就是周二晚上就要做好补货计划。同时，到货的量要能覆盖 3 天的销售需求，即周四、周五、周六 3 天销售预测的总和，总共 113 个，考虑到周五有 10 个在途库存到货，同时周三期末库存是 3 个，这样总共就需要补货 113−10−3 = 100（个），到周五晚上库存为 0 个，由于周五的安全库存是 8 个，也就是说周五最少要维持 8 个库存，这样总共需要补货 108 个。预计周四的期初库存就是 108+3 = 111（个）。

假设到了周一，实际销售与预测销售不一致，这时计算出来的补货量和补货时间会随之变化。读者可以尝试调整周一的实际销售量，让它大于或者小于周日晚上预测的量，来观察这样的波动对补货计划产生的影响。同时由于周一销量的变化，会导致周一之后的销售预测也随之变化，从而更进一步导致补货计划的变化。

B. 服务门店的前置仓

对于服务门店的前置仓，它们的需求来自所服务的门店，门店的补货量就构成了它们的发货需求。如图 5-46 所示，门店 1、2、3 随着销售的发生，库存减少到一定程度就需要补货，三个门店的补货计划合起来构成了前置仓 1 的发货预测。

假设前置仓晚上发货，门店第二天一早收到货。前置仓晚上发出补货计划，总仓第二天早上送货到前置仓，该商品的供应天数为 3 天，安全库存是 50 个。8 月 3 日前置仓 1 期初库存有 100 个，需要发货 64（=22+17+25）个，这样期末预计有 36 个，低于安全库存，这就需要补货了。补货量需要往前看 3 天的需求，即 8 月 4 日、8 月 5 日、8 月 6 日 3 天的需求量，等于 55（=17+17+21）个，同时安全库存为 50 个，总需求为 105 个，减去现有库存 36 个，需要补货 69 个，这 69 个在 8 月 4 日早上到货，同样的逻辑可以计算出 8 月 6 日需要补充 123 个，这是一个典型的门店需求拉动仓库补货的场景。为了让这样的模式运行，门店层面的补货计划一定要有足够的展望期，比如 2～4 周甚至 1～3 个月。

周日晚上	第13周							第14周						
日期	周一 2022/9/26	周二 2022/9/27	周三 2022/9/28	周四 2022/9/29	周五 2022/9/30	周六 2022/10/1	周日 2022/10/2	周一 2022/10/3	周二 2022/10/4	周三 2022/10/5	周四 2022/10/6	周五 2022/10/7	周六 2022/10/8	周日 2022/10/9
预计到货				108			81			77			29	
期初库存	60	45	20	111	88	58	89	39	18	82	65	25	33	20
销售预测	15	25	17	23	40	50	50	21	24	17	40	21	23	20
在途库存					10				11				10	
期末库存（有补货）	45	20	3	88	58	8	39	18	5	65	25	4	20	0
期末库存（无补货）	45	20	3	-20	58	8	-42	18	5	-12	25	4	-9	0
安全库存	3	5	3	5	8	10	10	4	5	3	8	4	5	4
补货量		108			81			77			29			
送货提前期	2	2	2	2	2	2	2	2	2	2	2	2	2	2
供应天数	3	3	3	3	3	3	3	3	3	3	3	3	3	3

图5-45　前置仓补货逻辑示意图

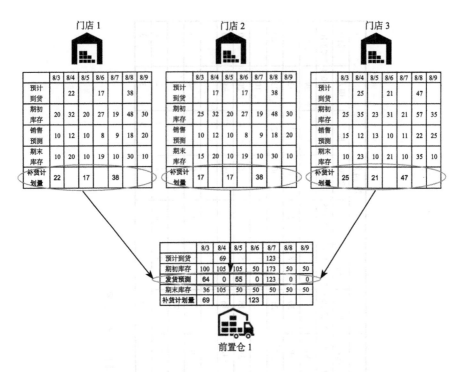

图 5-46　服务门店的前置仓补货计算示意图

在零售场景越来越多的情况下也出现了混合型的前置仓，这时仓库里一部分区域服务线上客户的订单，一部分区域服务门店的需求。这让整个情况变得更复杂，尤其是销售预测环节。需要换一种思路来应对，比如预测前置仓所覆盖区域内总的消费需求，然后扣掉区域内门店库存，来测算前置仓应该进货的数量。这样的方式可以确保整体供应是均衡的，但客户可以在线上下单，也可以在门店下单，客户在门店还是在线上下单有随机性，他可不管整体供应是不是均衡，到了门店没货对他来说就是很差的体验。因此就需要运用运筹优化的技术来合理地把库存分配到门店，确保线下和线上的有货率都最高。

C.长周期商品的补货

上述例子比较简单，同时示例商品的送货周期比较短。对于商品获取周期比较长的情况，比如受总仓或者供应商供应周期的限制，商品要2～8周才能进行一次补货，这时前置仓所需要的"发货预测"的展望期（向前看多长时间）会变长，为此就需要拉长门店补货计划的展望期。要做更长周期的补货计划，这就意味着需求的不确定性更大，导致补货计划偏差变大，进而导致前置仓的发货预测更不准确。为了应对这个问题，实践中的方法是在前置仓层面做预测，也就是把前置仓所覆盖的门店的需求合起来做预测，由于门店多，样本数据量大，多个门店的需求波动会因为此消彼长被抵消，因此可以得到精度比单个门店预测更高的预测。预测得到总销量之后，扣掉前置仓的库存、门店现有的库存，就可以计算出前置仓向总仓的补货需求，具体的例子在"总仓补货"一节详细介绍。

D．前置仓补货与门店补货的协同

设想一个场景，每次总仓或供应商给前置仓补货之后，这些货品在仓库里待上一天或者两天，就被发到门店里去了。这个过程中需要把货品从车上搬下来，上架到仓库的货架，然后等门店的补货单来了，再进行拣货、包装、发货、运输，到门店，花费了不少人力物力，同时增加了物流成本和两天的库存持有成本，有没有更好的方式呢？

前置仓一般会设置在市区，同样的面积其建设和使用成本比总仓要高不少，可以说寸土寸金，因此一般仅在前置仓放置高频消费、高毛利的品类，比如生鲜食品，或者需求量高、波动大的商品，比如夏天的啤酒和冰淇淋。对于其他品类，比如体积大，占用空间多的品类，如卫生纸等，有两种方式可以节约整体成本：①采用"直通"（cross docking）的方式。在这种方式下，供应商或总仓把货品送到前置仓，但不进行货品上架，前置仓把当天要发往门店的其他货品一并打包和装车，发往门店。②货品到达前置仓之后，卸货和解除包装，将要发往门店的部分与其他货品一起打包发往门店，剩下的部分放到前置仓的货架上。

如图 5-47 所示，这两种方式都需要在做补货计划时协调好前置仓补货和门店补货的时间和节奏。前置仓到货的时间要和前置仓往门店发货的时间匹配，比如前置仓往门店是每两天发一次，那么前置仓的到货时间也要按照这个节奏来，然后再按照供应商或者总仓发货的周期，来推算前置仓应该下达补货计划的时间。

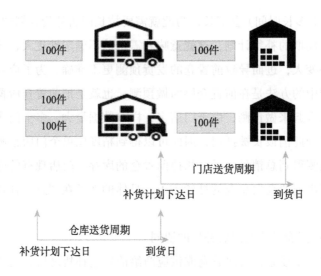

图 5-47　根据到货时间倒推补货时间

（2）总仓补货

总仓往前置仓补货，与前置仓往门店补货有相似之处。如图 5-48 所示，假设一个总仓覆盖了两个前置仓，总仓的发货预测就来自前置仓的补货计划，这是典型的拉式补货。总仓的不同商品有不同的送货周期和供应天数，据此可以测算出总仓的补货计划。具体怎么计算上文已经详细介绍过，这里不再赘述。

拉式补货适合有现货或者获取难度低、供应充足的商品，换言之就是你想要补货的时候，市场上能找到供应来源。对于这类商品，往往是供应提前期小于补货周期，不需要提前太长时间来做补货计划，比如补货周期是 3 天即每 3 天补一次货，供应提前期是 1 ～ 3 天，下单之后 1 ～ 3 天能拿到货。如果举一个生活中的例子，这就好像你去超市里买猪肉，超市里都是现货，你不需要提前很长时间做采购计划。但如果超市里的猪肉供应不足，每周限量，你就会多买一点囤起来，而不是按照你近期真实的需求量来采购。对于供应周期比较长的商品就是这种情况，我们用上文中提到的"供应驱动力"来描述，这就属于供应驱动力不足的商品，比如供应周期是 10 天，而补货周期是 2 天，这种情况下你需要提前至少 10 天制作补货计划。

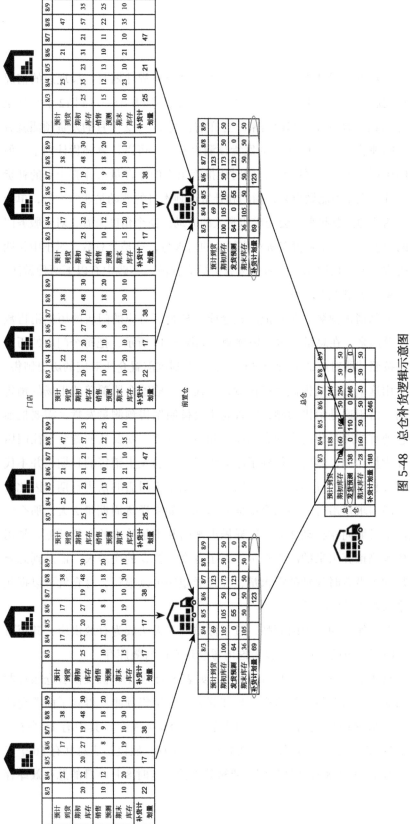

图 5-48 总仓补货逻辑示意图

针对供应驱动力不足的商品，在做总仓补货计划时，最理想的情况是在门店层面制订中长期的补货计划，把从当周开始一直到 12 个月甚至 24 个月内的补货计划都做出来。这样前置仓 1 ～ 12 个月的发货预测就有了，同理总仓 1 ～ 12 个月的发货预测也有了，可以计算补货计划了。但让门店预测 12 个月的销售，同时用推算出来的库存量来计算未来的补货量，且不说能不能做出来，预测和补货计划本身的波动是非常大的，单个门店的波动汇总起来，会变成非常大的波动。换个角度来看，对于服务门店的前置仓，它需要覆盖所对应门店的需求量，这是个总数，对于中长期的需求，如果按照总量来做精度就会更有保障，实践中有以下两种做法。

A. 汇总销售预测法

汇总销售预测法是指把前置仓或者分仓所对应的门店的历史销售数据汇总起来，在总量上做销售预测。如图 5-49 所示，把每个门店的历史销售按照其所对应的前置仓进行汇总，得到该前置仓所对应的历史销售，然后用这个历史销售做销售预测，这代表了前置仓所覆盖的市场的销售预测。由于这是销售预测，前置仓不会按照销售预测量发货，需要把前置仓现有的库存和门店现有的库存扣掉，并把近期要从前置仓发往门店的补货量扣掉，然后就得到了净需求量。门店发生销售的日期，并不代表前置仓发货的日期，前置仓的发货日期早于门店的销售日期，因此需要把净需求量沿着时间轴全部向左移动，如果送货周期是 2 天，那么就把需求日期向左移动 2 天。这样做出来的并不是精准的发货预测，是用销售预测推算出来的净需求量，有了各个前置仓的净需求，汇总到总仓就得到了沿着时间轴的需求量，并且展望期可以很长，总仓就可以据此安排采购或者生产了。

对于保质期很短的商品，过了保质期就无法成为有效供应，甚至可以忽略门店里的库存，仅仅考虑前置仓现有的有效库存。

具体来看一个生鲜商品的例子，如表 5-15 所示。假设前置仓服务两个门店，将两个门店的历史销售加起来进行销售预测，得到了前置仓所覆盖区域的销售预测。8 月 9 日前置仓有 80 个库存，其中有 15 个在 8 月 9 日到期，要被处理掉，不能算作有效库存。假设门店总共有 50 个库存，有 10 个在 8 月 9 日到期，要被处理掉。这时 8 月 9 日的总有效库存就只有 80+50−10−15 = 105（个）。这 105 个库存，到了 8 月 10 日，又有 20 个要到期，导致总可用库存只有 85 个。这 85 个库存可以覆盖 8 月 10 日、8 月 11 日的销售。

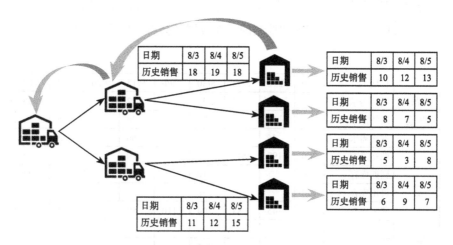

图 5-49　汇总销售预测法

表 5-15　生鲜品类补货示意

	日期	8/3	8/4	8/5	8/6	8/7	8/8	8/9	8/10	8/11	8/12	8/13	8/14	8/15	8/16
门店 1	历史销售	17	18	16	15	22	20	22							
门店 2	历史销售	18	19	23	15	21	15	17							
前置仓	覆盖区域销售	35	37	39	30	43	35	39							
	覆盖区域销售预测								43	40	37	34	41	46	32
	前置仓库存							80							
	前置仓到期库存							15	10						
	门店总库存							50							
	仓库到期库存							10	10						
	总库存							85							
	净需求								0	0	35	34	41	46	32
	发货需求								35	34	41	46	32		

接着把净需求量沿着时间轴向左移动 2 天（送货周期），得到前置仓的发货需求量。如果每个前置仓都进行这样的计算，然后将每个前置仓的发货需求量加起来，就得到了总仓的发货需求量。有了总仓的总需求量，结合商品的采购提前期（如果是自己生产的话，就是生产提前期），可以倒排制作出补货计划或者称为采购计划或者生产计划了。举个具体

的例子来看，假设总仓服务两个前置仓，发货需求如图 5-50 所示。总仓
做计划的颗粒度到周，假设需求都发生在每周的周一，所有的供应也都
发生在周一。该商品的供应周期为 10 个工作日即 2 周，每次补货的时候
沿着时间轴向前看 15 个工作日即 3 周（合并供应天数），安全库存是 50
个。假设该商品是有有效期控制的，在各周都会有到期要处理掉的库存。

	日期	8/9	8/16	8/23	8/30	9/6	9/13	9/20	9/27	10/4
前置仓1	发货需求		30	34	41	46	32	45	38	38
前置仓2	发货需求		15	28	31	48	28	32	25	25
总仓	发货需求	0	45	62	72	94	60	77	63	63
	期初库存	200	190	145	286	204	110	274	197	124
	到期库存	10			10				10	11
	可用库存	190			276				187	113
	期末库存	190	145	83	204	110	50	197	124	50
	预计到货				203			224		
	计划补货量		203			224				
	供应周期	10	10	10	10	10	10	10	10	10
	合并供应天数	15	15	15	15	15	15	15	15	15
	安全库存	50	50	50	50	50	50	50	50	50

图 5-50　总仓补货计算示意图

当前的时间是 8 月 9 日，总仓期初库存为 200 个，有 10 个要到期，
可用库存就只有 190 个。到了下一周，发货需求是 45 个，期末库存剩下
145 个。到了 8 月 30 日，本周的发货需求为 72 个，有 10 个库存要过
期，上一期的期末库存是 83 个，这时可用库存就只有 73 个，发出去 72
个只剩下 1 个，需要进行补货。由于供应周期是 2 周，那么就需要在 8
月 16 日所在的这一周下达补货计划，补货的量等于从 8 月 30 日所在的
这一周沿着时间轴向右看 3 周（包含 8 月 30 日所在的这一周）的需求即
226（= 72+94+60）个，8 月 23 日所在这一周的期末库存是 83 个，同时
这一周有 10 个库存到期，需要额外再加 10 个，再加上 50 个安全库存，
总的计划补货量为 226−83+10+50=203（个），这 203 个在 8 月 30 日周一

早上到货，这一天的期初库存就变成了 286 个。

该方法在不同的行业有不同的表现形式。在餐饮零售行业，有些关键食材获取的周期长，难度大。比如星巴克的烘焙好的咖啡的供应受制于咖啡豆的供应，咖啡豆的供应受制于原产地咖啡农场的产能，供应周期较长。再如肯德基的鸡肉，其需求规模大，同时肉鸡养殖也需要较长的周期。对于纵向一体化的服装零售商，服装的生产周期更长，而且还受制于服装面料的可得性。在这种情况下，就需要在总仓层面纳入更长周期、更粗颗粒度的需求管理。比如按照月度来测算未来 3 ～ 18 个月总仓的需求量，同时结合供应商或自己的生产能力，开展供需的平衡控制——S&OP。最后拿供需平衡之后的需求量去和供应商、工厂预约和确认产能，并签订合作协议。

在连锁快餐零售行业，也有企业不根据门店的历史销量来做预测，而是根据每 1000 个小票中点选某个菜品的人数来做预测。比如笔者服务过的餐饮连锁零售商肯德基，它通过统计每个月仓库所覆盖的区域内所有门店的小票数量（称为客流量，traffic，TC），以及每 1000 个小票中购买某个产品（比如香辣鸡腿堡、全家桶）的数量（称为"每 1000 个交易的销售数量"，success rate，SR）来预测未来的 TC 和 SR，最终每个单品的销售预测就等于 TC × SR/1000。

TC 与市场开支相关，往往由财务或市场部门负责统计和提供，同时它们用营销投入保障和提升 TC，并提供 TC 预测给供应链计划部门；SR 由产品营销部门和供应链计划部门协作完成预测。首先用历史上的 SR 进行预测，然后再加入人工的情报进行判断。这种方法在商品品类不多，商品数量集中的情况下是一种不错的选择，它把客流量和商品被选中的成功率分开，各自部门对各自的目标负责。

B. 发货需求法

第二种方法是将分仓或前置仓（直接服务门店的仓库）发往门店的历史发货记录，按照分仓或前置仓汇总，然后用预测方法进行发货量预测。这就相当于把门店当作仓库的客户，仓库发往门店的数量就是门店"购买"的数量，发货记录就相当于仓库的销售记录，根据发货记录来预测未来的发货需求。最后扣减分仓或前置仓的库存，就构成了对总仓的需求，总仓的补货量的计算与上述方法类似。

（3）仓库补货的执行

制订好补货计划，需要把补货计划发给供应源头进行补货的执行。对前置仓而言，如果供应来源是总仓，那么补货的过程与前置仓到门店的补货执行类似，只不过补货执行过程中的包装规格更大。整个执行过程：下达补货指令，根据补货指令生成拣货单，拣货、打包、装车、运输，到了目的地后进行商品的检查、接收入库、上架或者直发门店。

对于供应商送货的情况，则需要跟进补货计划生成采购订单，并发送给供应商，由供应商安排拣货、包装、装车和运输。对于供应商没有运输能力的，仓库还需要派出车辆去供应商场地将商品接回来。

3）品牌商或渠道商的角度

品牌商或渠道商是总仓的供应来源，站在它们的角度来看，总仓的补货计划就是它们的需求计划。对于纵向一体化的零售商，可以直接把总仓的补货计划给工厂，作为工厂的需求计划。工厂的产能是有限的，需要根据总仓的需求和有限的生产能力做 S&OP 的平衡。

对于品牌商或渠道商而言，如果能够和零售商紧密合作，获得它们的支持，参与到总仓补货的计划中去，获得其所经营的商品在一线的销售情况、库存情况，就可以压缩对需求的反应周期，用信息换库存。

3. 衰退期的商品如何运营

要对衰退期的商品进行运营，首先得能识别衰退期的商品。它们的增长率往往为负数，并且负增长已经持续了一段时间，销售额也在下跌。衰退期的商品退市也不能过早，它们虽然存在负增长，但还是有着不小的销量，如果进入衰退期就将商品退市很容易把销售贡献的大头给抹掉了。如上文中苹果手机的销售趋势，新品上市之后，第二年、第三年都出现了下滑，但是整体销售还是不少的。用图 5-51 示意，虽然商品的销售额不再增长甚至出现了负增长，但是它的销售额还是很高的。你可以说它处于衰退期，但现在还不能让它退市。

零售供应链上的三个参与方对衰退期的商品有着不同的处理方式。对于品牌商而言，需要分析产品研发投入、产品量产投入、产品投入产出比、市场空间、竞争情况、公司的战略方向等，从这几个角度来判断，是继续生产、销售，还是用延续款来替代它等。就拿苹果手机的例子来说，即便 iPhone 7 这么老的产品，现在拿出来销售，也能卖掉，但市场空间不大，投资回报率也低，应该用投资回报率高的新产品来替代它；同时市场上的竞争对手推陈出新，你不跟随市场可能就被抛弃了。

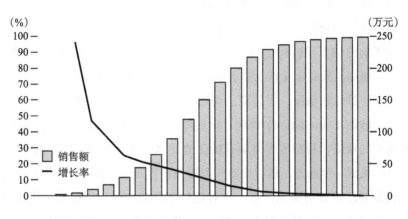

图 5-51　衰退期商品的销售额与增长率示意图

对于渠道商而言，衰退期的商品需求会下滑，进一步就是滞销，如果你介入经营了一个衰退期的商品，市场给你的时间是有限的。因此分析商品的生命周期和目标市场，以及你能经营这个商品时间的长短非常关键。对于销售负增长，同时销售额接近导入期的商品，需要格外关注，这些是即将走向消亡的商品。

对于零售商而言，识别衰退期的商品的逻辑类似，但由于直面最终客户，衰退期的商品也不能轻易就退出了，需要进行如下的关联分析，来确保这类商品的退出不影响客户的体验。

a. 要退出的商品有没有出现在你非常重要的 20% 的客户的购买记录里，这样的记录占比有多少，有没有替代品供客户选择。

b. 要退出的商品有没有和 A 类商品出现在一张购物小票上，这样的小票占比有多少。

c. 高峰时段的销售中，有多少比例的小票中有这些商品。

对于衰退期的商品，需求在现有的条件下（产品、渠道、价格、促销都不变的条件下）逐步消失，它们一般会有两种发展方向：一种是升级换代延续它们的生命，然后继续销售，比如各大手机厂商每年在各自的手机型号里推出新的配置不断销售，这就回到新品的供应链运营的内容了。一种是逐步让它们退出市场，终止销售，再也没有了，比如苹果早期的音乐播放器产品iPod，以及早期的MP3产品。还有当季的流行服饰，过了销售季节就需要退出市场。

对于第一种情况，老品要制订停产计划，并且把供应链条上的库存推到零售终端，用营销组合（产品、渠道、价格、促销）手段把这部分库存处理掉。同时定义新品和老品的关系，让新品顶上来。

对于第二种情况，零售商、渠道商、品牌商手里还都有库存，最重要的是清偿（liquidation）管理，即把流通中的库存换成现金。首先要明确清偿的策略，是在零售终端打折促销处理这部分库存，还是把所有的库存归拢到一个地方，然后交给一个折扣零售商或渠道商？如果是前者，那就需要制订市场活动计划，然后把各个环节的库存都推到零售终端，拼命卖出去，最后卖不掉的，就需要找折扣零售商或渠道商帮忙，把库存卖给它们，腾出宝贵的货架空间和库存空间。也有的零售商选择多次打折，先8折，再6折，再4折，最后1折，逐步把库存处理掉。至于需不需要这样做，要看你的资源投入，如果这样做比较耗时间和资源，那就应该把这部分库存给专业的折扣零售商，毕竟零售追求的是快速周转，或许不应该在这样的事上耗费太多精力。

第 6 章　库存与服务水平

　　库存是供应链中热门和经典的话题，在实践中也是让企业如履薄冰、战战兢兢的地方。获取库存需要周期，不早点投入后面没东西可销售，可投入早了后面需求发生变化会导致库存积压。投入过多会积压，投入过少无法支撑销售。管理供应链的人希望控制库存，而做市场和销售的人希望随时随地有现货，能多一笔销售算一笔。经营中如果销售增长快，库存多了看起来也不是问题。随着经济进入新常态，大众消费增长减缓，"虚胖式"增长的日子马上到头了，库存积压严重挤压了利润空间，接下来是精细化运营的时代，谁能用更小的库存做同样甚至更大的生意，谁将会获得竞争优势。

库存是谁的，在哪里

　　从整个零售供应链的角度来看，库存从供应源头流向末端，各个环节上都需要库存。如图 6-1 所示，零售供应链就像一个水管道系统，水的源头是品牌商的仓库，流经渠道商的仓库，到达零售商的仓库，最终从零售商的仓库发往门店或者发给线上订购的客户。整个零售供应链系统中的库存就是这几个仓库的库存之和，作为品牌商你可能会说："把库存卖给渠道商或者零售商不就完事了吗？后面的库存跟我没关系。"单看一个参与方貌似是对的，反正货销售出去了，但从整个管道系统的流速来看，假设品牌商的下游（渠道商或零售商）的管道拥堵了，品牌商新的库存可就没人买了。

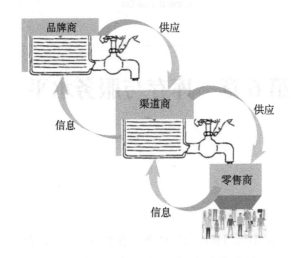

图 6-1　零售水管道系统示意图

在这个例子中，品牌商是供应链上的主体企业，作为主体企业要扩大整个系统的输出水平，就必须关注下游管道和最末端的"水龙头"。下游流得快，上游供应得快，这是健康的；下游流得慢，上游供应得快，就会产生积压。随着越来越多的消费品品牌商参与到直接面向客户进行销售的电商、社交电商大军中，库存控制变得更加重要，一方面"水龙头"是整体库存的关键构成，另一方面它的流动推动着整个水系统中水的流动。

零售商的库存看似不是品牌商的，但如果品牌商的商品在零售商这里不好卖，不能帮零售商盈利，被扫地出门是迟早的事。搞定零售商的采购人员，让商品上架，或者做一锤子买卖，把货卖进去再说，这种传统的方式在今天已经不可行了。越来越多的品牌商向前集成（即生产商开始做零售），其中一个重要的目的是控制最末端的水龙头，实时获取客户的需求反馈，采取需求管理的手段调节末端水流的大小，并快速调整后端的供应，做到"眼、脑、手"协调一致。大家常说"零售就是细节"

（retail is detail），体现在供应链上，末端就像毛细水管，是细节，细节处出现拥堵会导致整体水路不畅，管理供应链如果不关注细节很难提高整体产出水平。

反过来，也有零售商向后集成，比如肯德基、星巴克、海底捞也参与原料种植养殖，它们的出发点是获得数量和质量都稳定的供应。对比这两者我们会发现，不论是向前集成还是向后集成，本质上都是希望找到整个零售供应链链条的薄弱环节或者瓶颈环节。对于品牌商来说，整个系统的产出往往取决于最末端的销售，它必须盯着最末端来安排供应能力的部署。而对于零售商则是反过来的，它需要稳定后端的供应能力。

图6-2是供应链上的牛鞭效应的图形化展示，它反映的是在零售供应链上，下游（门店处于最下游，从门店开始）的需求产生波动，为了提高服务水平，上游需要多备库存，多备的部分随着链条往源头层层被放大。举个最直观的例子，当门店为了应对缺货而多备20%的库存时，零售商的仓库认为门店多备的20%是销售需求，因此会基于120%

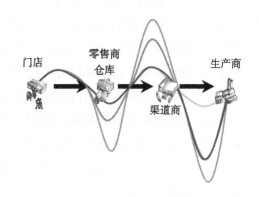

图6-2 牛鞭效应示意图

的需求进行备货，同时还要考虑自己的安全库存，最终仓库可能就要多备40%，这样的效应会延续到生产商这里。这就相当于传话的人越多，信息越失真。为了管理牛鞭效应，上下游需要紧密配合，同时共享数据。在传统的模式下，渠道商依据零售商向自己采购了多少货来判断自己未来要备多少货，生产商根据渠道商向自己采购了多少货来判断自己未来要备多少货。这样线性的方式会把需求信号层层放大，在数字化时代我们有了越来越多的手段和工具，可以直接与下游协同，获取它们的销售数据，进而进行终端的销售预测，再驱动自己的需求计划，通过信息的高效传递来减少库存，如图6-3所示。

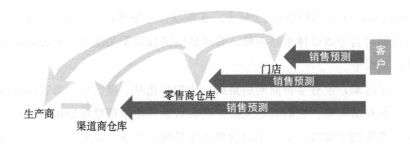

图6-3 通过协同预测减少牛鞭效应

笔者服务过的游戏设备品牌任天堂，它在北美的销售公司与北美几大电子产品零售商（百思买、GameStop、Target、沃尔玛、亚马逊）建立了高效的协同预测补货系统，应用联网的数据交换系统，建立了每周一次的销售数据同步机制。每周一早上分析这些门店的销售情况，结合这些零售商仓库、门店的库存水平，制订这些零售商的补货计划。同步根据自己的库存情况，计算应该从日本总部采购的数量。如果发现有零售商销售速度变慢，市场部门会联合零售商的商品部门一起制订促销计划，一起进行销售促进。国内不少领先的品牌商也在通过渠道商协同管理系统，获得渠道商甚至零售商的商品销售数据，观测终端的水量大小，来计划自己的供应，做到真正的以销定产。甚至连笔者服务过的一家医药试剂生产企业，也通过建立渠道管理系统，掌握渠道的进销存情况，指导自己的生产计划。

库存的作用与构成

假设我们去门店买东西，需要什么商品门店马上通过3D打印做出来卖给我们，这时供应实时可得，需求即刻被满足，门店是不需要库存的。然而现实中科技还远没有到这一步，为了让客户到门店后有现货可以选购，就需要库存。库存是企业持有的可以销售的实物形态的产品，扮演着时空差异下的需求和供应之间的缓冲。

以小张开便利店卖矿泉水为例来说明这种缓冲具体是怎么发挥作用的，有哪些类型。矿泉水从生产商到批发商，再到门店可谓几经周折，它的补充是有周期的，因此需要提前准备，确保客户到了门店能拿到现货。

库存的作用和类型有如下几种。

a. 小张在批发商那里购买自己门店所需要的矿泉水，每天进货 50 瓶，每天门店销售 50 瓶，供应和需求在数量和时间两个维度上都是匹配的，每天日末没有结余。这反映的是供需完全匹配的情况，如图 6-4 所示，客户当天的需求被门店前一天购买的库存满足了，门店提前一天进货，到货后库存每天周转一次，这部分库存也可以称为"周转库存"。

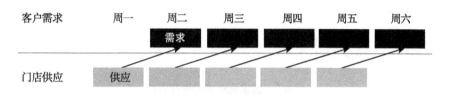

图 6-4　供需匹配下的库存周转

b. 假设批发商同时供应很多个像小张一样卖水的零售商，它的货很有可能被其他采购量大的零售商买完，导致小张去进货时批发商会隔三岔五地缺货。小张为了保证自己的供应，会在批发商有货时，多买一点囤起来，避免日后买不到，提高门店的有货率。

这反映的是供应具有波动性，而需求是稳定持续的。为了使需求得到满足，就有必要通过库存来进行缓冲，应对供应的不确定性。这时库存是由两部分组成的，一部分用来应对正常的销售需求，另一部分用来应对供应的波动，这一部分也称为安全库存。需求波动下的库存周转如图 6-5 所示。

c. 小张门店的生意越来越好，他需要花很多时间在门店服务客户，没有时间每天跑到批发商那里进货，于是他决定一周进一次货，同时租了一个仓库来存放买来的更多的水。这时一周的进货量是 50 × 7 = 350（瓶），能够维持一周的销售。此时反映的情况是供应和需求周期不匹配，需求侧每天都在发生销售，而供应侧小张希望每周进一次货。小张这样做可以降低可变物流成本（每次采购时的运费），同时也增加了采购量，或许可以与供应商谈一个好价格，从而带来规模效益。批量采购下的库存周转如图 6-6 所示。

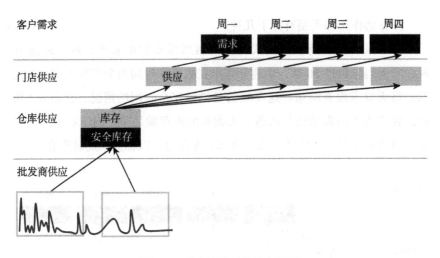

图 6-5　需求波动下的库存周转

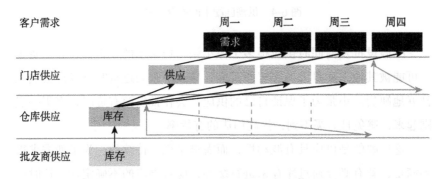

图 6-6　批量采购下的库存周转

如果画一个库存消耗图，仓库的库存支撑了一周的销量，仓库每周日补货，周日晚上发货到门店满足门店周一的需求，周一晚上发货到门店满足门店周二的需求……仓库的库存越来越少。门店晚上收到货，库存增加；第二天销售发生，库存降低；销售结束后，库存降到最低值。因为有了仓库的库存，门店不用担心会没货，从仓库补充比从批发商处供应得到的服务水平要高得多，可靠性高，意味着客户在门店获得的服务水平也更高。

d. 批发商发现自己的库存积压之后，开始搞促销或者通过它的销售人员来推动下游更多的采购，比如每瓶水打 7 折或者返点 20%。小张分析了一下，反正水都能卖掉，这些多买的水可以满足未来的需求。在这个折扣下，自己的盈利变多了，于是他趁着打折多买了可以供应4周的水，放在了仓库。这反映的是投资性购买（investment buy），也就是说可能当下并没有这么多需求，但是水总归是能卖掉的，后续也需要进货，供应商给了这个折扣，小张经过测算发现很合算，因此多买了一点（超出当下一个周期内的需求量）。投资性购买下的库存周转如图6-7所示。

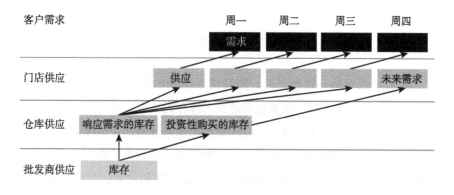

图 6-7　投资性购买下的库存周转

e. 水的销售是周期性的，夏季的需求是全年平均水平的2～3倍，而批发商到了夏季水的供应总是不足，小张从3月份就开始囤积库存，以应对夏季的需求高峰。

f. 每年年底，小张的门店都会搞一次促销回馈客户，促销时客户的购买量会增加5～6倍，为了支撑这样的销量，同时考虑到批发商的供应能力，他需要提前3个月逐步囤积水。

场景 e 和场景 f 虽然一个是季节性需求，一个是促销，但本质上反映的是一件事，那就是需求和供应的时间和数量都是不匹配的。如图6-8所示，为了满足客户需求的高峰，门店侧可能提前一天就够了，但对于仓库而言，这么大的订货量、这么多的门店，供应的周期会变长，因此需要提前更多的时间就开始采购，并且是在还没有最终需求时就购买进来。这种在一段时间内需求超出供应能力，导致需要提前准备的库存，称为预先建立的（pre-build）库存。

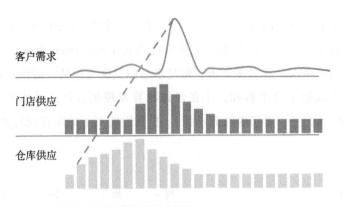

图 6-8　应对需求洪峰下的库存提前配置

我们单独看每一种场景时，能够清晰地分出库存的构成，但当我们把这些库存加起来看时，很难直观地看出库存的构成。要优化库存谈何容易，实践中有效的做法是通过库存的驱动因素来分析，在每次采购时需要明确地定义，到底是为了满足日常的销售需求，还是为了投资，抑或是为了应对供应的波动等。如果订货时并没有做这样的记录，那就需要通过分析销售趋势、促销、季节性和历史订货时间、数量的关系来识别。举个简单的例子，订货量超出平均值，同时采购价格比均价便宜，订货量覆盖未来需求的天数超过一个订货周期，并且零售门店未来并没有促销，这时大概率可以判断这是一笔投资性购买或者说供应商促销推动的购买。

大家经常说库存优化、降低库存、提高周转，笔者也碰到不少科技公司试图通过所谓的大数据、人工智能技术去优化库存，所取得的结果往往让企业无所适从，不知道所谓的库存优化结果应不应该用。这就好比医生给病人看病，病因都不知道就直接拿药让病人吃，后果可想而知。优化库存之前，必须搞明白库存的作用和构成，这样才有可能从源头上优化库存。当有人提出帮你优化库存时，你要问他到底优化哪一部分库存，下一个问题才是如何优化。

针对不同类型的库存，其优化方法往往不同。优化周转库存，可以从采购频率着手；优化安全库存，需要从预测准确率和供应波动性上着手，建立基于波动概率的优化模型；优化投资性购买，需要从订货成本、投资回报率、库存持有成本的角度进行平衡。

服务水平

在企业扩大覆盖的过程中库存势必会增多，企业应保持良性的扩张，把库存扩张速度控制在合理的范围内，用更少的库存做生意。即便不扩大覆盖，控制库存也是企业提高效率的关键。然而这么说更多的是站在供应链的角度，如果你是零售运营或者销售负责人，抑或老板，你可能说库存太少了会影响销售。我们都知道在工业企业，销售人员为了提高自己的发货量，往往提报高于实际销售预测的数量，卖掉最好，卖不掉反正老板也不会让自己负责，都是供应链的责任。零售行业也有类似的逻辑，零售讲的是货卖堆山，商品琳琅满目才能刺激客户购买，库存少了销售目标怎么达成？销售人员背着完成业绩目标的KPI，并不对库存周转负责，他们希望把商品卖给每一个有需求的人，要确保店里或仓库里随时有货。这样的要求看起来是合理的，因为销售是企业的第一要务，没有销售发生其他业务都免谈。但仔细一想企业存在的目的不仅仅是通过销售来盈利，它还要在资源有限的情况下实现利润最大化，如果不能盈利，卖再多也是竹篮打水一场空。

我们用供应链术语来描述这个问题，就相当于销售人员倾向于提供100%的服务水平，不错过每一笔销售。什么是服务水平呢？举个例子，你到店里去买水，最近一个月你碰到两次去店里都没有水的情况，那这个月的服务水平 = 1−（2/30）= 93.33%，服务水平表示不断货的概率。同样的逻辑也适用于仓库，比如仓库给门店补货，一个月内仓库出现了2次缺货，那仓库对门店的服务水平就是93.33%。服务水平用来描述供应链上游节点对客户或者下游节点需求满足的程度。服务水平越高，客户越满意，但同时带来的库存水平越高，成本越高；服务水平越低，客户越不满意，但库存水平会降低，成本也会降低。

服务水平为100%，意味着不管谁到店里来，买多少量，哪怕是几年才偶然发生一次的大量需求也能被满足，这就要求配备无限多的库存。为了既能满足销售需求，又能盈利，就需要取舍，库存不可能无限多，也不能少到无法支撑销售，这个问题就回到了服务水平设定的问题。整个零售供应链离客户最近的节点在门店，我们从门店开始分析。

1. 如何设定门店服务水平

假设一个门店只销售一种鲜食，比如当天加工的新鲜三明治或者汉堡包，如果当天销售不掉就得扔掉。该商品的成本是 12 元，售价是 20元，毛利是 8 元，如果卖不掉会损失 12 元。服务水平的设定就是在"客户进店后购买所产生的毛利"和"缺货导致的损失"之间找平衡，假设该商品每天平均销售 10 个，在 10 个的基础上额外再卖一个的概率是20%，额外再进一件货的预期收入就等于 $8 \times 20\% + (-12) \times 80\% = -8$ (元)，这是亏钱的。为了盈亏平衡，至少要有 60% 的概率，也就是说多卖一个的概率至少要大于 60%。但接下来在这一个的基础上再卖一个的概率就变得更小，所以你备的货越多，损失的风险就越大。这么说来好像应该保守一点，但现实中你发现门店里备的货往往非常多，超过需求量。不信你在门店快打烊前去超市、便利店、零食店、烘焙店、咖啡店里看看，几乎没有哪一家门店里的东西卖个精光的（生鲜蔬菜类零售商除外）。这里面有三个原因。第一，从理论上看，最理想的情况是门店里的东西到日末都卖光，由于不同商品的销售速度不同，有可能出现有些商品在上午就卖完了，有些在下午卖完，导致去购物的客户看到的是空空如也或者半空的货架，这肯定会影响客户的购物欲望。客户购物是一个与商品交互的过程，客户需要走走看看，挑挑拣拣，没什么好选的也就不会刺激出需求。第二，假设平均一个客户一生中在门店消费 200 元，如果一个客户到店里，发现想买的商品没有货，他会去隔壁竞争对手那里买，并且可能再也不来你的店里了，你就损失掉了这个客户 200 元的终生价值。为此门店宁肯冒着库存损失的风险，也要额外备一些库存。第三，不同商品之间是有相互促进作用的，比如有的商品的销售会带动另一种商品的销售，因为它吸引了客流，客户到店后看到其他商品也会产生购买。实践中超市常常会用引流款来吸引客流，如果这类商品本身库存不足，导致客流受到影响，其他商品的销售也会有风险。

只销售一种商品的场景用来解释问题是可以的，但没有实践意义，实践中没有哪家企业是只经营一种商品的，销售往往是由多个品种、多个品类构成的。零售供应链上的库存不是单个商品的问题，而是如何在资金有限的情况下，在品类内不同的商品之间进行库存投入的分配问题。

这是和制造供应链中的服务水平差别较大的地方，在制造供应链中重点考虑的是有货率，是从单品的角度考虑的，而零售供应链更多的是从全盘考虑，不仅考虑有货率，还考虑呆滞风险，以及单品缺货对客流量的影响、对销售的影响、对商品之间连带销售的影响。

要给多个商品设定服务水平，就需要分析它们的特点。举一个实践中常用的方法，如表 6-1 所示。

表 6-1　如何给品类内不同的商品设置服务水平

商品名称	单位成本	单位毛利	有效期	可替代性	是不是引流款（traffic driver）	是不是主力销售品（volume driver）	单位缺货成本	服务水平
P1	3	1.2	6	高	否	否	1.2	85%
P2	4	1.5	1	高	是	是	1.5	90%
P3	3	1.3	1	高	是	否	1.3	90%
P4	10	8	60	低	否	是	8	98%

第一，获取商品的单位毛利、单位成本、有效期长短等基本信息，这些信息不需要计算即可获取。

第二，计算商品之间的替代性。门店里满足同样需求的商品往往被归为一类，称为品类，同一品类内的商品具有相似性，比如洗发水既有飘柔的也有海飞丝的，要设定服务水平就要看这两者有没有替代性，如果一个商品的可替代性很低，那它缺货带来的损失风险就非常高，如果一个商品的可替代性很高，那么它缺货时需求会转移到其他商品上。可以通过分析同品类的商品销售数据，计算该商品缺货时其他商品的销量，如果它缺货时其他商品的需求同比增加，那说明它的可替代性很强，缺货时需求都转移到了其他商品上。也可以通过同品类内其他商品打折、上新、促销时该商品的销售波动程度来判断，波动（15% 以上）很大，则说明该商品的可替代性高，反之则说明该商品的可替代性不高。

第三，判断商品是不是引流款。可以通过分析商品出现在多少笔销售（小票）中来判断，如果该商品出现在超过 30% 的小票上，同时它的售价不高，那么它往往就是引流款。

第四，判断商品是不是主力销售品。通过分析商品销售额占品类内销售额的比例来判断，如果超过 20%，就可以认为它是主力销售品。

第五，计算单位缺货成本，它一般就等于毛利。

根据这些数字来设定服务水平。比如针对 P1 这个商品，它的单位毛利低，可替代性高，不是引流款，也不是主力销售品，那就说明它的重要性相对不高，即便缺货了，一来由于它的可替代性高，需求可以转移到其他商品上，二来由于它的销售量不大，缺货成本低，因此它的服务水平就可以设定得低一点，根据经验可以设定为 85%。运用同样的道理可以给 P2、P3 设定服务水平。到了 P4，该商品单位毛利高，可替代性低，有效期也长，同时是主力销售品，单位缺货成本也高，因此就需要很高的服务水平，可以根据经验设定为 98%。除了经验，还可以用复杂的优化算法来计算更优化的服务水平，这类方法一般会考虑各个商品之间的配比、缺货与库存积压风险的平衡。

实践中，当同一个品类内有众多的商品时，要分析它们的可替代性，是不是引流款，是不是主力销售品，就变得很复杂。同时面对非常多的商品，以及非常多的门店时，就不得不借助优化算法来找到最优的服务水平。优化算法考虑的因素更多，比如客户终生价值、客户流失的损失、门店销售目标、目标在不同品类间分解的比例、不同品类里的商品的可替代性等，通过这样的优化能够更合理地设定每种商品的服务水平。不少生鲜电商和线上零售商也有各种高级的智能算法，但基本原理都差不多。

对于时尚型商品，门店库存的补充有两种方式，一种是补同样的款（也称为补深度），另一种是补不同的款（也称为补宽度，即补充多样性）。这两种方式代表两种不同的策略，优衣库采用的是第一种策略，而 ZARA 采用的则是第二种策略。对于第一种方式，新品上市后，随着销售的发生可以区分不同款式在品类内的重要性，进而设定相应的服务水平。对于第二种方式，每一款商品的生命周期很短，卖完了就下架，无法通过分析历史数据来测算，同时新老款又有差别。这时有一种改良的方法，虽然新品和老品是不同的，但是消费者到门店里购买商品，其实购买的是一组属性的组合，频繁推出的新品其实也是一组属性的组合，通过计算属性之间的替代性、属性和属性之间替代的弹性关系（属性增删对其他属性影响的程度）、属性的引流程度、销售量贡献，可以计算出不同属性的重要程度，进而设定属性的服务水平。它的基本原理是构建历史销量和商品属性的关系，看哪些属性随着新属性的引入或者删除而波动比较小，这些就是可替代性弱的属性，反之则是可替代性强的属性。再结合属性所占的销售额、小票数量，来判断它是主力销售属性还是引流销售属性，进而决定属性本身的重要程度。基于这个重要程度设定属性的服务水平，在后续补货时需要确保所补充的新商品其属性所对应的量能够达到服务水平，这也被称为基于属性的计划（attribute base planning），实践中特别适合补充宽度的商品。可以用表6-2来定性表示属性与服务水平的关系（实践中服务水平是需要经过数学模型量化的）。当服务水平要求高时，引入或者补充具有这些属性的商品，销售出去的概率就更大。

表 6-2　属性与服务水平的关系（示例）

属性	可替代性	销售量	连带量	服务水平
款式：长袖	低	高	高	高
款式：圆领	高	低	中	中
颜色：红色	高	低	低	低
颜色：黑色	低	高	高	高
售价：高价	高	低	低	低
售价：中等价格	中	中	中	中
售价：低价	低	高	高	高

2. 如何设定仓库服务水平

仓库层面的服务水平一般用订单达成率（或者订单满足率、订单完成率）来衡量，订单达成率 = 交付的数量 / 总需求数量，比如门店需要100 个，仓库只发了80 个，订单达成率为80%。既然在门店设定了服务水平，仓库又是服务门店的，那就可以把门店中各个商品的服务水平汇总到仓库，也可以用仓库发货记录来测算仓库的服务水平，这样就有两种方法。

对于第一种方法，由于仓库是服务门店的，仓库中某商品的服务水平可以从下游门店中商品的服务水平汇总得来。如图 6-9 所示，当门店的服务水平都相同时，汇总到分仓的服务水平与门店一样，从分仓汇总到总仓也是遵循类似的逻辑。

如果某商品在各个门店的服务水平不相同，一般按照需求量（D）进行加权平均计算，需求量大的门店其服务水平在仓库服务水平计算时权重更大，如图 6-10 所示。

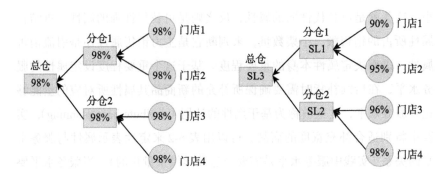

图 6-9　门店服务水平相同时仓库
的服务水平计算示意图

图 6-10　门店服务水平不相同时仓库
的服务水平计算示意图

分仓 1 的服务水平 $SL1 = 90\% \times D1/(D1+D2)+95\% \times D2/(D1+D2)$

分仓 2 的服务水平 $SL2 = 96\% \times D3/(D3+D4)+98\% \times D4/(D3+D4)$

总仓的服务水平 $SL3 = SL1 \times D(RDC1)/D(RDC1+RDC2)+ SL2 \times$
$$D(RDC2)/D(RDC1+RDC2)$$

　　除了上述方法，还可以通过优化算法来计算单品在供应链不同节点上的最优服务水平，基本原理就是在供应链总仓、分仓、门店的结构中，通过优化算法找到让整个链条上总库存最小，同时最末端即门店的服务水平又能达到要求时，各个节点上的最优服务水平。

如何优化库存

　　优化库存配置是企业经营的关键，用更少的库存做同样销售额的生意就能释放出运营资金，支撑更多的业务，同时库存周转能力的高低能够反映企业供应链运营的好坏。但优化库存却没有那么容易，尤其是在如图 6-11 所示的网状、发散的零售供应链

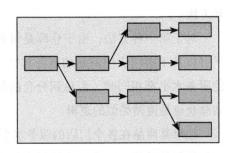

图 6-11　网状、发散的零售供应链示意图

上。要把多样的商品分发到各个节点，而各个节点围绕着自己的目标经营，它们各自面临不一样的供需波动，导致整个系统中的库存水位难以控制在优化的范围内。

在零售供应链上，是什么决定着库存的多少呢？首先从总体上看是商品的品种，品种越多长尾的商品就越多，它们的销售很稀疏，导致需求预测的精度很低，最终要配备的库存就变多了。其次是供应周期，比如门店的矿泉水供应需要一周时间，每天消耗 70 瓶，那就需要 490 瓶来周转，确保每天有足够的现货。但如果是每天供应，那么就只需要 70 瓶来周转。什么才算最优呢，是不是最小的库存量就是最优的？最小的库存就是 0 件库存，但显然这不是最优的，因为它无法支撑销售。企业需要的是能够支撑销售的情况下最小的库存水平。如前文所述，要支撑销售首先要定义清楚支撑到什么程度，即确定服务水平，因此第三个决定库存水平的因素是服务水平，90% 的情况下有现货与 80% 的情况下有现货对库存水平的要求是不一样的。库存水平与补货周期、服务水平的关系如图 6-12 所示。

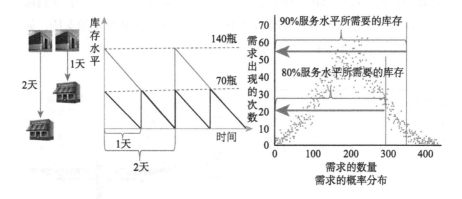

图 6-12　库存水平与补货周期、服务水平的关系示意图

库存优化意味着：① SKU 的优化，如何优化 SKU 我们在第 4 章"产品与商品组合"介绍过。②服务水平的优化，如前文所述零售中的销售是由多个商品支撑完成的，库存往往需要在不同的商品之间进行分配从而支撑销售目标的达成，因此服务水平的优化围绕着怎么在不同的商品之间差异化地设置服务水平展开。可以通过销售规模（销售额、毛

利额）、销售速度（快、慢）、可替代性（缺货时需求是否会转移到其他商品上），以及是不是引流品（影响着其他商品的销售），来区分商品等级。③库存量的优化，即如何在给定服务水平的情况下优化库存量。

1. 如何优化服务水平

服务水平是个选择题，优化的原理类似于航空公司的 VIP 服务，等级越高的客户意味着越高的终生价值，因此他们享受的服务越多，这样航空公司的投入能够被客户后续的购买所覆盖，盈利是有保障的。商品的库存就意味着成本，要提高服务水平就需要更高的库存成本，具体包含库存持有成本、库存积压损失、机会成本（配置了 A 商品的库存，B 商品的库存配置就会减少），更多的库存成本能不能带来相应的回报就决定了到底能给某种商品什么程度的服务水平。我们把不同服务水平下的库存成本和库存收益（包含服务水平提高带来的额外的供应，以及自身销售毛利的增加、关联商品销售毛利的增加、客户终生价值的增加）放在天平的两端（见图 6-13），当天平倾向于总收益时，显然服务水平就是合理的。通过连续分析不同服务水平下的天平的平衡情况，就能找到最合理的服务水平。具体计算时需要统计分析、运筹优化技术的支持，如果没有类似的技术工具，简单的定性方法也能解决部分问题。

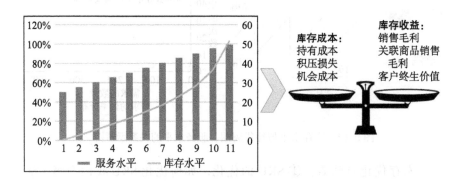

图 6-13　服务水平与库存水平的关系

2. 如何优化库存量

士兵上战场打仗，希望带的物资越多越好，打起仗来弹药充足才能杀敌制胜。但总物资总是有限制的，如果带的弹药过多，就会造成负担太重，行动不便。后勤指挥官会想办法先安营扎寨，把物资放到战场就近的地方，士兵在前方打，后方看前方打的情况 2 小时内快速补给到位。然后根据各个战场打的激烈程度，动态地给予不同数量的物资供应。但如果后勤基地很远，要 3 天才能补给一次，这时士兵出发上战场前就至少要带足 3 天的补给，而这 3 天的补给也是预估的，如果前方打得比预期猛烈，风险就很大。第一种情况下，士兵不用带太多的物资；第二种情况下，士兵要带更多的物资，单次补给水平肯定高。

库存优化的"道"是指通过提高响应速度来优化库存，速度快了库存就会少，周转就会快。响应速度不仅包括物流速度，还包括分析供需数量并下达供应指令的速度即计划周期的长短，收到指令后拣货、包装、发货的速度，以及商品上架的速度。这一切都快起来，整个供应链系统中的库存就会降低。你可能会说这样下去履约成本（或者说整体服务成本）很高，这时你需要考虑商品供需的特点和重要性，要测算提高响应速度后带来的销售机会提升或者库存积压减少的收益能否覆盖增加的履约成本。比如对于超市里的卫生纸，你可能没有必要每天送货，但是对于超市里的生鲜产品（水果、鲜肉、熟食），半天甚至两小时供应一次都有可能。

怎么测算呢？拿商品的销售、单价、毛利、仓储物流成本等数据构建数学模型，测算这类商品在不同送货周期下缺货和积压的损失，然后再看增加履约频率所增加的成本，如果能覆盖增加的成本那就可以提高频率。当然也可以不用计算，凭经验判断一下，比如考量商品的需求波动性、毛利贡献、供应波动程度、历史断货情况，判断是否需要高频供应。

库存优化的"术"就是在给定服务水平和订货频率的情况下优化库存水平。这时有两个方向：一是优化订货量，订货量更合理了库存自然就优化了；二是优化安全库存。订货量由需求计划决定，需求计划做准了订货量自然就准了，库存就降下来了，因此可以加大在需求计划上的投入。比如进行需求计划团队的搭建、流程和信息系统的建设，使需求数据的收集、分析在线化，影响需求的因素在线化，在市场、销售、需求计划人员之间共享需求信息、市场活动信息、促销信息等，通过高级的预测模型进行运算，提高需求计划的水平和准确度。

但需求计划的提升远不能使其准确程度接近 90%，更别说 100% 了，笔者服务过的一流企业的需求计划的准确程度能达到 85% 就很不错了。因此还需要安全库存来对冲需求计划有偏差时产生的风险，安全库存本身也是不小的一部分库存，也需要被优化。笔者在第 9 章中介绍了几种传统的和新型的安全库存计算方法。

第 7 章　数字化供应链

什么是数字化

关于数字化，不同的人从不同的角度有着不同的解释，笔者主导和参与过多个供应链数字化项目，在不同的场合发现不同客户对数字化供应链的理解截然不同。理解不同问题倒不大，重要的是要求同存异有所思考。尤其在数字化时代，供应链已经超越"链条"，演变为一张网，供应资源和需求方在网络状的结构中进行信息和实物的交换，物流服务商、即时物流供应商都在网络上承接服务，不研究数字化就难把这张网张罗好。

在分析什么是数字化之前，举一个生活中的例子。大多数读者都使用过出行 App 来打车，首先乘客打开 App，当前的位置会自动被识别，只要输入自己的目的地，乘客的打车需求就成为一个需求信号，进入打车软件的调度系统。打车软件的调度系统通过算法，匹配出就近并且满足乘客车型需求的车辆，将打车请求发送到司机的 App 上，同时乘客也能看到被匹配上的司机。在这个过程中，乘客可以查看司机的所有相关信息、评价，司机也可以查看乘客的信息和评价。乘客可以因为司机的历史评价不高而取消订单，司机也可以因为乘客的历史不良记录而拒绝接单。

司机作为供应方看到一条需求指令，按照乘客的地址前进。这时双方并未见面，在物理世界里，乘客可能在上车点等着或在走向上车点的路上，而司机正在前往乘客指定的上车点。在数字世界里，乘客看到的数字化的车辆在地图上移动，而司机看到的是数字化的乘客在地图上的位置。当司机和乘客最终在上车点汇合后，物理世界和数字世界合二为一，整个过程如图 7-1 所示。

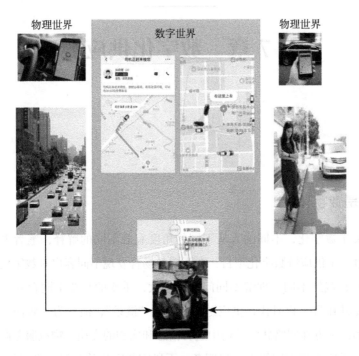

图 7-1　数字世界与物理世界示意图

在这个过程背后，还有看不见的调度。打车软件会提前预测不同地理位置的客流量，在洪峰到来之前提前派车过去，确保需求地点有足够的车辆供应。同时为了调节供需，在需求特别旺盛的地方打车软件会给乘客加价来调节打车的需求，同时也提高司机收入刺激供应。

把这个模式和早期叫出租车的方式进行对比，比如打电话订出租车。首先乘客呼叫出租车调动中心，告诉调度人员上车地点和目的地。调度人员在电话座席上打开调度软件，查看谁在附近并且有空闲或者即将有空，然后把乘客的上下车地点告诉司机，并把乘客电话给司机。同时调度人员打电话给乘客，告知车子约到了，车牌号多少，电话多少，让乘客在上车点等着。乘客走到上车点，等待车子的出现，如果车子迟迟不出现，乘客会打电话给司机，问司机到哪里了。等司机到了之后，乘客上车，整个预约到上车的过程完成。

对比一下这两者。第一，打车软件中的车子和乘客是数字化的，双方的信息在数字世界（手机 App 中）是可视化的，而传统的方式主要是在物理世界进行的。第二，在整个过程中双方是实时在线的，双方可以随时查看对方的位置和进展，而传统的方式都是离线的，你无法知道两者的实时位置。第三，供需双方的匹配是实时的，出现需求之后，打车软件马上匹配供应，并且双方都有权利实时取消重新选择，而传统方式还需要经过人工的匹配，并且重新选择的可能性很小或者非常麻烦。第四，双方的工具数字化了，因为有了这样的工具双方的行为方式发生了变化。乘客根据打车软件计算出来的司机到达的时间长短，来安排自己到达上车地点的时间，如果司机离得还远，乘客不需要这么早到上车点。对于司机而言，因为有了打车软件，他也可以根据乘客指定的位置，在周围找合适停车的位置。而传统的方式下，乘客或司机必须提前到达，焦急地等待。

什么是数字化供应链

把打车软件的模式和供应链做一个对比，司机代表供应，乘客代表需求，需求和供应实时在线，打车软件是供应和需求的匹配方，这就像供应链上的主体企业。打车软件对于远期的需求（预计要到来的洪峰）做计划性的调度，确保远期变成近期之后需求能被满足，这不就是供应链上因为供应周期而提前安排采购计划，并按照计划执行将供应落实的过程吗？在近期，供应是给定的，只能在附近的范围内找，供应链管理更多的是进行供应与需求的匹配，如果供需出现了失衡，就用影响供需的手段来调节，这不就是需求管理和供应管理做的事吗？洪峰过去，需求逐渐衰退，供应逐渐消失，下一个洪峰来临之前，供应又被部署过去，发生供需周转，这不就是从供应周期进入供需周转周期的过程吗？

在 2000 ～ 2010 年我国的物流、移动互联还不发达的情况下，我们很难用信息化（更别谈数字化）手段来跟踪供应的进展，比如快递，你能获得的信息有快递什么时间发出，预计什么时间到达，但现在具体在哪儿你不知道。企业内部的供应链也一样，供应商发货给你，你只知道它发出来了，你从仓库往门店发货也一样。而现在只要是通过社会物流（快递公司）承运，获取快递的实时进展已经是行业标准了。

笔者认为，供应链数字化有以下三个层次的含义。

管理对象的数字化，就像打车平台上需求方和供应方是联网的、数字化的、在线化的。在数字化供应链上，你管理的产品、门店、仓库、车辆、生产设备、原料都会变成数字化的、在线化的。它们的静态信息易于获取，同时它们的动态信息也实时刷新。比如车队到底有多少车辆，它们都在哪里，这些信息可以实时获取。

管理工具的数字化。打车软件对于乘客或者司机而言是数字化的工具，而在供应链上，你想在手机上随时随地查一下你的库存有多少、在哪里，你的车辆有多少、在哪里，你的供应商在哪里，它们给你发的货在哪里、多久能到，似乎没有那么容易，这些都有赖于供应链数字化的工具，而信息化工具是很难移动化和实时化的。你可能觉得没必要都搞成移动化的，但当我们看到从业者越来越多的时间花在移动互联设备上，而工作的工具和内容却没有办法移动化时，无法实时协同、效率低下就在所难免了，为此你可以参考打车软件所实现的数字化程度来评估企业的供应链的数字化程度。

管理方式的数字化。管理对象的数字化、管理工具的数字化，带来了管理方式的数字化。过去叫车时，乘客得在街边等着，而网上约车乘客可以根据车辆到达时间安排自己的出门时间，因为乘客会用实时数据，同样司机也可以用实时数据来判断自己应该在哪里停车。数字化之后，就能够让每个需求匹配单个的供应，同时连接需求和供应的不再是无数的调度人员，而是一个一个服务器，就像打车软件一样，它不需要很多座席人员，只要在云上部署服务器，全国各地的需求和供应就都能被匹配，这种扩张速度是人工无法企及的。在供应链上，当供应商发了一车货到你的仓库时，供应商会告诉你，车子出发了，2天后到货，然后车辆在路上这段时间，你可能也不知道它到哪儿了。如果它按时到达，谢天谢地；但如果2天后车子没到，你就损失了2天时间。假设这辆车是实时在线的，你就可以根据车子的行驶进展来安排后续的工作，如果发现车子有延误的风险你就需要制定预案，如果它提前到了你就需要安排仓库接收。从事供应链管理的读者知道，供应链管理的工作内容之一就是解决例外，比如供应商说好的交货时间延期了，导致后续的生产计划或发货计划要重新制订；再如从仓库发往门店的货延期了，导致门店无货可卖。如果门店到最后一刻才发现，为时已晚，造成的损失也无法挽回。如果供应能够实时在线，我们对于物理世界的例外感知得就能再早一点、快一点，就能够争取到宝贵的反应时间。再举一个计划的例子，比如采购计划，制作采购计划时要考虑未来的需求、当下的库存，以及在途库存。假设现在是周三晚上，要制作下周的采购计划，预测周四直到下周末某商品有100件的需求，现在有20件库存，在途库存有50件，预计下周一早上到货，这样计算下来只需要采购30件，下周一早上到货就能满足需求了。计划员把计划下达下去，然后到了下周一早上，在途库存并没有到达，延误到了周三，计划员不得不催供应商。如果供应是数字化的、在线化的，计划甚至可以变成连续的，不断根据供应的变化重新计划。打车平台能够做到供需实时持续匹配，就是因为供需都是实时的，能够获取到供需当下最新的状态。在数字化供应链完全达成之前，企业采用的都是周期性计划的方式，即固定间隔做计划或者隔一段时间做一次，这样就容易带来问题，一旦当前计划做完后，做计划时所基于的供需发生了变化，之前做的计划基本上就失效了，这也是不少企业在供应链运营中的痛点，它们总感觉计划不准并且计划赶不上变化，但也无能为力。但你看打车软件上的供需也总在变，但是很少有人抱怨。假设未来所有的供需都实时、联网、在线化，并且供应和需求可以实时被指挥，计划和重新计划将随时随地发生，就像网约车这样的平台一样。

　　由于互联网的发展，数字化营销的发展比数字化供应链要早得多和快得多。大多数企业都会通过数字化的方式获取客户、触达客户，进行营销活动。早在PC互联时代，就有大量的数字化营销公司，协助企业进行网络世界的广告投放、推荐等，而数字化供应链的发展是在几大电商平台的发展下带动起来的。先不说上文所述的如打车软件般的数字化供应链时代会不会到来，什么时候到来，先来看看数字化供应链已经进展到什么程度了。从目前来看，越靠近C端的这一段，数字化程度越高，比如京东、阿里、唯品会、拼多多这样的平台，基本上已经把从商品到消费者这一段的供应链数字化了。对于商家而言，消费者是实时在线的，库存是实时在线的；对于消费者而言，商家是实时在线的，交易和物流也是实时在线的。平台能够对每一个需求信号进行响应，能够为每一个个体展示他们所喜好的商品和页面布局，实现所谓的千店千面。同时平台可以针对每个消费者的个性化需求，提供个性化的折扣、促销，吸引他们购买。也就是说从产品生产好，进入流通、零售环节，这一段的数字化程度在电商、快递、仓配网络发展的带动下发展起来了。因为这一段的供应是现货库存，是近场驱动力，调动容易，可以像打车软件那样进行调度。但如果要考虑产供销整个过程，其实供应链数字化才刚刚开始。这就好像用打车软件叫车，如果每次你叫车，司机还要去买车，才能把车开过来，那这个周期就太长，就没有办法做这样实时的调度了。

其他类型的企业也在移动互联网技术从大平台向外溢出的带动下，逐步开始了供应链数字化之旅。如果你问数字化和信息化有什么区别，可以参考打车软件这样的App，什么时候管理对象、管理工具、管理方式数字化了，那就说明进入数字化供应链时代了。

☞ 案例分析

随着客户的线上化，供应链上的参与方从来没有像今天这样可以如此方便地直面实时供需信息和客户，实时获得供需数据以及客户对产品喜欢的反馈。因为这样的变化，零售供应链数字化的加速发展迫在眉睫，而这些变化首先发生在零售供应链领域。

1. 物流数字化

知名啤酒品牌商应用物流实时数字化平台，通过给运输车辆安装实时的IoT设备（甚至一个手机就搞定了），基于物联网的实时位置信息，实时获取车辆的位置。通过将车辆运送单数字化，装入移动设备，驾驶员上下货时扫描一下条码，平台就能实时获取车上货品的信息。平台根据运送单，用路线规划算法自动计算驾驶员下一站应该去哪里送货，并且平台能够获取目的地收货的时间窗口，不是每个门店随时都能收货，它会根据门店历史上的闲忙时间段，自动挑选最适合的送货时间。这样驾驶员就按照平台推送的行驶路线、停靠站点，进行货品的配送。

2. 门店库存数字化

笔者服务过的一家餐饮连锁企业，它的仓库往门店发货都在凌晨4点至7点，门店要安排店员在岗，对关键的货品进行清点和确认，这种方式容易出现疏漏，同时店员也很辛苦。后来该企业在门店安装RFID感应装置，在关键材料上安装RFID标签。每天早上仓库送货人员把货送到门店，店员无须在店内等待，送货人员一进店，设备就自动感应出来有多少货进来了，同时与昨天的补货需求量做对比，如果有差异马上推送提醒通知给店长。送货人员按照要求把货品放到相应的位置，比如冰箱或者后仓货架。这些位置都有感应器，可以判断送货人员的操作是否符合要求。有了这些数字化手段，门店盘点和补货也变得很容易。店员的时间得到了释放，可以更好地服务客户。

3. 端到端供应链数字化

笔者的前雇主通过搭建端到端的全供应链可视化平台，将计划、采购寻源、生产、运输、门店运营信息从执行系统实时抓取到平台上，构造了透明、实时协同的数字化供应链平台（见图7-2）。同时通过应用供应链数据科学和优化算法，给业务人员提供了众多的可以应用的场景。比如将执行与计划的偏差、需求超出范围的波动、门店客流的变化、门店供需的变化等，推送给业务人员，用数据驱动供应链运营。同时数据科学家、决策科学家根据平台上的数据，创造出了众多优化的应用场景，比如多节点库存优化、运输优化、随机供需优化、商品组合优化、定价优化等。

图7-2 实时协同的数字化供应链平台

4.采购数字化

越来越多的企业开始应用供应商关系管理系统、采购寻源系统，将企业内部的需求通过供应商门户与供应商对接。企业将需求发布到门户上，收到邀请的供应商甚至陌生的供应商可以来进行需求的响应。这看似是信息化的延续，但这样的数字化让供方和需方实现了实时在线。在整个执行过程中，询价、报价、采购协议、采购订单、货品发货、发货通知单、采购接收信息都能实时采集，极大地降低了采购执行成本和效率，随着采购进程的可视化，企业能够更好地安排后续的接收、入库和上架。

5.数字化供应链计划

国内有不少企业还没有开展信息化时代的供应链计划系统的应用，就迎来了数字化供应链计划的时代。在信息化时代，通过需求计划、供应计划、库存计划、S&OP、分销资源计划、补货计划等，指挥供应链链条的运作。这些软件系统既有预测算法（需求计划），也有优化算法（高级计划中的基于约束的排程）。而在数字化时代，这样的软件变得实时和在线，最重要的是能够方便地与上下游合作伙伴进行在线协同，同时部分算法由统计算法变成了所谓的智能算法，能够更好地辅助人们开展工作。

第 8 章　全渠道零售与供应链

在移动互联网技术的带动下，新型零售形态蓬勃发展，从平台电商、手机 App 电商到微商、社交电商、直播电商、线上线下融合（O2O）、无人零售、新零售，这些形态给客户购物带来了极大的便利，客户足不出户即可买遍全球，吃遍大街小巷。我们可以在手机 App 上搜索和了解一个自己感兴趣的产品，接着去线下门店体验这款产品。如果当场没有决定购买，回家还可以再对比对比，然后在网上购买，通过快递送货到家。如果嫌快递速度慢，可以选择从门店发货，收到货后如果不满意 7 天内可以退货退款。甚至连餐饮这种需要现场消费的零售形态也被饿了么、美团这样的平台改造，变得更加在线化，客户服务半径从门店周边 1～2 公里变成辐射方圆 5 公里。这样便捷的购物流程让人们原本谨慎、精打细算的购物习惯逐渐变成了想买就买的豪爽。从客户角度来看，这些变化带来了巨大的便利，而这些便利背后是复杂和精密的供应链系统。

什么是全渠道

不管是什么形态的零售，按照客户与零售商的触点的不同，都可以分为线上零售（客户在线上与零售商和商品接触）、线下零售（客户在线下与零售商和商品接触）、线上线下融合（线上和线下都可以接触）。全渠道指的就是线上线下融合，它是由 omni-channel 翻译得来的。全渠道是指多个销售渠道协同一致并融合交汇，满足客户从了解商品、体验或感受商品、购买商品到商品送达全过程的零售形态。直观来看，如图 8-1 所示，传统的线下零售是单一的渠道，如果一个零售商既有线下零售又有线上零售，但线上零售与线下零售是完全独立的，这就是多渠道。如果零售商的线上零售和线下零售是融合连通的，那么就是全渠道。

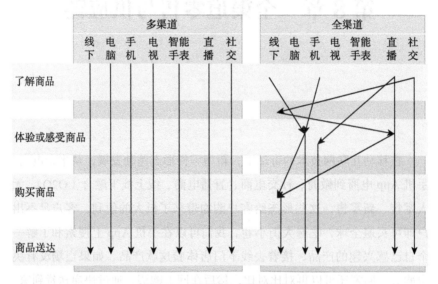

图 8-1　多渠道与全渠道对比

在全渠道中，客户与商品的触点是多样化的，可以无缝切换。客户可以在线上了解商品，然后在线下门店体验或感受商品，在线上购买，然后选择自己去门店取货。线上零售的发展晚于线下零售，其客户群体与线下零售有所区别，客户在不同渠道购物时对商品和价格的偏好差别很大。实践中，国内的多数零售商往往采用的是多渠道，即线下和线上分开经营，融合和协同非常弱。融合的程度主要取决于客群的偏好的重合程度，比如线上客户是价格敏感型的，只购买 99 元以下的商品，而线下客户是品质敏感型的，购买 199 元及以上的商品，这时就很难用同样的商品组合来满足两拨客户。如果非要融合，会造成线下客户对品牌形象的判断出现偏差，线上客户对品牌的价格定位出现偏差，最终导致客户的流失。餐饮行业的融合程度是最高的,因为餐饮产品必须在现场加工,不能在仓库储存,一旦开展全渠道,线上和线下的商品绝大多数都是一样的。

如图 8-2 所示,**从零售商的角度来看**,线下客户从门店里选购商品,零售门店只能覆盖周边的客户。它的供应链由门店的客户需求驱动,围绕门店商品组合、门店补货、仓库补货(采购)、供应商管理、物流运输展开。线上客户在网店、手机 App、微商城、直播电商、社交电商等线上渠道购买商品,零售商从仓库发货给客户,由于便捷的快递使得线上零售能覆盖全国各地的客户。它的供应链由网店的客户需求驱动,围绕着网店的商品组合、仓库的补货(采购)、供应商管理、物流配送展开。对于全渠道零售,客户在线下门店或者线上门店选购商品,可以选择在门店自取、从门店发货、从仓库发货,它既能覆盖门店周边的客户,还能覆盖离门店很远甚至全国各地的客户。

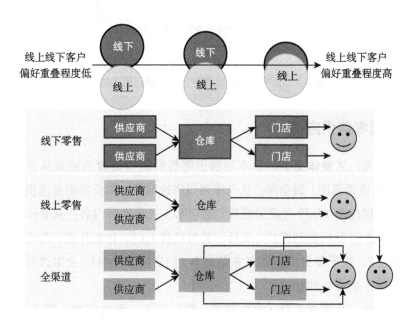

图 8-2 全渠道与多渠道供应链

如果**从品牌商或者渠道商的角度来看**,典型的全渠道供应链的结构如图 8-3 所示。对于品牌商直供(直接发货)的情况,品牌商从自己的仓库直接发货给大型零售商、平台电商（仓库或最终客户）、自建电商（最终客户）；对于品牌商非直供（通过渠道商发货到终端）的情况，渠道商、B2B平台从品牌商处购买库存，然后分销给中小零售商、中小批发商。最终客户通过线上（平台电商自营门店、自建电商如微商城）、线下渠道（大型零售商、中小零售商、夫妻店）购买品牌商的货品。

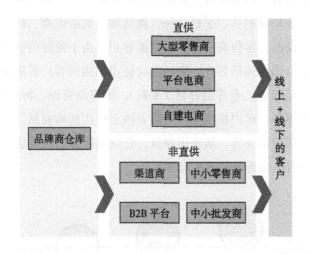

图 8-3　品牌商或渠道商的全渠道供应链的结构

全渠道零售供应链

首先，从**整体**上看，原本的线下零售的供应链覆盖的是从供应商（品牌商或渠道商）到仓库、从仓库到门店这两段，而全渠道要求供应链覆盖从供应商（品牌商或渠道商）到仓库、从仓库到门店、从仓库到客户（快递）、从门店到客户（最后一公里送货上门，比如外卖、外送、到家服务）。线下零售供应链服务是 to B（门店属于小 B），全渠道零售供应链服务是 to B 加 to C。

其次，从**需求管理**（激发需求、销售预测、影响需求、需求计划）的角度来看。

在**激发需求**方面，线下客户消费的痕迹难以获取，并且是离线的，应扩大心理覆盖激发需求，需要分析客户分布的区域从而针对性地投放广告，也可以通过门店内的广告和商品陈列、减价、促销来激发需求。线上客户的购物痕迹是在线和易于获取的，通过数据分析比较容易识别客户在哪里，有什么购物偏好，同时客户可以在线触达，广告投放可以做到一对一的个性化，这也就是我们在互联网上看到的产品推荐非常贴合近期需求的原因。全渠道零售客户的需求多变，并且由于互联网的实时在线和广泛传播性，一个热点事件会一夜之间点燃全国各地，因此很容易出现爆款商品。针对爆款商品，就要求供应端能够把握市场机会。爆款不是平白无故就变成爆款的，往往背后由供应方在推动，因此通过和供应方协同获得它们的在线市场计划就非常关键，但如果你的规模太小没有办法做到协同，那就需要广泛收集在线市场的情报，识别市场上的热点，进而响应这些热点市场需求。

在**销售预测**方面，我们都知道产品从品牌商处经过渠道商到达零售商是需要时间的，为了让客户能买到现货，需要提前预测需求。对线下零售，门店是需求的源头，更多的是预测门店的销量，来拉动仓库的需求，进而拉动后端的供应。全渠道不仅要预测门店的销量，还要预测线上客户的购买量，同时预测这两者的占比。由于客户购物的轨迹在线化之后，产生了大量的行为数据，这就给需求预测模型提供了更多的数据输入，可以通过分析这些行为数据来指导需求预测，比如客户将商品加入购物车后很大概率会下单，而关注了的商品的购买概率次之，浏览时长比较长的商品的购买概率再次之，等等。如果从仓库发给线上客户的部分占比高，那库存就要更多地部署到仓库；如果门店销售或者发货占比高，那库存就要更多地部署到门店。商品要部署的地点越多、越细，该地点的需求预测越难做（这是典型的大数定理，因为越细销售就会越少，数据样本变少，就像扔硬币一样，只扔 10 次很难保证 50% 是正面朝上）。同时为了维持合理的有货率，每个地点都要配备不少的库存来应对预测与实际需求的差异，导致库存效率低下。在全渠道场景下，客户在多个渠道穿梭，需求分散且碎片化，要精准预测仓库、门店的需求量以及占比是比较困难的。为此越来越多的零售商引入云仓（一种虚拟的共享库存管理模式），即把片区内或者就近的几个门店的库存做成共享的，当收到线上订单时，如果就近的门店没有货，可以到云仓里来分配库存进行配送，这样做可以最大化库存利用率。同时按照云仓来做需求预测，就降低了对单店需求预测精度的要求，毕竟越是汇总的需求越容易预测。在实践中，这种模式需要解决的是如何平衡云仓里的库存提供者的利益分配问题，比如每家店的商品都共享到云仓了，那别的门店的需求消耗掉了我的店的库存，我不是就没东西卖了吗？为此有企业将销售提成按照一定占比，分到销售门店和提供库存的门店的头上。

在**影响需求**方面，当需求不足或者过多时，需要采取手段调节需求，比如促销，比如价格调整。线下零售是由总部或区域集中控制的（个别特别大的门店也有自主权），一般由市场部门或零售运营部门根据供需情况来设计市场计划，再由门店执行，采用的是一种周期性、计划性的方式。线上零售完全可以交给一套数学算法，自动化地、无时无刻不进行市场活动的建议和执行，它不需要太多人工干预，可以无缝地、自动地完成从计划到执行的过程。比如你在京东上将商品添加至购物车，它会时不时地提醒你该商品降价了，从而促进销售。这些手段可以非常个性化，比如针对某些特定客户。全渠道零售影响需求的手段，往往是将两者结合，最经典的案例就是盒马鲜生，它发现线上有好卖的商品，就会在线下调节陈列位置使该商品更突出，同时发现线下有不好卖的商品（库存过多有积压风险，并非质量或过期问题），就会在线上搜索结果中提前显示该商品。当发现有些商品在线上好卖时，就在线上做广告投放；当发现线下好卖时，就在线下搞促销。

从**需求计划**的角度看，在需求预测的基础上，叠加影响需求的因素来制订需求计划。影响需求的因素（即前文所述需求驱动力）相对需求量改变的程度，称为需求弹性，不同的需求驱动力，其需求弹性系数不同。线下的需求驱动力包括广告、商品覆盖、促销、陈列等，而线上的需求驱动力包括商品搜索排名、优先展示、个性化推荐、个性化促销等。这就要求在制作需求计划之前，把历史上的需求驱动力的需求弹性系数分析出来，这时才能测算未来的需求量。随着渠道的融合，这种弹性系数也变得越来越难以估计，你不知道线上打折对线下销售意味着什么，更不知道线下促销对线上销售意味着什么，当这两股驱动力合起来的时候，如果没有强大的数学分析能力，很难有效地制订需求计划。考虑到线上和线下的互换性，结合共享库存这种实践，可以按照区域来做需求计划，确保仓库（分仓、前置仓）、门店所覆盖的区域的需求能被满足。当然最简单的办法就是线上和线下同步，要促销一起促销，要减价一起减价，这样会比较容易管理。

再次，从**供应管理**的角度看，供应管理涵盖了采购管理、仓储管理、分销网络管理、物流管理几大环节。这里面变化最大的当属仓储管理、分销网络管理、物流管理。

从**仓储管理**来看，仓库接收到的订单会包含门店的补货单和线上的客户订单。补货单从仓库发往门店，是批量包装，并不是消费者可以直接消费的包装，而线上订单往往是需要拆分到可以消费的包装才能发货。做全渠道就需要仓库既能处理批量发货（to B），又能处理单件发货（to C），实践中要么是两个仓库分开，要么在仓库中单独设一块区域进行单件发货。单件发货在大型促销（最著名的是双十一和 6 · 18）时面临巨大的压力，单量大并且几乎集中在 1 ～ 2 天内，不少全渠道零售商都投资建设或改造了仓库的软硬件，使它能够自动化高效地处理大批量的快递拣选、打包。

从**分销网络管理**来看，对于门店众多且分布在全国各地的零售商，往往有总分仓的结构，如何在总分仓之间进行库存部署影响着各个区域的需求满足程度。特别是仓库既可以给门店发货又可以给客户发货的情况下，如果某个门店覆盖区域的客户参加了一次大型在线销售的促销，囤了一大堆商品，可想而知这个门店的需求会骤减。从分销网络来看，想要知道如何部署库存，就不得不分析不同地理位置的客户到底在哪里买了什么，这会对线下销售产生什么影响。简单的方法是，先分析仓库所覆盖区域的总体需求，然后预测线上购买的占比，根据这个占比来分配预留给线下门店的库存，进而决定不同位置的仓库的库存部署。可以用数学模型来分析线上线下销售的影响程度，先从总量预测然后分解到各个渠道，再来驱动不同区域的库存部署。

从**物流管理**来看，从仓库发往门店是城市配送（也叫最后一公里物流），从仓库发给线上下单客户是快递配送，从门店发给客户是骑手外送。大多数零售商（烘焙连锁、餐饮连锁、医药连锁）会自行管理城市配送，也有不少进行外包（服装零售大多数都是外包的），快递和骑手快送绝大多数都是外包的。随着快递业和快送行业的快速发展，技术和业务越来越成熟，几乎不需要零售商太多的投入，最主要的就是与这两者进行客户信息、订单信息、支付信息的协同。

最后，从**商品组合**的角度看，选择合适的商品是最关键的，它决定了整个供应链的有效性。在全渠道时代，零售商有了得天独厚的条件，通过客户在线行为数据分析，零售商越来越了解客户要什么，这比传统的市场调研、客户分析更具体和快速。如图 8-4 所示，对于线下零售而言，通过分析市场了解需求并研发产品，再通过供应链把产品分发到终端门店。对于全渠道零售商而言，市场是在线的，产品研发通过分析在线市场的客户的消费行为，开发新产品，通过数字世界覆盖（广告投放、流量、推荐）把数字化的产品推向在线市场，同时通过供应链把产品投放到在线市场。这样的方式使得客户与产品研发的距离大大缩减。

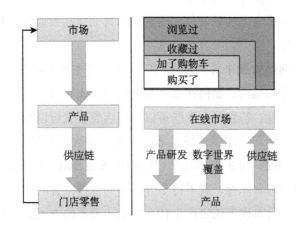

图 8-4　线上和线下零售对比

在确定产品研发方向时，可以通过分析客户在自己门店所浏览、收藏、加了购物车但没有购买的商品，对比市面上类似的销售还不错的商品来判断，为什么客户没有买，怎么做客户会购买。同时在做线下门店的商品组合陈列时，按照线上的消费行为数据，把购买占比高的摆到比较显著的位置，加了购物车的放到第二显著的位置，等等。

多渠道、全渠道供应链实践

全渠道供应链看起来很美好，但实践中其实是困难重重，这里面既有复杂的管理问题，又有难搞的技术难点。掌握和分析这些问题，对于企业进行全渠道建设大有益处。以笔者老东家为例，星巴克在美国推广全渠道时，客户可以通过 App 购买咖啡，选择线下门店去取。客户点好咖啡后，门店开始制作，制作完了就放在专门的等待区。同时线下客户在门店里排队等着自己的咖啡被制作好。在高峰期，线上客户倾向于认为 App 上点单会得到更快服务，而线下客户则认为在现场排队能更快拿到咖啡。结果就出现咖啡师在服务线上订单，而线下客户在现场发呆，还不知道什么情况，开始焦虑。为了缓解这个问题，星巴克改造了咖啡制作流程，尽量在高峰期把线下和线上订单分开，设置了线上订单专门的取咖啡的货架。

餐饮全渠道相对来说还简单，毕竟是按订单生产的，其他类型的现货商品的全渠道就很复杂了。比如需求挥发性高、时效性强的服装商品。这类零售商有三种实践。第一种实践是采用全渠道，即线上和线下彻底打通，比如优衣库，你在线上和线下能买到的商品是一样的，同时库存也是线下和线上打通的。线下客户到店里是冲着现货去的，如果用门店库存满足线上订单，很容易导致线下客户的需求得不到满足。同时线上和线下的业绩到底怎么算？比如从门店发给线上客户的部分算谁的业绩，线上运营的人的 KPI 怎么定，线下门店的怎么定，这两者怎么结合，这些都是很现实的问题，没有解决就贸然实行全渠道风险很大，很容易出现库存少了大家都抢，库存积压没人负责的窘境。为了解决这些问题，一般需要统一线下和线上运营，统一团队和 KPI，汇报给一个负责人，让他对总体业绩负责。为了让门店库存能覆盖线下和线上需求，需要把线上和线下需求结合起来做需求计划，确保门店的供应能满足多个渠道的需求。第二种实践是采用多渠道，即线上和线下分开，线上、线下有自己单独的库存，互相不影响，实践中大多数企业是这种情况。这种情况下，线上和线下的商品是不一样的，相当于两个独立的业务单元。但这种方式无法实现线下和线上的协同，整个公司的资产利用率并不高。

因为线上和线下都占用企业的经营资源，到底怎么分配资源就变得很关键，大多数公司为了平衡线上和线下，往往把线上和线下的供应链都独立开，各自为政、自负盈亏，避免两者在供应链上争夺资源带来问题。第三种实践是线上和线下有限融合，把线下不好卖的商品交给线上销售，或者线下发现好卖的商品，也扩展到线上，两者有合作的关系，但并不是融合的。库存是分开的，核算是分开的，KPI是分开的，但数据和信息应该共享。

再往供应链后端走，到了仓库层面，在做仓库的补货计划时，需要将仓库所覆盖的区域内所有的需求（线上加线下）合起来做，从而确保仓库的备货量能满足总的需求。由于客户可以在渠道之间自由穿梭，在做总量预测时，一定要考虑线上和线下的互补性，举个简单的例子，双十一或6·18时线上销售量大了，仓库覆盖的区域内线下的需求肯定会下滑，在做预测时需要考虑需求转移和替代性。

第9章 写在最后：拥抱数字化时代的不确定性

随着诸如电商、社交电商、直播电商等新型零售形态的成长成熟，以及更多的数字化零售形态的出现，线下零售业务受到蚕食。同时随着线下零售的线上化，以及线上经营成本的增加，使得线上零售也开始发展线下业务，导致客户越来越分散，需求越来越碎片化，业务发展看似充满了不确定性。有人说这些都是老方法，只不过用了新手段，比如这么多新型的形态只不过是商品和人的触点变多了，零售的逻辑并没有变。也有人说零售业变天了，传统那一套逻辑已经不适用了，我们需要"新零售"。不论结论是老问题披着新方式来了，还是新时代的新问题，我们都无法忽视如下所述的零售业的几大变化。

- **客户越来越个性化**。随着新生代的成长，他们成为消费主力人群，越来越多地主导着消费的趋势。他们需要的不再是整齐划一的商品，而是彰显自己个性的商品，就连可口可乐这种标品都开始在包装上印刷客户喜欢的个性化口号、明星等。
- *产品变得越来越细分*。原来一个产品可以打遍天下，在全国卖同样的一款运动鞋，这款鞋可以用来跑步、打球、走路，而现在光跑步鞋都可以分出十几种。苹果手机从第一代到现在，出现了众多的变种，型号、颜色、内存配置越来越多。

- **渠道变得越来越多样化**。客户在多个渠道中穿梭，导致需求管理难度变大。
- 不管是品牌商、渠道商还是零售商，都在想办法**通过数字化手段直面最终客户**，比如通过电商、微商城、社交电商等。

这些既带来了巨大的挑战，也带来了巨大的机遇。在物理世界，客户没有发生购物行为，他内心想的、感兴趣的，我们一无所知。而在数字世界即便没有消费，客户的行为轨迹通过匿名脱敏的方式也易于获取，比如客户花时间在哪里浏览了什么内容，评价了什么内容，加购了什么东西。当充分的消费者行为轨迹数据摆在我们面前时，就有办法通过数字化手段来分析和应用这些数据。

不仅客户消费行为变得越来越数字化，供应链也在走向数字化，越来越多的 B2C 平台、B2B 平台、云仓、众包物流、30 分钟到两小时实时配送，使供应也变得越来越在线化、实时化。当两股力量合在一起时，我们就看到了如图 9-1 所描绘的大量的看似混乱无序的需求信号和供应信号，呈现在企业面前。有人说我们处于 VUCA（volatility，易变性；uncertainty，不确定性；complexity，复杂性；ambiguity，模糊性）时代，世界变化太多太快了，所以我的生意不稳定。作为零售供应链上的参与方，在这些充满噪声的信号中创造稳定的供需并将两者匹配，使销售发生，将成为数字化时代企业经营必备的能力，老板们对 VUCA 确信无疑，但更需要管理能力来驾驭 VUCA。

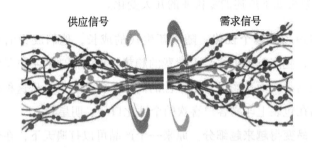

图 9-1　供应和需求的不确定性在加大

这要求我们用确定的方法应对不确定性，首先需要能够识别不确定性。零售供应链上的不确定性本质上是需求和供应的不确定性。快速感受到供求信号的变化，并判断它们对整个供需系统的影响，进而采取有效的动作将成为企业的核心能力。比如，某个商品的需求降低3%而另一个商品的需求增加5%意味着什么？某个商品在运输路上比原来慢了1天意味着什么？应该怎么办？

在VUCA时代，做生意需要从纷杂的供应和需求信号中，找到确定的部分并将两者连接，从而使其产生稳定的收入。 从需求的不确定性来看，需求来自市场，市场由每个客户的需求构成，当我们说需求不确定时，要么是构成市场的客户不稳定，要么是客户的需求不稳定，要稳住需求最重要的是稳住客户本身和客户的需求。从供应的角度来看，要稳定供应首先需要稳定的需求信号，再为之创造供应，如果需求无法稳定，就需要用优化技术做随机优化的供需匹配。

客户要稳

客户要稳就需要有稳定的存量数，假如进来100个客户，买了一次就再也不来了，这不是稳定的客户。在传统零售时代，一对一地跟踪客户是否留住了很困难，在数字化时代客户的标识已经通过支付或者手机等方式数字化，识别出他们的去留变得没那么困难。客户肯定不止一个，我们知道20%的客户贡献了60%～80%的收入，要稳住客户，首要任务是稳住贡献高的主体客户。

1. 找到主体客户

随着移动互联网等技术的不断深化，越来越多的企业有机会直接面对最终客户。通过数字化手段直面客户已经是不可逆转的趋势了，近几年非常火的私域流量话题也是这个思路，即让电商平台或者其他公域客户成为自己的会员然后形成品牌和客户的一对一连接。直面客户能够实时获得最终客户对商品的反馈、客户的购物行为数据。但直面客户之后能做点什么呢？除了做好会员运营，即发券、打折、会员积分，还可以做客户生命周期价值管理。零售企业都希望获得新客户，并且维持与老客户的关系，让客户多留存、持续买。留存和复购的客户越多，生意就越稳定。为了增长，还需要持续获得新客户，这需要投入，而要回答应该投入多少的问题，离不开客户的生命周期价值分析。

1）客户终生价值

假设要花 25 元钱吸引一个客户到店里（线上或线下）来消费，客户只购买了 15 元钱的东西，毛利是 3 元，且没有下一次消费，这种生意就是亏钱的。为了让这个生意赚钱，就需要增加客户的复购。如果客户可以购 9 次，那就能从这个客户那里赚取 27 元的毛利，从而覆盖花出去的 25 元引流费用，如果客户接下来还持续复购，那就是赚钱的生意了。哈佛商业评论报道，把产品卖给新客户的概率是 3% ～ 12%，而把产品卖给老客户的概率是 60% ～ 70%，如果提升 5% 的客户留存率，企业的利润率能够提升 25% ～ 95%，⊖可见留住客户对于生意的稳定性至关重要。

客户终生价值（life time value，LTV）是用来衡量客户预计会在零售商这里消费所产生的总毛利的。用一个例子来说明，假设一个客户在零售商处总共购买了价值 2000 元的商品，然后再也不来了，商品和服务的成本是 1500 元，那么这个客户的 LTV 就是 500 元。如图 9-2 中所示的天平，当 LTV 大于获客成本时，生意才有可能赚钱，LTV 高的客户就是你的主体客户。

图 9-2　获客成本与客户终生价值

2）如何计算 LTV

假设 20 个客户在 3 个月内买了价值 1200 元（售价计算）的商品，该商品的毛利是 200 元。3 个月内每个客户平均毛利贡献是 200/20=10（元），12 个月内客户的价值就是 $10 \times 20 \times (12/3) = 800$（元）。这些客户并不都是在这 3 个月加入的，这些客户中间会有人退出，同时还有客户会进来，这时 LTV 的计算就很复杂，需要一整套数学模型来测算。此

⊖　资料来源：https://hbr.org/2014/10/the-value-of-keeping-the-right-customers。

处我们为了说明原理用一个简单的方法来介绍一下，LTV 的计算分为两种。第一种是历史的 LTV，即根据历史上客户的购买记录，计算客户的LTV，它反映的是现况，LTV = 客户第 1 次购买的毛利 + 客户第 2 次购买的毛利 +…+ 客户第 N 次购买的毛利。第二种是预测未来的 LTV，它的计算方法如下。

a. 计算每个客户的平均购买金额，比如这个月的销售毛利是 20 000元，由 100 个客户购买，那么每个客户平均贡献毛利 200 元。

b. 计算客户的平均购买频率，比如同样的月份销售有 400 笔，是由100 个独立的客户产生的，那么平均购买频率就是 4 次。

c. 计算客户在这段时间的平均价值，每个客户平均购买 4 次，每次贡献 200 元，那么这段时间的平均价值就是 800 元。

d. 计算客户的平均生命周期长度，客户的生命周期长度是指客户从第一次购买你的产品到不再购买的时间长度。平均长度可以用所有客户的生命周期长度相加除以客户的数量来计算，对于新成立的公司可能没有历史数据来进行这样的计算，可以换个角度，用客户的流失比例来计算。客户流失比例 =（月初的客户数 – 月末的客户数）/ 月初的客户数，相当于计算在 1 个月内有多少客户流失了。平均的生命周期长度 =1/ 客户流失率。举个例子，客户流失率是 100%，也就是月初来的客户月底全部流失了，平均生命周期就是 1/100%=1，相当于客户就只待了一个月。如果客户的流失率是 50%，即到月末还剩下一半的客户，这时平均生命周期就是 1/50%=2，相当于客户平均待了两个月。

e. 用客户平均价值乘以客户平均生命周期，得到客户的生命周期价值。假如客户的平均生命周期是 24 个月，月平均价值是 800 元，那么客户 LTV 就是 19 200 元。

客户生命周期价值的计算是依赖于历史数据的，现存客户的生命周期有的仍然在延续，有的可能会终结，为了更精准地计算不得不借助数学模型。还可以按照购买金额对客户进行分类，分别进行预测。通过预测 LTV 可以了解客户生命周期价值是要上升还是要下降，这是非常好的判断客户稳定性的信号。如果上升，那是好事；如果下降，你就得分析为什么会下降，及早发现问题，采取改进产品、留存、服务上的动作，避免到后面出现大的问题。

3）如何应用 LTV

企业用于经营的资金是有限的，在增量客户获取越来越困难的情况下，稳定的收入就来自高 LTV 客户，为他们提供更好的产品和服务是稳定生意的根本。了解不同类型客户的 LTV，可以帮助零售商更好地做出产品研发、市场营销以及客户服务与支持等方面的决策。

a. 对于产品研发，客户的需求是多种多样的，当准备研发一款新产品时，你需要了解该产品所瞄准的细分市场，看它们是否有足够的 LTV 来支撑产品的研发，能否在后续的销售中收回成本。比如你有三个细分客群，他们的 LTV 分别是 5000 元、12 000 元、24 000 元，当你研发高价的产品时，就应该优先考虑后两者，充分了解他们的需求。

b. 对于市场营销，了解 LTV 可以帮助零售商决定应该在客户获取、留存上花多少钱。LTV 能够帮助你判断市场营销的投入是否有效，如果营销投入大于终生价值，那就是低效的营销投入。在做营销投入之前，通过 LTV 来做客户细分，然后制定针对性的营销策略，能够优化营销开支。比如你希望增加客户复购来提升低 LTV 的客户的价值，那么可以重点瞄准他们，通过营销手段来刺激他们反复购买，形成习惯。还可以根据 LTV 对客户进行分类，找出那些最有价值的客户，从而制定针对性的营销策略。同时对于低 LTV 的客户，除了提升复购，还可以想办法让他们购买高价位的商品，从而提升 LTV。

c. 对于客户服务与支持，要想让客户留存，售前、售中、售后的服务非常关键。但服务也是有差异的，你可以去观察一下航空公司是怎么对待普通会员、银卡会员、金卡会员、白金卡会员的。

d. LTV 还能够帮助制订企业的经营计划。比如企业获得了新的客户，预测新客户的 LTV，可以测算能带来多大的营收增长；或者当企业向市场投放新产品时，可以测算新产品带来的 LTV 的变化，从而预估营收的变化。

4）如何提升 LTV

提升 LTV 能够带来企业毛利的提升，老客户的持续购买能够让生意变得更稳定。然而在实践中，不少企业在做 LTV 提升时，往往采用一种手段——群发手机短信，把促销信息、广告发给客户，这更多是站在企业自己角度——想把东西卖出去。站在客户的角度，需要思考的是能为客户做些什么，怎么让他们更满意。LTV 是由客户的生命周期长短和平均价值决定的，要提高客户的生命周期长度取决于是否有持续满足客户需求的商品和好的服务，而平均价值取决于所购买的商品的毛利。延长客户生命周期的方式有很多种，从对客户有利的角度罗列几种常用的方法。

a. 通过设置会员积分制度，给客户提供复购的福利，鼓励客户持续跟品牌互动、购买。

b. 通过参加和赞助客户的社区（在线或线下）活动，倾听客户的声音，建立邻居、朋友般的信任关系。

c. 简化退货流程，让资信良好的客户感到在你这里买东西无拘无束，没有后顾之忧。

d. 通过持续改进产品和服务，让客户持久与品牌产生联系。海底捞和胖东来采用的就是这种模式。

e. 让客户参与到产品、服务的共建流程中来，成为企业的一员。通过参与，客户会更加信任企业。

提高客户平均价值的方法是，通过向上销售，让客户购买高毛利的商品。

☞ 案例分析

让客户终生与你做生意，是零售生意的最高境界，这样你就与竞争对手隔离开来，客户持续在你的生态里，听起来和今日头条是不是很像？对，今日头条通过个性化的信息推荐服务，形成了对客户的隔离，让他们再也不用自己去找信息、找竞争对手。而零售商需要通过覆盖、商品、服务体验来形成对客户的隔离。

星巴克以提供高品质的咖啡饮品和优良的服务来留住客户，为了吸引客户反复购买，星巴克在 2016 年重新设计会员积分体系，每一美元的购买可以积累 1 个积分，25 个积分可以换一杯饮品，50 个积分可以换一杯热咖啡或者一个面包，150 个积分可以换一个汉堡或者一杯精制的咖啡，200 个积分可以换一份套餐，400 个积分可以换一个杯子或者一大袋咖啡豆。通过积分制度，促进复购，进而提升客户 LTV。在美国，星巴克的平均客户留存时长是 20 年，客户留存率是 75%，每个客户的毛利率是 21.3%。

亚马逊上的客户可以选择加入亚马逊会员，也可以选择不加入。加入会员后，可以享受免费的物流服务，以及免费的音乐、视频服务。亚马逊通过扩展会员服务的内容，吸引了越来越多的会员，同时因为会员服务出色，每个会员的复购率也很高，客户的生命周期变得很长。

2. 持续地吸引主体客户

LTV 告诉了我们找到主体客户，并稳定住他们的方法。但客户的需求还是会变，如何在客户需求变化的情况下持续服务好他们，让他们继续稳定地购买就非常关键。

传统零售方式下，很难一对一触达每个客户，更难跟踪客户的去向。随着客户越来越细分，需求越来越碎片化，从心理覆盖上说，用通用的广告去覆盖广泛的客户，很难打动细分的客群，很有可能让客户感受不到针对性而导致客户流失；从物理覆盖上说，各种各样的商品在不同细分市场上的需求千差万别，统一覆盖，没有差异化，带来的是较低的库存效率；从数字世界覆盖来看，用千篇一律的推荐、短信覆盖大面积的客户，很难带来有效的转化。

细分就要求做到个性化，通过个性化提高针对性，进而提高覆盖的命中率，最终提高客户的稳定性。在数字化时代，不论是品牌商还是零售商，都有机会通过数字化渠道直接向最终客户销售，同时和最终客户建立联系。通过在微信上开发小程序，可以进行直面客户的销售；通过在电商平台上开店，也可以直面最终客户。线下零售门店通过公众号、App 也可以直接触达客户。有了这么方便的客户直接触达的方式，了解客户的喜好和购物特点易如反掌。

从心理覆盖来看，通过 LTV 分析和客户在线消费行为分析，可以做更加细致的客户细分，这样对客户的广告投放会更加精准。

从数字世界覆盖来看，美国的零售公司诺德斯特龙（Nordstrom）在自己的 App 和网站上，通过智能推荐引擎，根据客户的购物和浏览记录，推荐客户感兴趣的商品，并且自动感知客户浏览顺序、时长，动态调整页面布局。同时分析门店所在区域的客户购买偏好，调整门店的商品构成和陈列方式，取得了非常好的效果。阿里巴巴旗下的盒马鲜生将线下线上融合，覆盖周边 1～5 公里的客户，通过分析客户线上购物的习惯，调整门店商品组合和陈列。同时结合线下门店销售的情况，调整线上的商品展示位置，优先展示有库存积压风险的商品，从而影响消费者行为。

星巴克通过"数字飞轮"（digital flywheel）（见图 9-3），结合客户在门店、App 上的消费习惯，通过智能算法，为客户提供个性化的咖啡组合推荐、营销内容、优惠活动推荐。同时客户可以非常方便地通过多个渠道订购咖啡和支付，客户甚至可以在飞机刚刚落地时下订单，等客户出来取行李时机场的咖啡店已经准备好客户需要的咖啡了。它的核心是一套复杂的智能算法和客户与星巴克互动所产生的消费行为数据，这套系统也被称为"数字化的咖啡师"。

图 9-3 星巴克的"数字飞轮"

供应要稳

有了稳定的客户，还要有稳定的供应，否则客户买不到想要的商品迟早还是会离开的。想要确保客户需要的商品有足够的供应，离不开供应保障。供应有周期，需要提前通过需求计划、供应计划、供应执行来落实。近期的需求驱动力因素掌握得越充分，预测准确率相对越高，而远期由于很多信息和因素还不确定，预测准确率会降低。如图 9-4 所示，以零售商的采购为例，按照时间轴来看整个过程，假设采购订单的制作周期是 2 天，供应商的供应周期是 7 天，每次供应覆盖未来 5 周的需求。假设零售商 8 月 8 日开始做采购计划，8 月 10 日采购订单制作完成并经过审批后发给供应商，供应商收到采购订单后进行生产，8 月 17 日发货到零售商仓库，到仓库后零售商 8 月 17 日开始发到门店销售。在这个过程中，从 8 月 8 日开始的计划、订单、到货，都是为了支持近期的需求。采购订单下达之后，一般来讲就很难改变了，因此从采购订单 8 月 10 日下达，到 9 月 21 日（下次到货的时间），这段时间就是供应的刚性期间，可以通过管理需求来匹配固定的供应，如果供应能发生改变（比如在不同的仓库、门店之间做调配），则管理供应来匹配需求。而从 9 月 21 日往后看，尚处于计划期间，计划期间我们要做的是计划需求与供应，让它们从时间和数量上做到在理论上匹配，此时供应和需求还有"无限的可能性"，对于波动并不敏感。

这样的运营、计划的过程循环是滚动的，同一时间段内同时存在两种过程。运营期间已经下达的订单、在途库存、已有库存很难改变，它们属于上一次计划的产物，而同时运营期间又在做着下一个期间的计划。下一个期间计划结束后，随着时间的推移，又进入运营期间，周而复始。

供应也符合 80/20 法则，20% 的供应创造了 80% 的销售，稳住 20% 的重要商品的供应，就能稳住 60% ～ 80% 的收入。控制供应的不确定性需要从两个角度着手：一是在计划期间，让远期的预测偏差随着时间的推移不断缩小，同时管理供应来匹配需求。二是在运营期间，如果供应无法改变，则管理需求来匹配供应；如果供应可以调整，则管理供应来匹配需求。

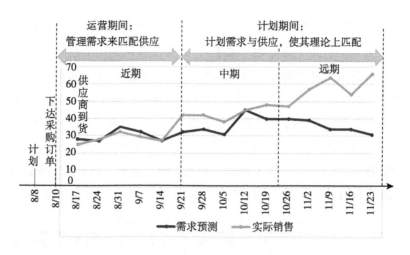

图 9-4 不同时间段供应链管理的重点

1. 滚动控制中远期供需差异

1）满足基本需求的产品

要控制这种波动有两种方式，一种是缩短供应周期，提高供需匹配的频率。试想如果每周能进行一次供应，那供应和需求不匹配的范围就只有 7 天，7 天一个滚动循环，能够比较快速地把供需的不匹配从小处"烫平"。但如果每 3 个月进行一次供应，那供应和需求的不匹配范围就有 3 个月，不匹配的范围和可能性变大了，每次"烫平"时就需要付出更大的努力，一是要努力预测未来 3 个月的需求，二是要努力规划未来 3 个月的供应。我们都知道，往前看的时间越长准确性越差，当两者的偏差合起来时要"烫平"可就不那么容易了。当然这也和商品本身的生产和供应周期有关，一般实践中，1 个月进行一次滚动的供需"烫平"是比较常见的（月度 S&OP 循环），而在电商和快时尚行业，每 2 周甚至每周进行一次"烫平"也是很正常的。

需求稳定时提供稳定的供应并不难，但是需求波动时要提供稳定的供应就会面临挑战。为了稳定供应，需要相对准确的需求计划，而要做好需求计划就离不开过程指标的监控，首先需要能感知到需求计划与实际的偏差率。实践中不少企业往往是单一地用最近一次预测和实际发货或者销售进行比较。这样很难说明你的需求管理到底做得好还是不好，因为一次数据的偶然性很大，同时看不出你随着时间的滚动是做得更好了还是更差了。为了更好地"烫平"，需要能够识别出哪些地方是凸起的，科学的做法是用瀑布式分析来看。表 9-1 的横表头表示时间，纵表头表示在不同时间点针对横表头月份所做的预测。假设我们站在 2018 年6 月回顾过去 6 个月的预测情况，表 9-1 第二行代表了在 2017 年 12 月所做的针对 2018 年 1 ～ 5 月的需求预测，第三行代表了在 2018 年 1 月所做的针对 2018 年 2 ～ 5 月的需求预测，依次类推。浅灰色的格子表示实际的销售数量，深灰色的格子表示已经成为历史，不需要预测了。

表 9-1　按照时间来监控预测准确率

	2018 年1 月	2018 年2 月	2018 年3 月	2018 年4 月	2018 年5 月
2017 年 12 月的预测	1 147	1 850	3 899	4 563	6 209
2018 年 1 月的预测	2 407	3 039	4 736	6 302	3 882
2018 年 2 月的预测	2 407	3 590	4 223	5 926	3 645
2018 年 3 月的预测	2 407	3 590	5 373	5 107	3 662
2018 年 4 月的预测	2 407	3 590	5 373	3 081	5 128
2018 年 5 月的预测	2 407	3 590	5 373	3 081	5 127

　　由于每个月都做一次预测，滚动做，因此可以测算出提前 1 个月所做的预测的准确率和提前 2 个月所做的预测的准确率，以及提前 3 个月所做的预测的准确率。站在 2017 年 12 月预测 2018 年 1 月的需求是提前 1 个月做预测，而预测 2018 年 2 月的需求则是提前 2 个月做预测，预测 2018 年 3 月的需求是提前 3 个月做预测。可以用 MAPE（平均百分比误差）来测算一下预测偏差率，MAPE=ABS（F–A）/A，其中 ABS 为求绝对值的函数，F 表示预测值，A 表示实际销售，用 1-MAPE 来计算预测的准确率。通过计算得到图 9-5，很明显提前 1 个月做的预测的准确率相对比较高。通过这样的分析，可以识别出那些滚动预测做得不好的商品，如果准确率没有办法在近期收敛，那就意味着较大的供应过多或不足的风险。

　　接下来可以按照商品毛利、销售额等区分商品的 A、B、C 等级，来识别出重要但同时预测准确度无法随着时间推移而收敛的商品，加以重点关注。首先分析是什么驱动着这些波动，是不是覆盖变大了，是不是有促销，是不是价格降低了，是不是出现了竞争，有哪些市场情报没有

获取到，要掌握这段时间出现哪些异常的事件使预测与实际销售出现了
较大的偏差。其次不仅要预测需求还需要影响和管理需求，通过需求驱
动力使需求朝着预测的方向发展。

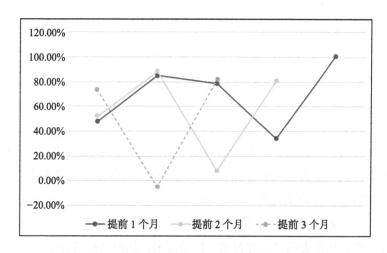

图 9-5　不同提前期做的预测的准确率对比示意图

实践中一般会通过产销管理流程来围绕企业经营目标，进行供需
"烫平"的控制。它围绕着中长期需求计划未来的供应，对于自产的产
品，安排产能的调整、关键原材料的采购、中长期原材料的采购，安排
影响需求的行动计划，确保提前做好供需匹配。对于采购的产品，安排
中长期采购计划和采购协议，确保供应的稳定性。只有中长期的问题得
到解决，到近期时一切才会比较顺利。通过这样每个月滚动做 S&OP，
能够逐步把未来的不确定性逐月落实，逐月推进。流程如图 9-6 所示，
假设当前月份是 M1，当月的 S&OP 循环围绕着 M3 至 M12 的需求计
划和供应计划的匹配展开，如果需求计划无法支持销售目标，则通过调
动"需求驱动力"来影响需求，同时看需求和供应的缺口，管理供应来
匹配需求。此时 M1 至 M2 月的 S&OP 在之前的 S&OP 循环中已经制订
好了，M1 和 M2 处于销售运营计划的执行过程中（sales and operation
execution，S&OE）。到了 M2，第二轮的 S&OP 循环围绕着 M4 至 M13
的供需平衡开展，S&OE 也进入第二轮，围绕 M2 和 M3 已经制订好的
S&OP 进行执行落地。

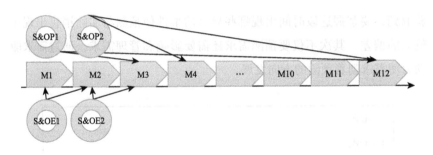

图 9-6　滚动的供需不匹配"烫平"

2）时尚型产品

以时尚服饰为例，该类产品的生命周期短，需求波动性大。它有两种供应方式，一种是在开季销售前，把当季所有货品都生产出来，也被称为期货制。这种情况下库存的风险很大，因为你也不知道到底这一季哪些款会好卖，哪些不好卖。实践中，有的企业依靠设计师、品牌，走高端路线，用强大的"心理覆盖"拉动需求，从而消耗现货供应。

这种模式由于采用期货的方式，订单量在季前早早就已经下达，无法随季中实际销售情况的变化及时调整，从而造成了一方面畅销款缺货严重，另一方面滞销品库存积压严重。

快时尚品牌往往采用第二种模式，即在季前企划和计划阶段，把整个季节的款式和数量都计划出来，但是首批只生产30%～60%（具体数值取决于商品特点和企业的供应链能力，供应链能力强且生产周期短的，首批量可以低一点），接下来根据季节中各个款式的实际销售情况，结合库存进行快速的补充生产。

用表9-2所示的一组数据来分析，假设下一季服装品牌商打算供应1000款服装，每一款的销售量符合正态分布，同时每款的售罄率（这个季节里，销售数量/库存总量即为售罄率，也称为达成率）也符合正态分布。表中分为两个场景，左边场景是期货制。这种场景下，预期季末剩下的库存等于预测量乘以（1-售罄率），得到总库存是598 868。右边场景下是分两次供应，即首单和第二次追加供应。由于首单供应少了，因此首单的售罄率的均值比期货制高，同时追加时实际销售已经发生，卖得好的才会追加，卖得不好的不追加，因此追加量的售罄率也会提升，

表9-2　两种场景下对比分析示意

场景一：

首单比例	40%		
平均需求	2 000	平均售罄率	70%
标准差	20	标准差	5
总库存	598 868		
款式	需求预测	售罄率	预期库存
款式1	2 025	69%	628
款式2	2 006	65%	702
款式3	1 992	63%	737
款式4	2 033	64%	732
款式5	1 995	62%	758
款式6	2 028	78%	446
款式7	1 976	66%	672
款式8	2 007	67%	662
款式9	1 967	70%	590
款式10	2 027	74%	527
…	…	…	…

场景二：

首单比例	40%					
平均需求	2 000	首单售罄率	80%	追单售罄率	85%	
标准差	20	标准差	5	标准差	5	
总库存	335 962					
款式	需求预测	首单量	首单售罄率	二次追加量	追单售罄率	预期库存
款式1	1 987	795	82%	1 251	91%	256
款式2	2 006	802	79%	1 231	93%	255
款式3	2 028	811	88%	1 199	80%	337
款式4	2 004	802	86%	1 210	85%	294
款式5	1 984	794	70%	1 209	92%	335
款式6	2 034	814	77%	1 309	90%	318
款式7	1 983	793	78%	1 197	82%	390
款式8	1 985	794	77%	1 209	87%	340
款式9	1 954	782	88%	1 176	90%	211
款式10	2 000	800	80%	1 165	82%	370
…	…	…	…	…	…	…

经过计算得到总库存是 335 962，降低了很多。你也可以对自己的历史数据进行分析，然后模拟下一季的商品预期的库存水平。

稳定供应在服装品供应链上分为三个角度。第一，稳定首批供应，由于首批供应的提前期比较长，有充足的时间来做准备，风险体现在加工周期和面料需求上。从加工周期来看，如果是外包生产，与供应商建立稳固的关系是保障加工周期的关键因素，如果是自己加工，产能相对比较容易控制。面料的制作或者采购周期比较长，不同类型的服装产品对面料的需求不同。这里可以借鉴电子产品的构成，把元器件模块化、通用化、平台化。比如手机，同一个系列的不同型号，其所用的主板、器件属于同一套体系，只需要更换差异的部分。我们把服装商品分解一下，它由面料、花色、版型、元素等构成。服装企业在季前做企划时，会专门做面料企划，确保面料有足够的供应同时也确保前期没用完的面料得到复用。小品牌采购时在这方面的谈判筹码不够大。数字化时代有很多 B2B 交易平台做聚合采购，它们集合了多家需求方的力量，从而和面料供应商谈判。第二，稳定门店供应，首批产品到仓库后需要分配到各个门店，产生覆盖才有可能产生销售。在销售过程中，持续监控市场销售情况，每周滚动一次，对于销售得好的款式及时从仓库往门店补充库存，同时销售得好的款式的需求的确定性高，可以将它们覆盖到更多的门店，从而扩大销售。第三，稳定追加供应，如果好销的款整盘都没货了，那就需要及时追加生产或采购，扩大"水源"的"水"量。

用图 9-7 来阐释基本的原理，首先工厂（供应商）生产出首批量，然后流转到仓库，接着仓库把这些量分到各个门店，然后各个门店开始销售。产品卖得好的门店"水"流得快一点，那就打开阀门让"水"从仓库流到这些门店。如果有的门店产品卖得好，有的卖得不好，那就打开门店之间的"水龙头"，让"水"从高水位的门店流到低水位的门店。同时仓库盯着所有门店"水龙头"的"流速"，判断仓库的"水"够不够，如果仓库的"水"都快没了，那就要工厂打开"水龙头"往仓库再加点"水"。通过这样敏捷、快速的"水路控制系统"，把源头的"水"输送到门店并且流出去。

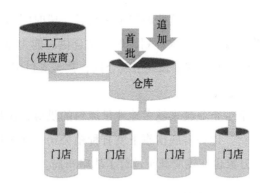

图9-7　小批量多批次的供应

如果说满足基本需求的商品的中远期是 3 ～ 18 个月，那么服装产品就只有 2 ～ 13 周，因为一个季节只有 13 周，当周是运营周，第 2 ～ 13 周是计划周期。追加供应这个过程与快消品的产销协同非常相似，它是每 1 ～ 2 周（大多数线下品牌）甚至每 2 天（线上经营的服装品牌）进行一次追加供应，这类会议也被称为"追单会"（PO Meeting）。在这个会上复盘销售情况，决定接下来的采买金额预算，然后判断商品的销售等级（A、B、C），结合商品剩余可售卖的周期、预计的销售速度、预计铺货的门店数量，预估未来还有多少需求；接着来看供应端还有多少面料、多少生产能力，对于即将出现供应不足的商品建议追加生产，追加的量够覆盖供应周期即可，反正 1 周或 2 周后还要召开会议决定下次的追加量，这样的过程滚动进行。这跟 S&OP "烫平"的流程本质是一样的，只不过它因为商品本身的生命周期短、销售波动大，流程开展的频率更高一点。会上除了会讨论供需，还会讨论财务目标是否达成，花了多少钱，卖出去多少产品，售罄率怎么样，毛利水平怎么样等财务指标。

3）加工餐饮产品

加工餐饮产品需要稳定供应的是加工所用的原料，对于核心商品的原料需求，相对比较容易预测准确。原料本身要么需要通过养殖（比如鸡肉），要么需要通过种植（比如咖啡豆、蔬菜），周期都很长，甚至比服装的加工周期还要长很多。因此餐饮零售企业做供应保障，最重要的是长周期的原料的供应保障。实践中，企业会采用做长周期需求计划结合 S&OP 控制的方式，获取这些原料未来很长一段时间的需求预测，接着结合企业经营目标制订需求计划，然后结合供应能力制订 S&OP，最后与原产地或者供应商签订中长期采购合同，甚至支付定金，锁定供应，从而提高供应的确定性。

实践中也有不少企业越来越多地涉足原料的供应，比如入股供应商或者成立农业公司。比如海底捞旗下就有种植公司，甚至连做自有食品品牌的超市华润万家也在供应源头进行了战略布局。

2. 应对运营期间供需波动

1）满足基本需求的产品

在运营期间（冻结期），供应量比较难改变，这时需求随时会发生变化。以线下门店为例，如图 9-8 所示，库存水位降低到补货点时会触发补货，一旦补货计划下达给仓库，接下来即便门店的需求出现波动，已经下达的补货指令也很难再改变了，这段时间就成了风险周期。第一个风险在到货之前，如果需求量变多，库存支撑不了这几天的销售，就会导致断货；第二个风险在到货日到下次到货日这段时间，如果需求比当初计算补货量所基于的需求量大，就会导致这段时间断货。除了需求波动的风险，还有供应的风险，比如补货指令下达之后，结果仓库没有这么多货，到货量比原计划数量少，或者运输时间比原来多了一天，这也会导致缺货的风险。

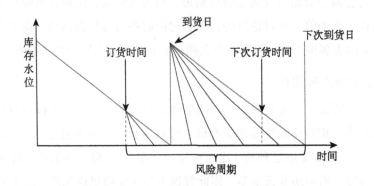

图 9-8　由于不确定性导致的风险周期

为了应对这种风险，可以引入安全库存作为缓冲来应对需求和供应的不确定性，如图 9-9 所示，安全库存从概念上来说是指为了减少由于供应和需求的波动带来的缺货，应该持有的最小库存量。如果用居家过日子来比喻，就好比你口袋里至少要留点钱，不要把钱花光，以备不时之需。

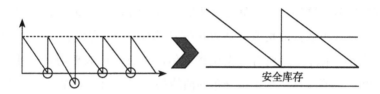

图 9-9　用安全库存来应对不确定性

对于安全库存的计算，实践中有三类方法。第一类是基本方法，可以用需求占比的方式来确定安全库存，比如用需求的 20% 作为安全库存，假设这段时间预测需求量是 100 个，那安全库存就是 20 个；也可以用覆盖天数的方式来确定安全库存，比如安全库存要额外覆盖 2 天的需求，如果平均每天销售 10 个，那么安全库存就是 20 个。这两种方法在需求稳定的情况下使用较多，超市和便利店行业用得也比较多。

第二类是平均库存和最大库存法，计算公式为：最大销售量 × 最大提前期 – 平均销售量 × 平均提前期。比如过去一个月，一天的最大销售量为 20 个，平均销售量为 15 个，供应提前期最坏情况下是 10 天，平均提前期是 8 天，那安全库存就是 $20 \times 15 - 10 \times 8 = 220$（个）。这个方法比较简单，但是很容易因为一次意外的大量销售或者延期交货，导致安全库存放大，它也没有考虑服务水平，因此适用于需求有起伏但不会很大，同时重要性不高的商品。

第三类是用统计学方法计算，在统计学看来，需求波动、供应波动、预测偏差无非都是概率事件，其数值符合一定的概率分布。安全库存最终的目的是防止缺货，因此需要从概率上来看设置多少的库存能够达到预期的服务水平。服务水平要求越高，所需要的库存就越大，举个极端的例子，假设服务水平是 100%，就需要无限多的库存，这样无论需求如何波动，都能确保有货。

先来了解一下何为概率分布，最简单的例子就是扔硬币。我们拿一枚硬币来扔，把扔的次数和正面朝上的次数记下来，只要扔的次数足够多，正面朝上的次数肯定是扔的次数的一半，最终正、反面朝上的概率都是50%。一样的道理，如果把历史上一段时间内实际的需求和需求发生的次数绘制成如图9-10所示的图形，横轴是需求的数量，纵轴是需求出现的次数，这样的曲线就能反映历史需求的概率分布。我们模拟三组数据，这三组数据的均值都是200（平均销售量），它代表了需求的平均数的大小，标准差（所有数据偏离均值的平方，再取平均）分别为80、50、20，很明显这三个正态分布的曲线的宽窄不同。标准差越小时，数据越集中，而标准差越大时，数据越分散。

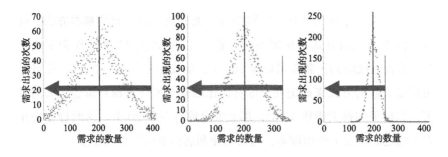

图9-10　需求的概率分布

如果以历史需求的角度来看，均值线左侧表示历史上有一半的需求是小于200的，均值线右侧表示有一半的需求是大于200的。概率上来讲，为了达到50%的服务水平，你需要200个库存。那么为了达到99.9%的服务水平，需要多少个库存呢？我们知道正态分布曲线的面积大小代表了概率的大小，50%的概率正好在中间就是均值，但是99.9%这一刀切在哪里就看不出来了，它需要经过计算。如图9-11所示，在正态分布图中可以根据概率，找到曲线上对应的位置，请注意是位置并非数值，因为正态分布曲线的高低和宽窄是不一样的，它受到标准差和均值大小的影响。所以一般用相对位置来表示不同概率在曲线上的位置，如图9-11所示，99.9%对应的相对位置是3个标准差所在的位置，50%所对应的是0个标准差（均值所在位置，标准差为零）所在的位置。

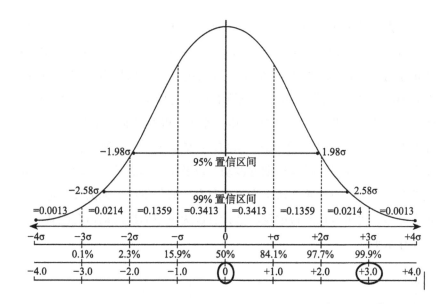

图 9-11 正态分布曲线

　　知道了 99.9% 的服务水平需要 3 个标准差，但还不知道它需要多少库存，这时就需要把标准差放进来，对于标准差是 80 的正态分布，3 倍标准差是 240，这 240 是在均值 200 的基础上再增加的部分，因此总共需要 440 个库存来覆盖 99.9% 的需求。对于标准差是 50 的正态分布，3 倍标准差是 150，加上均值就是 350，因此 350 个库存可以覆盖 99.9% 的需求。读者可能会问不是说计算安全库存吗？我们以总库存量为例，来解释服务水平和需求概率分布、库存量的直接关系，便于读者理解。上述这种方法是计算一定服务水平下的总的库存量需求，并不是计算安全库存，接下来介绍如何计算安全库存。

　　上面例子中，第一种情况下 440 个库存能确保 99.9% 的服务水平，这 440 个既包括满足预测需求的库存，也包括安全库存。如图 9-12 所示，假设预测有 500 个需求，如果实际需求是 500 个，预测没有偏差，准确率为 100%，正好可以卖一天。假设实际需求是 520 个，如果有 20 个缓冲库存，也能支撑一天的销售。如果实际需求是 560 个，那就需要多 60 个缓冲库存。可见实际需求在预测基础上波动的幅度，会影响安全库存的大小，为了计算安全库存，就需要能够测算这种波动的程度。我们用过去一段时间内的实际需求减去预测，再取绝对值来反映预测与实际的偏差，称为绝对偏差（mean absolute error，MAD）。假设MAD符合正态分布，那么不需要安全库存就能达成50%的服务水平，即100次有50次有货，像扔硬币一样预测有一半的概率是准确的，可以覆盖50%的需求。如果要达到90%的服务水平，90%的概率对应着1.28个标准差，这时候你就需要1.28×MAD个安全库存。这种方法只考虑了需求的波动，如果将供应周期的波动，以及供应和需求的波动是否有相关性等考虑进去，计算方法会变得更复杂。假如供应周期的波动也符合正态分布，也可以用类似的逻辑来计算因为供应周期波动需要配备的安全库存水平。

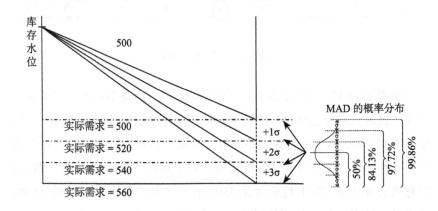

图 9-12　用 MAD 计算安全库存

虽然方法变得更复杂，但取得的效果未必很好。上述的经典安全库存模型也受到了很大的挑战，首先需求、MAD、供应周期的波动未必符合正态分布。举个例子，如图9-13所示，左边的表格和图形中所展示的MAD基本上符合正态分布，而右侧的则不符合。在90%的服务水平下，按照正态分布假设算出来的安全库存都是39个，这39个安全库存用在左侧能够解决第2、5、7周的实际需求大于预测可能带来的断货风险，但用在右侧时，第3、5周仍然是不足够。在现实中，不少企业应用经典安全库存计算时，并没有考虑需求偏差的分布是不是符合正态分布，而导致安全库存要么偏多要么偏少。

周	实际需求	预测	偏差	MAD
1	80	100	−20	20
2	130	120	10	10
3	70	140	−70	70
4	60	100	−40	40
5	140	120	20	20
6	100	140	−40	40
7	110	100	10	10
总计	690	820	−130	210
平均				30
90% 的服务水平		1.28 × 30		
		39		

周	实际需求	预测	偏差	MAD
1	100	100	0	0
2	100	100	0	0
3	210	100	110	110
4	100	100	0	0
5	200	100	100	100
6	100	100	0	0
7	100	100	0	0
总计	910	700	210	210
平均				30
90% 的服务水平		1.28 × 30		
		39		

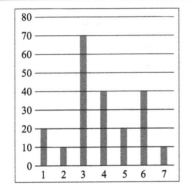
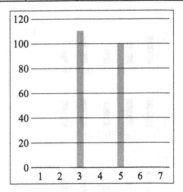

图 9-13 MAD 的形态

数字化时代，机器学习算法（人工智能的一个细分）在逐步普及，这类算法本质上也是应用统计学，但它不会假设数据所符合的分布类型（不管是正态分布还是泊松分布），同时可以考虑更多的波动因素。它让算法去学习数据本身的概率分布特点，计算不同数据状态下的概率。在北美的企业以及国内的电商公司中，有不少企业用机器学习算法来做安全库存的计算。如图 9-14 所示，笔者用一个曾经服务过的企业的案例来说明基本的原理，机器学习算法不做概率分布形态的假设，它用每一天的预测、实际销售、预计库存、结余库存数据，来不断地学习这四个数据的特征，并记录是否有缺货。同时它会假设历史销售没有发生，模拟每天发生不同的销售量时库存的变化，同时试探性地找到满足服务水平要求的最小的安全库存量，并进行记录。随着时间的推移不断构建实际库存和预测、实际销售、计划库存、缺货、安全库存的关系与概率分布。在计算未来的安全库存时，检索之前构建的数据关系，找到最接近的预测和预测走势的情况下最小的安全库存值，该安全库存能够让断货的概率符合服务水平的要求。这种方法能够显著降低安全库存，最重要的是还能保障服务水平的达成，非常适用于需求随机性、需求数据量大且不符合正态分布的场景。

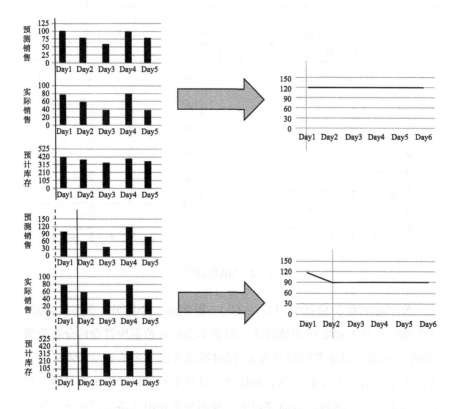

图 9-14　用机器学习算法来计算安全库存示意图

我们知道任何概率事件都需要足够的样本，比如扔硬币，虽然正、反面朝上的概率各是 50%，但是你扔 10 次，有可能有 8 次会是正面，只有你扔得足够多才能达到接近 50% 的概率。为此在实践中，即便安全库存设置的是要满足 99% 的有货率，但可能你近期还是会频繁缺货，在运营期间就需要通过供需调节来解决这个问题。

　　有两种方式，一是在运营期间如果供应还有调节的空间，那可以进行腾挪。举个例子，对于覆盖范围大，有多个仓库、多级仓库的情况下，近期的需求波动对不同的仓库的影响不一样，有些仓库的库存会多但有些会库存不足。可以通过在多个仓库之间进行库存的腾挪来进行供应的调节，这也称为分销资源计划（distribution resource planning，DRP）。假设有三个仓库，分别按照预测备货，但由于需求波动，各个仓库发货的数量跟当初预测的不一致，有的仓库由于实际需求比预测的少导致库存过多，有的由于实际需求比预测的多导致库存过少。这时可以在仓库之间进行"转移"，把库存从多的仓库转移到少的仓库，对库存少的仓库进行补充。用图 9-15 举例，仓库 1 实际需求小于原本的预测，导致库存开始积压，而仓库 2 实际需求大于原本的预测，导致库存出现不足，仓库 3 比较平均。由于处于运营期间，从外部供应商处获取供应已经不现实，这时就需要在仓库之间做腾挪，把仓库 1 多余的库存挪到仓库 2 里面去。

　　同时，你不能等到第一个仓库的库存已经积压了，第二个已经短缺了才开始转移。这就需要提前预判，通过比原来的需求计划做得更细致的需求感知（demand sensing）来判断实际与预测的偏差。好比 1 个月前，你决定去旅游，于是查看了天气预报觉得目的地的天气不错，开始订票、订酒店。你很关心目的地的天气，每天跟踪天气预报，离计划出行时间还有 2 周时你发现目的地在计划旅行那几天可能有台风和暴雨，不适合旅行了。这时你就会想办法改变行程。DRP 的原理也是这样的，1 个月前你看天气预报就相当于需求计划，而 2 周前你再看更具体的天气预报就相当于需求感知。如图 9-16 所示，需求计划的颗粒度比较粗，可能是按周、按月，它参考的历史销售数据的颗粒度也比较粗，依赖定量的统计预测和定性的判断。随着时间的推移进入运营周期后，需求会变，就需要更细致的需求感知，比如每天来预测运营周期内每天的需求量，这种精度和颗粒度的要求超出了统计预测和定性判断能处理的范围，需要更高级的预测技术。对于时效性更高的生鲜类产品，甚至会有按照小时做需求感知的，外送的生鲜电商更是要做到 15 ～ 30 分钟的级别，数字化时代人工智能技术能够比人更好地驾驭这样的复杂问题。

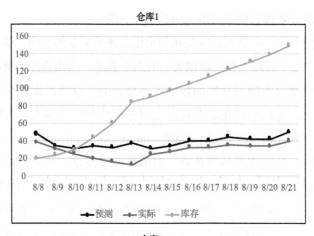

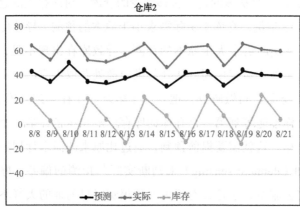

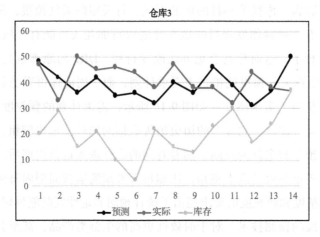

图 9-15 多个仓库的库存不均衡分布

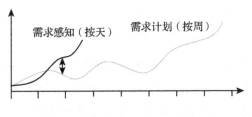

图 9-16 用需求感知来矫正需求计划

当发现原本的需求计划和需求感知的结果有偏差时，如果供应可以调整（比如从仓库 1 转移到仓库 2），那就管理供应来匹配需求。读者可能会问，不是有安全库存吗？安全库存应对的是缺货，但对于盈余无能为力，并且在运营周期供需的偏差超出了做计划时所假设的偏差，就需要通过识别需求计划与需求感知的差异，管理供应去匹配需求来提高库存利用效率进而提高周转。

如果没有办法调节供应了，但需求还可以调节，假如供应大于需求，可以通过刺激需求，比如打折促销来调节供需；假如供应小于需求，可以通过调整价格的方式来影响需求，进而达到供需匹配，或者通过给重要的客户优先权来调节供需。网上约车出行中的高峰期加价就是典型的调节供需的方式，其白金会员享有几次优先排队权。

2）时尚型产品

对于时尚型产品在运营期间总供应给定，同时区域或门店的需求不均衡，同样的款式有的区域或门店卖得快，有的卖得慢。在区域或门店之间做调配，从而确保稳定的供应来支撑销售是第一要务。这就需要让整个水路系统的水流向流速快的地方，快速把库存流出去变成现金，腾出钱来买新货。

第一件事是识别哪个款式在哪个地方流动快，用流动快的地方产生的需求拉力把流动慢的地方的库存拉过来。为了识别流动得快的地方，就需要做比较，可以将店均周销（门店每周的平均销量）与小类内的店均周销进行比较，超过平均店均周销 1.5 ～ 2 倍的，就是 A 类款。也可以采用排名，如果某个款式的销售速度排在前 10%，且销售量排在前 10%，那么它也是 A 类款。第二件事是找出流动慢的，类似的逻辑，把销售速度是平均速度的 20% ～ 50% 的定义为 C 类款，把流动慢的地方的库存搬到流动快的地方，原理与上述仓库的 DRP 原理类似。

对于时尚型产品，给门店或者区域仓库进行供应，有两种类型：一种是补充相同的款式，基于该款式预测的销售结合库存来补充；另一种是相同款没有货，或者企业的经营策略是靠商品的多样性来刺激消费，不愿意补充同样的款式，这时为了提高确定性，可以优先补充其他类似门店（区域类似、所处商圈类似、服务的客群类似、面积类似等）或接近区域卖得好的款式，通过不断把已经经过市场销售验证的款式补充到还没有上货的门店或区域。如果实在没有经过验证的款式，可以通过门店试穿多、客户反馈有需求的款式，或者现有款式中卖得好的来提炼卖点，重新设计新款（ZARA 的模式）来提高确定性。

3）加工餐饮产品

加工餐饮产品有有效期的概念，进入运营期间后，如果供应不足会浪费销售机会，如果供应过多由于有效期的问题会导致损耗，比如鲜牛奶、面包、蔬菜、瓜果等都有这个问题。有很多创造性的解决方案来应对这个挑战，比如盒马鲜生（用门店库存服务线上和线下订单）会根据这类产品的销售速度，动态调整 App 商城中的商品排序，它的线上订单占比超过 50%，通过在线 App 陈列调整所产生的需求影响力还是很大的。也有零售商会在产品到期之前，采取折价的方式，刺激需求，把这部分产品销售掉。

结　语

供应链是零售业最复杂的问题之一，对它的优化没有终点。随着零售数字化走向纵深，供应链面临的挑战也越来越大，而数字化技术手段的不断进步，也让我们有了越来越多、越来越好的方式来面对和处理复杂问题。这也给从业人员提供了一个很好的机会，笔者从以往咨询和实施案例中，提取认为有价值的内容与读者共享，抛砖引玉，其中有不足之处，请读者多多提出建议。这些内容未必完全适用于所有的情况，相信读者中肯定还有更好更优秀的实践，欢迎读者通过邮箱或者微信联系笔者，进行分享。

_____

参考文献

［1］若米尼.战争的艺术 [M].盛峰峻，译.武汉：武汉大学出版社，2014.

［2］菲利普·科特勒，凯文·莱恩·凯勒.营销管理（英文版·第 14 版）[M].
北京：中国人民大学出版社，2016.

［3］Thomas J Holmes. The Diffusion of Walmart and Economies of Density[J].
Econometrica，2011，79（1）253–302.

［4］APICS. Supply Chain Operations Reference Model Version 12.0[Z].2017.